Max Euwe
Walter Meiden

Amateur wird Meister

JOACHIM BEYER VERLAG

ISBN 978-3-95920-175-9

10. Auflage 2023

Ein Imprint des Schachverlag Ullrich, Zur Wallfahrtskirche 5, 97483 Eltmann

Herausgeber: Robert Ullrich

VORWORT

Kämpft ein erfahrener Amateur mit einem Meister, so entdeckt er sehr bald, dass er mit einer anderen Spielweise konfrontiert wird, die sich unterscheidet von der, die er bei Begegnungen mit anderen Amateuren – selbst mit sehr starken Amateuren – antrifft. Es liegt etwas Überwältigendes, oft sogar Gewalttätiges im Spiel des Meisters, das ihm offenbar besondere Einblicke erlaubt und Fähigkeiten verleiht, die dem Amateur fehlen. Er verfügt sozusagen über eine zusätzliche Dimension.

Sicher spielt der Meister in taktischer Hinsicht tiefer und genauer, er sieht weiter und ist weniger als sein Amateurpartner Fehlern ausgesetzt, und hier wird der letztere es schwer haben, es dem Meister gleichzutun. Er hat aber auch ein überlegenes Gesamtkonzept der Schachstrategie und ein feines Verständnis gewisser Stellungstypen, deren Vorhandensein dem Amateur nicht einmal bewusst sein mag. Mit anderen Worten, der Meister kennt eine Vielzahl von „Schach-Geheimnissen", die ihn befähigen, günstige Stellungen aufzubauen, die zum Gewinn führen. Wie diese typischen Stellungen zu behandeln sind, kann auch vom Amateur gelernt und angewandt werden, sobald man ihm die richtige Methode gezeigt hat. Dies ist eine der wichtigen Absichten, die wir mit diesem Werk verbinden.

In der Einführung beschreiben wir die Unterschiede zwischen Meister und Amateur in den verschiedenen Phasen und Aspekten der Schachpartie und zeigen, wie der Amateur sein Spiel in jedem Bereich verbessern kann. Dann erklären wir in einer Reihe von 25 Partien des Meisters gegen den Amateur, wie der Weg zum Sieg geplant und realisiert wird. In fast allen diesen Partien ergeben sich typische Stellungen, und der Erfolg beruht oft in erheblichem Maß auf der größeren Vertrautheit des Meisters mit diesen typischen Stellungen.

Aus mehreren Gründen verwenden wir Partien zwischen „Meister und Amateur". Erstens: Vor allem in solchen Partien zeigt sich der vernichtende Stil des Meisters am deutlichsten, denn Amateure sind gewöhnlich nicht in der Lage, den Druck des Gegners über eine gesamte Partie zu neutralisieren; zweitens: Irrtümer eines Amateurs sind schwerwiegender und auffälliger als Fehler des Meisters und daher leichter auszunutzen; drittens: es gibt wohl keinen besseren Weg, die Ausnutzung von amateurhaften Fehlern zu demonstrieren, als es die effektive Methode eines Meisters vermag.

Die Partien sind in etwa nach der Spielstärke des Amateurs geordnet, den Anfang machen diejenigen des schwächeren Amateurs. Diese Anordnung wird allerdings öfter durchbrochen, um Partien mit der gleichen Eröffnung gruppieren zu können. Eine Reihe verschiedener Eröffnungen wird veranschaulicht, die modernen herrschen jedoch vor.

Je weiter wir mit den Partien fortschreiten, umso stärker wird der Amateur – tatsächlich *gewinnt* er die letzten drei Partien des Buches gegen den Meister. In diesen drei Partien zeigen wir einerseits, in welcher Hinsicht sich der Amateur hinreichend verbessert hat, um den Meister zu besiegen, andererseits, warum der Meister verlor – und der Meister verliert aus anderen Gründen als der Amateur.
Die Kommentare zu den Partiezügen deuten die Motive an, die den Meister bewegen. Es sollte für den Leser nicht schwierig sein, mit dem vertraut zu werden, was für ihn vormals „Schach-Geheimnisse" darstellten. Wenn er dieses Wissen, diese Pläne und Grundsätze, die er beim Studium erwirbt, anwendet, verbessert er sein eigenes Schach.

Zur 2. Auflage

Die Partie 12 ist ausgewechselt worden. Außerdem wurden die Analysen überprüft und einige verbessert. Wir wünschen dieser Auflage den gleichen Erfolg, wie ihn die vorige aufzuweisen hatte.

Amsterdam und New York, Herbst 1971 Max Euwe/Walter Meiden

Vorwort zur 3. Auflage

Dr. Euwe weilt nicht mehr unter uns, doch seine bedeutenden Beiträge zur Förderung des Schachspiels wirken fort.
Es gibt nur wenige Schachmeister in der Geschichte des Spiels, die einen so klaren Einblick in die Gedankengänge hochklassiger Spieler zu geben vermochten und die in der Lage waren, Partien so zu beschreiben, wie es Dr. Euwe getan hat: dass sowohl Amateure wie fortgeschrittene Spieler daraus lernen können. „Amateur wird Meister" zeigt nicht nur, wie ein Meister die schwächeren Züge des Ungeübten ausnutzt, das Buch ist außerdem eine wahre Fundgrube der Schachanalyse, denn in jeder Partie sind Untersuchungen zahlreicher Varianten zu finden, die äußerst hilfreich sein können für alle, die ihre taktischen Fähigkeiten schärfen wollen.
Darum legen wir diese dritte Auflage von „Amateur wird Meister" in der Hoffnung vor, dass sie Schachspielern verschiedener Stärke in hohem Maße nützlich sein möge.

Columbus, Ohio, im Frühjahr 1983 Walter Meiden

INHALTSÜBERSICHT

Vorwort 5

Einleitung 9

Partie	Eröffnung	Thema
1	Nimzowitsch-Indisch	Ausnutzen von Vorteilen 29
2	Nimzowitsch-Indisch	Durchlöcherte Formation 39
3	Englisch	Ausnutzung von Bauernschwächen 49
4	Ben-Oni	Geschwächte Felder 55
5	Spanisch (Offen)	Theorie der Spanischen Partie 61
6	Spanisch (Geschlossen)	Königsangriff 69
7	Spanisch (Steinitz-Vert.)	Positionsspiel 79
8	Holländisch	Strategisches Planen 89
9	Grünfeld-Verteidigung	Verwundbares breites Zentrum 97
10	Zukertort-Réti-System	Hängende Bauern 105
11	Abgelehntes Damengambit	Ausnutzung der offenen Linie 113
12	Abgelehntes Damengambit	Schwache Züge 125
13	Abgelehntes Damengambit	Minoritätsangriff 135
14	Abgelehntes Damengambit	Mittelspiel-Strategie 145
15	Caro-Kann	Finden eines Plans 157
16	Sizilianisch (Drachen)	Der Sinn der „Sizilianischen" 165
17	Sizilianisch (f2-f3)	Rochadeangriff 177
18	Sizilianisch (mit e7-e5)	Strategie und Taktik 183
19	Königsindisch	Die Bauernkette 191
20	Königsindisch	Verfrühte Initiative 203
21	Königsindisch	Austausch von Schwächen 209
22	Königsindisch	Spiel auf Remis 217
23	Italienisch (De7)	Behauptung des Zentrums 227
24	Damenindisch	Austausch von Vorteilen 239
25	Réti-System	Spiel an mehreren Fronten 249

Schlusswort 259

EINLEITUNG

Die Gruppe der Schachamateure ist vielschichtig, und in der großen Zahl von Gelegenheitsspielern gibt es diejenigen, die sich durch viel Übung im Kampf mit fähigen Gegnern, durch sorgfältiges Studium von Lehrbüchern und durch fleißiges Nachspielen von Meisterpartien viele Grundsätze der Schachtechnik angeeignet haben. Sie finden starke Züge, vermeiden ernsthafte Schwächen und begehen keine offensichtlichen taktischen Irrtümer mehr – kurz gesagt, die starken Spieler. Sie haben ein feineres Gefühl für manche Tiefgründigkeit des Positionsspiels als die meisten Spitzenkönner des 19. Jahrhunderts. Im Allgemeinen bereiten sie schwächeren, weniger bewanderten Gegnern ohne Mühe Niederlagen. Im Turnierspiel jedoch unterliegen diese Amateure gewöhnlich den heutigen Meistern. Der ehrgeizige Schachspieler fühlt sich herausgefordert, über diesen Unterschied nachzudenken. Welche Eigenschaften besitzt ein Meister, die dem Amateur fehlen? Welche Grenze trennt den Meister vom starken Amateur? Was kann ein Amateur tun, um es zum Meister zu bringen – oder wenigstens sein Schach zu verbessern? Was ist ein Meister?

Der Meister ist gründlich bewandert in der Technik der Eröffnung, des Mittel- und Endspiels. Er behandelt die Partie als Ganzes, wobei jeder Zug Teil eines bestimmten strategischen oder taktischen Entwurfs ist. Er schätzt die Möglichkeiten aller Stellungen scharf ab. Er kann genau analysieren und mit erheblicher Genauigkeit die Folgen jedes Zuges vorhersehen. Er versteht die Grundsätze, die in allen möglichen Situationen anzuwenden sind. Sein taktisches Spiel ist zielbewusst, er macht weniger und unbedeutendere Fehler als andere Spieler. Er kennt eine große Menge Partien der Vergangenheit und ist auf dem Laufenden, was die Eröffnungsvarianten der aktuellen Turniere angeht.

Der Meister und der Amateur betrachten Stellungen aus unterschiedlichen Blickwinkeln. Der Meister begreift und versteht eine Stellung und ihre Auswirkungen besser als der Amateur. Dem Meister sind die Wechselbeziehungen verschiedener Grundsätze gegenwärtig, deren Vorhandensein dem Amateur unbekannt sein mag.

Untersuchen wir die verschiedenen Aspekte, bei denen die Unterschiede zwischen Meister und Amateur klar hervortreten, im Hinblick darauf, was der Amateur in jedem Bereich tun muss, um sein Spiel zu verbessern und Fortschritte auf dem Weg zur Meisterschaft zu erzielen.

1) Die Eröffnung

Bis zu einem gewissen Grad gibt es keinen erkennbaren Unterschied zwischen Meister und Amateur, weil beide die gleichen theoretischen Varian-

ten spielen. Der große Unterschied besteht darin, dass der eine die Züge mechanisch nachahmt, der andere sie versteht. Vom allerersten Zug ab weiß der Meister, warum er jeden Zug macht, ob strategisch oder taktisch. Der Amateur andererseits lernt oft Varianten auswendig und leiert sie herunter. In solchen Fällen verliert er häufig den Faden bei der ersten Abweichung vom „Buch", während der Meister, der die Gründe für die Züge versteht, Vorteil aus jeglichem fehlerhaften Verhalten zieht.
Der Meister behandelt gewöhnlich die Eröffnung in Übereinstimmung mit der Theorie; gelegentlich vermeidet er jedoch absichtlich die beste theoretische Fortsetzung, um einer zum Remis neigenden Spielweise zu entgehen oder eine Variante zu vermeiden, die ihm nicht liegt, die seinem Temperament nicht entspricht, oder einfach um seinen Gegner zu verwirren. So kann ein zweifelhafter Zug eines Meisters eine ganz andere Bedeutung haben als der gleiche, von einem Amateur ausgeführte Zug.
Der Meister hat noch andere Gründe, von einem theoretischen Abspiel abzuweichen. Beim Studium spezieller Varianten entdeckt er manchmal Verbesserungen. Als starker Spieler ist er in der Lage, kleine Irrtümer in herkömmlichen Spielweisen zu finden. Das ist nicht so schwierig, wie es scheinen mag. Schließlich – was ist Theorie? Sie stammt aus zwei Quellen: der statistischen Sammlung von Varianten, die in Turnieren gespielt wurden, und den Analysen der Spieler vor und nach den Turnieren. Die letztere Art von Analyse ist natürlich verlässlicher, weil sie ohne den Zeitdruck erfolgt, der in der Turnierpartie herrscht. Meister untersuchen oft gewisse Abspiele sehr genau, bevor sie sie erstmals im Turnier anwenden, um einen verhältnismäßig unvorbereiteten Gegner zu überraschen. Eröffnungsexperten prüfen alle Partien eines bestimmten Abspiels zusammen mit allen verfügbaren theoretischen Analysen der Variante und erhalten aus ihrem Studium eine theoretische Einheit, die mehr ist als eine statistische Sammlung: sie begründet und fällt ein Urteil. Der Meister ist ferner befähigt, in diesen theoretischen Einheiten Verbesserungen zu finden; aber das ist viel schwieriger, weil das Feld schon von einem oder mehreren Fachleuten vor ihm durchgepflügt worden ist.
In den Partien dieses Buchs weicht der Amateur oft von der Theorie ab. In Partie 1 ist der 7. Zug von Schwarz ein theoretischer Fehler. In Partie 10 begeht Schwarz im 6. Zug einen strategischen Missgriff. In Partie 20 verdirbt gleichfalls der 6. Zug des Schwarzen sein Spiel. In Partien wie der 2., 4., 11., 16. und 17. unterlaufen dem Amateur zwar in den ersten Zügen keine Irrtümer, sie zeigen einfach, dass er die Eröffnung nicht verstanden hat, und das hat gleichfalls ernste Folgen im Mittelspiel. Als theoretische Verbesserung kann die Widerlegung des Zuges 9. ... Sc6-a5 (Partie 5) betrachtet werden, der ebenfalls mangelndes Eröffnungswissen seitens des Amateurs zeigt.

Wie der Amateur seine Eröffnungstechnik verbessern kann

Der Amateur sollte einigermaßen mit allen Haupteröffnungen vertraut sein und eine äußerst gründliche Kenntnis von zwei oder drei Eröffnungen besitzen. Beabsichtigt er, in Turnieren zu spielen, sollten ihm aktuell vorherrschende Varianten wohlbekannt sein. Es ist jedoch so gut wie unmöglich für jeden, der nicht zahllose Stunden dem Schach widmet, mehr als eine flüchtige Kenntnis vieler Varianten zu haben. Aus diesem Grund kann man eine Verbesserung des Eröffnungsspiels wohl am besten erreichen, indem man die Grundidee jeder Haupteröffnung studiert und sich diese beim Spiel immer vor Augen hält, während man zugleich die taktischen Zusammenhänge jeder Stellung sorgfältig beachtet. Man sollte danach streben, die Ideen der einzelnen Züge zu verstehen und sich ein genaueres Verständnis dafür anzueignen, worin während und am Ende der Eröffnungsphase eine gute Stellung besteht.

Die Ideen hinter den Eröffnungen sind in Lehrbüchern, Artikeln in Schachzeitschriften und oft in erläuterten Partien zu finden. In den Partien dieses Buches ist erhebliche Aufmerksamkeit darauf verwendet worden, den Sinn und das Ziel der betreffenden Eröffnung als Ganzes sowie der einzelnen Züge zu erklären. Der Amateur wird es nützlich finden, eine Anzahl von Partien einer bestimmten Eröffnung nachzuspielen. Das gibt ihm eine Idee, wie sich das Spiel entwickelt, von den mit ihr zusammenhängenden Stärken und Schwächen und von einigen der Probleme, die sich in ihrem Ablauf stellen. Außerdem kann der fortgeschrittene Amateur, der sich auf bestimmte Eröffnungen oder Varianten spezialisiert, versuchen, die Theorie zu verbessern, so wie es der Meister tut. Er wird natürlich eher in Turnierpartien kleine Irrtümer finden als in theoretischen Analysen. Neben dem Kennenlernen von Theoriezügen sollte der Amateur immer an die Grundlagen einer guten Schachstellung denken und versuchen, sobald ihm eine unbekannte Eröffnung oder ein ungewöhnlicher Zug in einer bekannten Eröffnung vorgesetzt wird, durch sorgfältige Analyse eine *feste* Stellung zu erhalten.

2) Die Überleitung zum Mittelspiel

Wenn die Figuren entwickelt sind und zur offenen Feldschlacht bereitstehen, ist die Eröffnung abgeschlossen und das Mittelspiel beginnt. Dieser Teil der Schachpartie ist vielleicht derjenige, der von allen am schwierigsten zu behandeln ist. Zum Teil, weil er nicht tabellarisch in Buchform vorliegt, zum Teil, weil die Figuren noch nicht in unmittelbarem Kontakt mit den gegnerischen Streitkräften gekommen sind (wenngleich sie zum Einsatz bereitstehen); daher verläuft das Denken in rein strategischen, nicht taktischen Bahnen. In diesem Teil der Partie wird deutlich, ob der Spieler die von ihm gewählte Eröffnung verstanden hat, oder ob er lediglich eine Reihe von auswendig gelernten Zügen aufs Brett gesetzt hat.

In dieser Phase werden die Pläne für die Zukunft geschmiedet, eine umfassende Strategie entworfen. Die Wahl der richtigen Strategie ist äußerst bedeutsam und kann auch sehr schwierig sein. Ihre Wurzeln stecken in der Eröffnung.

Der Unterschied zwischen Amateur und Meister tritt hier deutlicher hervor als in der Eröffnung. Es kommt vor, dass der Amateur völlig verwirrt ist und nicht weiß, was er mit der Stellung, die er sich aufgebaut hat, anfangen soll. Er spielt ziellos oder zumindest unentschlossen, wie in den Partien 8, 12 und 14. Der Meister dagegen plant seine Strategie entsprechend den Anforderungen seiner Stellung und legt die Basis für eine erfolgreiche Fortsetzung des Mittelspiels. In den letzten acht Partien des Buches wissen beide Parteien genau, was sie anstreben, und in diesen Partien sehen wir einen spannenden und heftigen Zusammenprall der gegnerischen Zielsetzungen, wobei der Meister im Allgemeinen, aber nicht immer, durchdringt.

Wie der Amateur sein Spiel zu Beginn des Mittelspiels verbessern kann

Es gibt mehrere Abhandlungen über das Mittelspiel, die diese Übergangsphase erörtern, und es ist sehr nützlich, wenn man bei dem Versuch, sich in diesem Teil der Partie zu vervollkommnen, sorgfältig studiert, wie der Meister diese Phase behandelt. Diese Art Technik sehen wir oft in Turnierpartien, die man jedoch im Hinblick darauf studieren muss, herauszufinden, was unmittelbar nach der Eröffnung geschieht. Es ist besonders interessant, diese Phase der Partien Meister gegen Amateur zu untersuchen, um zu sehen, wie der Meister gegen die unentschlossenen Züge des Amateurs vorgeht, was z.B. in den Partien 8 und 14 deutlich illustriert wird. Dieser Partiephase wurde in dem vorliegenden Werk besondere Aufmerksamkeit gewidmet.

Ein zweckvolles Vorgehen zu Beginn des Mittelspiels ist vor allem eine Frage des Eröffnungsverständnisses. In Partie 9 z.B. weiß der Schwarze, dass ihm die nach der Eröffnung erreichte Stellung Chancen gibt, einen Angriff auf die weißen Mittelbauern zu starten. Aus der gleichen Quelle ist dem Weißen bekannt, dass er die Mitte stützen muss, zu diesem Zweck bringt er sogar den König aufs Schlachtfeld und leistet einen heroischen Widerstand, der wohl gegen einen nur geringfügig schwächeren Spieler als den Meister erfolgreich gewesen wäre.

3) Das Mittelspiel

Das Mittelspiel ist die Phase, die die Erfindungskraft des Spielers am meisten herausfordert. Es ist anders als die Eröffnung keiner erschöpfenden theoretischen Erforschung unterzogen worden; anders als das Endspiel ist es in keine Sammlung gefälliger Techniken zusammengepresst worden. Weil klare Regeln fehlen, wie vorzugehen ist, und wegen der ihm innewoh-

nenden Schwierigkeit stellt es die anspruchsvollsten Probleme in der Schachpartie. Um das Mittelspiel richtig zu spielen, muss man einerseits die Stellung als Ganzes sehen, um die korrekte Spielweise beurteilen zu können, andererseits alle Einzelheiten erkennen und keine Möglichkeiten übersehen, mögen sie offenkundig oder versteckt sein.
Im Mittelspiel kommen alle Arten allgemeiner strategischer Erwägungen ins Bild: ob Kräfte versammelt oder Figuren getauscht, ob die Spannung aufrechterhalten oder Bauern getauscht werden sollen, ob Linien zu öffnen oder für immer zu schließen sind, ob ein Großangriff auf den feindlichen König begonnen werden, ob man auf Materialgewinn ausgehen, die feindlichen Bauern schwächen oder ein günstiges Endspiel durch allgemeinen Figurentausch anstreben soll. Zu all diesen Fragen kommen die allgegenwärtigen taktischen Probleme, die das Vorrecht vor allen strategischen Erwägungen haben: Hat der Gegner irgendwelche Drohungen, denen zu begegnen ist? Wenn ja, wie? Wenn nicht, kann man selbst drohen? Oder kann man eine unbequeme Situation für den Gegner schaffen, die ihn zwingt, seinen eigenen Absichten entgegenzuwirken? Im Schach wie im Leben sieht nicht jeder die gleiche Lage vom gleichen Standpunkt aus. Man setze sechs verschiedenen Spielern die gleiche komplizierte Mittelspielstellung vor, und man wird finden, dass diese Spieler die Position bei der Suche nach dem besten Zug verschieden betrachten. Die Elemente der Vielfalt und Unvorhersehbarkeit steigern den Reiz des Schachs und verhindern seine rein mechanische Ausübung, die auf auswendig gelernten Zugfolgen beruht.
Im reinen Mittelspiel ist wie in der vorhergehenden Phase der Unterschied zwischen Amateur und Meister besonders merklich. Der Amateur hat in der Regel ein weniger umfassendes Verständnis von der Lage auf dem Brett; die Möglichkeiten sind ihm in ihrer Gesamtheit weniger klar bewusst. Ist die Situation positionell zu erfassen, misslingt es dem Amateur häufig, die richtige Strategie zu finden; ist die Lage taktisch geprägt, neigt der Amateur dazu, weniger zu sehen und die Analyse weniger weit auszudehnen oder weniger präzise auszuführen als ein Meister.

Wie der Amateur sich im Mittelspiel verbessern kann

Es gibt keine einfache Formel dafür, wie man die verwickelten Situationen, die sich im Mittelspiel ergeben, beherrschen kann. Einen guten Beginn bildet das eingehende Studium von Mittelspielen der Meister mit Hinblick darauf, jeden der einzelnen Züge und ihr Verhältnis zur Gesamtstrategie verstehen zu lernen. Unter *Taktik* werden wir zeigen, wie Amateure ihr taktisches Spiel bzw. unter *Strategie,* wie sie ihr Stellungsspiel verbessern können.
Es ist eine gute Idee, das gesamte Brett zu prüfen und Einfallsreichtum zu

entwickeln, um Züge zu finden, die die Lage für uns günstig gestalten und für den Gegner ärgerlich sind. Der naheliegende Zug ist nicht immer der beste, und man darf nicht so leicht der Versuchung nachgeben, mechanisch zu spielen, wie etwa einen Turm auf eine offene Linie oder einen Springer nach f3/c3 (bzw. f6/c6) zu stellen. Das mögen die gegebenen Züge sein, in der aktuellen Situation könnte es jedoch etwas viel Besseres geben. Manchmal sind stille Züge angezeigt, ein Zug jedoch, der den Druck erhöht oder eine direkte bzw. indirekte Drohung aufstellt, kann den Gegner zu Zügen verleiten, die seine Position bloßstellen oder wenigstens seine Aufgabe erschweren. Züge, die die Initiative erhalten, sind immer wünschenswert.

Manchmal lässt sich das Mittelspiel nach einem gradlinigen Plan führen. Öfter hingegen besteht es aus einer Reihe strategischer Phasen, von denen jede ihr eigenes Ziel hat. Ist es erreicht, lässt es die Partie in eine neue Phase mit einem neuen Teilziel übergehen. Immer wieder wird man in den Anmerkungen lesen: „Die Partie tritt nun in eine neue Phase ein ..." Amateure sollten die Fähigkeit entwickeln, diese Etappen zu erkennen und wünschenswerte Ziele für sie aufzustellen.

Obwohl das Mittelspiel nicht im gleichen Maß wie Eröffnung und Endspiel aufgeschlüsselt worden ist, gibt es gewisse typische Mittelspielstellungen, die ein Vorgehen nach bekannten Schemata erlauben. Das Spiel der Meister zeigt, dass gebräuchliche Bauernformationen wie in Partie 10, andere Schwächen in der Bauernstellung wie in den Partien 2 und 9, die Bauernmehrheit am Damenflügel wie in Partie 25 usw. auf vorgeschriebenen Wegen ausgenutzt werden können. In gewissen Stellungen wie Minoritätsangriff in Partie 13, Strategie der offenen Linie in den Partien 11 und 16, Damenflügelangriff in Partie 3, Königsflügelangriff in den Partien 17 und 19, Angriff gegen den König auf der offenen Linie in den Partien 6 und 22, Schlussangriff in den Partien 1, 20, 21, 24, vereinigter Druck entlang der Schrägen und der offenen Linie in Partie 23 und Bauernkettenstrategie in den Partien 19 und 21, kann standardmäßig vorgegangen werden, wenn nicht mit mathematischer Genauigkeit, so doch zumindest innerhalb eines fest umrissenen Rahmens. Der Amateur, der sich mit diesen immer wieder vorkommenden Mittelspielkonstellationen vertraut macht und sie zu behandeln weiß, verbessert seine Fähigkeiten in diesem Teil der Partie.

4) Das Endspiel

Dies ist der Teil der Schachpartie, in dem so viele Figuren durch Tausch vom Brett verschwunden sind, dass die beiden Könige aktiv am Kampf teilnehmen können. Nicht alle Partien erreichen dieses Stadium.

Das Endspiel unterscheidet sich von Eröffnung und Mittelspiel darin, dass hier im Allgemeinen ein methodisches und sorgfältig ausgearbeitetes Vorgehen, das man Technik nennt, anwendbar ist. Wegen der verringerten

Figurenzahl ist es möglich, mit viel größerer Genauigkeit vorauszuberechnen, was passieren wird, und die Untersuchung verschiedener Stellungstypen hat zur Bestimmung ihrer richtigen Behandlung geführt.

Der Meister ist in der Endspieltechnik bestens bewandert. Ist einmal ein bestimmter Endspieltyp erreicht, kennt er innerhalb von Grenzen die richtige Behandlungsweise. Das genügt im Allgemeinen, denn in Endspielen ist in der Regel kaum Neues zu finden (anders als in der Eröffnung), und es gibt kaum die unüberschaubaren Möglichkeiten, die das Mittelspiel charakterisieren.

Nicht nur die Endspieltechnik, sondern auch die Kenntnis der Ergebnisse, zu denen typische Endspielstellungen führen, ist sehr nützlich. So kann man unter Umständen schon im Mittelspiel ein günstiges Endspiel anstreben und hat die Sicherheit, dass die erwünschte Stellung gewonnen ist, sofern sie im Endspiel erreicht wird.

Der Amateur ist natürlich erheblich weniger vertraut mit der Endspieltechnik als der Meister. Was dem letzteren selbstverständlich erscheint, bedeutet für den ersteren oft harte Arbeit, die sorgfältige Analyse erfordert und Anlass zu Fehlern gibt.

Wie der Amateur sich im Endspiel verbessern kann

Fortschritte im Endspiel erzielt man auf zweierlei Wegen: a) durch ein größeres Wissen über die Ergebnisse der signifikanten Endspieltypen und b), die spezifische Weise, diese Endspieltypen zu behandeln.

Es ist äußerst wichtig, den theoretischen Ausgang der regelmäßig vorkommenden Endspiele zu kennen, weil dieses Wissen als Führer dienen kann, welche Richtung einzuschlagen ist, solange die Stellung noch verwickelt genug und eine Auswahl möglich ist. Wenn man z.B. in einem Endspiel T+S+B gegen T+S weiß, unter welchen Umständen T+B gegen T gewinnen, hat man einen Hinweis, wann durch Abtausch der Springer vereinfacht werden kann.

Ebenso wichtig ist es zu wissen, wie die normalen Endspiele richtig zu behandeln sind. Es genügt z.B. nicht, K+B gegen K in einer Stellung zu erhalten, in der die Umwandlung des Bauern möglich ist. Man muss auch wissen, wie das Spiel zu führen ist, um das Patt zu vermeiden, und dies ist eine Technik, die man lernen kann. Lernt man sie aber nicht, läuft man Gefahr, den Gewinn auszulassen, wann immer sich eine solche Stellung ergibt. Sehr wichtig ist in solchen Endspielen auch ein Verständnis der Bedeutung und Anwendung der Opposition. Der Amateur sollte sich vertraut machen mit elementaren Endspielen wie K+B gegen K, K+T+B gegen K+T, Bauernendspielen im Allgemeinen, wo die Opposition eine Rolle spielt, Dame gegen vorgerückte Bauern usw., ferner mit dem Kampf zwischen L+B und S+B, wo es Faktoren gibt, die den Springer begünstigen

(Bauern nur auf einer Seite des Brettes wie in Partie 2, oder festgelegte Bauern auf der Felderfarbe des feindlichen schlechten Läufers), oder Faktoren, die den Läufer begünstigen (Bauern auf beiden Seiten, oder festgelegte Bauern auf der Felderfarbe des eigenen guten Läufers). Bei der Arbeit mit dem Endspiel sollte man sich die folgenden allgemeinen Hinweise stets klar vor Augen halten: a) In mehr als 90% der Fälle ist ein Mehrbauer in einem einfachen Bauernendspiel ausschlaggebend. b) Mit Figur(en) + Bauer(n) ist der Mehrbauer in vielleicht 50-60% der Fälle entscheidend; er entscheidet endgültig, sobald der Spieler zusätzlich einen Stellungsvorteil besitzt. In Partie 2 z.B. steht Schwarz beweglicher und hat außerdem einen Bauern mehr. In Partie 9 ist der gegnerische König gefährdet. In den Partien 7, 10, 11, 13, 16 und 23 genießt die materiell besser gestellte Seite außerdem die erheblich größere Wirksamkeit ihrer Figuren. c) Der König spielt eine wichtige Rolle im Endspiel. In Partie 14 z.B. kann der schwarze König über das ganze Brett spazieren und die gegnerischen Figuren in Verlegenheit bringen, während der weiße an die Verteidigung der ihn umgebenden Bauern gebunden ist. Andererseits muss man auch im Endspiel die Gefährdung des Königs einberechnen; ein Beispiel bietet Partie 9. d) Die Initiative ist im Endspiel vielleicht noch wichtiger als in anderen Partiephasen. In Turmendspielen muss man ihren Besitz mindestens so hoch wie einen Bauern einschätzen. In Partie 25 ist Schwarz im Besitz der Initiative beinahe in der Lage, das Fehlen von zwei Bauern zu kompensieren. e) Zwei verbundene Freibauern sind sehr stark, und wenn sie auf die 6. Reihe vordringen, wiegt ihre Kraft im Allgemeinen so schwer wie ein Turm. Ist der König in ihrer Nähe, können sich zwei extreme Möglichkeiten ergeben: 1) Kann der feindliche König vor die weniger weit vorgerückten Bauern gelangen, werden sie fast wertlos; jedoch 2) kann die Seite mit den zwei Bauern den feindlichen König angreifen – und diese Möglichkeit ist gewöhnlich vorhanden – übersteigt die Kraft der Bauern sogar die eines Turmes, wie in Partie 24 gezeigt wird.

Kurz gesagt, das Endspiel ist eine Partiephase, die weitgehend durch Studium zu erlernen ist und in der Kenntnisse mehr zählen als Scharfsinn. Nicht ohne Grund haben große Meister wie Capablanca geraten: „Studiere das Endspiel."

5) Strategie, Taktik und taktische Lagen

Greift man zu Abhandlungen über die Schachtechnik, so stößt man alsbald auf die Begriffe **Strategie** und **Taktik**, die manchmal sehr lose auf jede Art von Manöver angewandt werden, manchmal sehr genau, um zwei unterschiedliche Prozesse des Vorgehens zu bezeichnen. Obwohl unterscheidbar, sind Strategie und Taktik zuweilen so eng verflochten, dass man beim Ausarbeiten einer strategischen Idee mit taktisch bedingten Abwandlungen oder Änderungen des gesamten Plans rechnen muss, und manchmal hängt eine taktische Entscheidung von den strategischen Zielen des Spielers ab. Vor und über Strategie bzw. Taktik rangiert das, was wir eine taktische Lage nennen, weil Rechnen erforderlich und doch (anders als bei dem, was man üblicherweise unter Taktik versteht) kein vorgefasster strategischer Plan einzubeziehen ist.

Was auch die genaue Bedeutung dieser Bezeichnungen sein mag, es ist von größter Wichtigkeit für ein erfolgreiches Spiel, jede von ihnen im richtigen Moment anzuwenden. Im Allgemeinen prüft jeder erfahrene Spieler taktische Einzelheiten; vielen Amateuren ist jedoch die Strategie und die wichtige Rolle, die sie bei erfolgreichem Schach spielt, teilweise oder vollständig unbewusst. Das gleiche gilt für die Taktik, soweit sie mit der Ausführung eines strategischen Plans verknüpft ist.

6) Strategie

Strategie bedeutet „umfassende Planung", um ein gegebenes Ziel in einer gegebenen Partiephase zu erreichen, im Unterschied zum taktischen Verhalten während der Unternehmung. Strategisches Denken ist angebracht, wenn die Stellung ruhig ist und keine unmittelbaren taktischen Probleme zu lösen sind. Die richtige Strategie lässt sich aus der Charakteristik der Stellung entwickeln.

Es gibt eine Reihe verschiedener Situationen, die strategisches Denken erfordern:

a) In der Eröffnungsphase gibt es immer irgendein Grundziel, mag es sich um Kontrolle der Mitte, die Aufstellung der Figuren auf wirkungsvolle Angriffsplätze bzw. Verteidigungsposten oder die Öffnung einer Linie handeln. Es ist wichtig, sich die strategischen Ziele in dieser Phase klar zu vergegenwärtigen. Einerseits können diese Ziele den Spieler leiten, wenn der Gegner von der Theorie abweicht; andererseits weisen sie auf den strategischen Plan zu Beginn des Mittelspiels hin.

b) In allen ruhigen Stellungen, wo keine taktischen Probleme bestehen, ist es opportun, eine wirkungsvolle Strategie zu suchen und nicht ziellos zu spielen. Züge, die einen Zweck verfolgen, sind wirkungsvoller als zwecklose. Druck auf bestimmte Punkte im gegnerischen Lager auszuüben, den Gegner an der Rochade zu hindern, die Überdeckung der eigenen Mitte sind einige Beispiele strategischen Denkens. Nach einer Reihe solch zweckvoller Züge fällt manchmal die Stellung des Gegners infolge unserer Kräftekonzentration auseinander.

c) In manchen ruhigen Stellungen kann ein Spieler Züge finden, die taktische Probleme für seinen Gegner schaffen und diesen zu Antwortzügen zwingen, die unerwünscht sind und ihn in der Folge nötigen, sich mit bestimmten Schwächen abzufinden.

d) Wenn im gegnerischen Lager bereits eine Schwäche besteht, dreht sich unser strategischer Plan oft um die Ausnutzung dieser Schwäche. In Partie 2 z.B. nutzt Schwarz die vorgerückten Damenflügelbauern des Weißen aus, in Partie 3 macht sich Weiß die geschwächten Damenflügelbauern des Schwarzen zunutze, und in Partie 4 beutet Weiß gleichzeitig die schwachen Felder des Schwarzen und die Stellung des unrochierten Königs aus.
e) Manchmal ist die Stellung reif, um einen weit ausgedehnteren Angriffsplan zu entwerfen. In Partie 1 z.B. zeigen die Beherrschung des Zentrums, der Besitz des Läuferpaars und eine Ansammlung von Kräften einen Großangriff am Königsflügel an; in Partie 11 plant Weiß einen Angriff auf der offenen c-Linie und anschließend auf der 7. Reihe; in Partie 13 ermöglicht die Bauernstruktur einen Minoritätsangriff; in Partie 17 verlangen drei Umstände nach einem Königsangriff: die weiße Kontrolle des Zentrums, der Aufbau seiner Königsflügelbauern und der leicht geschwächte Königsflügel des Schwarzen.
Dem Meister ist das Erfordernis, mit einem Plan zu spielen, immer bewusst, und er weiß, welche Pläne der jeweiligen Situation am besten entsprechen. Der Amateur spielt oft ohne irgendeinen Plan, wie in Partie 12, oder wählt den falschen, wie in Partie 14, oder beginnt einen Plan und versäumt dann, ihn zu Ende zu führen, wie in Partie 8. Viele Amateurpartien bestehen aus relativ zusammenhanglosen Zügen, die taktisch nicht schlecht sein müssen, denen es aber am Zweck und am Zusammenhang mangelt.

Wie der Amateur sein strategisches Spiel verbessern kann

Obwohl Kommentatoren sich gewöhnlich mehr auf taktische Varianten als auf strategische Pläne konzentrieren, finden sich Abhandlungen, die besonders der Strategie gewidmet sind. Es gibt auch Meister, die in ihren Anmerkungen das strategische Denken hervorheben. Der Amateur kann aus solchen Werken Anregungen zu strategischem Denken gewinnen. Sobald er einmal dessen Bedeutung erkannt hat, wird er beim Nachspielen von Meisterpartien nach den strategischen Phasen Ausschau halten. In seinen Partien kann er sich in ruhigen Stellungen ständig zwingen, Züge zu suchen, die ein Ziel haben und einem Plan folgen. Es ist auch nützlich, Partien zu studieren, die unterschiedliche Arten von Strategie aufweisen, wie Königsflügel-, Zentrums-, Minoritätsangriff usw., von denen etliche in diesem Buch zu finden sind.

7) Taktik

Sobald ein strategischer Plan beschlossen ist, wird man sich überlegen, mit welchen Mitteln dieser Plan auszuführen ist. Damit begeben wir uns auf das Gebiet der Taktik. Sie umfasst die Berechnung der Züge, die erforderlich sind, um den Zweck zu erreichen, und bezieht die vernünftigen Antworten des Gegners mit ein. In Partie 1 z.B., wo Weiß Kräfte akkumuliert hat, besteht seine Strategie darin, den schwarzen Bauernwall zu durchbrechen, um diese Kräfte einsetzen zu können, und das taktische Problem besteht darin, die Züge zu finden, die den Durchbruch ermöglichen. In Partie 2, wo Weiß seine Damenflügelbauern geschwächt hat, besteht das taktische Problem des Schwarzen darin, die Züge zu berechnen, durch die er Vorteil aus den Bauernschwächen ziehen kann. Am Ende der Partie 2 stoßen wir auf eine typische Konstellation in Form einer „ewigen Fesselung“. Die Partie zeigt, wie die Fesselung auszunutzen ist und wie man daraus mit dem Gewinn einer ganzen Figur den vollen Vorteil zieht. In Partie 17, wo für Weiß ein Angriff am Königsflügel angezeigt ist, besteht das taktische Problem darin, die genaue Zugfolge festzulegen, mit der der Angriff ausgeführt wird. Er wird durch ein typisches Turmopfer gekrönt. In vielen anderen Partien sehen wir die gleiche enge Verbindung zwischen der vorausgegangenen Strategie und der daraus folgenden Taktik. Ebenso wie in Partie 1 sehen wir eine Anhäufung von Macht in den Partien 19 bis 24. Das strategische Meisterstück des Zugzwangs auf vollem Brett in Partie 13 wird an Zugfolgen demonstriert, die zumeist von einfacher, taktischer Art sind. Ein Sonderbegriff taktischen Spiels ist die Kombination, die einen kurzen Teil der Partie ausmacht und mit deren Hilfe ein bestimmter Zweck durch Gewalt erreicht wird. Ihre Zugfolge bildet eine logische unteilbare Kette. Betrachtet man jeden einzelnen der Züge, scheinen sie sinnlos oder gar fehlerhaft; zusammen bilden sie jedoch eine außergewöhnlich attraktive Einheit. Auf eine Reihe von für sich selbst unverständlichen Zügen folgt plötzlich die Erleuchtung, und ihr wirklicher Zweck wird klar.

In Partie 15 sehen wir, wie Weiß Bedenken hat, dass rein strategische Mittel nur zu gleichem Spiel führen; er führt daher eine Kombination aus, die die Merkmale der Stellung zu seinen Gunsten ändert. Die Schwächung des schwarzen Königsflügels bedeutet den Anfang eines neuen, vielversprechenden Plans. In Partie 18 benötigt Schwarz eine schwierige Kombination, um einen kleinen Vorteil zu behaupten. In den Partien 3 und 4 wird vorgeführt, wie ein unrochierter König zu Opferkombinationen ermuntert. In Partie 11 gibt die Gefährdung der 8. Reihe Anlass zu Kombinationen verschiedener Art. In Partie 5 ist eine verwundbare Figur das Objekt, um das sich Kombinationen beider Seiten drehen. Partie 22 zeigt uns die typische Form eines Scheinopfers in einer Stellung, wo sich König und schwere Figuren auf der gleichen Diagonale befinden.

Wie der Amateur seine Taktik ausfeilen kann

Hat der Amateur einmal gelernt, in strategischen Begriffen zu denken und strategische Ziele zu formulieren, dann muss er versuchen, sich die taktischen Schritte vorzustellen, die die Strategie verwirklichen sollen. Es gibt spezielle Bücher über Kombinationen, die ihm helfen, sein Können im Planen und Ausführen von Kombinationen zu entwickeln. Ein sorgfältiges Studium der taktischen Schritte, durch die die strategischen Pläne in den Partien dieses Buches ausgeführt werden, wird sicherlich ebenfalls Früchte tragen.

8) Die taktische Lage

Wenn die Figuren beider Parteien so miteinander in Berührung kommen, dass eine Drohung entsteht, oder wenn diese Lage unmittelbar bevorsteht, so dass eine Berechnung der Züge erforderlich wird, dann tritt eine **taktische Lage** auf, denn der Spieler muss das Ergebnis seiner Züge dahingehend einschätzen, ob die Drohung ausgeführt wird oder nicht.

Eine taktische Lage entsteht entweder bei der Ausführung eines strategischen Plans oder an irgendeinem Punkt bei zufälligen oder gar zwecklosen Zügen, wie häufig in Amateurpartien. Sie erfordert unverzügliche Aufmerksamkeit und ist gegenüber allen anderen Erwägungen vorrangig. Ein taktischer Irrtum könnte ernsthafte Folgen haben wie schlechtere Stellung, materielle Einbuße oder sogar Matt.

Es ist von unschätzbarem Wert, wenn man eine taktische Lage wirkungsvoll zu behandeln versteht. Das Minimalziel heißt, jeden Zug zu vermeiden, der zum Nachteil führt; das Maximum ist, einen Zug zu finden, der dem Gegner irgendeinen Nachteil auferlegt. Unter diesen Umständen kann man oft einen „scharfen Zug" machen, das ist ein gewaltsamer Zug, der dem Gegner ein Problem stellt und ihn mit einer unmittelbaren Drohung beschäftigt. Scharfe Züge sorgen für eine lebhafte Partie und bringen dem Gegner oft Ungelegenheiten; sie sind häufig, jedoch nicht immer, die besten. Ihr genauer Wert in der gegebenen Stellung muss durch die Analyse bestimmt (geprüft) werden. Jede vernünftige Möglichkeit muss untersucht und abgeschätzt werden, und der Spieler muss das Abspiel wählen, das ihm die meisten Ressourcen bietet.

Für viele Amateure ist die Auflösung taktischer Lagen durch Analyse das wahre Schach. Sie kennen nichts anderes als eine konkrete Stellung sorgfältig zu untersuchen und zu ermitteln, wie viel sie herauskitzeln können. Das ist in der Tat ein sehr wichtiger schachlicher Gesichtspunkt, den ein Spieler nicht vernachlässigen darf. Wenn eine schachliche Fähigkeit allen anderen vorzuziehen wäre, könnte es wohl die des bewanderten Taktikers sein.

Wie der Amateur sich in der Behandlung taktischer Lagen ausbilden kann

Die in Partieanmerkungen gegebenen Varianten zeigen, wie taktische Lagen zu behandeln sind, sie vermitteln die taktische Analyse, wie sie Meister und Kommentatoren handhaben. Der Amateur könnte gut mit einer gegebenen taktischen Lage beginnen, seine eigenen Untersuchungen anstellen und sie dann mit denjenigen des Kommentators vergleichen, wobei er sorgsam die Möglichkeiten festhält, die er in der eigenen Analyse übersehen hat.

Für die Analyse kann eine gewisse Zahl von Grundsätzen aufgestellt werden:

a) Prüfe jedes Schach und jeden Schlagfall. Selbst wenn ein derartiger Zug offensichtlich falsch aussieht, könnte sich ein unerwartetes und wünschenswertes Ergebnis einstellen.

b) Prüfe alle Möglichkeiten – unwahrscheinliche wie wahrscheinliche Züge. Was der Amateur am häufigsten versäumt, ist, den fehlerhaft scheinenden Zug zu erwägen. Manchmal ist ein solcher Zug gerade der, der dem Gegner die meisten Sorgen bereitet.

c) Führe die Analyse zu Ende. Eine Zugfolge, die an einer Stelle schlecht aussehen mag, nimmt zuweilen eine vorteilhafte Wendung, wenn sie etwas weitergeführt wird.

d) Unterschätze den Gegner nicht. Nimm nicht an, dass er die Erwiderung wählen wird, die für dich am günstigsten ist, sondern dass er sich jede Mühe geben wird, das Allerbeste für sich zu finden.

e) Untersuche besonders aufmerksam Züge, die den Gegner einschränken, wie starke Drohungen, Doppeldrohungen, Angriffe auf die Dame usw.

f) Beachte genau die Reihenfolge der Züge, die eine strategische oder taktische Idee verwirklichen sollen. Die falsche Reihenfolge kann dem Gegner eine Gelegenheit eröffnen, aus den Schwierigkeiten herauszukommen oder zumindest die Wirkung der Züge abschwächen. Sie kann Zeit und Kraft kosten und den Spieler zwingen, unnötig viel Abspiele durchzurechnen.

9) Die Initiative

Der Ausdruck „Initiative" beschreibt eine Situation, in der einer der Spieler derart dominiert, dass sein Gegner entweder gezwungen ist, sich nach seinem Spiel zu richten oder auf jede eigene Unternehmung zu verzichten. Der Besitz der Initiative ist an jedem Punkt der Partie außerordentlich wertvoll, besonders jedoch im Mittel- und Endspiel. Im Allgemeinen sollte ein Spieler immer die Initiative ergreifen, wenn er kann, und sie behalten, solange er kann. Das Geheimnis des (Wieder-)Erlangens der Initiative liegt darin, eher unternehmende als unbestimmte oder passive Züge zu machen. Der starke Spieler drückt ständig, zwingt den Gegner, nach seiner Pfeife zu tanzen, wann und wo immer er dies vermag.

Jeder Schachspieler hat schon einmal das Spiel vollständig beherrscht, wenn er einem Anfänger gegenübersaß, der nach wenigen Zügen derart eingeschnürt war, dass er nichts mehr von Belang unternehmen konnte.

Dies geschah, weil der Anfänger keine angemessenen Maßnahmen ergriffen hat, um die kühnen Vorstöße seines Gegners aufzufangen, geschweige denn selbst die Initiative zu ergreifen. Ungefähr genauso, wenn auch auf einer subtileren Stufe, gelingt es dem Meister, die Partie zu beherrschen, wenn er mit einem Amateur spielt. Der letztere kann in der Regel die Lage nicht so überzeugend und in so kurzer Zeit beurteilen, und es kommt oft vor, dass ein erfahrener Amateur gegen einen Meister ab einem bestimmten Punkt eine völlig festgelegte Marschroute hat. Partie 12 ist ein glänzendes Beispiel dafür.

Die Initiative kann auf verschiedene Arten erlangt werden, am offensichtlichsten durch einen aktiven Zug, der den Gegner zwingt, auf bestimmte Art zu antworten, und so seine Auswahl beschränkt. Versäumt es der Gegner, von Zeit zu Zeit durch eigene unternehmende Züge auszugleichen, wird die Initiative des ersteren schrittweise immer größer und schließlich überwältigend. Ferner gibt es die Methode, aktive Züge zu spielen, die ein gewisses Maß an Druck auf die Stellung des Gegners ausüben. Mit Tempogewinn operieren, d.h. Züge zu machen, die Materialgewinn drohen, ist ein anderer Weg, die Initiative zu erobern. Um sie zu behalten, vermeidet man den Tausch aktiver Figuren gegen passive des Gegners. Tauschen, wenn Rückzug Zeitverlust bedeutet, ist aber eine Form, die Initiative festzuhalten.

Eine besondere Situation, wo die Initiative eine wichtige Rolle spielt, liegt vor, wenn eine Seite Kräfte angesammelt hat, d.h. mehr Figuren für ein unmittelbares Eingreifen bereitstehen hat als die andere. In solchen Fällen muss der Spieler mit der Machtanhäufung etwas unternehmen. Notfalls muss er opfern, um all seinen Figuren Wirksamkeit zu verleihen und eine Bresche in die gegnerische Stellung zu schlagen. Holt er nicht so viel wie möglich heraus, kann er seinen Vorteil verlieren oder gar in eine nachteilige Lage geraten. Das hätte in Partie 18 geschehen können, hätte Schwarz sich nach dem Gewinn von zwei Bauern auf seinen Lorbeeren ausgeruht.

Eine Sonderform der Initiative ist der Angriff, der nur dann einträglich ist, wenn der Gegner eine Schwäche aufweist und genügend Figuren zur Hand sind, um diese Schwäche auszunutzen. In so einem Fall muss der Spieler sofort handeln, bevor sein Gegner genügend Kräfte beibringen kann, um wirksamen Widerstand zu leisten.

Hat ein Spieler einmal die Initiative errungen, ist es schwierig, sie ihm wieder zu entreißen. Der Amateur sollte immer danach streben, die Initiative festzuhalten, und wenn der Gegner sie zu ergreifen sucht, dessen Drohungen und Druck neutralisieren. Gewöhnlich ist der Meister in der Lage, unternehmender aufzutreten, weil er weiß, wie man sich die Initiative verschaffen kann, und bei jedem Zug versucht er die Fortsetzung zu finden, die seinen Druck verstärkt.

Wie der Amateur die Initiative ergreifen kann

In den Partien dieses Buches hat der Spieler oft eine Auswahl an Zügen. Man wird sehen, dass der Meister gewöhnlich den unternehmendsten Zug wählt. Der Amateur muss sich auch darin üben, diesbezüglich seinen Blick zu schärfen. In den Partien 3, 4, 9, 10, 11, 13, 16 und 17 ergreift der Meister von Anfang an die Initiative infolge seiner überlegenen Eröffnungsbehandlung. In Partie 12 sehen wir, wie Initiative in Form eines dauerhaften und zunehmenden Drucks schließlich zu einer Explosion führt. In den Partien 18 sowie 21 bis 25 kämpfen beide Seiten während eines beträchtlichen Teils der Partie um die Initiative. Das Ergreifen der Vorhand ist nicht immer sichtbar. In Partie 7 z.B. setzt der Meister alle möglichen Mittel ein, wie im 10. und 12. Zug von Schwarz, und plötzlich werden bei den Zügen 13 und 15 Manöver erkennbar, die in der Folge zwangsläufig zum Gewinn eines Bauern führen.

10) Der Widerstand

Besitzt der Gegner die Initiative, so muss dies, auch wenn sie sehr stark ist, nicht unbedingt den Untergang bedeuten. In den meisten Fällen – und das ist eine der attraktivsten Seiten des Schachs – gibt es einen Ausweg. Eine Stellung kann beklagenswert aussehen, zeigt man sie aber dem Meister, so wird er, wenn sie nicht gar zu schlecht ist, oft noch einen Weg zeigen, der aus den Schwierigkeiten herausführt.

Widerstand ist eine der wichtigsten Komponenten des Schachs und hat größten Einfluss auf die Ergebnisse. Im Allgemeinen kann man sagen, dass *ein* Fehler – wenn er nicht zu groß ist – die Partie noch nicht entscheidet, und ist ein Spieler imstande, nach *einem* schlechten Zug fortwährend die richtigen zu finden, wird er die Partie in den meisten Fällen retten können. Eine der wichtigsten Eigenschaften des Schachspielers ist die Zähigkeit. Meister besitzen sie meist in hohem Maß. Sie hat auch psychologische Rückwirkungen. Der Angreifer, der glaubt zu gewinnen oder wenigstens in einer Phase Erfolg zu haben, sieht sich immer neuen Problemen und Hindernissen gegenüber, die ihn ermüden oder erschöpfen mögen und ihn seine Geduld verlieren lassen. Es kommt nicht selten vor, dass der unnachgiebige Verteidiger die Partie nicht nur rettet, sondern sogar gewinnt.

Das Wichtigste für einen erfolgreichen Widerstand ist, die richtigen Verteidigungszüge zu finden. Der Amateur ist in der Verteidigung gewöhnlich nicht sehr stark. Er macht zwei oder drei Fehler, und damit wird die Sache für seinen Gegner viel leichter. Ferner ist der Amateur zu schnell überzeugt, dass er verlieren wird, und der Gedanke setzt sich fest: „Warum bis zum Letzten versuchen? Ich verliere ja doch.“ Und so spielt er oberflächlicher denn je, und die Partie geht rasch verloren. Wüsste der Amateur, dass die meisten Stellungen haltbar sind, wäre er auch geneigt, mehr nachzudenken, und wüsste er, dass es der Mühe wert ist, Widerstand zu leisten, hielte er sich in vielen Fällen besser. Ein gutes Beispiel unnachgiebiger Verteidigung ist in Partie 25 zu finden.

Zwar ist der Fehler manchmal zu schwer, wie in den Partien 11, 16, 18 und 21, wo der Widerstand erfolglos bleiben musste; aber letzten Endes ist das zu erwarten, wenn der Sieger seine ganze Energie in die Partie steckt, immer den schärfsten Angriffszug macht, nicht zögert zu opfern und die Stellung im richtigen Augenblick zu festigen weiß, um den Widerstand des Gegners zu brechen.

Wie der Amateur seine Verteidigung verbessern kann

Der Verteidiger muss die Stellung sorgfältig prüfen und alle Möglichkeiten finden, sich zu halten, dabei auch solche, die oberflächlich gesehen nicht in Betracht kommen. Er sollte auf diesem Gebiet ebenso viele Einfälle und Hilfsmittel einsetzen wie im Angriff.

Ist der Verteidiger überzeugt, dass seine Lage unhaltbar geworden ist, muss das seine Moral eher stärken als ihn entmutigen, denn das Gefühl „ich habe nichts zu verlieren“ sollte ihn zu objektiver Analyse anhalten und ihn dazu führen, alle möglichen Opfer in Betracht zu ziehen, die er zögern würde zu erwägen, falls er seine Stellung für verteidigungsfähig hielte.

Ein paar allgemeine Grundsätze für wirkungsvollen Widerstand wollen wir anführen:

a) Versuche so viele Figuren wie möglich zu tauschen, insbesondere die Angriffsfiguren des Gegners. Zögere nicht, sogar Material preiszugeben, um den Angriff zu schwächen. Dies gilt umso mehr, wenn der Gegner selbst geopfert hat, um Angriff zu erhalten.

b) Mache keine Bauernzüge an der Front, wo der Gegner angreift, wenn sie nicht unbedingt notwendig sind. Schon der große Steinitz hat auf dieses Detail hingewiesen.

c) Behalte stets einen eventuellen Gegenangriff im Auge. Im Allgemeinen ist eine aktive Verteidigung viel wirkungsvoller als eine passive. Bei der letzteren wachsen die Schwierigkeiten an, während der Gegenangriff der Partie ein neues Gesicht geben kann, wo der Verteidiger den Druck abzuschütteln vermag.

11) Der Schachstil

Eine Partie wird nicht von jedem auf gleiche Weise gewonnen, und jeder Meister hat seinen charakteristischen Stil. Schon früher zogen Spieler wie Morphy das offene Spiel vor, andere wie Steinitz das geschlossene. Aljechin und Tal gewannen meist durch taktische Finessen und starke Angriffe, andere wie Capablanca oder Petrosjan waren auf positionelles Spiel spezialisiert.

Wenn ein Meister für einen Stil eine Vorliebe hat, bedeutet das nicht, dass er nicht auch anders kann. Welchen Stil er wählt, ist wahrscheinlich Sache des Temperaments, oder er lässt sich vom Stil seines Gegners leiten.
In der Eröffnung wie im Mittelspiel gibt es Stellungen, die auf sehr unterschiedliche Weise behandelt werden können. Z.B. führt nach 1.d4 d5 2.c4 e6 die Folge 3.Sc3 Sf6, wie in den Partien 11, 12 und 14, zu einer ganz anderen Art von Partie als 3.cxd5 (Partie 13). Es gibt zahllose Mittelspielstellungen, wo ein Spieler die Wahl hat, einen geringen Stellungsvorteil zu erhalten und vielleicht nach langem Kampf zu gewinnen, oder einen schneidigen Angriff zu führen, der ein gewisses Risiko mit sich bringen könnte. Der Amateur sollte den Stil wählen, der seinem Temperament am besten entspricht. Wenn er unternehmungslustig ist und gern kombiniert, sollte er Partien von Aljechin, Tal, Kasparow etc. studieren. Zieht er ein ruhiges Spiel vor, das sich auf eine Anhäufung kleiner Vorteile beschränkt, könnte er aus dem Studium der Technik von Capablanca, Petrosjan, Karpow usw. großen Nutzen ziehen.
Ein Fehler wäre es jedoch, sich an den bevorzugten Stil zu sehr zu klammern, insbesondere wenn die Lage eine andere Vorgehensweise erfordert. Spielt man gegen Amateure, hat man es regelmäßig mit strategischen und taktischen Fehlern zu tun, die in der geeigneten Art auszunutzen sind, wobei der eigene Stil ohne Belang ist. Kann etwa ein Angriffsspieler einen Bauern gewinnen, indem er die Stellung vereinfacht und ein Endspiel herbeiführt, muss er es tun, es sei denn er ist ganz sicher, dass der Angriff noch mehr einbringen wird. Auch wenn er Endspiele nicht gut zu behandeln versteht, selbst wenn ihm der Gewinn aus der Hand gleitet, so sollte er sich doch darauf einlassen und lernen, das Endspiel erfolgreich zu führen. Tut er das nicht, wird sein Spielraum sogar im Angriff zu eng werden, denn er wird nur solche Angriffe führen können, die ihm die unbedingte Entscheidung gestatten. Prozentual sind solche Unternehmungen jedoch nur ein geringer Teil des gesamten Angriffsrepertoires.

12) Der psychologische Gesichtspunkt im Schach

Psychologie spielt eine weit größere Rolle, als man denken mag, besonders auf höherem Niveau. Es kann sogar konstatiert werden, dass der psychologische Aspekt in WM-Kämpfen wenigstens gleich wichtig ist wie die spielerischen Fähigkeiten, wenn ein Kontrahent seine Zugentscheidung trifft. Auf der Stufe des Amateurs kommen verschiedenartige psychologische Haltungen ins Bild. Manche Amateure sind nur zufrieden, wenn sie angreifen können, und wenn man weiß, dass ein Spieler alles tun wird, um Angriff zu behalten, kann man ihn dazu verleiten, fragwürdige Opfer zu bringen. In anderen hingegen ist das „Safety-First“-Motto fest verwurzelt, so dass sie oft durch Mangel an Initiative verlieren. Dies ist in Partie 7 der

Fall, wo der Amateur solide spielt, aber ohne Initiative und zu sehr auf Sicherheit bedacht. Viele seiner Züge sind zu zahm, und die Probleme bleiben nicht aus. Der Meister, ohne etwas erzwingen zu wollen, baut ebenfalls eine feste Stellung auf, hält jedoch aggressive Waffen bereit, die er zur rechten Zeit zückt und damit einen Bauern erobert. Dann gibt es den Amateur, der ungeduldig ist und handeln will, und wenn sein Gegner lange genug wartet, wird er in seinem Eifer, die Ereignisse zu forcieren, irgendeinen Fehler begehen.

Im Meisterschach ist eine der wichtigsten psychologischen Konstellationen die, wenn ein Spieler mit Remis zufrieden ist, der andere aber nicht. Diese Situation tritt entweder ein, wenn eine Seite entschieden schwächer ist als die andere und nicht mehr als Remis erhoffen kann, oder wenn einer der Spieler nur einen halben Punkt benötigt, um ein gewünschtes Ergebnis zu erzielen.

Das Spiel auf Remis unterscheidet sich vom Spiel auf Gewinn. Es enthält:

a) Tausch von Figuren auf eine Weise, die keinen Zeitverlust nach sich zieht und keine der verbleibenden Figuren auf ungünstige Felder führt;

b) Unterlassung von Angriffszügen – man konzentriert sich zuerst auf die Sicherheit der eigenen wichtigen Felder, anstatt seine Aufmerksamkeit auf die der feindlichen Stellung zu richten; das könnte fast bedeuten „in der eigenen Bretthälfte bleiben“.

c) Vermeiden von Verwicklungen, aber derart, dass kein Stellungsnachteil eintritt. (Das ist nicht leicht, denn im Allgemeinen muss man doch Nachteile in Kauf nehmen, wenn man Verwicklungen aus dem Wege geht.)

Schach ist so geartet, dass der Gewinn einer Partie eine schwierige Angelegenheit sein kann; sie kann sogar zehnfach schwieriger werden, wenn der Gegner keinerlei Gewinnabsichten zeigt, nicht willens ist, sich auf Unklarheiten einzulassen, nicht das unternehmende Schach spielt, das beiden die Chance gibt, die Initiative zu ergreifen.

Einige solcher Fälle treten in den Partien dieses Buches auf. In Nr. 23 und 24 macht der fortgeschrittene Amateur Züge, die auf ein Remis abzielen. Besonders in Partie 23 befestigt er einfach seine Stellung, und der Meister, im Bestreben zu gewinnen, muss sich Blößen geben, um mehr oder weniger gefährliche Manöver durchzuführen.

Partie 24 ist ein Sonderfall der Schachpsychologie. Weil der Meister ein Remis mit dem etwas schwächeren Gegner fürchtet, verlangt er zu viel von einer Remisstellung und verliert.

Um gegen einen schwächeren oder auch ebenbürtigen Partner zu gewinnen, der nur Remis anstrebt, benutzen Meister oft besondere Mittel. Sie machen oft absichtlich einen zweitrangigen Zug und versuchen so, den Gegner zu einem wirklichen Kampf herauszufordern, indem sie den Eindruck erwecken, dass er echte Chancen hat. Natürlich muss der Meister in solchen Fällen sehr scharf urteilen, damit seine „Unachtsamkeit“ nicht zu kostspielig wird. Der frühere Weltmeister Lasker war in dieser Technik ein phantastischer, wohl bis heute unerreichter Experte. Er wusste seine Wagnisse haarscharf abzuschätzen. Er war es auch, der erklärte, dass ein Fehler allein nie die Partie verliert, wenn der Meister von da ab alle Register zieht und alle Hilfsmittel der Stellung ausschöpft. Diese Situation tritt in Partie 25 auf, wo der Gegner nach der ersten Unachtsamkeit des Meisters einen echten Kampf inszeniert. Allerdings war hier der Meister zu sorglos. Er machte zwei schwächere Züge (den 4. und 9.), die allerdings keine ausgesprochenen Fehler waren. Oft ist der Amateur unfähig, solche Züge auszunutzen; in diesem Fall aber war er stark genug, schon „Experte“, und hatte Erfolg.

Eine andere psychologische Waffe des Meisters besteht darin, dem Gegner in schwieriger Stellung die Wahl zu lassen. Dies wird in Partie 20 empfohlen, wo der Amateur einen solchen Zug hätte machen sollen, damit sein Gegner Zeit und Energie aufwenden muss, um einen Entschluss zu fassen; nachdem er die Wahl getroffen hatte, scheute er vielleicht die Verantwortung. Es ist gut möglich, dass zwei oder drei Züge später in ihm das Gefühl aufgekeimt ist, die falsche Wahl getroffen zu haben, ob zu Recht oder zu Unrecht. Solche psychologischen Taktiken geben dem Gegner das Gefühl der Ungewissheit, und je unsicherer man sich fühlt, umso schwächer spielt man. Früher betrachtete man solche bekannten psychologischen Methoden mehr oder weniger als Tricks, heute sind sie jedoch anerkannt als wichtiges Zubehör im Waffenarsenal jedes hervorragenden Spielers.

Partie 1

Das ideale Zentrum: Bd4 und Be4
Ideen der Nimzowitsch-Indischen Verteidigung
Tausch eines Vorteils gegen einen anderen
Initiative gegen passives Spiel
Hervorrufen von Schwächen im Lager des Gegners
Strategie gegen Taktik
Herrschaft über die Mitte
Gebrauch der Mitte in Verbindung mit den zwei Läufern
Das Anhäufen von Energie
Gebrauch der Macht, um Widerstand zu brechen

Ist eine Stellung günstiger als der Durchschnitt, spricht man von Vorteil. Es gibt viele Arten von Vorteilen: materielle (mehr Bauern oder Figuren), überlegene Entwicklung, größere Beweglichkeit, Raumvorteil, feste Bauernformation, sichere Königsstellung, Initiative, Angriff, Springer auf starkem Feld, das Läuferpaar usw. Vorteile können relativ dauerhaft oder gänzlich vorübergehend sein.

Gegen einen guten Spieler ist es nicht möglich, alle Vorteile zu behaupten, die es gibt. Manchmal muss man bestimmte Vorteile aufgeben, erhält jedoch dafür andere als Gegenwert oder verschafft dem Gegner irgendeine Schwäche. Welche Vorteile man auch erhält, es ist häufig erforderlich, so schnell wie möglich Nutzen aus ihnen zu ziehen; andernfalls lösen sie sich auf, und es bleibt nichts als ein Nachteil. Die Idee, einen Vorteil für einen anderen aufzugeben und den eigenen Vorteil zu nutzen, bevor er verschwindet, ist im Schach von grundlegender Bedeutung.

In der folgenden Partie verzichtet Schwarz, der Amateur, auf den Vorteil des Läuferpaars zugunsten der Initiative – einem sehr vorübergehenden Vorteil. Anstatt die Initiative auszunutzen, spielt er passiv und erlaubt so dem Weißen, das Läuferpaar in die Waagschale zu werfen. Weiß ist in der Lage, die ideale Verbindung zweier günstiger Merkmale zu schaffen: das Zentrum und die beiden Läufer. Diese haben gewöhnlich ihre größte Wirkung, wenn ihr Besitzer über ein starkes Zentrum verfügt, das den Gegner am Aufbau einer starken, die Läufer eindämmenden Bauernformation hindert. Als Ergebnis dieser günstigen Konstellation gelingt es Weiß, eine gewaltige Übermacht an Kräften zu konzentrieren. Infolge der mangelhaften Entwicklung des Gegners kann er sich ein Opfer leisten, um seine Figuren schleunigst zum Kampfplatz zu bringen. Er durchbricht die Barrieren des Schwarzen, der mattgesetzt wird, bevor er dazu kommt, neue Kräfte heranzuführen.

WEISS: MEISTER SCHWARZ: AMATEUR
NIMZOWITSCH-INDISCH
(VARIANTE 4.Dc2 d5)

1. d2-d4

Die vier Felder in der Brettmitte – d4, e4, d5, e5 – bilden das **Zentrum.** Wer diese Felder beherrscht, ist im Vorteil, denn es ist für den Gegner schwierig, unter solchen Umständen irgendeine erfolgversprechende Aktion einzuleiten.
Eine ideale Zentrumsaufstellung ist Bd4/Be4, denn Weiß besetzt damit zwei Mittelfelder und übt Druck auf die beiden anderen aus. Kann ein Spieler diesen Aufbau einnehmen, ohne dass der Gegner ihn stören kann, genießt er die volle Zentralherrschaft mit all ihren Vorteilen. Hier beginnt Weiß sofort, ein ideales Zentrum aufzubauen. Es ist klar, dass er mit 1.d4 das Feld d4 besetzt. Weniger offensichtlich, aber gleich wichtig ist der zweite Faktor, der bei 1.d4 zur Herrschaft über die Mitte beiträgt. Der Bd4 beherrscht die Felder c5 und e5, denn er droht, jeden schwarzen Stein zu schlagen, der dort hinziehen mag. Diese zweite Art Kontrolle, die Drohung zu schlagen, nennt man **Druck.**

1. ... Sg8-f6

Schwarz muss versuchen, den Zentrumsbestrebungen des Weißen entgegenzutreten und selbst Kontrolle in der Mitte zu erreichen, indem er Zentralfelder besetzt oder Druck darauf ausübt. In den meisten Eröffnungen werden Versuche der einen Seite, die Mitte zu kontrollieren, ausgeglichen durch Gegenmaßnahmen der anderen Partei. Nach einer gewissen Zeit pflegt dies dazu zu führen, dass sich beide Seiten die Kontrolle der Mittelfelder teilen.
Hier besetzt Schwarz das Zentrum nicht mit d7-d5, sondern übt auf die Felder d5 bzw. e4 Druck aus. Er hindert Weiß, das ideale Zentrum aufzubauen, und behält sich eine breites Spektrum von späteren Zügen vor.
1. ... Sf6 führt zu einer Vielfalt von Eröffnungen, die als „Indische Verteidigungen“ bekannt sind. Sie werden von vielen Spielern bevorzugt, weil sie elastischer sind als das Damengambit.

2. c2-c4

Der logische Zug, um mehr zentrale Felder zu beherrschen. Er erzeugt Gegendruck auf das Feld d5.

2. ... e7-e6

Einer der Vorteile dieser Eröffnung ist, dass Schwarz sich vorbehält, in das Damengambit einzulenken oder auf Sc3 Lb4 zu spielen, wo der Läufer eine sehr wichtige Rolle im Kampf um das Zentrum spielt. Zu 2. ... g6 (Königsindisch) siehe die Partien 19 bis 22. 2. ... d6 lenkt zu Altindisch über.

3. Sb1-c3

Droht 4.e4. 3.Sf3 kann nach 3. ... b6 zu Damenindisch (Partie 24) führen.

3. ... Lf8-b4

Der Läufer geht auf ein Feld, wo er am Kampf um die Mitte teilnimmt und e2-e4 verhindert. Gewöhnlich tauscht ihn Schwarz auf c3, wodurch Weiß häufig einen Doppelbauern erhält. Für diesen Nachteil weist er als Gegenwert das Läuferpaar auf; auch die b-Linie öffnet sich – ein weiterer Vorteil.

4. Dd1-c2

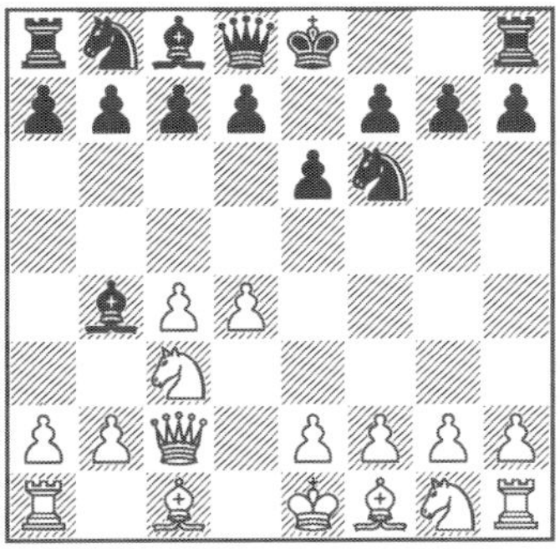

Die Dame erneuert die positionelle Drohung e2-e4. Außerdem deckt sie den Springer und kann so eventuell einen Doppelbauern vermeiden, falls Schwarz auf c3 nimmt.

Die Frage, ob Schwarz auf c3 tauschen soll oder nicht, ist von erheblicher theoretischer Bedeutung. Eine Anzahl vergleichbarer Werte sind in diese Frage verstrickt; das zeigt, auf welch feinen Überlegungen das Meisterschach bisweilen basiert. Spielt Schwarz freiwillig Lxc3+, ohne von Weiß mit a2-a3 dazu aufgefordert worden zu sein, so mag es die Verdoppelung der weißen Bauern nicht wert sein, dafür das Läuferpaar aufzugeben. Schwarz wird schon eher geneigt sein zu tauschen, wenn Weiß das Tempo a2-a3 verloren hat. Darum ist 4.a3 Lxc3+ befriedigend für Schwarz, während 4.e3 Lxc3+ nie gespielt wird, weil Weiß im letzteren Fall kein Tempo eingebüßt hat.

An dieser Stelle kamen für Weiß auch die Züge 4.Db3, 4.a3, 4.g3, 4.Sf3 und 4.e3 infrage. Mit 4.e3, dem häufigsten Zug, setzt Weiß einfach seine Entwicklung fort und überlässt es dem Schwarzen, ob er auf c3 tauschen will.

4. ... d7-d5

Schwarz wehrt wiederum die Drohung e2-e4 ab. Gut sind auch 4. ... c5, das manche überraschenden Möglichkeiten enthält, die in Partie 2 gezeigt werden, und 4. ... 0-0.

Man fragt sich, warum 4. ... 0-0 gut sein soll, ein Zug, der das von Weiß geplante e2-e4 ohne Weiteres zulässt. e2-e4 ist zwar im positionellen Sinn eine Drohung; Weiß beherrscht ja ein breites Zentrum. Während ein solches in bestimmten Fällen einen Trumpf darstellt, kann es in anderen auch einen wunden Punkt bedeuten. Z.B.:

a) Nach 4. ... 0-0 5.e4 d5! 6.e5 Se4 erhält Schwarz gute Gegenchancen wegen seines Entwicklungsvorsprungs.

b) Nach 4. ... b6 ist der Vorstoß 5.e4 viel stärker, denn die Antwort d7-d5 ist wegen 6.Da4+ mit Verlust einer Figur nicht möglich.

Mit anderen Worten, e2-e4 bringt Vor- und Nachteile mit sich.

5. a2-a3

Weiß zwingt seinen Gegner zu einer Entscheidung. Er muss entweder den Druck gegen die Mitte aufgeben und den Läufer zurückziehen oder auf

c3 tauschen, was, wie wir wissen, nicht immer empfehlenswert ist.
Weiß kann auch 5.cxd5 spielen, was zu einer Art Tauschvariante führt, wie sie in Partie 13 beschrieben ist. Es ist schwierig, den Wert dieses Abspiels mit dem von 5.a3 zu vergleichen. Das ist häufig eine Frage des Temperaments und der Kenntnis spezieller Analysen.
Nach 5.Lg5 dxc4 6.e3 Dd5 ist es schwierig für Weiß, den Bauern zurückzuerobern.

5. ... Lb4xc3+

Wegen der Aufgabe des Läuferpaars wäre dieser Tausch ungünstig für Schwarz, es sei denn, er hielte eine scharfe Variante bereit, die ihm Gegenwerte bietet.
Spielt Schwarz stattdessen 5. ... Le7, geht die Partie in eine Art orthodoxes Damengambit über, wobei Weiß das Tempo a2-a3 geschenkt bekommen hätte.

6. Dc2xc3

Im Nimzoinder wird Weiß in der Regel die Doppelbauern vermeiden, wenn er die Wahl hat.
An dieser Stelle würde auch 6.bxc3 Weiß keinen Doppelbauern verschaffen, weil er ihn jederzeit mit c4xd5 entdoppeln kann. Schwarz erhielte jedoch nach 6.bxc3 gutes Gegenspiel in der Mitte, das die Aufgabe des Läuferpaars zu kompensieren scheint: 6. ... c5, z.B. 7.e3 Da5 8.cxd5 exd5 9.Ld2 Se4 und Schwarz steht etwas besser, weil er ein freies Spiel hat und das weiße Läuferpaar jederzeit beseitigen kann.

6. ... Sf6-e4!

Der richtige Zug, der nicht nur ein Tempo gewinnt, sondern auch die Initiative ergreift. Als Gegengewicht dafür, dass er einen seiner Läufer aufgegeben hat, erhält Schwarz die bessere Entwicklung, die er dafür nutzen sollte, die Initiative zu erlangen. Der erste Schritt dazu ist der geschehene Springerzug.

7. Dc3-c2

Das beste Feld für die Dame: sie wirkt Richtung Mitte und behindert keine anderen Figuren (was der Fall etwa auf d3 gewesen wäre).

7. ... 0-0?

Schwarz versäumt die logische Fortsetzung: das Festhalten der Initiative. Es ist immer wichtig, Ausschau nach der schärfsten Fortsetzung zu halten, insbesondere wenn man einen Vorteil hinsichtlich Zeit oder Initiative besitzt, dem ein Nachteil anderer Art gegenübersteht. Häufig hängt das von der Fähigkeit des Spielers ab, Züge zu finden, mit denen er Drohungen aufstellt.
In dieser Stellung hätte Schwarz aktiv auftreten, d.h. nach einem Zug suchen sollen, der Weiß in die Verteidigung zwingt. Eine wenn auch riskante Möglichkeit ist 7. ... Sc6 und falls 8.Sf3 e5 9.dxe5 Lf5 mit vielen Drohungen. Auf 8.e3 wird es noch wilder: 8. ... e5 9.cxd5 Dxd5 10.Lc4 Da5+ (man beachte die fortwährenden Bedrohungen) 11.b4 Sxb4 12.De4 Sc2+ 13.Ke2 (Weiß war gezwungen, die Rochade aufzugeben.) 13. ... De1+ 14.Kf3 Sxa1 mit

Qualitätsgewinn. Diese Stellung ist von namhaften Theoretikern untersucht worden; ein endgültiges Urteil gibt es nicht, meist neigt man eher zu weißem Plus, trotz der unsicheren Königsstellung und des materiellen Rückstands.
7. ... c5 ist ebenfalls eine unternehmende und dabei weniger wilde Fortsetzung, die der geschehenen vorzuziehen ist.

8. e2-e3 Sb8-d7?

Wieder ein passiver Zug. Zu bemerken ist, dass keiner der beiden letzten schwarzen Züge ein taktischer Fehler war; keiner führt zu Materialeinbußen. Dennoch gerät Schwarz mit diesen beiden Zügen positionell in Nachteil. Von diesem Punkt an wird die Partie ein Lehrbeispiel, wie bestimmte Stellungsvorteile auszunutzen sind, insbesondere das Läuferpaar und, nach einer fast zwangsläufigen Zugfolge, die Mehrheit im Zentrum.
Schwarz hätte einen aktiven Zug wie 8. ... c5 oder 8. ... b6 machen sollen. Die Aktivität des letzteren Zuges wird in der Fortsetzung 9.Ld3 La6! 10.Lxe4 (Vorzuziehen ist 10.b3.) 10. ... dxe4 11.Dxe4 Lxc4 12.Dxa8 Ld5 13.Dxa7 Lxg2 14.Ld2 Lxh1 (Schwarz gewinnt das verlorene Material günstig zurück.) deutlich.

9. Lf1-d3

Dieser Zug drückt gegen die Mitte, greift den Springer an und zwingt Schwarz, ihn zu verteidigen oder zurückzuziehen, in jedem Fall mit Verlust eines Tempos.

Bis zu diesem Punkt waren die weißen Züge alle strategisch ausgerichtet, d.h. dem Weißen war daran gelegen, eine gute Stellung aufzubauen. Die Taktik hatte bisher keinen Eingang in die Partie gefunden. Von Taktik spricht man, wenn zu berechnen ist, was bei einem Zusammenprall der Streitkräfte resultiert. Z.B. würde 9.f3 denselben Zweck wie der Textzug verfolgen, wäre aber aus taktischen Gründen nicht spielbar wegen 9. ... Dh4+ 10.g3 Sxg3 11.Df2 Sf5 mit Bauerngewinn für Schwarz.

9. ... f7-f5

Schwarz versucht, den Punkt e4 in seiner Gewalt zu behalten. Es ist klar, dass 9. ... Sef6 den glatten Verlust zweier Züge für Schwarz bedeutet hätte. Im Fall von 9. ... Sdf6 käme 10.f3, und Weiß setzt bald e3-e4 durch.

10. f2-f3

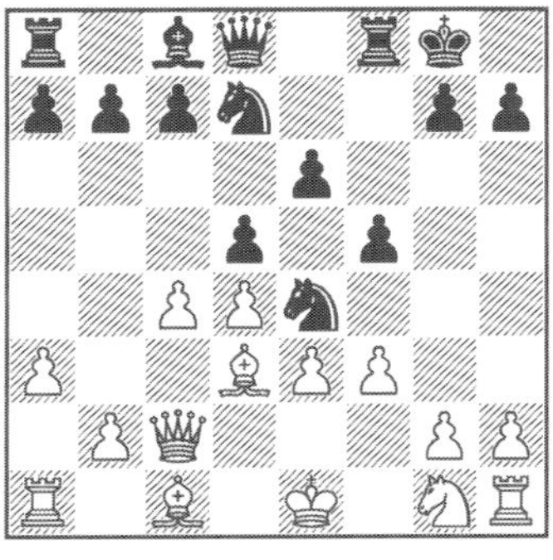

Weiß macht jetzt den Zug, der ihn zuvor einen Bauern gekostet hätte. Warum? Im Hinblick auf die Stellung ermöglicht er ihm, die Mitte zu beherrschen. Weiß musste jedoch erneut die genauen taktischen Folgen von Dh4+ berechnen. Der einzige Unterschied ist, dass Schwarz nun einen Bauern auf f5 hat und er dieses Feld nicht mehr mit dem Springer betreten kann: 10. ... Dh4+ 11.g3 Sxg3 12.Df2. Andererseits könnte er nun f5-f4 ziehen. Dann wäre 13.exf4 Sf5 schlecht für Weiß; er kann aber besser mit 13.Se2 fortsetzen nebst Rückgewinn des Bauern, und er behielte den Vorteil des Läuferpaars. Z.B. 13. ... Sf5 14.Sxf4 Dxf2+ 15.Kxf2 und Weiß droht 16.Sxe6 bzw. 16.cxd5.

10. ... Se4-f6

Nun gelingt es Weiß, die schwarze Mitte vollständig zu zerstören. 10. ... Sd6 war besser, um den folgenden Tausch zu vermeiden.

11. c4xd5 Sf6xd5

Der Bf5 muss gedeckt bleiben. Man beachte, dass der Amateur keine unmittelbaren Fehler begeht und sich bis zu einem gewissen Grad so gut wie möglich verteidigt. Aber man kann es sich nicht leisten, einem Meister solch einen Stellungsvorteil einzuräumen. Die Überlegenheit des Weißen ist schon so groß, dass es für Schwarz auf Dauer keine Verteidigung mehr gibt, vorausgesetzt dass Weiß die richtige Fortsetzung findet. Aus diesem Grund ist es wichtig zu verfolgen, wie ein Meister seine Vorteile ausnutzt. Weiß hat hier eine ideale Kombination zweier Vorteile: a) eine Mehrheit im Zentrum und b) das Läuferpaar. Die zwei Läufer brauchen Beweglichkeit, und diese liefert das Zentrum. Es ist wichtig, dass der Gegner kein Zentrum von Belang vorzuweisen hat, das die Läufer stoppen könnte. Das eigene Zentrum hemmt sie nicht, denn durch Vorstoß der Mittelbauern im richtigen Moment können die Zugstraßen geöffnet werden.

12. Sg1-e2

Der Schlüsselzug e3-e4 muss vorbereitet werden. 12.e4 fxe4 13.fxe4 Sf4 und Weiß wäre praktisch gezwungen, einen seiner Läufer zu tauschen.

12. ... c7-c6

Auch Schwarz strebt e6-e5 an, um sich Gegenspiel in der Mitte zu verschaffen. Er muss zuvor seinen Sd5 befestigen, weil 12. ... e5 wegen 13.Db3 c6 14.e4 eine Figur gekostet hätte. Nicht so gut, wie es aussieht, ist 12. ... c5 (13.dxc5 Da5+ 14.b4 Sxb4), denn Weiß spielt 13.e4 fxe4 14.fxe4 Se7 (S5f6 15.e5) 15.dxc5 und hat einen gesunden Bauern gewonnen.

13. 0-0

Natürlich wäre 13.e4 an dieser Stelle möglich gewesen, aber nach 13. ... fxe4 14.fxe4 käme Weiß nicht gleich zur Rochade.

13. ... g7-g6

Um die Drohungen auf der Diagonale b1-h7 zu schwächen und e6-e5 zu drohen. Könnte Schwarz im Zentrum ausgleichen, wäre ein beträchtlicher Teil des weißen Übergewichts dahin. Im Allgemeinen stellen zwei Läufer keinen Vorteil dar, wenn sie nicht genutzt werden können. Der Textzug hat allerdings den Nachteil, dem Lc1 eine vollständige Diagonale einzuräumen, auf der er gewaltigen Druck ausüben wird, sobald Weiß zu e3-e4 gekommen ist.

14. e3-e4

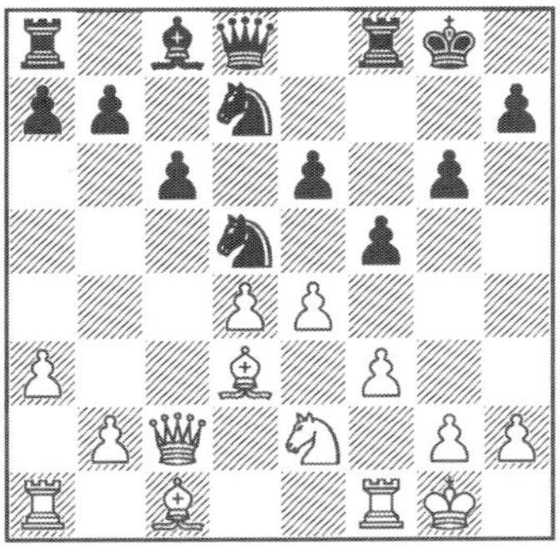

Der lang erwartete Zug, auf dem die Strategie der letzten fünf oder sechs Züge beruht.

14. ... Sd5-f6

Bauerntausch ist nicht gut, weil jeder Tausch die weißen Läufer erstarken lässt. Der Sd5 hat vier Felder, auf die er sicher zurückziehen kann. Welches das beste ist, lässt sich schwer sagen. Jedes hat gewisse Vor-, aber auch Nachteile.

In den nächsten fünf Zügen bringt Weiß seine Figuren so ins Spiel, dass sich alle Kräfte auf einen Punkt konzentrieren. Einige Züge sind direkt, d.h. gegen bestimmte Ziele gerichtet, einige indirekt, sie verstärken einfach die Stellung. Nach diesen fünf Zügen werden die Figuren gegen eine breite Front gerichtet sein: Zentrum und Königsflügel. Alle diese Züge streben eine Ansammlung von Energie an, um genügend Figuren verfügbar zu haben, was auch immer geschehen mag.

15. Ld3-c4

Es ist sehr wichtig für Weiß, seinen Läufer auf diese Schräge zu bringen, die eine sehr bedeutende Rolle im Verlauf der Partie spielen wird, besonders auch wegen des schwachen Be6. Aus diesem Grund war es vielleicht besser für Schwarz, den Sd5 nach b6 zurückzuziehen, um diesen Läuferzug zu verhindern.

15. ... Sd7-b6
16. Lc4-a2

Der Be6 ist verteidigt, aber gefesselt; Weiß droht Bauerngewinn mit 17.exf5 gxf5 18.Dxf5.

16. ... Kg8-g7

Wehrt die Drohung ab und hindert den Lc1 daran, nach h6 zu gehen.

17. Lc1-f4

Der Läufer steht hier auf einer Diagonalen, die er vollständig beherrscht, weil der gegnerische Königsläufer abgetauscht wurde. Obwohl dieser Zug keine Drohung aufstellt, ist er wichtig, um mehr Raum zu beherrschen und damit zur Kräftekonzentration beizutragen.

Ein Zug wie e4-e5 kommt in dieser Situation nicht in Betracht, denn das würde unmittelbar den Lf4 einschränken und nach Sf6-d5 auch den La2.

17. ... h7-h6

Siehe Diagramm nächste Seite.

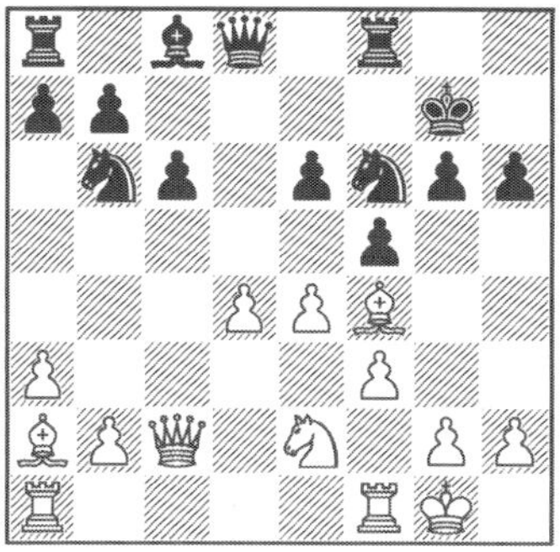

Dieser Zug hat einen günstigen und einen ungünstigen Aspekt. In bestimmtem Maß verringert er die Möglichkeiten des Lf4, und gelingt es Schwarz, g5 nebst f4 zu spielen, schränkt er den Läufer noch mehr ein. Solange jedoch g6-g5 mit Le5 beantwortet werden kann, hat der Textzug eine weniger positive Wirkung. Andererseits schwächt er den Königsflügel und ist für die rasche Verschlechterung der Königsstellung verantwortlich.

18. Ta1-d1

Ein starker Vorbereitungszug. Bevor Weiß den Angriff beginnt, muss er einiges vorbereiten. Er nimmt dem Springer die Aufgabe ab, d4 zu schützen, und unterstützt den Läufer, wenn er auf e5 steht, weil Weiß nicht mehr mit Sbd7 nebst Sxe5 rechnen muss, da sein Turm auf die schwarze Dame zielt.

18. ... Dd8-e7

Immer wenn König oder Dame sowie eine feindliche Figur geringeren Werts auf der gleichen Linie stehen, ist Gefahr im Verzug, und falls es keinen zwingenden Grund für einen anderen Zug gibt, ist es vernünftig, diese Gegenüberstellung aufzuheben.

19. Se2-g3

Stellt den Springer wirkungsvoller. So droht im Fall von 19. ... g5 20.Le5 bereits 21.Sh5+. Zieht Schwarz dann 20. ... Kg6, nutzt Weiß die günstige Springerstellung zu einem bemerkenswerten Scheinopfer: 21.Lxe6! Lxe6 22.exf5+ Kf7 23.fxe6+. Weiß hat nicht nur einen Bauern gewonnen, sein Springer steht auch bereit, die schwarze Stellung anderweitig zu bedrohen.

19. ... Tf8-d8

Dieser Zug nützt nichts. Aber Schwarz ist lahmgelegt und verfügt über keine guten Züge.

20. Tf1-e1

Droht 21.exf5 wegen der ungünstigen Stellung der De7. Weiß konnte die gleiche indirekte Drohung auf der e-Linie aufstellen wie zwei Züge zuvor auf der d-Linie.

20. ... De7-f8

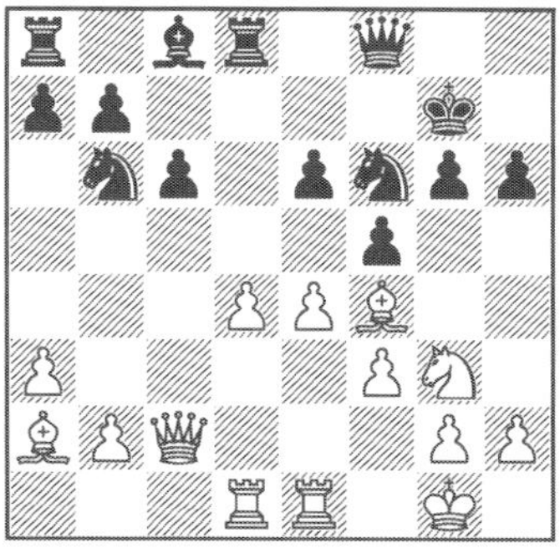

Die Partie tritt nun in eine neue Phase ein. Weiß hat während der Züge 15 bis 20 Kräfte angesammelt. Mit dem 21. Zug beginnt er diese zu nutzen. Man kann sehen, wie jeder Zug seine Rolle im folgenden Schlussangriff (bzw. in Varianten) spielt.

21. e4xf5

Um eine Entscheidung zu erzwingen, macht Weiß diesen Tausch, der nicht gut wäre, käme Schwarz zur Besetzung von d5 mit einem Springer.

21. ... e6xf5

Erzwungen, weil g6xf5 den Be6 kostet. Schwarz kann auch nicht den Zwischenzug 21. ... Sbd5 einschalten wegen 22.fxe6 Le6 (Sxf4 23.e7) 23.Lxh6+! (ebenfalls ein Zwischenzug) 23. ... Kxh6 24.Txe6 und Weiß hat zwei Bauern mehr.

22. Dc2-c1 g6-g5

Nicht möglich sind 22. ... Dh8 23.Lxh6+ Dxh6 24.Te7+ mit Damengewinn bzw. 22. ... Sg8 23.Lxg8 nebst 24.Lxh6.

23. Lf4xg5

Die Grundlage dieses Opfers ist eine Beseitigungskombination (sie beseitigt die Königsflügelbauern). Ein solches Opfer ist möglich, wenn genügend Angriffsfiguren bereitstehen. Hier hat Weiß Dame, Springer, Läufer und einen Turm unmittelbar verfügbar zur Teilnahme am Angriff.

23. ... h6xg5
24. Dc1xg5+

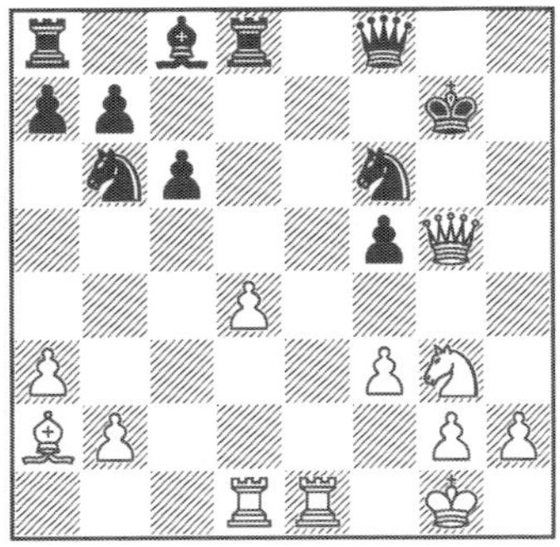

Die gewaltige Übermacht gegen den nackten König sichert den zwangsläufigen Gewinn.

24. ... Kg7-h8

Auf 24. ... Kh7 gewinnt 25.Sh5. Die folgenden Varianten geben dem Lernenden einen Begriff, wie der Widerstand in solchen Fällen zu brechen ist. Wir werden sehen, dass dies nicht so einfach ist, wenn man alle Möglichkeiten berücksichtigen will.

(24. ... Kh7 25. Sh5)

1) 25. ... Sxh5 26.Dxh5+ Kg7 (Dh6 27.Te7+) 27.Dg5+ und 28.Te7(+).
2) 25. ... Sbd7 26.Te6
2a) 26. ... Sxh5 27.Dxh5+ usw.;
2b) 26. ... Sg8 27.Tg6 usw.;
2c) 26. ... Se8 27.Th6+ Dxh6 28.Dg8 matt;
2d) 26. ... Sd5 27.Lxd5 cxd5 28.Te7+ Kh8 29.Tg7.
3) 25. ... Sbd5 26.Lxd5 Sxd5 27.Te5!
3a) 27. ... Ld7 28.Txd5 cxd5 29.Sf6+ Kh8 30.Dg6! und gewinnt;
3b) 27. ... Td6 28.Tde1 (droht Te7+) 28. ... Tg6 29.Dh4

3b1)29. ... Th6 30.Te8 Dd6 (Df7 31.T8e7) 31.Td8 Dg6 32.Te7+ usw.;

3b2)29. ... Dh6 30.Txd5 cxd5 31.Te7+ Kg8 32.Te8+ Kh7 33.De7+ Tg7 34.Sxg7 Dxg7 35.Dh4+ Kg6 36.Te7 und gewinnt.

Kehren wir nun zur Partie zurück, in der 24. ... Kh8 gespielt wurde.

25. Dg5-h4+ Kh8-g7

Wenn 25. ... Sh7, so 26.Te7.

26. Sg3-h5+ Kg7-g6

26. ... Sxh5 27.Dg5+! Kh7 28.Dxh5+ Kg7 29.Dg5+ nebst 30.Te7.

27. Sh5-f4+ Kg6-g7
28. Dh4-g5+ Kg7-h7

Geht der König nach h8, erobert 29.Sg6+ die Dame.

29. Te1-e7+!

Ein zweites Opfer, das zwingend zum Matt führt. Auch 29.Sg6 nebst Te7 hätte gewonnen.

29. ... Df8xe7

Oder 29. ... Kh8 30.Dh4+ usw.

30. Dg5-g6+ Kh7-h8
31. Dg6-h6+ De7-h7

Oder 31. ... Sh7.

32. Sf4-g6 matt.

Schwarz, der Amateur, verlor, weil er die Grundidee der Eröffnung nicht verstand. Im Nimzoinder muss der Nachziehende immer zum Tausch Lb4xc3 bereit sein. Die Theorie hat Zugfolgen entwickelt, in denen Schwarz entweder Doppelbauern im feindlichen Lager erzwingen oder die Initiative ergreifen kann. Hat Schwarz kein Verständnis für diese Ausgleichswerte, gibt er das Läuferpaar ohne jede Kompensation auf mit allen unangenehmen Folgen.

Partie 2

Die Variante 4.Dc2 c5 im Nimzoinder
Der Nachteil eines verfrühten Vorstoßes der Damenflügelbauern
Ausnutzung der Schwächen einer Bauernformation
Eroberung des vereinzelten Bauern
Den Mehrbauern zur Geltung bringen
Die „ewige" Fesselung

Der Bauer ist durch eine Besonderheit charakterisiert, die keine der Figuren aufweist: er kann nur vorwärts und nie rückwärts gehen. Deswegen warnte bereits Steinitz: sei besonders vorsichtig mit Bauernzügen!
Gewiss gibt es Fälle, wo der Bauer nützlicher auf der 4. Reihe ist als auf der 2. und vielleicht noch mehr auf der 6. Aber das ist keine allgemeine Regel. Es muss ein klarer und bestimmter Grund für das Vorrücken von Bauern im konkreten Einzelfall vorliegen. Dies gilt besonders in der Eröffnung, denn Bauernzüge können automatisch zu einem Entwicklungsrückstand führen, der die Verwundbarkeit der vorgerückten Bauern erhöht.
Das Vorrücken der Königsflügelbauern bringt mehr Gefahren mit sich als auf jedem anderen Teil des Bretts, denn diese Bauern haben normalerweise die Aufgabe, das wertvollste Stück auf dem Brett, den König, zu bewachen. Das bedeutet jedoch nicht, dass man seine Bauern auf dem Damenflügel unbedacht ohne nachteilige Folgen vorrücken könnte. Gelingt es dem Gegner, die vorgestoßenen Bauern mit seinen eigenen anzugreifen und die vorgeschobene Formation zu durchlöchern, so können sich viele unangenehme Folgen einstellen.
In der vorliegenden Partie kommt es zu einem unbegründeten Bauernvorstoß am Damenflügel, der verlockend erscheint, weil Weiß damit zugleich einen schwarzen Läufer zurücktreibt. Schwarz hat jedoch Gegenmittel parat. Bald werden die weißen Bauern angegriffen und zerstört, und von der einst mächtigen Phalanx bleibt nur ein vereinzelter c-Bauer übrig, der bald verloren geht. Dies ist die erste Phase der Partie.
Als nächstes muss Schwarz das Problem lösen, wie sein materielles Plus in einen Gewinn umgewandelt werden kann. Er erhält Gelegenheit, einen Freibauern zu erzwingen. Dies allein löst jedoch selten ein Problem dieser Art, denn im Allgemeinen hat der Gegner genauso viele Möglichkeiten, den Bauern aufzuhalten, wie sein Besitzer, ihn zu unterstützen. Das Ergebnis des Tauziehens um den Freibauern ist jedoch oft, dass die Figuren des Verteidigers auf bestimmte Punkte beschränkt sind, von denen aus sie den Bauern aufhalten können. Das gibt dem Gegner reichlich Gelegenheit,

etwas Neues zu unternehmen – eine zweite Front zu bilden. Dies ist der Vorteil eines klaren Mehrwerts!

Weiss: Amateur Schwarz: Meister
Nimzoindisch (Variante 4.Dc2 c5)

1. d2-d4 Sg8-f6
2. c2-c4 e7-e6
3. Sb1-c3 Lf8-b4
4. Dd1-c2

Über Theorie und Ideen dieser Verteidigung siehe die vorhergehende Partie.

4. ... c7-c5

Schwarz greift unverzüglich das weiße Zentrum an.

5. d4xc5

Weiß kann auch 5.e3 spielen. Ganz befriedigend für Schwarz ist aber 5.a3 Lxc3+ sowohl nach 6.Dxc3 cxd4 7.Dxd4 Sc6 8.Dc3 d5 wie nach 6.bxc3 Da5 7.Ld2 0-0. Schwarz hat einigen Druck gegen den weißen Damenflügel; der weiße Doppelbauer ist unbequem und kann schwach werden.

5. ... 0-0

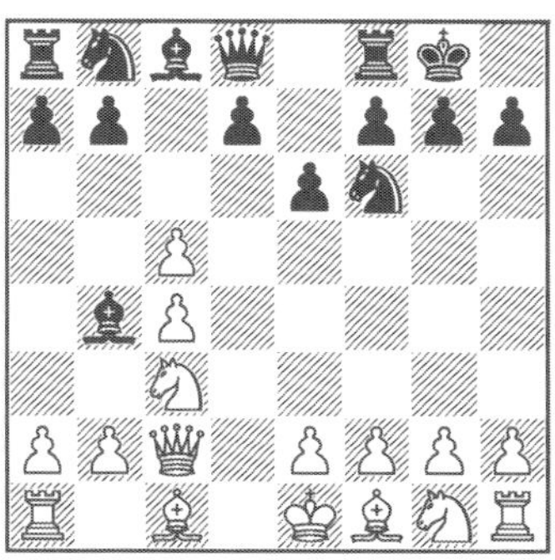

Eine schwierige Stellung. Weiß muss seine Entwicklung fortsetzen und dabei ständig mit den strategischen und taktischen Folgen des Tauschs auf c3 rechnen. Schwarz muss einen Weg finden, den Bc5 zurückzugewinnen und dabei ein exaktes Urteil über den Wert von Lxc3 bilden. In einer Stellung kann der Tausch ungünstig für Schwarz sein, in einer geringfügig anderen Situation dagegen stark. Wie schon erwähnt, wird Schwarz meist nicht freiwillig auf c3 tauschen, sondern erst, wenn er durch a2-a3 dazu genötigt wird.

Als Erstes wollen wir einige Folgen des Tausches klären. Nehmen wir an, Weiß spielt 6.g3. Setzt Schwarz dann mit 6. ... Lxc3+ 7.Dxc3 Se4 8.Dc2 Da5+ 9.Ld2 Sxd2 10.Dxd2 fort, ist schwer zu sagen, ob er vollen Ausgleich hat. Nach 10. ... Dxc5 11.Tc1 Sc6 12.Lg2 d6 13.Sf3 behauptet Weiß einen kleinen Stellungsvorteil, weil der Bd6 auf einer offenen Linie rückständig ist. Versucht Weiß dagegen, einen großen Vorteil durch 8.Da3 zu erzielen, nämlich den Bauern zu behaupten, so folgt 8. ... Sa6, und nun verliert 9.b4? Df6! mit der Doppeldrohung Dxf2+ bzw. Dxa1 – taktische Konsequenzen!

Eine andere Möglichkeit ist 6.Lg5. Dieser Zug unterstreicht die taktischen Möglichkeiten des Schwarzen, der unter bestimmten Umständen 6. ... Lxc3+ 7.Dxc3 Se4 8.Lxd8 Sxc3 spielen könnte. Direkt ist das nicht gut, weil es nach 9.Le7 Te8 10.Ld6 einen Bauern kostet. Schwarz kann diese Kombination mit 6. ... Sc6 vorbereiten, z.B. 7.Sf3 Lxc3 8.Dxc3 Se4 9.Lxd8 Sxc3, hat jedoch immer noch Sorgen, z.B. 10.Lc7 Se4 11.a3 Sxc5 12.Ld6 Sb3.

Gewiss ist Schwarz nicht genötigt, Lxc3+ zu spielen; er kann einfach mit Lxc5 fortsetzen. In diesem Fall erhält Weiß jedoch eine schöne Partie: gute Entwicklung, Einfluss im Zentrum, Raumvorteil.

Aus diesem Grund antwortet Schwarz auf 6.Lg5 mit Sa6 in der Absicht, nach Sxc5 das Feld e4 zu beherrschen. Tut Weiß nichts dagegen, erhält Schwarz eine gute Partie; z.B. 7.Sf3 Sxc5 8.e3 Sce4, und Weiß kann die Verdopplung seines c-Bauern nicht vermeiden.

Weiß muss eine schärfere Methode finden, 6. ... Sa6 zu beantworten: 7.a3 (Zuerst den Lb4 zwingen, seine Absichten zu erklären, und so jedenfalls das Läuferpaar zu erhalten.) 7. ... Lxc3+ 8.Dxc3 Sxc5 (Se4 wäre jetzt nicht gut: 9.Lxd8 Sxc3 10.Lh4 oder Le7, und 11.b4 gewinnt einen Bauern.) Nun droht Schwarz das Läuferpaar mit Sce4 zu beseitigen und ganz allgemein die Tatsache zu nutzen, dass er mehr Truppen in der Schlacht hat, z.B. 9.Lf4 (um Sfe4 zu parieren) 9. ... d5 10.Td1 Sfe4 11.Dc2 Df6 und Schwarz hat die Initiative. Versucht Weiß 9.f3, so verhindert dies überraschenderweise die Wendung 9. ... Sfe4 nicht: 10.Lxd8 Sxc3 11.Le7 (scheinbar die Widerlegung, aber...) 11. ... Sb3 erobert ebenfalls die Qualität: 12.Lxf8 Kxf8 13.Td1 Sxd1 14.Kxd1. Schwarz hat wenigstens gleiches Spiel.

Diese Ausführungen, die etwas vom tatsächlichen Gang der Partie abschweifen, sollen den Wert eines Entwicklungsvorsprungs veranschaulichen und zeigen, wie die Taktik infolge der exponierten weißen Dame zu ihrem Recht kommt. So ist 5. ... 0-0 einerseits ein Entwicklungs-, andererseits ein Abwartezug, um zu sehen, was Weiß tun wird. Er wird als der aktivste Zug angesehen, weil das ruhige 5. ... Lxc5 6.Sf3 0-0 7.Lg5 dem Weißen das etwas freiere Spiel einräumt.

Aus den obigen Varianten sehen wir, dass manchmal der schwarze Springer den Bc5 schlägt, manchmal der Läufer. Das hängt davon ab, wie Weiß spielt. Nimmt Schwarz sofort auf c5, befreit er den Weißen von seiner Ungewissheit.

6. a2-a3

Zwingt Schwarz zur Erklärung. Wie aus der vorigen Analyse hervorgeht, ist dies einer der besten Züge, der verwickelte Wege anderer Abspiele vermeidet. Weiß kann auch 6.Ld2 und 6.Sf3 antworten.

6. ... Lb4xc5

Hier wäre Lxc3+ ein strategischer Fehler, weil Schwarz kein Gegengewicht für die Aufgabe des Läuferpaars und sogar Sorgen mit dem Rückgewinn des Bauern hätte, z.B. 7.Dxc3 Se4 8.Dc2 Sxc5 9.b4 mit ausgezeichnetem Spiel für Weiß. 9. ... Sa6 ist erzwungen, und Schwarz kann die weiße Bauernkette nicht mit a7-a5 angreifen, wie es tatsächlich in der Partie geschieht.

7. b2-b4(?)

Zweifelhaft, obschon der Lc5 energisch zurückgeworfen wird. Der Zug bedeutet eine Schwächung der weißen Damenflügelbauern, aus der Schwarz bald Nutzen ziehen kann. Man darf natürlich nicht verallgemeinern, sollte diesem Zug aber immer mit Misstrauen begegnen. Es hängt davon ab, ob Schwarz ihm mit a7-a5 vorteilhaft begegnen kann.
Nehmen wir an, Weiß versucht stattdessen den naheliegenden Zug 7.Lg5?. Dann könnte Schwarz mit 7. ... Lxf2+ 8.Kxf2 Sg4+ nebst Dxg5 einen Bauern gewinnen, ein Beweis dafür, wie wichtig es ist, nicht mechanisch zu spielen, sondern jeden Schritt genau zu prüfen und dabei besonders Schachgebote und Schlagfälle zu beachten.
Der beste Zug für Weiß ist hier 7.Sf3.

7. ... Lc5-e7
8. Sg1-f3

Das ist 8.Lb2 vorzuziehen, da Weiß in diesem Fall die Möglichkeit verliert, b4 mit Tb1 zu schützen. Spielt Weiß das ganz anders geartete 8.e4, so 8. ... a5 9.e5 axb4! 10.exf6 Lxf6 und Schwarz steht vorzüglich.

8. ... a7-a5

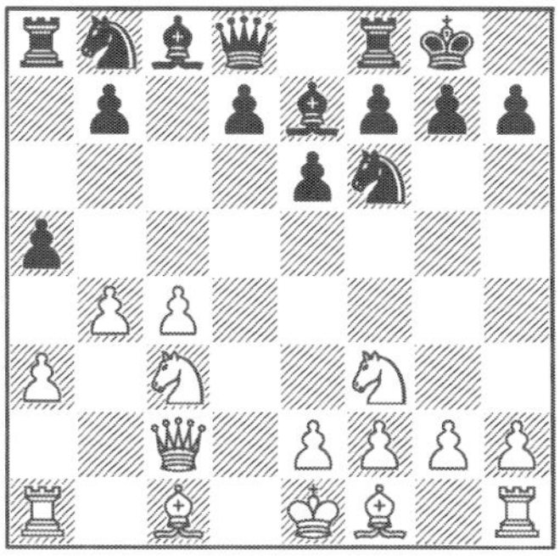

Weiß hat am Damenflügel einen imponierenden Bauernverband. Schwarz ist bestrebt, die Bauern zum Vorrücken zu bewegen und so zu schwächen. Dies kann er umso eher tun, als Weiß nach b4xa5 zwei vereinzelte Bauern behält. Spielt Weiß b4-b5, erhält Schwarz das wichtige Feld c5, das er mit d6 nebst Sd7-c5 besetzen könnte.

9. Ta1-b1

Nach 9.Sa2? axb4 10.axb4 Lxb4+ kann der Springer nicht zurücknehmen, weil der Ta1 ungedeckt steht.

9. ... Sb8-a6
10. Sc3-a2

Erzwungen, wenn Weiß dem Gegner nicht das Feld c5 überlassen will. Nach wenigen Zügen ist er schon in die Defensive gedrängt, die Folge des „unternehmenden" Vorgehens im 7. Zug.

10. ... d7-d5

Schwarz setzt seine Entwicklung auf adäquate Weise fort und ermöglicht seinen Figuren gleichzeitig die Fortsetzung des Angriffs am Damenflügel. Er versucht, die Stellung zu öffnen, um den höchsten Nutzen aus der rückständigen Entwicklung des Weißen zu ziehen. Er bekämpft den Halt, den der Bc4 im Zentrum gibt.

11. e2-e3

Nach 11.cxd5 hätte Schwarz die Wahl, mit Dame, Springer oder Bauer zurückzunehmen und in jedem Fall eine befriedigende Stellung zu erhalten. Mit 11. ... exd5 nähme

Schwarz den kleinen Nachteil des vereinzelten Bauern in Kauf für den Vorteil, den Lc8 ins Spiel bringen zu können.
Nach 11.c5 bereitet Schwarz mit Ld7 den Sprengungszug b7-b6 vor.

11. ... Lc8-d7

Dieser Läufer möchte auch seine Rolle am Damenflügel spielen.

12. c4-c5(?)

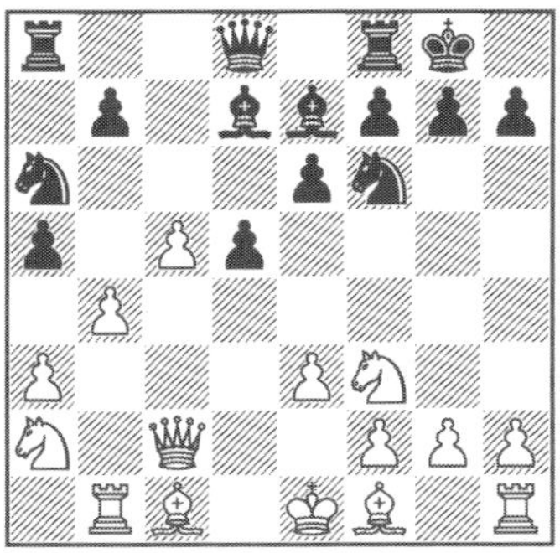

Der Würfel ist gefallen, jedoch in die falsche Richtung. Vorzuziehen war 12.cxd5, um auf Sxd5 mit 13.e4 fortzufahren. Schwarz wird daher besser 12. ... axb4 erwidern, und wenn 13.axb4, so Sxd5 mit Angriff auf b4. Versucht Weiß jedoch, durch 13.dxe6 einen Bauern zu gewinnen, erwarten ihn große Schwierigkeiten: 13. ... Lxe6:14.Sxb4 Sxb4 15.axb4 Ta2 16.Dd3 Dc8! usw.
Schwarz hat nun einen Entwicklungsvorsprung von nicht weniger als drei Zügen und kann die Zeit, die Weiß für den Abschluss der Entwicklung braucht, zur Stärkung seiner Offensive auf der c-Linie nutzen. Wie ist dieser Entwicklungsvorsprung zu erklären? Dadurch, dass Weiß Zeit für Verteidigungszüge wie Tb1, Sa2 usw. verlieren musste, und mit solchen Zügen wie b2-b4, c4-c5. Er setzte damit seinen zweifelhaften Kurs fort, anstatt seinen Fehler einzusehen und c4xd5 zu spielen. Weiß hatte die Absicht, Raum am Damenflügel zu gewinnen. Den hat er nun – zum Preis von drei Tempi, und das macht den Raum wertlos. Es bleiben nur die Schwächen. Weiß hat zwar eine Bauernmehrheit am Damenflügel, aus der ein Freibauer resultieren kann. Ein Freibauer braucht jedoch Unterstützung, und die kann Weiß hier nicht bieten. Der Freibauer wird schwach und geht schließlich verloren.

12. ... a5xb4

Um die a-Linie zu öffnen und die weißen Bauern ein wenig mehr bloßzustellen.

13. a3xb4

Wie in der vorhergehenden Partie hat der Meister zwei klare Vorteile erzielt – diesmal Entwicklungsvorsprung und Angriffschancen gegen die weißen Damenflügelbauern. Der Wert von zwei Vorteilen zählt progressiv. Eine Partie auf der Grundlage *eines* Vorteils zu gewinnen kann ein schwieriger Job sein, hat man aber zwei Vorteile, verringert sich die Mühe um weit mehr als die Hälfte. Kein Wunder, dass der Amateur, obwohl er wie in Partie 1 keine schwerwiegenden Fehler begeht, dem planmäßigen Vorgehen seines meisterlichen Gegners nicht widerstehen kann.

13. ... Dd8-c7

Dient als Vorbereitung eines Angriffs gegen den weißen Spitzenbauern mit b7-b6. Auf sofortiges 13. ... b6 wäre 14.c6 nebst b4-b5 möglich gewesen, und die schwarze Aufgabe wäre viel schwerer geworden.

Der Besitzer eines solchen Spitzenbauern (wie hier c5) sollte mit ihm defensiv verfahren, indem er ihn soviel wie möglich stützt, seine Kräfte in seinem Rücken anhäuft und erst nach langer Befestigung an einen Vormarsch denkt. Der Gegner muss einen Spitzenbauern offensiv angehen, ihn so schnell wie möglich mit einem Bauern angreifen, ohne dem Besitzer Gelegenheit zum Durchbruch zu geben.

Schwarz spielt Dc7 statt Tc8 teils deswegen, um den Ta8 gegebenenfalls bei einer späteren taktischen Wendung als Drohung gegen den Sa2 einsetzen zu können, teils deswegen, um eventuell die Entwicklung des Tf8 nach c8 zu ermöglichen.

14. Lc1-b2

Ein Routinezug, den Weiß zweifellos aufgrund der Theorie machte, dass ein Läufer auf der langen Diagonale stark sein muss. Der Zug unternimmt jedoch nichts gegen das von Schwarz geplante b7-b6. Weiß musste dringend bedenken, dass seine Dame ungeschützt ist. Richtig war daher 14.Ld3, um 14. ... b6 mit 15.cxb6 oder auch 15.De2 beantworten zu können.

14. ... b7-b6!

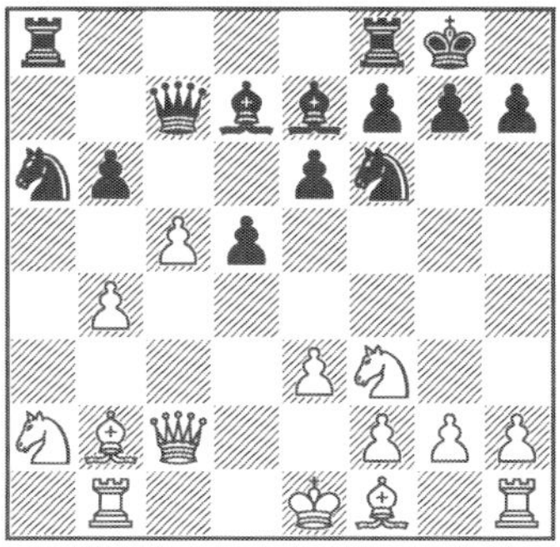

Zieht Vorteil aus der Fesselung entlang der c-Linie. Schwarz droht nun, einen Bauern zu erobern. Ein Bauerngewinn ist an sich schon bedeutungsvoll; in dieser Stellung jedoch gibt der überzählige Bd5 Schwarz die Möglichkeit, den Freibauer-“Kandidaten“ (wie Nimzowitsch ihn bezeichnete) in einen wirklichen Freibauern umzuwandeln.

Schließlich ist zu bemerken, dass das Scheinopfer 14. ... Sxc5 an dem Zwischenzug 15.Lxf6 (oder 15.Le5) scheitert, der dem Sa2 mit Tempo eine Deckung verschafft.

15. Lb2-e5

Belästigt die schwarze Dame, treibt sie auf ein weniger wirkungsvolles Feld (c8) und erschwert so das Eingreifen des Tf8. Außerdem wird die b-Linie für den Tb1 frei.

15. ... Dc7-c8

Die Dame muss die Fesselung aufrechterhalten.

16. Le5xf6

Indem Weiß das Zurückschlagen mit dem Läufer erzwingt, entlastet er den Bc5. Das ist der einzige Weg, diesen

Bauern zu retten; andererseits gibt der Zug dem Schwarzen mehr Bewegungsfreiheit. Konnte Weiß hier den Verlust des Bc5 ohne Tausch des Läufers vermeiden? Untersuchen wir die Lage.

Schwarz droht b6xc5. 16.Lxa6 hilft nicht, weil nach Dxa6 der Sa2 angegriffen ist: 17.Sc1 bxc5 18.bxc5 Da5+. Anscheinend ist das Scheinopfer 16.c6 die einzige Möglichkeit. Was folgt, muss genau berechnet werden, weil zufällige Kombinationen das Feld beherrschen: 16. ... Dxc6 17.Dxc6 Lxc6 18.b5 Sc5 19.bxc6 Txa2 20.Txb6. Wie ist diese Stellung zu beurteilen? Das Material ist gleich. Weiß hat einen starken Freibauern; seine Aussichten erscheinen rosig, doch Schwarz hat einen starken Gegentrumpf, ein besseres Zentrum als Ergebnis seiner überlegenen Entwicklung: 20. ... Sfe4 21.c7 f6 22.Ld4 e5! 23.Tb8 Ta8 24.Lxc5 Lxc5 25.Txf8+ Kxf8 26.La6 Sd6 und Schwarz gewinnt am Ende einen Bauern, weil der La6 zum Rückzug gezwungen und der Bc7 unhaltbar ist.

16. ... Le7xf6
17. Lf1xa6

Wieder zur Verringerung der Figurenzahl und um den Bc5 halten zu können. Das bedeutet aber nur noch einen Aufschub der Hinrichtung.

Wenn 17.c6 (wie in der vorherigen Variante) 17. ... Dxc6 18.Dxc6 Lxc6 19.b5 Sc5 20.bxc6 Txa2 21.Txb6, so Ta1+ und der Vorteil des Schwarzen ist offensichtlich.

17. ... Dc8xa6

Nicht Txa6 wegen 18.b5 nebst 19.c6.

18. Sa2-c1

Weiß hat durch die Tauschserie tatsächlich den Bauern gerettet, jedoch...

18. ... b6xc5

...vereinzelt ihn und stempelt ihn zu einem Schwächling.

19. b4xc5

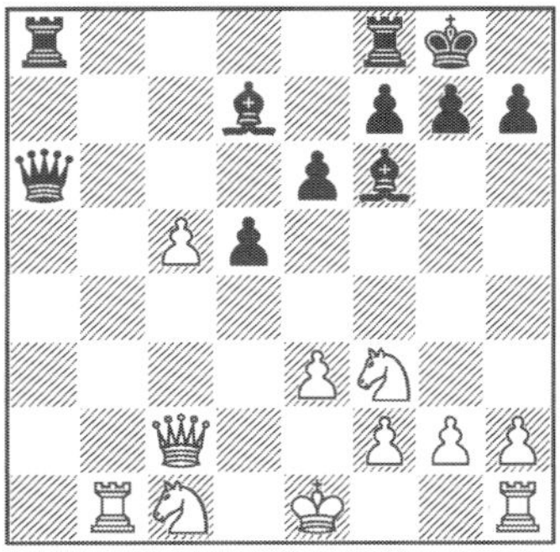

Schätzen wir nun die Stellung ab, da eine neue Phase der Partie beginnt. Weiß hat den materiellen Gleichstand gewahrt; sein vereinzelter Bauer ist frei. Es ist bemerkenswert, dass Schwarz das Entstehen eines Freibauern für den Gegner bewirkt hat. Er hatte freilich einen verständlichen Beweggrund: dieser Freibauer ist vereinzelt und verwundbar, weil die schwarzen Figuren besser mobilisiert sind – es gibt mehr Angreifer als Verteidiger. Das große Handicap für Weiß ist, dass er noch nicht rochiert hat und im Augenblick auch nicht rochieren kann. Schwarz hingegen ist glänzend entwickelt,

beherrscht die a-Linie und besitzt das Läuferpaar.
An diesem Punkt besteht das Äußerste, was Schwarz erreichen kann, in a) dem Gewinn des Bc5 und b) der Verhinderung der weißen Rochade.
Schwarz fürchtet, dass er das Äußerste nicht herausholen wird; deswegen schlägt er einen Mittelweg ein – den Bauern zu erobern, ohne Weiß an der Rochade zu hindern. Ein anderer Versuch wäre 19. ... Tfc8, worauf Weiß am besten mit 20.Sb3 fortsetzt, z.B. 20. ... Lb5 21.Tc1. Sehr stark sieht auch 19. ... Tfb8 aus.

19. ... Da6-a5+
20. Sf3-d2 Ld7-a4
21. Sc1-b3

Der einzige Zug: 21.Da2 Dxc5 22. 0-0? Lb5 und gewinnt die Qualität. Mit dieser Variante würde Schwarz also das Äußerste herausholen.

21. ... La4xb3

Schwarz konnte auch 21. ... Da6 spielen, um vorläufig auf den Bauern zu verzichten und die Rochade weiterhin zu verhindern.

22. Tb1xb3 Tf8-c8

Das Schicksal des c-Bauern ist besiegelt.

23. 0-0 Tc8xc5
24. Dc2-d3

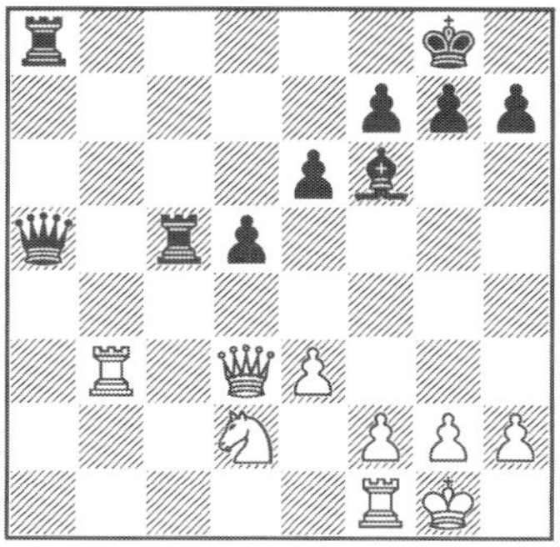

Wieder geht die Partie in eine neue Phase über. Schwarz hat einen Bauern gewonnen, der endgültige Sieg wird aber nicht leicht zu erreichen sein, denn die Bauern befinden sich alle auf einem Flügel. Dies macht den kurzbeinigen weißen Springer relativ stärker als den langbeinigen schwarzen Läufer. Für den Augenblick ist jedoch der Läufer sehr stark. Von seinem ausgezeichneten Posten f6 übt er starken Druck auf der Diagonale aus und besonders auf die Schlüsselfelder a1, b2 und c3.

24. ... Ta8-c8

Der Plan des Schwarzen besteht aus folgenden Elementen: a) mit dem geschehenen Routinezug die Türme verdoppeln und das Eindringen auf c3, c2 oder c1, je nach Sachlage, vorbereiten; b) Sicherheit für seinen König; c) dem Versuch, Angriffsziele zu finden; d) Vorstoß des d-Bauern.

25. g2-g3 g7-g6

Im Kampf der schweren Figuren ist es immer eine gute Maßnahme, Fluchtfelder für den König zu schaffen.

26. Tf1-b1 Tc5-c3

Schwarz kommt leichter vorwärts, wenn er ein Turmpaar tauscht, weil er sonst immer mit dem Eindringen der weißen Türme rechnen muss.

27. Tb3xc3 Tc8xc3
28. Dd3-f1

Es wäre auch 28.Db5 möglich gewesen, weil Tc1+ mit 29.Sf1 beantwortet werden kann.

28. ... Kg8-g7

Manchmal geschehen solche Königszüge, um den König vor plötzlichen Überfällen zu schützen. Hier dient er dazu, Ausflüchte des Weißen verhindern zu helfen. Gerät etwa der weiße Turm oder die Dame in Bedrängnis, so gewinnen sie Zeit, wenn sie unter Schachgebot flüchten können.

29. Sd2-f3

Sieht sich nach einem Feld um, von wo er den Freibauerkandidaten d5 aufhalten kann, der sich bald in Bewegung setzen wird.

29. ... e6-e5

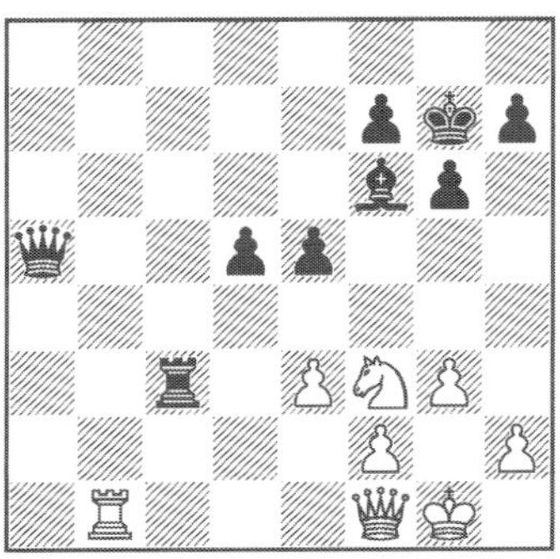

Mit der klaren Absicht, den Bd5 im richtigen Augenblick vorzustoßen.

30. Kg1-g2

Weiß deckt den Sf3, um das erwartete d5-d4 mit 31.exd4 beantworten zu können. Wäre er dazu nicht in der Lage, bildet Schwarz womöglich einen gedeckten Freibauern durch d3 nebst e4.
Weiß verteidigt den Sf3 jedoch auf die falsche Weise, wie bald erkennbar wird. Vorzuziehen war 30.De2 oder Dd1. Noch besser wäre 30.Se1, um 30. ... d4 mit 31.exd4 exd4 32.Sd3 beantworten zu können und ein festes Bollwerk gegen den Freibauern zu errichten, das besonders solide ist, weil der Läufer das Blockadefeld d3 nicht bedrohen kann. Einen Freibauern blockiert man am besten mit einer Figur. Das ist bei einem vereinzelten Freibauern besonders wirkungsvoll, weil der Störenfried dann schwer zu verjagen ist.
Auf 30.Se1 hätte Schwarz den Vorstoß des d-Bauern noch aufgeschoben und sich vielleicht für e5-e4 nebst d5-d4 entschieden.

30. ... d5-d4
31. e3xd4 Da5-d5!

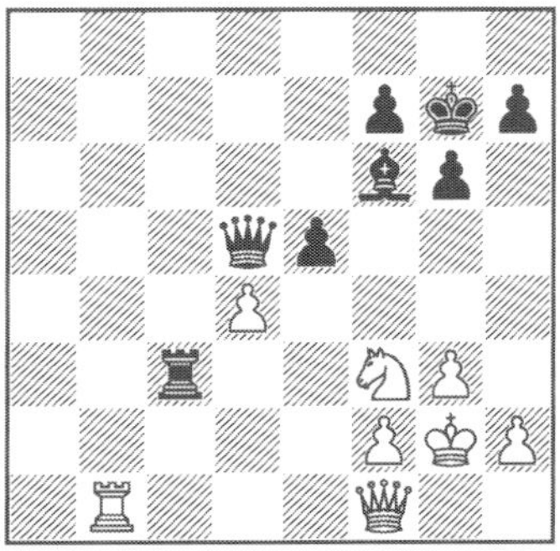

Eine sogenannte „ewige Fesselung“, die den Kampf entscheidet. Der weiße König kann sich der Fesselung nicht entziehen, weil der Sf3 Schutz braucht. Eine wohlbekannte Lage, die der Leser im Gedächtnis behalten sollte. Man beachte, dass der strategische Plan des Schwarzen zwar die Verwandlung des Freibauern vorsieht, dass er jedoch keineswegs die Gelegenheit ausschlägt, von einer taktischen Lage bestmöglich Gebrauch zu machen. 31. ... Dd5 ist ein Zwischenzug, der Schwarz keinerlei Zeit kostet; er ist mit einer Drohung verbunden.

32. Df1-d1

Ein anderer Versuch, das Unabänderliche zu vermeiden, wäre 32.De2 cxd4 33.Td1 (33.Tb5 scheitert an d3 34.Txd5 dxe2.) 33. ... d3 34.Dd2 g5 und weiter wie in der Partie. Noch ungünstiger wäre in dieser Variante 34.De3 d2 35.De2 Lg5 (Der Bd2 muss gedeckt werden, und Weiß kann nicht 36.De5+ spielen wegen Dxe5 37.Sxe5 Tc1.) 36.h4 Lh6 37.g4 Lf4 38.g5 Td3. Der „Zugzwang“ ist vollständig. Weiß verliert eine Figur.

32. ... e5xd4
33. Tb1-b2

Verliert auf sehr lehrreiche Art eine Figur. Es gab aber sowieso keine Rettung mehr. Auf 33.h4, um den Vorstoß g5 zu verhindern, kommt h7-h6.

33. ... g6-g5

Droht g5-g4.

34. g3-g4

Wenn 34.h3, so h5.

34. ... h7-h5!

Wenn nun 35.gxh5, so wiederum g5-g4.

35. h2-h3 h5xg4
36. h3xg4 Dd5-e4
37. Dd1-e2

Es gibt keine Verteidigung. 37.Kg3 wird mit Le5+ beantwortet.

37. ... De4xg4+
38. Kg2-f1 Dg4xf3

Weiß gab auf.

In gewisser Hinsicht verlor der Amateur die Partie, weil er nicht erkannte, dass in diesem besonderen Fall der vorgestoßene Bauer am Damenflügel zur Schwäche neigt. Die Fragestellung steckt hier voller Feinheiten, und auch ein Meister kann in so einer Lage fehlgreifen. Tatsächlich gibt es sogar Großmeisterpartien, die sich auf der gleichen Ebene bewegen, und gerade aufgrund dieser Partien ist dem erfahrenen Spieler bekannt, dass er mit a2-a3 nebst b2-b4 (bzw. a7-a6, b7-b5) in so einem frühen Stadium vorsichtig sein muss. Unser Amateur wusste das nicht und ist deswegen nicht zu tadeln. Einmal in der Defensive, war auch die Fortsetzung der verfehlten Strategie mit 12.c5 verzeihlich. Danach gab es kein Entrinnen mehr, nur am Ende einen Zug, der mehr Widerstand leistete (30.Se1).

Partie 3

Die Englische Eröffnung
Wege, in der Eröffnung Ausgleich zu erhalten
Wege, im Mittelspiel Ausgleich zu erhalten
Die vielseitige Bauernmehrheit
Angriff gegen den schwarzen Damenflügel
Ausnutzung der Schwäche in einem Bauernverband
Motive des Figurentauschs
Verwundbarkeit des Königs in der Brettmitte

Schachpartien werden nicht immer durch Blitzattacken auf den König gewonnen oder indem man diesen in ein Mattnetz zieht. Manchmal gebietet die Bauern- und Figurenstellung einen Angriff weit entfernt vom König – und wie wir schon in Partie 2 sahen, ist zuweilen das gegnerische Bauerngerüst das Ziel erfolgreicher Strategie.

Grundsätzlich stehen alle Bauern am stärksten in einer Reihe, also nebeneinander. Am Anfang ist das beidseits der Fall, in einer Stellung ohne Schwächen. Sobald ein Bauer aus der Reihe tritt, kann er das Ziel eines feindlichen Bauernangriffs werden, der die Öffnung einer Linie, die Schwächung der Bauern oder beides zum Ziel haben kann. Ungünstige Strukturen wie vereinzelte, rückständige Bauern, Doppelbauern usw. haben alle ihre Nachteile, und solche Schwächen können häufig ausgenutzt werden.

Eine andere Frage ist, wie man solche Möglichkeiten erhält. Zunächst ist es äußerst wichtig, die genauen Merkmale der verschiedenen Bauernstrukturen zu kennen. Einer der kleinen Nachteile des Fianchettozuges g2-g3 besteht darin, dass der Gegner häufig mit dem Randbauern bis nach h4 vorrückt, um nach Bauerntausch die Turmlinie zu öffnen und den Bg3 zu schwächen.

Wenn der gegnerische König kurz rochiert hat und der Läufer auf der gleichen Seite fianchettiert wurde, kann der Vorstoß des h-Bauern nicht nur zur Öffnung der h-Linie, sondern gleichzeitig zu einem Angriff führen, der gefährlicher ist als ein entsprechender auf der Damenseite. Dann wäre die Technik eine andere. Am Damenflügel ist es wichtig, den Gegner zur Verteidigung der geschwächten Bauernstruktur mit Figuren zu zwingen. Ist das erreicht, sind die feindlichen Figuren gebunden, so kann man daraus Vorteil ziehen durch ein Vorgehen auf einem anderen Teil des Bretts.

Weiss: Meister Schwarz: Amateur
Englisch

1. c2-c4

Anstatt die Mitte zu besetzen, entwickelt Weiß einen Flügelbauern, um einen Kontakt mit dem Gegner im frühen Stadium zu vermeiden und sich rasch entwickeln zu können. Diese Eröffnung führt oft zur beidseitigen Flankierung des Königsläufers. Durch Zugumstellung kann sich auch irgendeine andere Eröffnung wie das abgelehnte Damengambit (siehe Partien 11 bis 14) oder eine der Indischen Eröffnungen (siehe Partien 9, 10, 19 bis 22 und 24) ergeben. Der Zug 1.c4 bezieht einen Teil seines Reizes aus seiner Vielfältigkeit.

1. ... Sg8-f6
2. Sb1-c3 e7-e6

Es sieht so aus, als wollte Schwarz Nimzoindisch (siehe Partien 1 und 2) spielen.

3. e2-e4

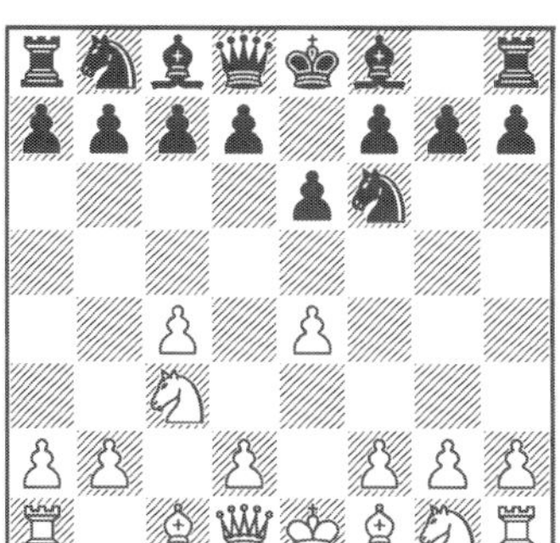

Hiermit versucht Weiß, entweder im Zentrum die Mehrheit zu erlangen oder den Sf6 mit e4-e5 auf ein ungünstiges Feld zu treiben. Keines dieser Ziele ist zu erreichen, ohne dass Schwarz einen Gegenwert erhält.
Weiß kann auch 3.d4 spielen mit Übergang ins Damengambit (3. ... d5) oder zu Nimzoindisch (3. ... Lb4).

3. ... d7-d5

Gut ist auch 3. ... c5 mit der Folge 4.e5 Sg8! und Weiß hat keinen Vorteil durch seinen vorgerückten Bauern, der nach späterem d7-d6 getauscht werden muss, z.B. 5.f4 Sc6 6.Sf3 d6 7.exd6 (Sonst wird der e-Bauer schwach.) 7. ... Lxd6 8.d4 Sf6 9.dxc5 Lxc5 10.Dxd8+ Kxd8 und Schwarz hat nichts zu fürchten. Der wohl einzige Versuch, etwas zu erreichen, besteht in dem Bauernopfer 5.Sf3 Sc6 6.d4 cxd4 7.Sxd4 Sxe5, das Weiß zweifellos starke Initiative, aber auch Schwarz Verteidigungsmöglichkeiten gibt.

4. e4-e5

Weniger beliebt, aber gleichfalls möglich ist 4.cxd5 exd5 5.e5.

4. ... d5-d4!

Nach dem ruhigen 4. ... Sfd7 5.f4 hätte Weiß Raumvorteil. Auch 4. ... Se4, was in manchen Fällen ein Bauernopfer bedeutet, ist fragwürdig.

5. e5xf6 d4xc3

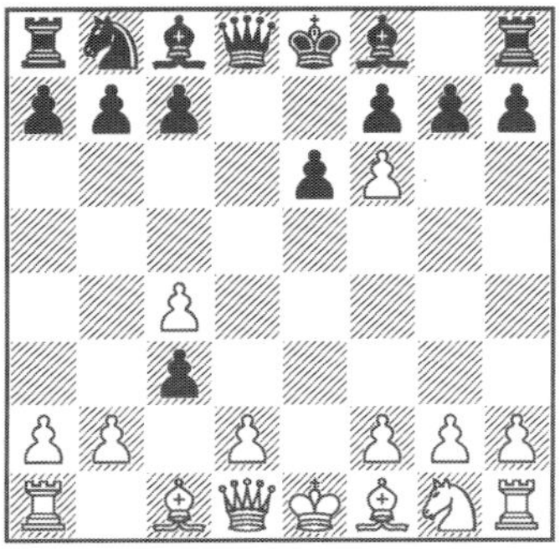

6. b2xc3

Weiß musste zwischen 6.fxg7, 6.bxc3 und 6.dxc3 wählen. Die Folge 6.fxg7 cxd2+ 7.Lxd2 Lxg7 führt zum Ausgleich. Bei 6.bxc3 bzw. 6.dxc3 erhält Weiß jeweils Doppelbauern, deren Wert aber unterschiedlich ist. Nach 6.dxc3 Dxd1+ 7.Kxd1 gxf6 hätte Weiß keine verwertbare Bauernmehrheit am Damenflügel – er kann sich praktisch keinen Freibauern verschaffen, während Schwarz dies trotz seines Doppelbauern unter bestimmten Umständen möglich ist.

Eine Faustregel für Doppelbauern besagt: Stehen sich zwei verbundene Bauernblöcke gegenüber – auf den gleichen Linien und getrennt von anderen Bauernblöcken –, dann zählt der Doppelbauer nicht. Hat eine Partei aber einen Bauern auf einer Linie, auf der kein feindlicher Bauer steht, dann zählt der Doppelbauer, wenn es um Freibauernbildung geht. Z.B. steht hier nach 6.dxc3 Dxd1+ 7.Kxd1 gxf6 am Damenflügel kein Bauer allein auf einer Linie. Im Zentrum jedoch ist dies beim schwarzen Be6 der Fall. Daher zählt hier der schwarze Doppelbauer, der weiße nicht. Der schwarze würde ebenfalls nicht zählen, wenn wir den Bg2 nach e2 oder e3 versetzen.

6. ... Dd8xf6
7. d2-d4

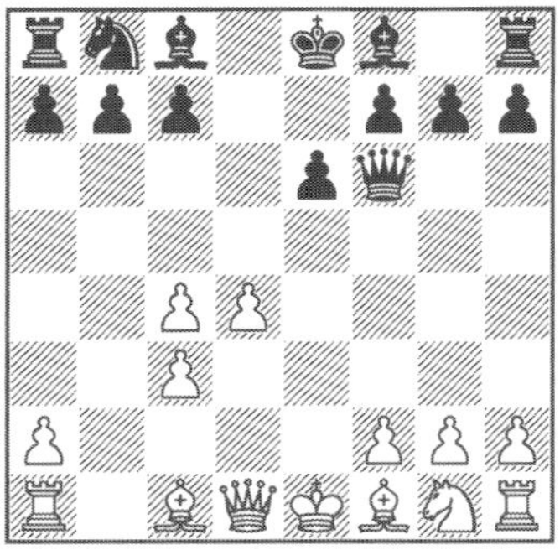

Weiß besitzt nun eine Art Zentrum – geschwächt durch einen Doppelbauern und daher unter bestimmten Umständen verwundbar. Der Doppelbauer ist nützlich, indem er das Zentrum stärkt (den Bd4 stützt), aber auch anfällig, denn nach c7-c5 gibt es kaum Umstände, die dxc5 und damit einen Tripelbauern rechtfertigen könnten. So kann Schwarz d4 direkt und c4 indirekt, d.h. durch Züge wie Tc8, Sa5 und La6 angreifen.

7. ... b7-b6

Folgerichtiger ist, wie oben ausgeführt, c7-c5. Eine modernere Fortsetzung mit noch nicht völlig geklärten Folgen besteht in 7. ... e5.

8. Lf1-e2

Eine neue Idee. Gewöhnlich spielt man 8.Sf3 Lb7 9.Ld3 mit einiger Initiative für Weiß z.B. nach 9. ... h6 10.De2 Sd7 11.Le4.

8. ... Lc8-b7

9. Le2-f3

Neutralisiert den Lb7 und ermöglicht die Weiterentwicklung mit Sg1-e2. Außerdem wird d4-d5 im Fall von c7-c5 vorbereitet. Schwarz sollte nun tauschen, wonach beide Parteien ihre Entwicklung fortsetzen: 9. ... Lxf3 10.Sxf3 Ld6 11.Da4+ (11.0-0 0-0 12.a4 Sc6 und der weiße Doppelbauer wird nach Sa5! schwach.) 11. ... c6 12.0-0 0-0 13.Te1 Tc8 nebst Sd7. Der Amateur jedoch, dem der verringerte Wert des von einem Bauern verstellten Läufers nicht klar war, schuf eine Schwäche in seiner Stellung, indem er spielte ...

9. ... c7-c6?

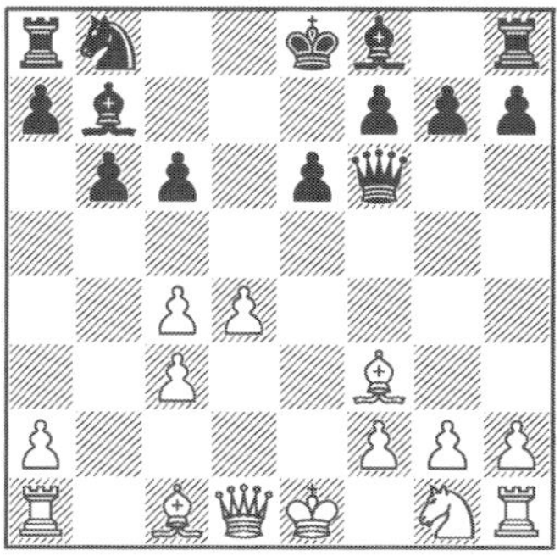

Danach neigt der Bb6 zur Schwäche. Er ist zwar noch vom Ba7 gedeckt, Weiß wird jedoch bald seinen a-Bauern nach a5 vorstoßen. Schwarz muss dann entweder b6 mit Sd7 verteidigen oder auf a5 schlagen. In jedem Fall muss er besondere Maßnahmen zum Schutz seiner Damenflügelbauern treffen, die ihm ernsthafte Sorgen bereiten.

10. Sg1-e2

Bevor Weiß den Angriff mit a2-a4 aufnimmt, bereitet er die Rochade vor. Das ist immer eine gute Idee, denn die Rochade ist notwendig, und der Springer kann sich nun am Kampf beteiligen.

10. ... Lf8-d6

11. a2-a4

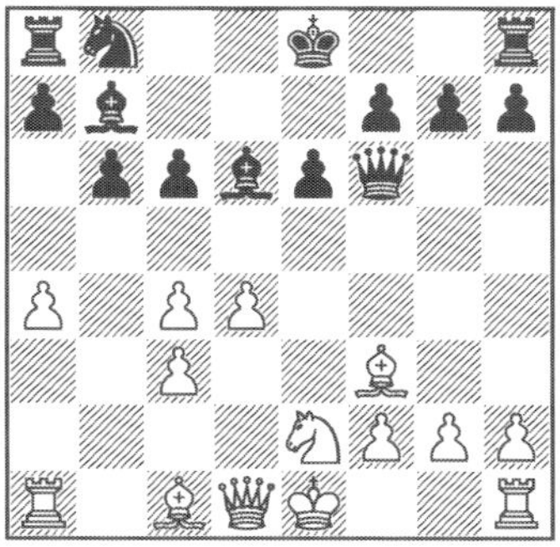

Es ist soweit. Um die Schwäche von b6 zu zeigen, nehmen wir die Züge 11. ... 0-0 12.a5 an und untersuchen:

1) 12. ... De7 13.Db3

1a) 13. ... Sd7 14.a6! erobert mindestens einen Bauern;

1b) 13. ... bxa5 14.c5 gewinnt eine Figur;

1c) 13. ... Dc7 14.Tb1 Sd7 15.c5 mit Bauerngewinn.

2) 12. ... bxa5 13.Db3

2a) 13. ... De7? 14.c5 gewinnt eine Figur;

2b) 13. ... La6 14.Txa5 mit klarer Überlegenheit. Wie kann Schwarz sich entwickeln?

2c) 13. ... Lc8 14.Txa5 Ld7 15.Db7 und erobert eine Figur, auch nach 15. ... Dd8 16.Ta1 Dc7 17.Dxa8 Sa6 18.Dxf8+ und 19.Txa6.

3) 12. ... Sd7 13.a6 usw. mit Bauerngewinn;

4) 12. ... Lc7 (wahrscheinlich am besten) 13.Db3 Sa6 (Es ist Schwarz gelungen, diesen Springer herauszubekommen!) 14.c5 b5 (Dd8 15.axb6 axb6 16.cxb6 Lxb6? 17.Tb1 oder 16. ... Sc5 17.dxc5) 15.0-0 e5 16.Le3 und Weiß ist im Vorteil, denn er droht c3-c4.

11. ... a7-a5

Um eine Stellungsschwäche zu vermeiden, gibt sich Schwarz eine andere – einen ungedeckten, rückständigen b-Bauern. Variante 4 oben war bestimmt das geringere Übel.

12. Ta1-b1

Weiß ergreift sofort die Initiative, indem er den Bb6 und indirekt auch den Lb7 bedroht.

12. ... Sb8-d7
13. c4-c5! Ld6-c7
14. c5xb6 Sd7xb6

Weiß hat seine Bauern entdoppelt, während Schwarz nicht nur zwei vereinzelte behält, sondern außerdem einen Klumpen gefährdeter Figuren, die indirekt bedroht sind.

15. Lc1-a3

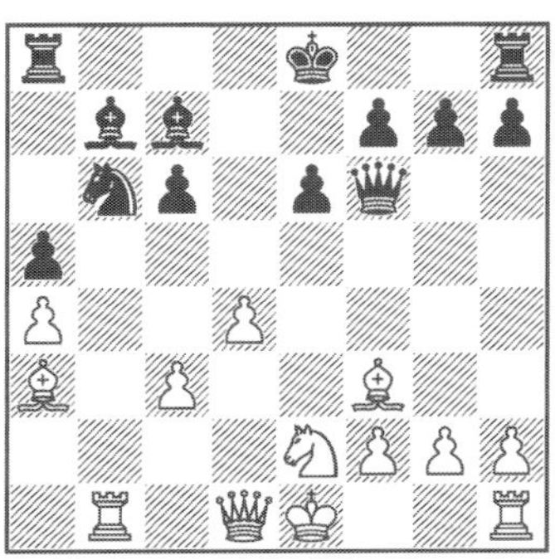

Schwarz kann nun nicht rochieren. Seine Stellung verschlechtert sich deswegen erheblich. Das weiße Spiel veranschaulicht eine gebräuchliche Methode, Positionsvorteil zu erlangen. Man nimmt einen Bauern aufs Korn und zwingt den Gegner dadurch, etwas aufzugeben, um den Bauern zu halten – hier die Diagonale a3/f8, die Weiß benutzt, um Schwarz an der Rochade zu hindern.

15. ... Ta8-b8

Denn Weiß drohte, eine der hängenden Figuren durch Lc5 zu erobern.

16. La3-c5 Lb7-a8
17. Se2-g3

Der Springer soll auf e4 in den Kampf eingreifen.

17. ... Sb6-d5
18. Tb1xb8+

Weiß tauscht hier, a) um ein Tempo zu gewinnen, denn der L wird auf b8 ungedeckt stehen (siehe 19. Zug von Weiß); b) weil er danach mit de facto mehr Material spielt, denn der Th8 ist und bleibt außer Spiel.

18. ... Lc7xb8
19. Dd1-b3

So gewinnt Weiß einen Zug.

19. ... Df6-d8
20. Lf3xd5!

Beseitigt die einzige gut stehende Figur des Gegners und erzwingt die Öffnung der e-Linie für unmittelbaren Angriff.

20. ... e6xd5

Natürlich nicht cxd5 21.Db5+ bzw. Dxd5 21.Dxb8+.

21. 0-0

Weiß war so damit beschäftigt, seine Vorteile festzuhalten, dass er erst jetzt Zeit zum Rochieren findet. Nun droht 22.Te1+ Kd7 23.Te7+.

21. ... Lb8xg3

Für diesen Tausch hat Schwarz zwei Gründe: a) eine seiner hängenden Figuren zu beseitigen und so die Dame von der Deckungsaufgabe zu befreien; b) den weißen Springer zu beseitigen, der im Angriff gefährlich werden könnte, z.B. 21. ... f6 22.Te1+ Kf7 23.Te7+ Kg8 24.Sf5.

22. f2xg3

Entgegen der allgemeinen Regel gespielt, mit den Bauern zum Zentrum hin zu schlagen. Hier liegen besondere Umstände vor. Auf 22.hxg3 könnte Kd7! folgen, was jetzt an 23.Txf7+ scheitert. Weiß, der das Brett vollkommen beherrscht, droht nun 23.Te1+ Kd7 24.Te7+ Kc8 25.Ta7.

22. ... f7-f6

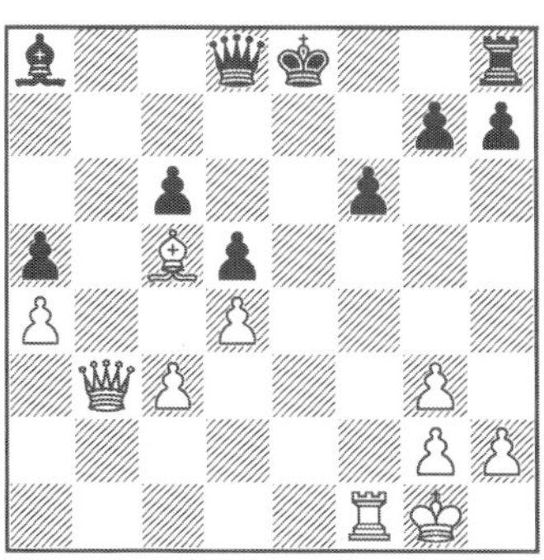

Um dem König ein Fluchtfeld zu geben.

23. Tf1-e1+ Ke8-f7
24. Te1-e7+ Kf7-g8

24. ... Kg6 25.Dc2+ Kh6 26.Df5 und gewinnt, z.B. 26. ... Tg8 27.g4 g6 28.g5+ fxg5 29.Dh3 matt.

25. Db3-c2

Um die Dame nach f5 zu bringen und dann einen Mattangriff zu beginnen.

25. ... g7-g6

Pariert zwar die Drohung, die Dame findet jedoch einen anderen Weg. Wenn 25. ... h6, so 26.Dg6.

26. Dc2-e2

Schwarz gab auf. Er hat keine ausreichende Antwort gegen 27.De6+. Wenn 26. ... Dc8, so 27.Te8+.
In dieser Partie, wie in vielen anderen, behandelt der Amateur die Eröffnung zufriedenstellend. Die darauf folgende Phase erweist sich als die für den Amateur gefährlichste. In ihr ist er auf sich selbst gestellt, nachdem er bis dahin den Meisterzügen folgen konnte, die die Theorie angibt.

Partie 4

Ideen der Ben-Oni-Verteidigung
Der voreilige Läufertausch
Geschwächte Felder einer Farbe
Der bloßgestellte König in der Brettmitte
Das Opfer zur Ausnutzung der unsicheren Königsstellung
Mit Macht angreifen

Das Recht zu rochieren ist ein sehr wertvolles Privileg im Schach, weil der König auf seinem ursprünglichen Standort gefährdet ist (siehe Partie 3). Eine richtige Eröffnungsstrategie erfordert Zentrumskontrolle durch Bauern und Figuren. Dies bedeutet häufig, dass die e- und d-Bauern zur Besetzung des Zentrums vorrücken; daher verschwindet der natürliche Schutz des Königs durch diese beiden Bauern oft schon bald, und die Gefährdung des Königs nimmt zu. Das macht es fast unumgänglich, ihn aus dem gefährlichen Raum mit Hilfe der Rochade zu entfernen. Beide Seiten haben deswegen die wichtige taktische Aufgabe, darauf zu achten, dass das Rochaderecht nicht verloren geht.

In manchen Stellungen ist dies allerdings nicht mit ernsten Folgen verbunden, insbesondere bei Damentausch. Auch mit Damen auf dem Brett kann der König sich oft hinter den e- und d-Bauern verstecken. Fehlt aber einer von ihnen, kann die Lage kritisch werden, wie die folgende Partie zeigt. Die Königsstellung in der Mitte wird durch ein wohl erwogenes Figurenopfer unhaltbar, das den letzten schwarzen Mittelbauern aus dem Weg räumt und den König einem direkten Angriff von drei mächtigen Figuren sowie zwei vorgerückten Bauern aussetzt. Die abgewogene Entwicklung des Weißen ist eine solide Grundlage und bürgt für die Korrektheit des Opfers.

Im Laufe der Partie kommen verschiedene andere wichtige Leitmotive ins Bild, darunter das der geschwächten Felder nach Läufertausch.

WEISS: MEISTER SCHWARZ: AMATEUR
BEN-ONI-VERTEIDIGUNG

1. d2-d4 Sg8-f6
2. c2-c4 c7-c5

Die Ben-Oni-Verteidigung, die A. Reinganum, Frankfurt/Main, im Jahre 1825 so nannte, ohne dafür einen besonderen Grund anzugeben.
Der Zug c7-c5 ist eine Art Gegengambit, mit dem Schwarz versucht, den Zentrumseinfluss des Weißen sofort zu bekämpfen. An dieser Stelle ähnelt die Lage der nach dem identischen Zug in Nimzoindisch (siehe Partie 2); wegen der üblichen Antwort d4-d5 jedoch führt der Zug hier zu einer gänzlich anderen Bauernformation und Partie.
Die Grundidee besteht darin, den Weißen zu veranlassen, sein Zentrum durch d4-d5 vorzurücken, und es dann anzugreifen. Früher galt das Ben-Oni-System als schlecht; heute ist aber keine Widerlegung bekannt, und Schwarz erzielt oft gute Ergebnisse. Das mag allerdings daran liegen, dass es gern von starken, unternehmungslustigen Spielern angewandt wird, und nicht an seinem inneren Wert.

3. d4-d5

Damit hebt Weiß die Spannung in der Mitte auf und schafft die Bauernfront, die der Eröffnung das besondere Gesicht verleiht. Weiß erreicht mehr Beweglichkeit und mehr Raum; Schwarz gewinnt dafür eine offene Diagonale für den Lf8, nachdem er ihn flankiert hat. Außerdem erhält er nach den folgenden üblichen Zügen eine Bauernmehrheit am Damenflügel gegen die des Weißen in der Mitte.
Wenn stattdessen 3.dxc5 Da5+ 4.Sc3 Dxc5 mit Rückgewinn des Bauern, oder noch besser 3. ... e6, so kann Weiß den Bauern nicht behalten: a) 4.b4 a5!; b) 4.Le3 Sa6 (vgl. ähnliche Stellungen im angenommenen Damengambit). Auf 3.e3 hat Schwarz nicht viel Mühe, mit 3. ... d5 auszugleichen.
Nach 3.d5 gibt es zwei Varianten. Schwarz kann sein Zentrum befestigen mit 3. ... d6, worauf Weiß mit 4.Sc3 und 5.e4 eine starke Bauernkette errichtet. Schwarz fährt fort mit Flankierung des Lf8, für den er eine schöne Diagonale erhält, und b7-b5, was ihm einige Chancen am Damenflügel gibt. Im Text versucht er die weiße Bauernkette sofort mit e7-e6 aufzubrechen, wonach er ähnliche Ziele wie die eben erwähnten verfolgen wird.

3. ... e7-e6
4. Sb1-c3

Weiß unterstützt das Zentrum, das er mit 4.dxe6 aufgeben würde.

4. ... e6xd5

Schwarz zerstört einen Teil der weißen Zentrumsbildung. Weiß erhält dadurch etwas mehr Raumkontrolle und eine Mehrheit in der Mitte. Schwarz hätte auch 4. ... d6 ziehen können, er strebt aber nach der Mehrheit am Damenflügel.

5. c4xd5

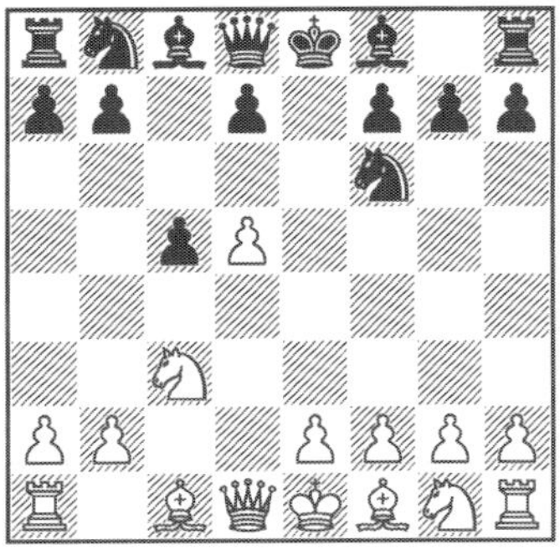

Der Bd5 wird, wenn gut unterstützt, einen hemmenden Einfluss auf die schwarze Entwicklung ausüben. Möglich ist 5.Sxd5 Sxd5 6.Dxd5 mit dem besonderen Zweck, den schwarzen d-Bauern auf der offenen Linie rückständig und angreifbar zu machen, was zu einem ganz anderen Aufbau führt. Das Gegengewicht des Schwarzen liegt in schneller Entwicklung, weil die Dd5 verwundbar ist. Die Partie könnte weitergehen: 6. ... Sc6 7.Sf3 d6 (droht 8. ... Le6 nebst d6-d5 mit Auflösung der Schwäche) 8.e4 Sb4 9.Dd2 f5 und Schwarz hat die Initiative nach 10.a3 fxe4. Es ist daher zweifelhaft, ob die Strategie des Weißen in dieser Variante gerechtfertigt ist.

5. ... d7-d6

Es ist beachtenswert, dass keiner der schwarzen Läufer von Bauern eingeschlossen ist. Auf diese Art hat Schwarz zwei gute Läufer.

6. e2-e4

Um a) den Bd5 zu stärken; b) evtl. in der Mitte mit e4-e5 durchzubrechen; c) eine Diagonale für die Entwicklung des Lf1 zu öffnen. Früher wurde hier meist g2-g3 gespielt; es ist jedoch klar, dass der Läufer auf g2 nicht sehr wirkungsvoll sein wird, weil ihm der Bd5 im Weg steht.

6. ... g7-g6
7. Sg1-f3

Der Springer unterstützt das Zentrum und einen möglichen Vorstoß des e-Bauern.

7. ... Lc8-g4(?)

Es ist sicher verständlich, dass Schwarz den Wunsch hat, die wachsende Stärke der weißen Figuren zu neutralisieren; dieser Zug ist jedoch wegen mehrerer Punkte fragwürdig:
a) Grundsätzlich kann Schwarz es sich nicht leisten, so früh die Initiative zu übernehmen.
b) Da Schwarz schon g7-g6 gespielt hat, kann er den L nach h2-h3 nicht nach h5 ziehen, sondern muss entweder ein Tempo mit dem Rückzug nach d7 oder c8 verlieren oder tauschen. Letzteres ist nicht nur wegen der Aufgabe des Läuferpaars unerwünscht, sondern auch wegen der Schwächung der Felderfarbe, die der Läufer beherrscht.
Es gibt jedoch einen Punkt, der für den Textzug spricht: Mit dem Tausch des Sf3 vergrößert Schwarz seinen eigenen Einfluss auf die Felder d4 und e5.
Richtig wäre das logische Lg7 gewesen. Weiß konnte dann 8.Lc4, 8.Le2 oder 8.Lg5 spielen mit interessantem Kampf Raum gegen Kraft. Weniger gut ist 8.e5 dxe5 9.Sxe5 0-0 und Schwarz droht Te8 sowie das Scheinopfer Sxd5, das einen Bauern einbringt.

8. h2-h3

Ganz richtig drängt Weiß den Läufer, sich zu entscheiden. Der Zug kommt ihm auch später zugute, indem er die Eventualmöglichkeit Sg4 ausschaltet.

8. ... Lg4xf3

Schwarz hätte vielleicht besser daran getan, den Läufer zurückzuziehen. Durch den Tausch a) fördert er die weiße Entwicklung; b) beraubt er sich eines guten Läufers; c) überlässt er dem Anziehenden die Herrschaft über die weißen Felder; d) er vergrößert jedoch seinen Einfluss auf die Mitte.

9. Dd1xf3 Lf8-g7(?)

Obwohl dies hier scheinbar der folgerichtige Entwicklungszug ist, kann man es sich nicht immer leisten, den anscheinend „logischen" Zug zu machen. Hier war eine taktische Drohung zu erwägen, und 9. ... a6 sollte gespielt werden, um das folgende Schach zu verhindern. Außerdem ist a7-a6 nicht nur ein vorbeugender Zug, sondern hat auch aktive Bedeutung, da b7-b5 vorbereitet wird, um die Bauernmehrheit am Damenflügel einsetzen zu können.

10. Lf1-b5+

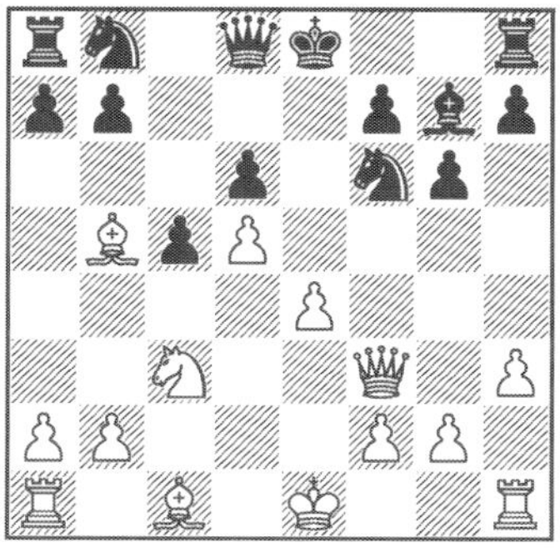

Ein ausgezeichneter Zug, der die weißfeldrigen Schwächen im schwarzen Lager ausnutzt.

10. ... Sb8-d7?

Dieser offensichtliche Zug verliert. Er ist der entscheidende Fehler in der Partie. Der einzige Zug ist 10. ... Sf6-d7!, und das ist bemerkenswert. Es kommt jedoch oft vor, dass bei Schwächen am Damenflügel der Königsspringer unterstützend eingreift. In diesem Fall hätte Sfd7 die Fesselung Lg5 verhindert, die den Schwarzen zwingt, die Rochade aufzugeben.

11. Lc1-g5

Verhindert die Rochade, die wegen 12.Lxd7 Dxd7 13.Lxf6 eine Figur verliert. Man beachte, wie das Fehlen des Damenläufers den Schwarzen in eine ungemütliche Lage gebracht hat.

11. ... h7-h6

Was Schwarz auch unternimmt, nichts kann ihm das Rochaderecht erhalten. Auch 11. ... a6 12.Lxd7+ Kxd7 hätte das gleiche Ergebnis.

12. Lb5xd7+ Ke8xd7

Die verwundbare Königsstellung des Schwarzen ist eine ausgesprochene Schwäche. Weiß sieht sich nach der besten Methode um, sie auszunutzen.

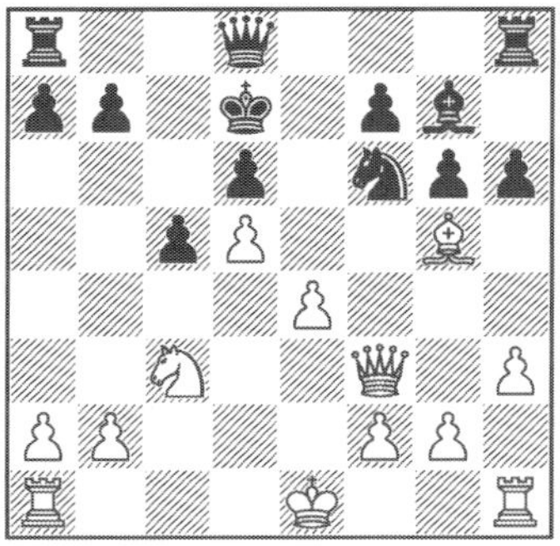

13. Lg5-f4

Weiß zieht den Läufer am besten dahin zurück, wo er Felder in der Nähe des feindlichen Königs bedroht.

13. ... Th8-e8

Auf 13. ... Sh5 hätte bereits 14.Lxd6 wie später in der Partie geschehen können, oder auch 14.Lh2.

14. 0-0

Der König muss natürlich aus der Mitte verschwinden, bevor Weiß seinen Angriff startet.

14. ... a7-a6
15. Tf1-e1

Weiß plant, die Stellung mit e4-e5 zu öffnen.

15. ... Sf6-h5

Zwingt Weiß zu einer Entscheidung. Den offensichtlichen Zug 16.Lh2 könnte Schwarz mit Df6 beantworten, und Weiß hätte es schwerer, seine Überlegenheit zu demonstrieren.

16. Lf4xd6!

Weiß kann dieses schöne Opfer bringen, weil er wenigstens zwei Bauern für die Figur bekommt und zwei weitere (b7 und g6) bedroht. Außerdem schneidet er dem König den Rückweg ab.

16. ... Kd7xd6
17. Df3xf7

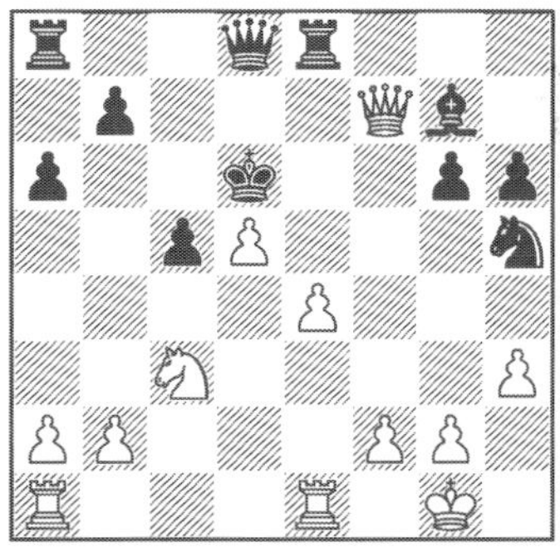

Unter anderem droht der Rückgewinn der Figur mit 18.Dxg6+.

17. ... Dd8-f6
18. e4-e5+!

Treibt den Angriff mit Macht voran! Der besser entwickelte Weiße zieht höchstmöglichen Vorteil aus der unsicheren Königsstellung. Das Bauernopfer räumt e4 für den Sc3 und zwingt Schwarz, den Ta8 ungedeckt zu lassen. Gut war auch 18.Dxb7, jedoch nicht zwingend.

18. ... Te8xe5
19. Df7xb7 Ta8-e8

Erzwungen. Noch ungünstiger war 19. ... Txe1+ 20.Txe1, weil dann

21.Se4+ mit Damengewinn droht.

20. Sc3-e4+! Te5xe4
21. Db7-c6+

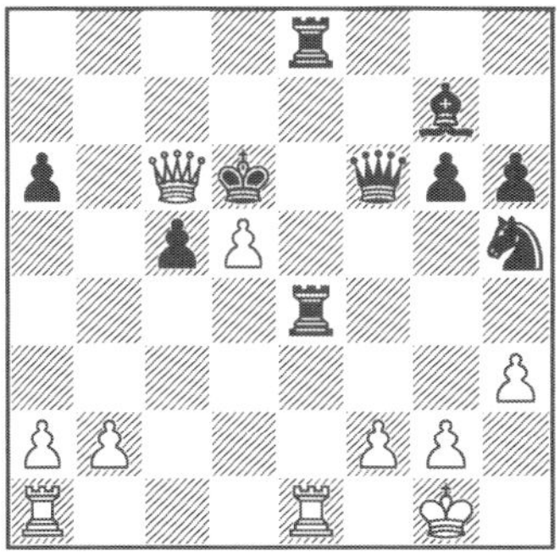

Nun müssen beide schwarzen Türme fallen, und das Matt liegt in der Luft.

21. ... Kd6-e7

Wenn 21. ... Ke5, so 22.Dxe8+ usw.

22. Te1xe4+

Schwarz gab auf, denn 22. ... Kf8/Kf7 23.Dxe8 matt bzw. 22. ... Kd8 23.Txe8 matt oder 22. ... De5 23.d6+ wäre zu traurig.

In dieser Partie beginnt der Niedergang des Amateurs in der Eröffnung mit der verfrühten Ausführung eines Plans, dessen Grundidee nicht schlecht ist. Schwarz tauscht seinen Lc8 gegen den Sf3 und stärkt so seinen Einfluss auf das Zentrum, erkennt jedoch die Gefahren nicht, die diese Strategie mit sich bringt. Hätte er rechtzeitig die für ihn kritische Diagonale a4/e8 mit a7-a6 oder auf die richtige Weise mit 10. ... Sf6-d7 geschützt, so wären die Folgen dieses zweifelhaften Tauschs im 8. Zug längst nicht so gravierend gewesen. Der nach seinen Versäumnissen ausbrechende Sturm war so überwältigend, dass der Amateur nicht einmal Gelegenheit hatte, seine Verteidigungskunst zu zeigen.

Partie 5

Eröffnungstheorie der Spanischen Partie
Die offene Verteidigung (5. ... Se4:)
Strategisches Planen
Zwei strategische Abspiele (9.c3 und 9.De2)
Weitreichende Wirkungen eines Eröffnungsfehlers
Gefahr für Springer im Zentrum ohne Rückzug
Die Gewalt taktischer Drohungen

Von allen Königsbauer-Eröffnungen bietet der „Spanier“ dem Anziehenden die größten Möglichkeiten, seinen Anzugsvorteil zu bewahren. Deswegen ist die Spanische Partie ausgiebiger erforscht, ist ihr mehr Platz in den theoretischen Werken eingeräumt worden als irgendeiner anderen Eröffnung.

Im Spanier wird auf lange Sicht geplant. Um seinen geringen Anfangsvorteil zu erhalten, muss Weiß wissen, worin dieser besteht und welche Züge er auswählen muss, um diesen aufrechtzuerhalten oder zu vergrößern. Spielt er nachlässig, gleicht Schwarz bald aus.

Für den Amateur ist Spanisch zugleich eine leichte und schwierige Eröffnung. Leicht, weil sie weniger zu kombinatorischen Verwicklungen im Anfangsstadium neigt als etwa das Königsgambit oder manche „italienische“ Abspiele. Die Spanische bewegt sich im Allgemeinen auf ruhigen Wegen. Auf der anderen Seite ist es für den Amateur schwierig, ein vollständiges Verständnis zu erlangen, denn man kann sich nicht auf die gewöhnlichen Abspiele und Standardzüge beschränken; ein bestimmter Zug kann in einer Variante diesen und in einer anderen jenen Sinn haben. Das ist der Fall in dieser Partie, die Nachdruck auf diesen besonderen Eröffnungsaspekt legt. In den meisten Varianten des Spaniers ist Sc6-a5, nachdem Schwarz den Lb5 nach b3 getrieben hat, der richtige Zug, liegt seine Absicht nun im Tausch des Läufers oder im wirkungsvollen Vorstoß des c-Bauern. Hier jedoch sind sowohl Sa5 wie c7-c5 aus taktischen Gründen mangelhaft, wie aus der Partie ersichtlich ist.

In Partien zwischen Meister und Amateur geht der letztere oft nicht in der Eröffnung selbst fehl, sondern in den frühen Stadien des Mittelspiels, und zwar deswegen, weil die Eröffnungstheorie für das eigentliche Mittelspiel nicht ausreicht.

WEISS: MEISTER SCHWARZ: AMATEUR
SPANISCH – OFFENE VERTEIDIGUNG

1.	**e2-e4**	**e7-e5**
2.	**Sg1-f3**	**Sb8-c6**
3.	**Lf1-b5**	

Spanisch, eine Eröffnung, die Weiß mehr Möglichkeiten als die meisten anderen bietet. Mit 3.Lb5 übt Weiß indirekten Druck auf die schwarze Stellung aus, weil er mit Lxc6 eventuell den Be5 zu erobern droht. Solange der Be4 ungeschützt ist, besteht noch keine unmittelbare Gefahr: 3. ... a6 4.Lxc6 dxc6 5.Sxe5(?) Dd4 mit Rückgewinn des Bauern und mindestens gleicher Stellung für Schwarz. Dieser muss jedoch fortwährend mit dem Tausch auf c6 unter günstigeren Umständen für Weiß rechnen, wie zwei Beispiele zeigen, wo Weiß zuerst e4 schützt, so dass Schwarz sich nicht schadlos halten kann: a) 3. ... Sf6 4.d3 und nun droht 5.Lxc6 dxc6 6.Sxe5; b) 3. ... a6 4.La4 Sf6 5.0-0 Le7 (siehe Partie 6) 6.Te1 und Weiß droht wiederum 7.Lxc6 mit Vorteil.

3. ... a7-a6

Gilt als stärkste Verteidigung, weil sich Schwarz vorbehält, den Druck jederzeit mit b7-b5 zu brechen, falls Weiß nicht sofort tauscht und nach a4 zurückweicht.
Wichtige Bausteine der weißen Strategie in dieser Variante sind: a) direkter Druck gegen den Sc6 und darüber hinaus gegen den Ke8, der hinter dem Springer steht; b) indirekter Druck gegen den Be5; c) der Zwang für Schwarz, b7-b5 zu spielen, was den Gegenstoß a2-a4 im richtigen Moment ermöglicht und die Bauern des schwarzen Damenflügels schwächt.
Die allgemeine Strategie des Schwarzen ist entgegengesetzt: er will Weiß daran hindern, eins der Ziele a-c zu erreichen. Außerdem schielt Schwarz mit einem Auge auf eine Gelegenheit, den weißen Läufer mit b7-b5 und Sc6-a5 abzutauschen.

4. Lb5-a4 Sg8-f6

Ein Entwicklungszug, der zur Zentralisierung der schwarzen Figuren beiträgt. In manchen Fällen kann Schwarz den Be4 schlagen, nicht um einen Bauern zu erobern (denn Weiß bekommt ihn zurück), sondern um auf die einfachste Weise auszugleichen.

5. 0-0

An dieser Stelle wird 5.d4 nicht als Stärkstes angesehen, weil Schwarz den Druck gegen e5 durch Abtausch aufhebt.

5. ... Sf6xe4

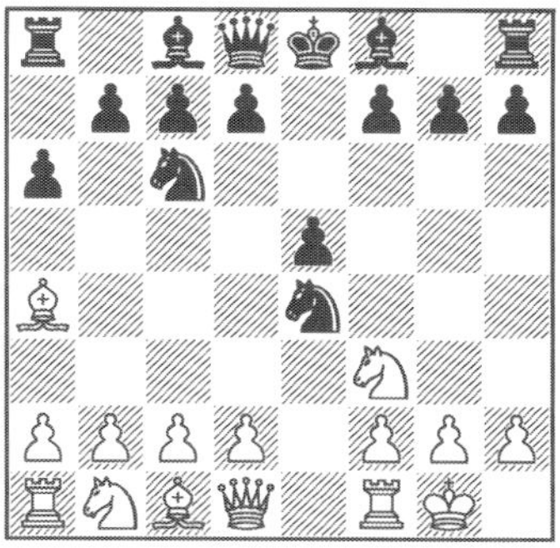

Dies ist eine der beiden Grundvarianten, die „offene Verteidigung". Sie ist gewagt, weil sie das Spiel öffnet,

bevor sich der König durch die Rochade in Sicherheit gebracht hat. Weiß steht nach seiner Rochade bereit, mit dem Turm auf der e-Linie anzugreifen.
Wegen der anderen Hauptvariante 5. ... Le7 (die geschlossene Verteidigung) siehe Partie 6.
Wie soll Weiß nun die etwas gewagte Aktion des Schwarzen ausnützen? Durch einen Zug wie 6.Te1 kann er sich den Bauern sofort zurückholen, jedoch ohne Vorteil, z.B. 6. ... Sc5 7.Sxe5 Le7, wonach Weiß den Tausch des La4 zulassen muss, während sich der schwarze König in eine sichere Stellung begeben kann.
Es ist viel wichtiger für Weiß, aus der schwarzen Schwäche auf der e-Linie Kapital zu schlagen, als unmittelbar den Bauern zurückzugewinnen. Er spielt daher...

6. d2-d4

Weiß versucht, die Partie noch mehr zu öffnen. Er lädt zu 6. ... exd4 ein, was für Schwarz gefährlich wäre. 6.d4 war einen Zug zuvor nicht gut, ist es aber nun, weil Schwarz inzwischen die e-Linie durch Sxe4 teilweise geöffnet hat.
Man beachte, was passiert, wenn Schwarz 6. ... exd4 spielt: 7.Te1 d5 8.Sxd4, und Weiß hat bereits einen Bauern zurück und wird den zweiten ebenfalls wiedergewinnen. Es ist nicht sehr klug von Schwarz, Verwicklungen heraufzubeschwören, wenn sein König noch nicht sicher steht. Andererseits hat er einige Gegenchancen, denn die weiße Königsstellung weist schwache Punkte auf. Schwarz kann einen überraschenden Gegenangriff mit der nicht zu unterschätzenden Riga-Variante einleiten: 8. ... Ld6 9.Sxc6 Lxh2+ (Nimmt Weiß den Läufer, muss er Dauerschach zulassen: 10.Kxh2 Dh4+ 11.Kg1 Dxf2+ usw.) 10.Kh1! Dh4. Schwarz droht vielerlei, Weiß kann aber auf interessante Weise abwickeln durch 11.Txe4+ dxe4 12.Dd8+ Dxd8 13.Sxd8 Kxd8 14.Kxh2 und behält das bessere Endspiel, wie in einer Anzahl von Partien bewiesen worden ist.

6. ... b7-b5

Zur rechten Zeit – das bedeutet, so spät wie möglich. Jetzt ist der Zug nicht mehr aufzuschieben, weil Schwarz auf Te1 mit d7-d5 antworten möchte. Nach z.B. 6. ... Le7 kommt 7.Te1 d5 (Etwas besser ist 7. ... b5 8.Txe4 d5 9.Sxe5 Sxe5 10.Txe5 bxa4.) 8.Sxe5 mit Vorteil, weil Weiß den Bauern zurückerhält und die Initiative ergreift – es droht 9.Sxc6. Schwarz muss b7-b5 so spät wie möglich ziehen, weil der Läufer nach b3 kommt, d.h. auf eine wichtige Diagonale gegen den schwarzen Königsflügel. Außerdem schwächt b7-b5 den Damenflügel und eröffnet Weiß die Möglichkeit a2-a4. Dies ist allerdings in der offenen Verteidigung im Allgemeinen nicht so bedeutsam wie in der geschlossenen.

7. La4-b3

Der Läufer hat von b3 aus verschiedene Drohungen, wie diese Möglichkeiten zeigen:
a) 7. ... Le7 8.Ld5 Sd6 9.dxe5 ist

sehr günstig für Weiß, denn er hat den Bauern zurück und besitzt viel mehr Raum.

b) 7. ... exd4 8.Te1 d5 und nun 9.Sc3 dxc3 10.Lxd5 Ld7 11.Txe4+ Le7 12.De2 und Schwarz kann nicht rochieren (12. ... 0-0? 13.Lxc6 nebst 14.Txe7) oder 9.Lxd5 Dxd5 10.Sc3 Dd8 11.Txe4+ Le7 12.Sxd4 Ld7 13.Sd5 usw. mit einer guten Partie. Da demnach 7. ... exd4 nicht gut ist, muss Schwarz den Bauern zurückgeben. Dies tut er mit 7. ... d5, einem Zug, der festen Halt in der Mitte gibt und den Springer auf seinem starken Posten behauptet.

7. ... d7-d5
8. d4xe5 Lc8-e6

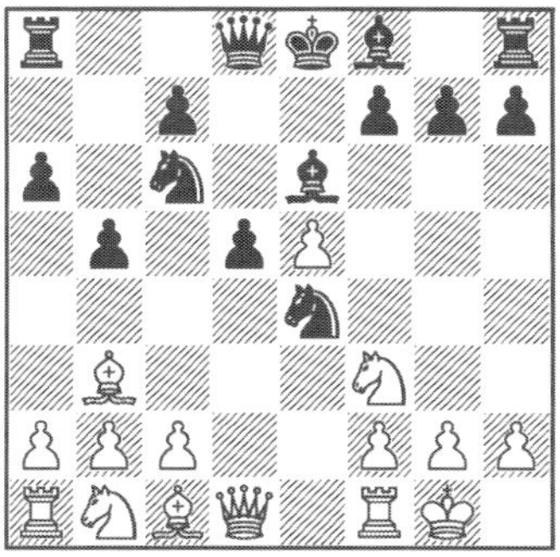

So gut wie erzwungen, weil Lxd5 drohte. Die Partie tritt in einen neuen Abschnitt ein. Es müssen strategische Entschlüsse gefasst werden. Betrachten wir die Stellung sorgfältig, um zu erkennen, auf welcher Grundlage solche Entschlüsse beruhen. Weiß hat am Königsflügel vier Bauern gegen drei, Schwarz desgleichen am Damenflügel. Diese Merkmale bestimmen die Pläne beider Parteien in der nahen Zukunft. Weiß wird versuchen, seine Mehrheit am Königsflügel angriffsmäßig zu verwerten; Schwarz wird mit seinen Bauern am Damenflügel vorgehen wollen. Das bedeutet, dass Weiß Sf3-d4 (oder andere Springerzüge) nebst f2-f4 anstrebt, Schwarz Sc6-a5 nebst c7-c5. Der Sf3 kann jedoch nicht wegziehen, solange e5 ungedeckt ist. Weiß muss zunächst den Se4 vertreiben und so den Be5 von der e-Linie her schützen, sein unmittelbares Nahziel ist also die Beseitigung des Se4. Wie ist dieses Ziel zu verwirklichen?

Der direkteste Weg ist 9.Sbd2 Sc5 (Le7 10.Te1 Sc5 führt zur gleichen Stellung.) 10.Te1 Le7 11.c3 (als Vorbereitung von Sd4 notwendig). Doch nun tauscht Schwarz den Lb3, und das ist für ihn gewöhnlich erstrebenswert. Außerdem ist gezeigt worden, dass 11. ... 0-0 12.Lc2 d4! dem Schwarzen ein befriedigendes Spiel gibt.

Es gibt andere Wege, den Springer anzugreifen, z.B. durch Turm und Läufer, durch Läufer und Springer, durch Dame und Springer usw.

Mit der traditionellen Fortsetzung 9.c3 strebt Weiß an, seinem Läufer Platz auf c2 einzuräumen und das Feld d4 zu beherrschen. Zu Anfang der Partie stellten wir fest, dass das einzige positive Ziel des Schwarzen darin besteht, den weißen Läufer durch Sa5 zu tauschen. Hier ergibt sich nun die erste Gelegenheit für Schwarz, dies zu erreichen, und das erklärt den Zug c2-c3, bedeutet jedoch keineswegs, dass dies der einzig richtige Zug an dieser Stelle sein muss. Schwarz antwortet 9. ... Le7, und nun gibt es nach 10.Sbd2 0-0 zwei Abspiele, in denen es Weiß gelingt, den Se4 wegzujagen, allerdings führt keine dieser Varianten zu klarem Vorteil:

a) 11.Lc2 f5 12.exf6 Sxf6, eine schwierige Stellung für beide Seiten.

b) 11.De2 Sc5 12.Sd4 (Nach 12.Lc2 ist d5-d4 wieder stark für Schwarz.) 12. ... Sxb3 13.S2xb3 (13.Sxc6 Sxc1!) 13. ... Dd7 14.Sxc6 Dxc6 und Schwarz hat das Läuferpaar; für Weiß spricht, dass seine Strategie (Vorstoß der Königsflügelbauern) leichter durchführbar ist als der Plan des Schwarzen.

9.c3 ist immer noch ein aktuelles theoretisches Thema, aber als wichtige Alternative hat sich auch der folgende Zug eingebürgert:

9. Dd1-e2

Das „Moskauer System“, das die Absicht verfolgt, die Stellung des Se4 mit Td1 und evtl. c2-c4 zu unterminieren. Der Zug sieht zunächst eigenartig aus, weil er Schwarz Gelegenheit gibt, den Lb3 entweder mit Sa5 oder mit Sc5 abzutauschen. Wie wir sehen werden, scheint keiner dieser Züge empfehlenswert zu sein.

9. ... Sc6-a5?

Die vorliegende Partie wird zeigen, warum dieser Zug nicht gut ist. Wir wissen bereits, dass Weiß unmittelbar Sd4 spielen kann, sobald Schwarz den Druck gegen e5 aufgibt. Zwar kann Schwarz den wichtigen Lb3 auf einfachste Weise tauschen, Weiß kann aber sein strategisches Ziel, den Se4 zu vertreiben, umso leichter erreichen und Vorteil aus seiner Überlegenheit am Königsflügel ziehen.

Tauscht Schwarz mit 9. ... Sc5 den anderen Springer gegen den Lb3, erreicht Weiß sein Ziel, Td1 und c2-c4 zu spielen: 10.Td1 Sxb3 (Besser Le7, das zu dem Abspiel unten führt.) 11.axb3 Le7 12.c4 bxc4 13.bxc4 0-0 14.Sc3 Sb4 (14. ... d4 15.De4) 15.cxd5 Sxd5 und Weiß kann bereits einen Bauern erobern mit 16.Txa6. Ganz allgemein sieht man, wie Weiß Druck auf die schwarze Stellung ausübt.

Am besten ist 9. ... Le7 10.Td1 Sc5, obgleich das letzte Wort in dieser schwierigen Lage noch nicht gesprochen wurde. Weiß hat drei Fortsetzungen, die alle ziemlich verwickelt sind. Wir geben drei Möglichkeiten, damit sich der Leser ein Bild machen kann:

a) 11.Lxd5 Lxd5 12.Sc3 Lc4 13.Txd8+ Txd8 14.De3 b4 15.b3 Le6 16.Se4 Td1+ 17.Se1 Sd4 18.Lb2 Sxc2 19.De2 Txa1 20.Lxa1 Sxa1 21.Sxc5 Lxc5 und der Ausgang ist zweifelhaft.

b) 11.c4 d4 12.cxb5 d3 13.De3? (Besser ist 13.Df1, aber auch sehr kompliziert.) 13. ... Sxb3 14.axb3 Sb4 15.Sd4 Lg4 und Schwarz hat eine gute Partie.

c) 11.Le3 0-0 12.c4 bxc4 13.Lxc4 Sa5 ist die theoretisch wohl wichtigste Variante, wobei es die Frage ist, ob Schwarz wirklich völligen Ausgleich erreichen kann.

10. Sf3-d4

Dieser Zug bereitet 11.f3 und 11.f4 (Verwertung der Bauernmehrheit und Angriff) vor und ermöglicht außerdem, wie in der Partie, Sxe6. Er ist dem älteren Td1 weit überlegen, weil das Spiel von Weiß am Königsflügel liegt.

10. ... c7-c5

Es sieht so aus, als habe Schwarz sein Ziel erreicht, denn er hat seinen Damenflügel in Reih und Glied gebracht und zwingt den Springer zum Tausch auf e6. Merkwürdigerweise ist als Folge von Sa5? der Se4 mehr oder weniger ungünstig postiert, besonders nach c7-c5, das ihm ein Rückzugsfeld nimmt. Schwarz hat es jedoch bereits schwer. Betrachten wir den offensichtlichen Zug 10. ... Le7. Die Folge wäre 11.c3 Sxb3 (Sonst zieht sich der Läufer nach c2 zurück, und der Zug Sa5 wäre ganz zwecklos.) 12.axb3 0-0 (Weiß drohte 13.Txa6.) 13.b4! mit der Drohung, den Springer mit 14.f3 Sg5 15.h4 abzufangen. Außerdem kann Weiß nach 10. ... Le7 auch einen Bauern erobern: 11.Sxe6 fxe6 12.Dg4 mit Doppeldrohung.

Bemerkenswert an dieser Partie ist die Strategie bis zu diesem Zug; beide Seiten spielen nach einem allgemeinen Plan wie Unterminierung der Springerstellung, Streben nach Verwertung der Bauernmehrheit am Königsflügel usw. Von hier an kommt die Taktik zu Wort wegen der gefährdeten Stellung des Se4 und seiner Versuche, zu entkommen.

Der Amateur ist bereits stark im Nachteil, und es überrascht durchaus nicht, dass der Meister in der Lage ist, seine Überlegenheit in ganz wenigen Zügen klarzustellen.

11. Sd4xe6 f7xe6

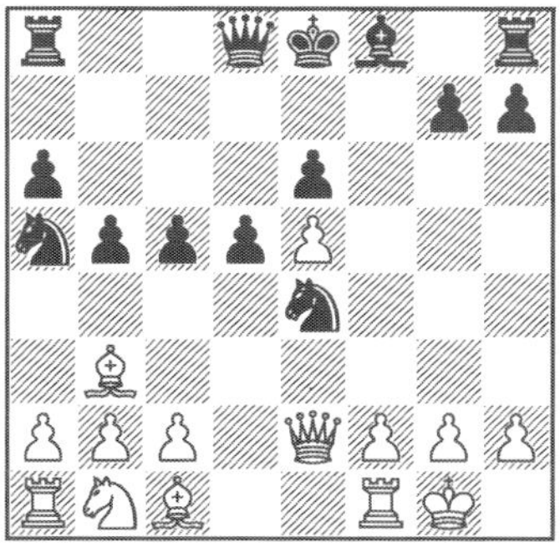

12. c2-c3

Um Platz für den Lb3 zu schaffen, denn Schwarz drohte Figurengewinn mit c5-c4.

12. ... Sa5xb3

Andernfalls geht der Läufer nach c2, wonach der Springer ganz vergebens auf a5 steht und zugleich der Se4 in Verlegenheit kommt, z.B. 12. ... c4 13.Lc2 Sc5 14.Dh5+ oder 13. ... Sg5 14.Dg4, in beiden Fällen mit klarem Vorteil für Weiß.

13. a2xb3

Schwarz ist nun auf beiden Flügeln in Gefahr. Am Damenflügel droht Weiß mit 14.Txa6 Txa6 15.Dxb5+ zwei Bauern zu erobern, am Königsflügel ist die Drohung 14.Dg4 Dd7 15.f3 und der Springer hat keinen sicheren Platz, auf den er flüchten könnte.

13. ... Dd8-b6

Pariert beide Drohungen, wenn auch nur für den Augenblick. Falls nun 14.f3, so 14. ... c4+ 15.Le3 Lc5.

14. Lc1-e3 Lf8-e7
15. De2-g4

Bedroht nicht nur g7, sondern auch den Springer mit f2-f3.

15. ... 0-0

Etwas besser war 15. ... Kd7, weil es dann für Weiß nicht ratsam gewesen wäre, auf g7 zu nehmen und Schwarz die g-Linie zu öffnen. Weiß hätte ebenfalls 16.f3 gespielt und auf 16. ... h5 17.Dg6 d4 erobert 18.Lc1 eine Figur, jedoch unter weniger günstigen Umständen wie in der Partie.

16. f2-f3

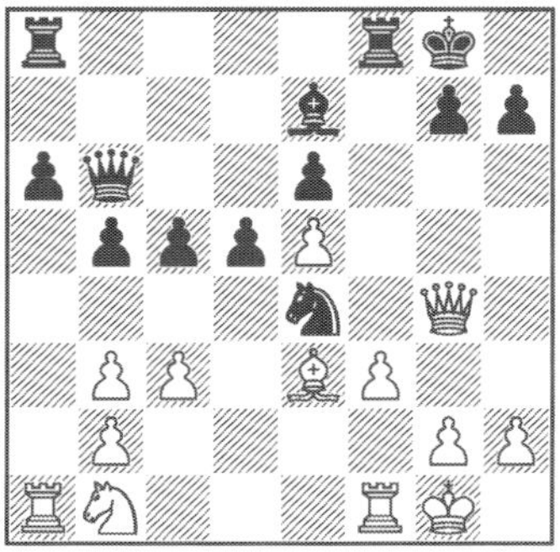

Der Springer ist nun nicht zu retten.

16. ... d5-d4

Wenn 16. ... h5, so muss Weiß 17.Dg6! antworten, weil es auf 17.Dxh5? die rettende Ausflucht 17. ... Tf5 nebst Sg5 gibt.

17. Le3-h6

Schwarz gab auf. Bei 17. ... Tf7 18.Dxe4 ist der Ta8 ungedeckt.
Der Hauptgrund für die rasche Niederlage des Amateurs in dieser Partie ist der Mangel an eröffnungstheoretischem Wissen. Man muss ein sehr starker Spieler sein, um am Brett beurteilen zu können, ob 9. ... Sa5 zweifelhaft ist. Nachdem der Amateur diesen schlechten Zug gemacht hatte, konnte er seine Stellung nicht wieder in Ordnung bringen, und seine Partie verschlechterte sich immer mehr.

Partie 6

Die geschlossene Variante der Spanischen Partie
Der Worrall-Angriff
Charakteristische Züge des Damenspringers
Kombination aufgrund indirekten Angriffs
Bauernopfer zur Linienöffnung
Königsangriff auf der offenen Linie
Schlussangriff auf den König mit sämtlichen Kräften

Die allgemeine Strategie eines Angriffs am Königsflügel lässt sich klar umreißen, die Einzelheiten der Ausführung müssen jedoch vom taktischen Standpunkt aus sorgfältig überprüft werden.

Um einen Königsangriff unternehmen zu können, muss man die Herrschaft in der Mitte besitzen oder mindestens das Zentrum festgelegt haben, so dass der Gegner dort keine ernsthafte Aktion beginnen kann. Der Gegner muss irgendeine Schwäche oder Angriffsmarke am Königsflügel aufweisen.

Sobald die Bedingungen erfüllt sind, besteht die allgemeine Technik eines Königsangriffs in Folgendem:

1) so viele Figuren wie möglich für ein sofortiges Eingreifen bereitstellen;
2) so viele Linien wie möglich öffnen – vertikale und diagonale;
3) die Figuren eine nach der anderen in zunehmend günstige Stellungen bringen, wenn möglich mit Tempogewinn, so dass der Gegner keine Zeit für notwendige Verteidigungsmaßnahmen findet;
4) wenn nötig opfern, um die richtige Figur auf die Schlüsselfelder zu befördern;
5) den feindlichen König fortwährend belästigen, ihn von jedem Schutz entblößen und für diesen Zweck tauschen oder opfern, was immer erstrebenswert sein mag;
6) im höchsten Maß von Drohungen Gebrauch machen.

Die richtige Anwendung dieser Technik nimmt dem Gegner jede Gelegenheit, seine eigenen Figuren ins Gefecht zu werfen, die Drohungen werden überwältigend und der feindliche König oft in einem unzerreißbaren Netz gefangen.

Weiss: Meister Schwarz: Amateur
Spanisch – Geschlossene Variante

1.	**e2-e4**	**e7-e5**
2.	**Sg1-f3**	**Sb8-c6**
3.	**Lf1-b5**	**a7-a6**
4.	**Lb5-a4**	**Sg8-f6**
5.	**0-0**	**Lf8-e7**

Die Grundidee der geschlossenen Variante ist, so schnell wie möglich die Entwicklung zu vervollständigen. Schwarz baut sich eine feste Stellung auf und hofft, das Zentrum zu behaupten, d.h. seinen Be5 nicht abtauschen zu müssen.
Neben 5. ... Sxe4 (Partie 5) ist auch 5. ... Lc5 möglich, was dem Weißen die Handhabe zu einem Scheinopfer mit Gabeltrick nach 6.Sxe5 Sxe5 7.d4 gibt. Das führt jedoch nicht zu merklichem Vorteil nach 7. ... Sxe4 8.De2 Le7 9.Dxe4 Sg6. Die Theorie zieht daher 6.c3 dem Scheinopfer vor.

6. Dd1-e2

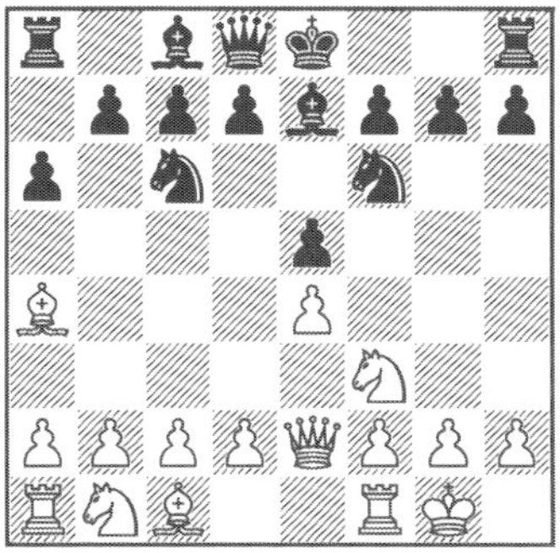

Der Worrall-Angriff. Dieser Zug hat einen doppelten Zweck: a) Weiß schützt e4 und droht nun den Be5 zu erobern, z.B. 6. ... 0-0? 7.Lxc6 dxc6 8.Sxe5 Dd4 9.Sf3, und nun kostet 9. ... Dxe4 10.Dxe4 Sxe4 11.Te1 f5 12.d3 eine Figur; b) er räumt d1 für den Turm, der auf die d-Linie einwirken soll. Weiß könnte hier auch das Hauptspiel 6.Te1 mit der gleichen Drohung wählen. Es ist wichtig, e4 gedeckt zu halten; welches Abspiel man wählt, ist Sache des Temperaments oder Geschmacks. In beiden Fällen wird das Feld f1 geräumt, das der Sb1 später zum Manövrieren braucht.
Andere Züge wie 6.Sc3 oder 6.d3 sind nicht so scharf und ermöglichen Schwarz, sein Ziel auf einfachere Art zu erreichen; z.B. 6.d3 b5 (um den Verlust des Be5 zu vermeiden) 7.Lb3 d6 usw. Dass diese Züge weniger scharf sind, bedeutet jedoch nicht, dass sie schlecht sein müssen. Sie haben lediglich zur Folge, dass Schwarz nicht bereits in der allerersten Partiephase schwierigen Problemen gegenübersteht. – Man beachte, dass 6.Lxc6 nebst Sxe5 dem Schwarzen nicht schadet, der sowohl über Dd4 wie Sxe4 verfügt.

6. ... b7-b5

Wie in Partie 5 schiebt Schwarz diesen Zug bis zum letztmöglichen Augenblick auf, denn der weiße Läufer steht auf a4 nicht so unmittelbar wirksam wie auf b3 (von wo er auf f7 zielt). Der Angriff auf f7 hat allerdings an Bedeutung verloren, nachdem Schwarz zur Rochade bereitsteht.

7.	**La4-b3**	**0-0**
8.	**c2-c3**	

Bereitet d2-d4 vor und macht Platz für den „Angriffsläufer" Lb3, der mit

Sa5 getauscht zu werden drohte. Es ist generell schon nicht günstig, einen Läufer für einen Springer abzutauschen; es ist jedoch noch schlechter, den „Angriffsläufer" gegen einen Springer abtauschen zu lassen. Zwar sind die Angriffsmöglichkeiten dieses Läufers hier nicht sehr deutlich, auf die Dauer treten sie aber doch zutage.

8. ... d7-d6

Schwarz ist bestrebt, e5 zu schützen und baut eine solide Bauernkette auf. Dies ist der naheliegende Zug, um die Entwicklung weiterzuführen.
Nicht selten wird an dieser Stelle 8. ... d5 bevorzugt. Die Partie kann dann nach 9.exd5(?) im Gambitstil weitergeführt werden:

1) 9. ... Sxd5 10.Sxe5 Sf4! 11.De4 Sxe5
1a) 12.Dxf4 Ld6! mit siegreichem Angriff;
1b) 12.Dxa8 Dd3 mit entscheidendem Angriff;
1c) 12.d4! Lb7! 13.Dxb7 Se2+ 14.Kh1 Sxc1 15.Txc1 Sd3 16.Tf1 c5 mit Ausgleich. Etwas besser für Weiß könnte 13.Dxf4 Sd3 14.Df5 sein.
2) 9. ... Lg4 10.dxc6 e4 11.d4 exf3 12.gxf3 Lh5 mit glänzenden Chancen für Schwarz.

Es ist nicht leicht, diesen Abspielen zu folgen; sie geben jedoch einen Eindruck von den möglichen Verwicklungen. In der Praxis pflegt Weiß das Gambit stets mit 9.d3 abzulehnen.

9. d2-d4

Weiß nimmt das Zentrum in Besitz, obwohl Schwarz mit Lg4 angreifen kann. Sehr oft spielt Weiß 9.h3, um die folgende Fesselung zu vermeiden.

9. ... Lc8-g4

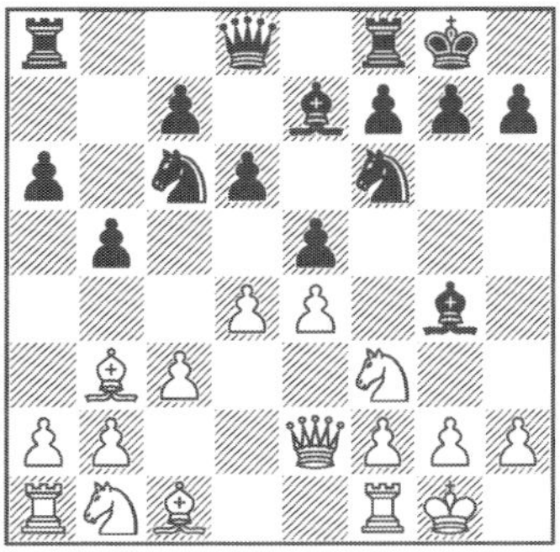

Ein Angriff auf die weiße Mitte – Schwarz fesselt den Sf3 und droht auf d4 einen Bauern zu erobern. Um dieser Drohung zu begegnen, hat Weiß verschiedene Möglichkeiten:

1) 10.Le3
1a) 10. ... exd4 11.cxd4 Sa5 12.Lc2 Sc4 13.Lc1 mit Ausgleich;
1b) 10. ... Sxe4 11.Ld5 Dd7 (ein Scheinopfer) 12.Lxe4 d5 13.Lc2 e4 und Schwarz steht etwas besser.
2) 10.Td1
2a) 10. ... exd4 11.cxd4 d5 12.e5 Se4 13.Sc3 Sxc3 14.bxc3 Sa5 15.Lc2 Dd7 mit gleichem Spiel (Theorie);
2b) 10. ... Dc8 (ein Versuch, das Zentrum zu behaupten); nicht schlecht, jedoch in der Meisterpraxis nicht üblich.

In allen diesen Abspielen hat die Erfahrung gezeigt, dass die schwarze Stellung wegen des starken Lg4 gesund ist. Aus diesem Grund schließt Weiß das Zentrum ab, so dass er sich nicht länger darum sorgen muss.

10. d4-d5

In dieser Stellung ist der Lg4 nicht mehr so stark. Die Pointe ist, dass Weiß ihn immer mit h2-h3 und g2-g4 zurücktreiben kann. Solche Züge schwächen den weißen Königsflügel, wenn die Stellung offen ist, aber nicht, wenn sie geschlossenen Charakter hat, wie es nach dem 10. Zug von Weiß der Fall ist.
Der Zug d5 hebt den Druck auf das Zentrum auf, und unter bestimmten Umständen könnte Schwarz den Vorpostenbauern d5 mit c7-c6 angreifen und praktisch Bauerntausch erzwingen. Sollte es Schwarz gelingen, später d6-d5 durchzusetzen, erringt er die Mehrheit im Zentrum. Gelingt es ihm nicht, behält er einen rückständigen Bauern auf einer offenen Linie.

10. ... Sc6-a5

Zwingt Weiß, einen Zug zu verlieren, um den Lb3 nicht gegen den Springer tauschen zu lassen, und macht Platz für den Vorstoß c7-c5.

11. Lb3-c2

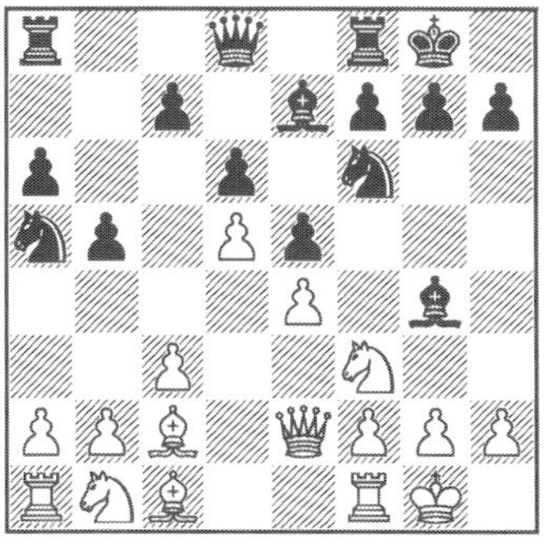

Die Partie ist nun in eine neue Phase eingetreten. Bei befestigtem Zentrum können beide Parteien beginnen, Pläne zu entwerfen.
Weiß strebt einen Angriff am Königsflügel an, für den sich die Manöver h2-h3, g2-g4, Sb1-d2-f1-g3-f5 anbieten. Der Lc2 wird nur dann in diesen Plan eingeschaltet, wenn Schwarz versucht, das weiße Zentrum mit Zügen wie f7-f5 oder d6-d5 (nach c6 und dxc6) anzugreifen. Schwarz zielt auf einen Angriff am Damenflügel, der durch Vormarsch der dortigen Bauern eingeleitet wird. Die Einzelheiten seiner Strategie können nicht so klar umrissen werden wie die des Weißen.

11. ... c7-c5

Besser war wohl 11. ... c6, um den Weißen mehr oder weniger zu d5xc6 zu zwingen, was ihm jetzt als Option offensteht und wonach Schwarz einen rückständigen d-Bauern behält. Er wird jedoch immer den Vorstoß dieses Bauern durchsetzen können, und er braucht sich mit Sxc6 nicht zu beeilen, sondern kann zuerst d6-d5 vorbereiten mit Zügen wie Dc7 und Td8.

12. h2-h3

Der erste Schritt in der Strategie des Weißen, die auf Königsangriff zielt. Der Zug beseitigt auch die Fesselung des Sf3. Schwarz hat nun die Wahl unter drei Zügen: a) 12. ... Lxf3, was dem Weißen das Läuferpaar überlässt (nur ein geringer Vorteil in dieser geschlossenen Stellung); b) 12. ... Ld7, üblich, weil der Läufer im vorliegenden Aufbau am Königsflügel wenig Betätigung findet und etwas im Wege steht; c) der Textzug 12. ... Lh5.

12. ... Lg4-h5

Der Nachteil dieses Zuges liegt vor allem darin, dass der Läufer auf d7 aktiver steht, zweitens, dass er auf dieser Brettseite hinderlich sein könnte. Auf h5 steht er dem Manöver Sf6-h5-f4 im Weg, und geht er nach g6, kann Schwarz die oft wünschenswerte Umgruppierung Te8, Lf8, g6 und Lg7 nicht in seine Pläne einbeziehen.

13. Sb1-d2

Der zweite Schritt in der umrissenen Strategie des Weißen. Der Springer wird nach f1 gehen und dann entweder nach e3 oder g3, das reguläre Verfahren in der Spanischen Partie.

13. ... Tf8-e8

Der Turm macht Platz für den Läufer, der auf e7 nur im Weg steht.

14. Tf1-d1 Le7-f8
15. Sd2-f1 c5-c4

Der Beginn des schwarzen Angriffs am Damenflügel. Er macht c5 für seinen Springer frei.

16. g2-g4

Erst jetzt stößt Weiß vor, denn er musste mit dem Opfer Sxg4 rechnen. Jetzt hat er einen starken Verteidiger in Gestalt des Sf1. Weiß schiebt Se3 oder Sg3 hinaus, bis der g-Bauer vorgerückt ist. Kann er nun den Sf1 nach f5 bringen und wird er dort vom Läufer geschlagen, so nimmt der g-Bauer zurück und die g-Linie öffnet sich für den Königsangriff.

16. ... Lh5-g6
17. Sf1-g3 Sa5-b7

Der Springer strebt nach c5, wo er gut postiert sein wird.

18. Kg1-h2

Um die g-Linie für den Turm zu räumen.

18. ... Sb7-c5

Der Be4 ist nun ebenso oft angegriffen wie verteidigt.

19. Lc1-g5

Man könnte hier 19.Sf5 erwarten, doch scheint der geschehene Zug ein wenig stärker zu sein. Weiß nutzt den Rückzug 14. ... Lf8 aus, um den Sf6 zu fesseln.

19. ... Lf8-e7

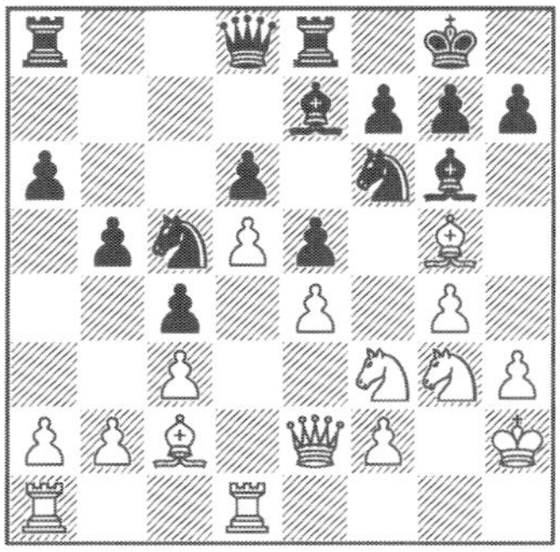

Schwarz nimmt seinen 14. Zug zurück, droht aber immerhin Sxd5, wie wir sehen werden.

20. Sg3-f5

Der Springer hat endlich den angestrebten Platz auf feindlichem Gebiet erreicht, wo er Druck auf den Königsflügel ausübt und droht, durch Tausch auf e7 die Fesselung des Sf6 zu erneuern. Schon Steinitz, der Begründer des Positionsspiels, entdeckte in der zweiten Hälfte des 19. Jahrhunderts den Plan, das Zentrum zu schließen und dann am Königsflügel durch Vormarsch der Bauern anzugreifen.
Wie gleich klar wird, hat Weiß mit dem Springerzug nach f5 einen Bauernverlust in Kauf genommen.

20. ... Lg6xf5

Nicht sofort Sxd5 wegen 21.Lxe7 Sxe7 22.Sxd6 usw. Der für den Bauerngewinn notwendige Tausch auf f5 öffnet dem Weißen jedoch die g-Linie zum Angriff.
Ohne die Aussicht auf Bauerngewinn hätte Schwarz vielleicht einen späteren Zeitpunkt zum Tausch gewählt. Der Druck des Springers ist noch nicht überwältigend, und daher bestand noch kein spürbarer Zwang zum Abtausch.

21. g4xf5 Sf6xd5

Eine typische und wohlbekannte Wendung: der demaskierte Le7, seinerseits gedeckt vom Sd5, droht auf g5 zu schlagen. Nun beginnt der Kampf um die Frage, was schwerer wiegt, die offene Linie oder der Bauer.

22. Lg5xe7 Sd5xe7

Die Strategie des Weißen geht dahin, die g-Linie zu besetzen und alle seine Kräfte gegen den schwarzen König zu richten. Schwarz muss auch mit gelegentlichem f5-f6 rechnen.

23. Td1-g1

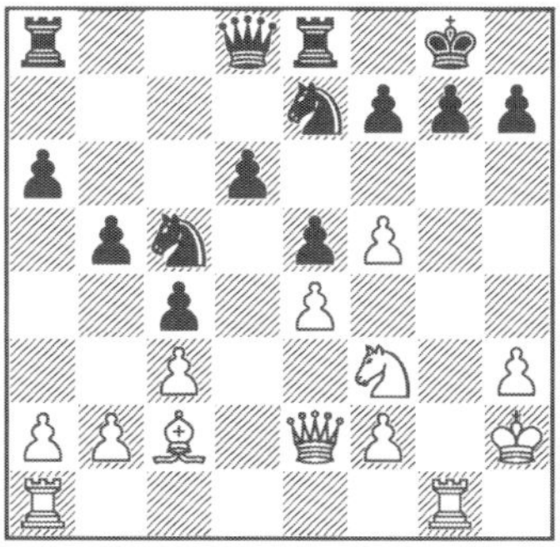

23.Sxe5 sah verführerisch aus, die Analyse zeigt jedoch, dass Schwarz seinen Bauern behauptet: 23. ... Sxf5! 24.exf5 Txe5 bzw. 24.Sxf7 (Der Springer spielt Desperado – er verkauft sein Leben so teuer wie möglich.) 24. ... Kxf7 25.Dh5+ g6 26.Dxh7+ Sg7 und Weiß hat keinen genügenden Gegenwert für die Figur.

23. ... f7-f6

Auf Kh8 käme 24.Sg5 Tf8 25.Dh5.

24. Sf3-h4

Bringt nicht nur den Springer näher heran, sondern macht auch der Dame Platz.

24. ... Ta8-a7

Weiß drohte, eine rasche Entscheidung durch 25.Dg4 zu erzwingen. Nun hätte Schwarz die Antwort Sc8.

25. De2-h5 d6-d5?

Das ist zweifelhaft. Schwarz hofft, Gegenspiel zu erhalten und sich gleichzeitig von dem rückständigen Bauern zu befreien, spielt dabei jedoch mit dem Feuer. Richtig war 25. ... Sc8. Darauf wird Weiß die Türme in der g-Linie verdoppeln und vielleicht zu gegebener Zeit Tg6 spielen. Dass kein zwingender Gewinn zu sehen ist, bedeutet, dass der Ausgang des Kampfes noch offen wäre. Wir dürfen daher den 20. und 21. Zug von Schwarz nicht zu stark kritisieren.

26. Tg1xg7+

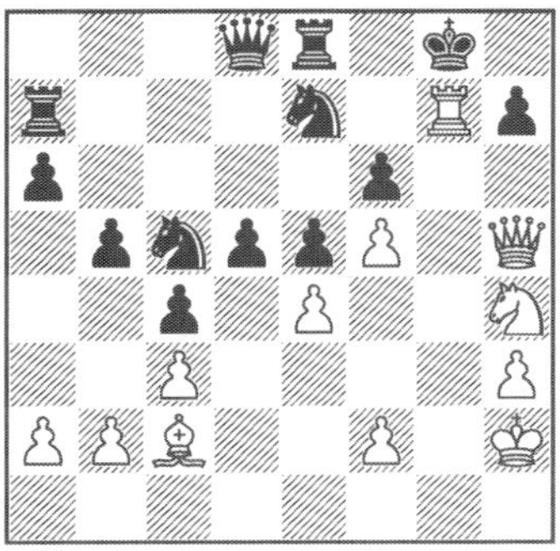

Unter welchen Umständen kann Weiß ein solches Opfer in Betracht ziehen? a) Er hat vier mächtige Figuren, Dame, Springer und beide Türme gegen den schwarzen König bereitgestellt; b) die Königsstellung ist unzureichend geschützt, eigene Figuren blockieren zudem die Fluchtwege des Königs. Dennoch muss Weiß genau rechnen.

26. ... Kg8xg7
27. Ta1-g1+

Weiß hat weniger Figuren, doch befinden sich alle bis auf den Läufer im Angriff, während die schwarzen verhältnismäßig wenig leisten. Weiß muss hier sehr sorgfältig vorgehen: a) dem Schwarzen keine Gelegenheit geben, seine untätigen Figuren zur Geltung zu bringen; b) den schwarzen König an der Flucht hindern. Was kann Schwarz nun tun? a) 27. ... Kf8 28.Dh6+ nebst Matt; b) 27. ... Sg6 28.fxg6 h6 29.Dxh6+! Kxh6 30.Sf5+ Kh5 31.Ld1 matt. Etwas besser ist hier daher 28. ... Kh8, doch dringt der Angriff auch dann durch: 29.Sf5 Se6 30.exd5 usw. Daher spielt Schwarz:

27. ... Kg7-h8
28. Dh5-h6

Nun scheitert 28. ... Sg8 an 29.Sg6 matt. Dagegen wäre das scheinbar starke 28.Df7 zweifelhaft wegen 28. ... Sxf5 29.Dxa7 Te7 30.Dxc5 Sxh4.

28. ... Se7xf5

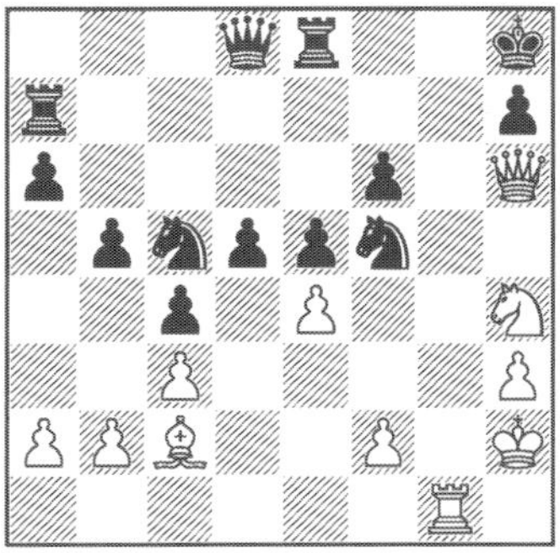

Schwarz ist gezwungen, eine Figur zurückzugeben, und sein König bleibt in einer sehr bedenklichen Lage. Trotz seines starken Angriffs befindet sich Weiß nun in einer bekannten Klemme: nimmt er den Springer an, behält er zwar Angriff, hat aber die Qualität weniger und Schwarz genügend offene Linien, um mit seinen Figuren dem belagerten König zu Hilfe zu kommen. Schwarz kann beinahe zwangsläufig den Abtausch einiger Angriffsfiguren erreichen, so dass die Chancen von Weiß ernstlich geschwächt scheinen. Z.B. 29.Sxf5 Tg8 oder 29.exf5 Tg8 30.Sg6+ Txg6 31.fxg6 e4! 32.g7+ Kg8 und Weiß hat keine klare Fortsetzung. Er muss daher einen wirksameren Weg finden, seinen Vorteil wahrzunehmen, und der liegt in den Möglichkeiten eines Doppelschachs. Man achte darauf, dass in manchen Abspielen der Lc2 wieder belebt wird und zur Kraft des Angriffs beiträgt.

29. Sh4-g6+ Kh8-g8
30. Sg6-e7++

Durch das Doppelschach wird Schwarz daran gehindert, auf g7 dazwischenzuziehen, und der weiße Springer schneidet die Dame von der Deckung des Punktes f6 ab. Man beachte, dass auf 30.Sxe5+ Turm oder Springer auf g7 dazwischengehen, und Weiß hat keine Gewinnfortsetzung.

30. ... Kg8-f7

Der einzige Zug. Wenn 30. ... Kh8, so 31.Dxf6+.

31. Dh6xh7+ Kf7-e6
32. Dh7xf5+

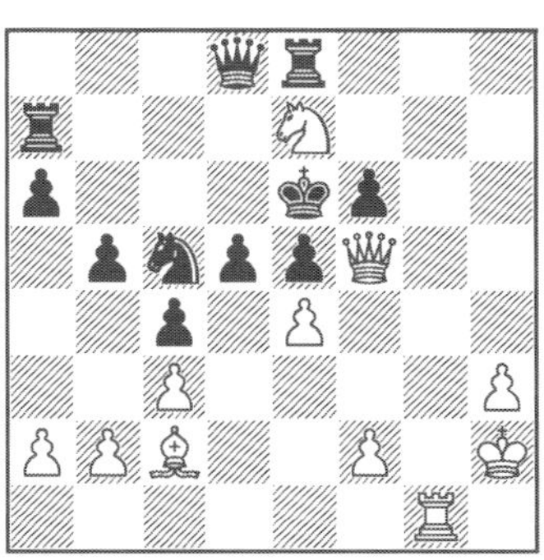

32. ... Ke6-d6?

Wenn 32. ... Kxe7, so erobert 33.Tg7+ den Ta7 und gibt Weiß die Herrschaft über die 7. Reihe. Dennoch wäre das etwas besser als die Partiefortsetzung. Es hätte weitergehen können: 33. ... Kd6 34.Txa7 dxe4 35.b4! cxb3 (Sd3 36.Txa6+) 36.axb3 und a) Weiß hat nur einen Bauern weniger; b) der schwarze König steht sehr unsicher, von der 7. Reihe abgeschnitten; c) Weiß droht 37.b4 nebst 38.Txa6+ sowie 37.Lxe4 mit Rückgewinn des Bauern und neuen Drohungen; d) Schwarz kann sich nicht befestigen (36. ... Te7 oder Dc8 37.Dxf6+). Weiß muss also gewinnen, wenn auch nicht ohne Kampf. Wie so oft greift Schwarz fehl, weil er allzu materialistisch denkt. Die Qualität, die er gewonnen hat, zählt nicht viel.

33. Df5xf6+ Kd6-c7

Wenn 33. ... Se6, so 34.Sf5+ und a) 34. ... Kc7 35.Dxe5+ und gewinnt, freilich nicht ganz bequem; oder b) 34. ... Kc6 35.exd5+ Dxd5 36.Td1 Dc5 (Df3? 37.Se7+) 37.Td6+.

34. Tg1-g7

Einkreisung. Das unmittelbare 34.Dc6+ führt zu nichts. 34.Sxd5+ gewinnt ebenfalls, aber nicht so schnell.

34. ... Sc5-d7

Was sonst? Weiß drohte Damengewinn mittels 35.Sc6+.

35. Se7xd5+ Kc7-b7

36.	**Df6-d6**	**Kb7-a8**

Nach 36. ... Kc8 gewinnt Weiß auf die gleiche Art eine Figur.

37.	**Tg7xd7**	**Ta7xd7**
38.	**Sd5-b6+**	**Ka8-b7**
39.	**Sb6xd7**	**Te8-h8**
40.	**Sd7-c5+**	**Kb7-c8**
41.	**Dd6xa6+**	

Schwarz gab auf, denn 41. ... Kc7 42.Se6+ kostet die Dame.

Obwohl der Lc2 nicht unmittelbar am Angriff beteiligt war, übte er einen indirekten Einfluss aus. Sobald Schwarz versucht hätte, die weiße Mitte anzugreifen, konnte der Läufer in Aktion treten. In dieser Partie arbeitete er vorbeugend, d.h. er hinderte Schwarz an Gegenmaßnahmen. Bis zu seinem 24. Zug spielte der Amateur eine gute, unternehmende Partie. Er behandelte die Eröffnung recht gut und nahm seinem Gegner mit einem kleinen Trick einen Bauern ab. Vielleicht war ihm nicht hinreichend klar, dass Weiß als Gegenwert sehr starken Angriff auf der offenen Linie erhält. Der Amateur zeigte jedoch in dieser Partie, mehr als in früheren, Initiative, während seine Verteidigung, weit davon entfernt, fehlerlos zu sein, im Allgemeinen doch einen guten Eindruck machte.

Der ganze Partieverlauf wurde durch das Bauernopfer des Weißen stark beeinflusst. Hätte Schwarz sich nicht darauf eingelassen, hätten beide Seiten ihren Druck verstärkt, Weiß am K-Flügel, Schwarz am D-Flügel. Ein Bauernopfer bietet in der Praxis oft Chancen und sollte daher nicht allein auf unbedingte Korrektheit beurteilt werden. Schach ist ein Spiel, keine mathematische Formel.

Partie 7

**Die Berliner- und die Steinitz-
Verteidigung der Spanischen Partie
Wie man Ausgleich im Zentrum erreicht
Die Aufgabe des Zentrums
Motive für den Damentausch
Die Gefahr des indirekten Angriffs
Das Durchsetzen strategischer Ziele
Vergrößern eines Stellungsvorteils
Angriff gegen den rückständigen Bauern**

Der Gegenpol zum glänzenden Kombinationsspiel mit seinen wagemutigen Opfern und kraftvollen Angriffen ist das ruhige Stellungsspiel, das aus einer allmählichen Anhäufung kleiner Vorteile besteht. Es hat nichts mit tiefen Kombinationen und versteckten Angriffen zu tun. Als Positionsspieler strebt der Nachziehende zuerst einfach den Ausgleich an, dann stellt er die Figuren auf die richtigen Plätze, so dass sie handlungsbereit sind, wenn die Zeit gekommen ist.
Positionelle Technik ist weniger spektakulär als die kombinatorische; sie ist aber feiner und daher vielleicht schwieriger abzuwehren. Für den Amateur ist es manchmal schwerer, dem langsamen, quälenden Würgegriff der Schlange zu entgehen als den unmittelbaren, kraftvollen Angriffen des Löwen. Das erklärt, warum Weltmeister wie Petrosjan, Smyslow und Capablanca derart überlegene Ergebnisse gegen die schwächeren Turnierteilnehmer zu erzielen pflegten.
Der Amateur weiß, dass jede Initiative, jeder Vorstoß Schwächen schaffen und einem fähigen Gegner eine willkommene Zielscheibe bieten kann. In seiner Furcht, etwas zu unternehmen, das seine Stellung entblößen könnte, geht er meist zu weit in der entgegengesetzten Richtung. Genau das geschieht in dieser Partie. Weiß baut sich eine feste Stellung auf, versäumt jedoch, die Initiative wahrzunehmen. Stattdessen macht er Wartezüge, während sein Gegner fortwährend seine Stellung verstärkt und als Erster Drohungen aufstellt, die bald nicht mehr ausreichend parierbar und so stark sind, dass das materielle Verhältnis gestört wird. Erst nach dem Verlust eines Bauern wird dem Amateur klar, dass er seine eigene Partie spielen muss, aber da ist es natürlich schon zu spät.

Weiss: Amateur Schwarz: Meister
Spanisch – Steinitz-Variante

1.	**e2-e4**	**e7-e5**
2.	**Sg1-f3**	**Sb8-c6**
3.	**Lf1-b5**	**Sg8-f6**

Die Berliner Verteidigung, die wie eine ausgezeichnete Erwiderung aussieht. Ein wichtiger Springer wird auf das natürliche Feld entwickelt und greift den Be4 an. Die Erfahrung hat jedoch gezeigt, dass Schwarz mit diesem System eine beengte Partie erhält. Das hinderte frühere Generationen freilich nicht, es anzuwenden.
Gegenwärtig geht die allgemeine Ansicht dahin, dass 3. ... a6 4.La4 Sf6 (siehe Partien 5 und 6) Schwarz eine freiere Partie mit mehr Möglichkeiten zum Gegenangriff gibt. Die Eröffnungsforschung lässt aber die Ansichten der Meister über die relative Stärke verschiedener Abspiele nicht selten wechseln. So gab es Zeiten, da sowohl 5. ... Le7 wie 5. ... Sxe4 in obiger Hauptvariante als sehr fragwürdig angesehen wurden, und manche Spieler bevorzugten andere Abspiele, darunter 3. ... Sf6. Heute werden 5. ... Sxe4 und 5. ... Le7 als gut spielbar betrachtet.

4. 0-0

Weiß macht einen Entwicklungszug und verteidigt e4 indirekt, denn nach 4. ... Sxe4 kann er den Bauern mit 5.Te1 (oder 5.De2 bzw. 5.Lxc6) zurückerobern, da 5. ... d5 wegen 6.Sxe5 nicht empfehlenswert wäre. Noch aussichtsreicher ist 5.d4, z.B. 5. ... Le7 (Sehr gefährlich ist 5. ... exd4 6.Te1.) 6.De2 Sd6 7.Lxc6 bxc6 8.dxe5 Sb7 (die Rio-de-Janeiro-Variante) und Weiß hat seinen Bauern bei etwas besserer Stellung zurück. Der Kampf ist jedoch nicht leicht.

4. ... d7-d6

Durch Zugumstellung haben wir die Steinitz-Variante erreicht, die nach Ansicht der Theorie dem Schwarzen weniger Gelegenheit zum Gegenspiel gibt als viele andere Abspiele. Ein allgemeiner Nachteil von 4. ... d6 liegt darin, dass der Lf8 eingesperrt wird. Das ist in vielen Fällen unvermeidbar, wenn man die schwarzen Steine führt. Schwarz ist gewöhnlich nicht in der Lage, die Initiative zu ergreifen. In vielen Fällen muss er sich mit einer beengten, dafür festen Stellung begnügen. Das besagt nicht, dass er sich von vornherein mit einem Remis abfinden muss, er sollte jedoch riskante Varianten vermeiden, die sich bei Versuchen ergeben, unmittelbaren Ausgleich zu erringen oder verfrüht die Vorhand an sich zu reißen, und er kann wohl so bald wie möglich vereinfachen, um die Initiative des Weißen nicht zu sehr anwachsen zu lassen.
Neben 4. ... Sxe4 (siehe oben) könnte Schwarz auch 4. ... Lc5 spielen, wonach das Scheinopfer 5.Sxe5 nur zu gleichem Spiel führt: 5. ... Sxe5 6.d4 Sxe4 7.De2 De7 8.Dxe4 Sc6!. Richtig ist 5.c3, z.B. 5. ... Lb6 6.d4 0-0 7.Te1 d6 8.a4 a5 9.Lg5 und Weiß steht etwas besser.

5. d2-d4

Die folgerichtige Fortsetzung – ein Entwicklungszug mit einer Drohung, nämlich Bauerngewinn durch 6.dxe5. Ferner kann Schwarz auf e4 nicht nehmen: 5. ... Sxe4? 6.d5 a6 7.Ld3 und beide Springer sind angegriffen.
Betrachten wir die Auswirkungen des Zuges d4-d5 nach einer anderen Antwort des Schwarzen: 5. ... Lg4 6.d5. Allgemein ist es so: greifen Sie eine gefesselte Figur an, so erobern Sie sie. Hier hat Schwarz einen Ausweg. Man beachte, dass dieser Stellungstyp sich oft ergibt, ob am Damen- oder am Königsflügel. Schwarz befreit sich, indem er die fesselnde Figur angreift und abdrängt: 6. ... a6. Weiß hat nun die Wahl zwischen: a) 7.La4 b5 8.dxc6 bxa4 und Weiß hat nicht viel; bevor er versucht, den schwachen Ba4 anzugreifen, muss er e4 decken; außerdem ist c6 ebenso schwach wie der schwarze a-Doppelbauer; b) 7.dxc6 axb5 8.cxb7 Tb8 sieht gut aus, eine einfache Analyse zeigt aber, dass Weiß seinen Bb7 nicht verteidigen kann; c) 7.Lxc6+ bxc6 8.dxc6 Sxe4 und die schwarzen Bauern sind bestimmt besser als die weißen. Daher ist 6.d5 keine ernste Drohung. Sie beschränkt jedoch die Möglichkeiten des Schwarzen, wie wir bei 5. ... Sxe4? gesehen haben. Am besten spielt Weiß nach 5. ... Lg4 6.dxe5 Lxf3 7.Dxf3 dxe5 8.Lxc6+, und Schwarz hat keinen Gegenwert für die zersplitterten Bauern.

5. ... Lc8-d7

Der übliche Zug. Schwarz zieht es vor, den Sc6 sofort zu entfesseln und damit die vom d-Bauern ausgehenden Drohungen zu parieren.

6. Sb1-c3

Weiß entwickelt eine wichtige Figur und deckt damit den Be4.

6. ... Lf8-e7

Schwarz braucht 7.Lxc6 Lxc6 8.dxe5 nicht zu fürchten, weil er sich am Be4 schadlos halten kann: 8. ... dxe5 9.Sxe5 Lxe4 10.Sxe4 Sxe4 mit einer ausgeglichenen Partie. Schwarz konnte auch 6. ... exd4: spielen, womit er „das Zentrum aufgibt", wie man sagt. Das heißt hier, dass er sich auf drei Reihen beschränkt, während der Gegner vier besetzt hat. Im Allgemeinen ist es am besten, das Zentrum nicht aufzugeben, wenn es nicht unabänderlich ist.

7. Tf1-e1

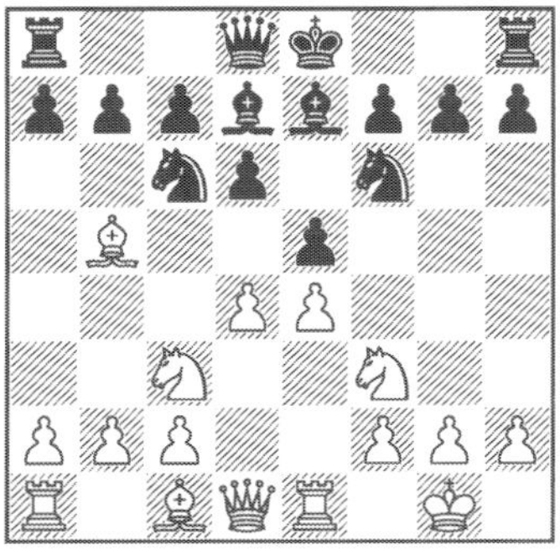

Nachdem der Be4 nun vom Turm gedeckt ist, droht Weiß tatsächlich Bauerngewinn. 7. ... 0-0? ist ein bekannter Fehler, wie folgende Abspiele zeigen: 8.Lxc6 Lxc6 9.dxe5 dxe5 10.Dxd8

a) 10. ... Taxd8 11.Sxe5 Lxe4 12.Sxe4 Sxe4 (Weiß kann nicht wiedernehmen wegen des Matts auf der ersten Reihe.) 13.Sd3! f5 14.f3 Lc5+ 15.Sxc5 (15.Kf1 könnte mit Lb6 beantwortet werden; 16.fxe4 fxe4+ 17.Sf4 g5) 15. ... Sxc5 16.Lg5 Td5 17.Le7, evtl. gefolgt von 18.c4, und Schwarz büßt wenigstens die Qualität ein.

b) 10. ... Tfxd8 11.Sxe5 Lxe4 12.Sxe4 Sxe4 13.Sd3 f5 14.f3 Lc5+ 15.Kf1! und Schwarz verliert eine Figur.

Bemerkenswert, wie sich das weiße Spiel darauf einrichtet, welcher Turm im 10. Zug schlägt. Das ist bezeichnend für die Kombination: eine geringfügige Änderung der Stellung macht einen großen Unterschied.

Hier ist ein klares Beispiel, in dem Schwarz gezwungen ist, die Mitte aufzugeben.

7. ... e5xd4

Anders ist der bedrohte Bauer nicht zu retten. Weiß hat nun ein kleines Plus.

8. Sf3xd4

Weiß hat nun ein freies Spiel. Sein Problem ist: a) wie ist dieser Vorteil auszunutzen? (Angriff nach sorgfältiger Vorbereitung); b) wie ist der Vorteil festzuhalten, der fast automatisch verschwindet – wie in der Partie –, sobald Schwarz zu d6-d5 kommt.

8. ... 0-0

Die Strategie des Weißen sollte nun sein: a) Schwarz an d6-d5 zu hindern; b) seine Figuren sorgfältig zur Entfaltung zu bringen; c) viel später einen Angriff am Königsflügel vorzubereiten. Die Strategie des Schwarzen muss sein: a) Figuren zu tauschen; b) d6-d5 durchzusetzen und so die Partie zu öffnen.

Der nächste Zug von Weiß ist schwer zu finden. Er spielt:

9. Lb5-f1

Er möchte nicht, dass zwei Figuren getauscht werden (Schwarz hätte sonst Sxd4 nebst Lxb5 fortsetzen können.), denn jeder Tausch ist für den, der beengt steht, eine Erleichterung. Besser war vielleicht 9.Lxc6, um Schwarz einen Doppelbauern zu verschaffen. Das ist das gebräuchlichste Abspiel, und die Partie könnte weitergehen: 9. ... bxc6 10.Lg5 h6 11.Lh4 Sh7 12.Lxe7 Dxe7. Auch 9.Sxc6 bxc6 10.Ld3 oder 10.La4 wird gespielt. Ebenso wie bei 9.Lxc6 bxc6 hat Schwarz einen Gegenwert für die geschwächten Bauern in der offenen b-Linie und in der Kontrolle über d5. Der Zug 9.f4, der unternehmungslustig aussieht, darf nicht ohne sorgsame Analyse gemacht werden, denn er schwächt die Stellung, z.B. 9. ... Sxd4 10.Dxd4 Lxb5 11.Sxb5 d5! 12.e5 Se4, drohend Lc5, oder 12.exd5 Sxd5 und wenn 13.c4, so Sb4. Offenbar räumt die Öffnung der Diagonale g1-c5 dem Schwarzen Chancen ein, außerdem behindert der Bf4 den Lc1. Ein Zug wie f2-f4 ist nur dann ratsam, wenn

Weiß sicher ist, die Bauernfront e4/f4 erhalten zu können, die unter Umständen als Grundlage eines Königsangriffs dienen kann.

9. ... Sc6xd4

Wie schon gesagt, begünstigt jeder Tausch den Schwarzen. Das bedeutet nicht, dass er durch Abtausch in Vorteil kommt, sondern nur, dass er sich freier bewegen kann. Das bringt eine Beschneidung der weißen Angriffschancen mit sich und trägt zum Ausgleich bei.

10. Dd1xd4

Bis zu diesem Zug hat der Amateur die Partie wie ein Meister behandelt. Zu schwer hatte er es nicht, weil er nur den Empfehlungen der Theorie zu folgen hatte. Nun ist er auf sich selbst gestellt. Niemand sagt ihm, was er mit der Stellung anfangen kann, denn einmal ist jede Theorie zu Ende. Er wartet einfach, bis Schwarz im Zentrum ebenbürtig ist. Ihm entgeht, dass der ganze Kampf in dieser Partiephase sich um die Bemühungen von Schwarz dreht, seinen d-Bauern vorzustoßen.

10. ... Tf8-e8

Schwarz übt einen gewissen Druck auf der e-Linie aus. Unter „indirektem Druck“ ist die Wirkung zu verstehen, die spürbar wird, wenn eine auf der offenen Linie stehende Figur ihren Platz räumt. Indirekte Angriffe können sehr tückisch sein, wie der Partieverlauf zeigen wird.

11. f2-f3

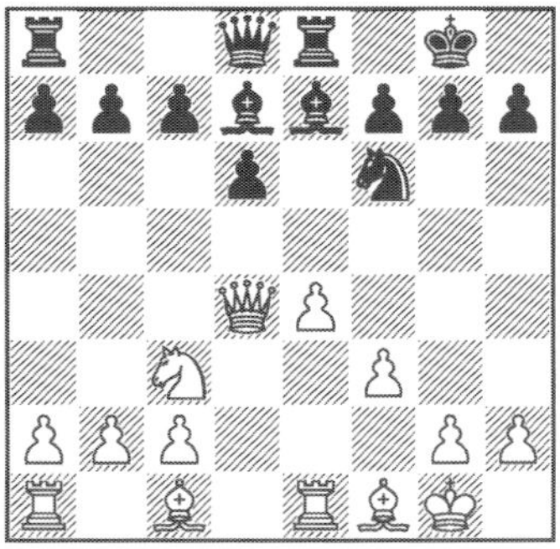

Weiß scheint eine Mauer aus Bauern errichten zu wollen, um Schwarz am Angreifen zu hindern. Dem Zug mangelt es jedoch an Nachdruck. Gelingt es Schwarz, d6-d5 durchzusetzen, wird sich f2-f3 als Schwächung erweisen. Dass die Diagonale g1-c5 geöffnet ist, kann sich ebenfalls für Schwarz günstig auswirken. Möglich war hier 11.b3 nebst Lb2. Auch die natürlichen Züge 11.Lg5 oder 11.Lf4 nebst 12.Tad1 hätten zu einem guten Ausgleich genügt.

11. ... Ld7-e6

Schwarz bereitet sich deutlich auf den Vormarsch des d-Bauern vor.

12. Dd4-f2

Ein ängstlicher Zug, der aber nicht unbedingt schlecht ist. Weiß wagt es nicht, die Dame auf d4 stehen zu lassen, weil er fürchtet, dass Schwarz mit c7-c5 nebst d6-d5 fortsetzen wird. Auf 12. ... d5 hat er 13.e5 Sd7 14.f4 mit mächtigem Angriff geplant (bewegliche Bauernmehrheit am K-Flügel). Hätte Weiß 12.Td1 gespielt, käme wie in der Partie 12. ... c6. 12.Lg5 führt nach 12. ... d5 13.exd5 Sxd5 14.Lxe7 Sxe7 zu vollem Ausgleich.

12. ... c7-c6!

Schwächt zwar den d-Bauern, gibt aber Schwarz die Möglichkeit, d6-d5 zu ziehen, wann immer er es für wünschenswert hält. Wir haben gesehen, dass ein sofortiger Vorstoß nichts leistet (12. ... d5 13.e5). Nach Damentausch (Db6!) jedoch könnte der zentrale Vorstoß sehr stark werden.

13. Lc1-d2

Soll Da5 verhindern, ein Zug, an dem Schwarz gar nicht interessiert war. Zu erwarten war 13.Le3, um den Damentausch zu vermeiden.

13. ... Dd8-b6!

Schwarz bannt die Gefahr eines Königsangriffs, der nur mit Damen für ihn gefährlich werden könnte.

14. Sc3-a4?

Verteidigt den Bb2, entfernt jedoch den Springer aus der Mitte, so dass der Punkt d5 für Schwarz entlastet wird. Weiß wollte nicht 14.Dxb6 axb6 spielen, weil ihm die Öffnung der a-Linie nicht behagte. Diese hätte den Nachteil des Doppelbauern aufgewogen, aber nicht mehr. Weiß antwortet a2-a3 und hat keine besonderen Schwierigkeiten in der a-Linie.

14. ... Db6xf2+
15. Kg1xf2 d6-d5

Mit einer Reihe sehr einfacher Züge hat Schwarz seine Strategie durchgesetzt. Weiß muss zudem auf zwei Umstände Rücksicht nehmen: auf den Sa4, der vorübergehend außer Spiel ist, und den König, der sich auf einer offenen Diagonale befindet (die Schwarz bald zur Verfügung steht) und von eigenen Bauern behindert wird.

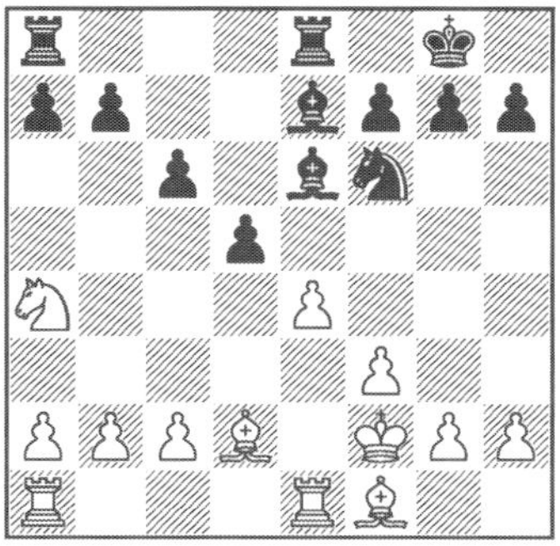

Der gut vorbereitete Stoß in der Mitte gibt Schwarz nun wegen der zwei erwähnten Schwächen von Weiß mehr als Ausgleich.

16. e4-e5?

Sieht stark aus, weil der Bauer auf feindliches Gebiet vorrückt und eine Mehrheit am Königsflügel gebildet wird. Ohne Dame kann Weiß jedoch nicht auf einen Mattangriff rechnen. Außerdem ist der e-Bauer schwach, solange er nicht vom f-Bauern unterstützt wird, und wir werden aus der Partie erkennen, dass es nicht leicht ist, durch f3-f4 den nötigen Schutz zu gewähren.
Hätte Weiß eingesehen, dass er die Chance versäumt hat, aus seinem Raumvorteil Nutzen zu ziehen, hätte er sofort auf Vereinfachung gespielt und Bauern getauscht. Er glaubte aber, dass er auf der Grundlage der Eröffnung das Recht und vielleicht die Pflicht habe, etwas zu

unternehmen. Dafür fehlen jedoch die Voraussetzungen. Indem er d6-d5 zuließ, verzichtete er auf Stellungsvorteil. Nach 16.exd5 Sxd5 17.c4 Sb4 steht Schwarz nur ein wenig besser – seine Leichtfiguren sind zentralisiert und arbeiten gut zusammen. Nach einer Reihe farbloser Züge war auch nicht zu erwarten, dass Weiß noch vollständigen Ausgleich erzielen würde.

16. ... Sf6-d7

Der Be5 ist nun indirekt bedroht, d.h. sobald beide Läufer die e-Linie (möglichst mit „Tempo") verlassen haben. Weiß steht vor zwei Problemen: a) wie soll er Bauernverlust nach b7-b5, Lc5+ und Lf5 (siehe Partie) vermeiden; b) wie kann er nach b7-b5 und Lc5+ einen guten Platz für seinen König vorbereiten?

17. g2-g3

Weiß sieht die entfernte Gefahr der eingeschränkten Stellung seines Königs, jedoch nicht die unmittelbare Gefahr für seinen Bauern. Er erkennt nicht, dass beide Läufer, die die Drohung Txe5 maskieren, mit „Tempo" wegziehen können.
17.f4 bringt ebenfalls Nachteile mit sich: 17. ... b5 18.Sc3 Lc5+ 19.Kf3 (19.Le3 d4) 19. ... g5! und bei 20.fxg5 Lf5! steht der König sehr gefährdet, weil es ihm an Bauerndeckung mangelt.
Man beachte, dass 17.g4, das Lf5 verhindert und Platz für den K schaffen soll, ein Versehen wäre wegen Lh4+.

17. ... Le6-f5

Gewinnt ein Tempo durch Angriff auf c2.

18. Ta1-c1

Weiß ist gezwungen, den Turm als Verteidiger des Bc2 zu missbrauchen, weil nach 18.c3 b5 der Springer verloren ist. Nach 18.Ld3 Lxd3 19.cxd3 b5 20.Sc3 Lc5+ geht der e-Bauer wie in der Partie verloren, und bei 18.c4 dxc4 19.Lxc4? b5 eine Figur.

18. ... b7-b5
19. Sa4-c3 Le7-c5+

Auf bewundernswert einfache und klare Weise hat Schwarz seinen Stellungsvorteil so weit vergrößert, dass er jetzt einen Bauern erobert.

20. Kf2-g2 Sd7xe5

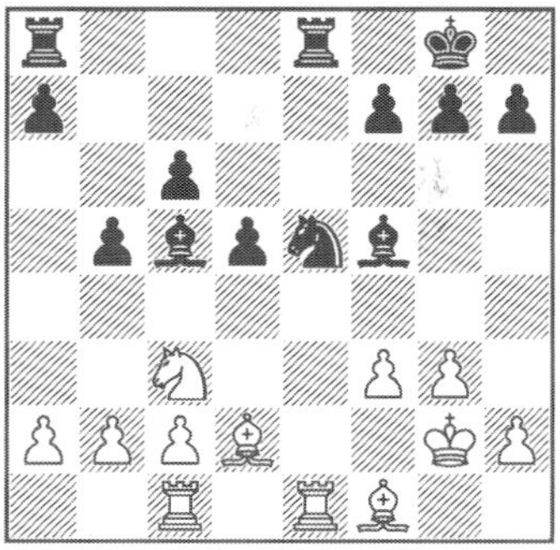

Die indirekte Drohung, die mit dem 10. Zug von Schwarz eingeleitet wurde, führte zum Gewinn dieses Bauern. Aber nicht nur das, Schwarz hat auch die Initiative erlangt. Man vergleiche diese Stellung mit der vor acht oder zehn Zügen. Schwarz hat seine Kräfte beträchtlich ausgedehnt. Nun beherrscht er vier Reihen und Weiß nur drei.

21. g3-g4

Weiß, der bisher übervorsichtig war, macht nun einen rücksichtslosen, brutalen Versuch, das verlorene Terrain wiederzugewinnen. Er reißt die Initiative an sich, freilich nur für wenige Züge.

21. ... Lf5-g6
22. Kg2-g3

Gibt dem g-Bauern zusätzlichen Schutz, so dass Weiß nun 23.f4 und 24.f5 droht.

22. ... h7-h5
23. Ld2-f4

Um den starken Springer zurückzutreiben.

23. ... f7-f6
24. Lf4xe5

Er will den lästigen Springer loswerden und eventuell Ld3 spielen.

24. ... f6xe5

Der Tausch hat Schwarz ein starkes Bauernzentrum verschafft.

25. Lf1-d3

Weiß nimmt einen vereinzelten Bauern in Kauf, um den Tc1 beweglich zu machen (nach Lxd3 26.cxd3 würde schon SxB drohen).

25. ... Lg6-f7

Schwarz will sein Läuferpaar noch behalten und legt auch keinen Wert darauf, den Tc1 wirksamer zu platzieren.

26. g4-g5 g7-g6

Schwarz will g5-g6 nicht zulassen, denn der Bauer würde starken Druck ausüben.

27. Te1-e2 Lc5-d6

Befestigt die Mitte und droht zugleich e5-e4+.

28. Kg3-g2 Kg8-g7
29. Tc1-e1

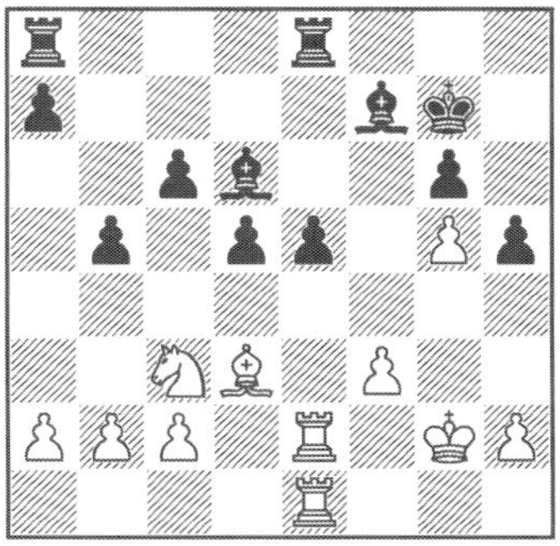

Endlich sind alle weißen Figuren in Aktion! Es ist Weiß gelungen, sie zum Zusammenspiel zu bringen, wenn auch auf Kosten eines schwachen f-Bauern und bestimmter anderer Nachteile. So hat er dem Gegner das Läuferpaar und den vollen Besitz des Zentrums überlassen. Das hat zur Folge, dass die schwarzen Läufer nicht auf Dauer durch die Bauern blockiert sind, solange das Zentrum beweglich bleibt. Dagegen ist die Beweglichkeit der weißen Figuren beschränkt.

29. ... Te8-e7
30. Sc3-d1

Um den Springer auf bessere Felder zu bringen und dem Zug Lb4 vorzubeugen. Vorzuziehen war Sc3-b1-d2 zum Schutz des Bf3, der nun bald ernstlich schwach wird.

Entsprechend dem Gedanken, dass die Angriffsstrategie sich an den gegnerischen Schwächen ausrichten soll, spielt Schwarz nun:

30. ... Ta8-f8

Der Beginn eines Angriffs gegen den rückständigen Bf3, der bald zum Gewinn eines zweiten Bauern führt.

31. Sd1-f2 Lf7-e8

Macht Platz für den zweiten Turm.

32. b2-b3

Wiederum Verzweiflung. Weiß sah wohl 32.Sh3 T7f7 33.Sg1 c5 (droht c5-c4) 34.c3 Lc6 mit hoffnungsloser Stellung voraus. Schwarz hat vielerlei Drohungen: c5-c4, d5-d4, e5-e4, wovon die letzte die kräftigste ist: 35. ... e4 36.fxe4 dxe4 37.Lxe4 Lxe4+ 38.Txe4 Tf2+ nebst Matt. Das Traurige ist, dass Weiß seine Stellung auf keine Art verstärken kann. 35.Tf2 und 35.Tf1 werden durch 35. ... e4 widerlegt. Weiß entschließt sich daher, einen zweiten Bauern preiszugeben, und hofft, in der einen oder anderen Richtung Gegenspiel zu erhalten.

32. ... Te7-f7

Wieder führt der klare Stil des Meisters – keine tiefe Kombination, nur das Überführen der Figuren auf die strategisch richtigen Plätze – zur Eroberung eines weiteren Bauern.

33. c2-c4

Es gab nichts Besseres.

33. ... Tf7xf3

34. c4xd5 c6xd5
35. Ld3-b1 Le8-c6

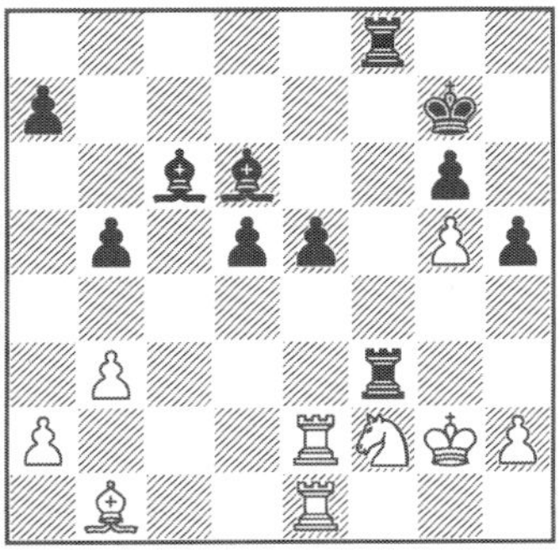

Wieder wird eine Figur auf das richtige Feld gestellt. Zwei Läufer und zwei Türme sind nun auf den weißen König gerichtet – eine gewaltige Ansammlung von Kräften.

36. Te1-d1 Tf3-f4
37. Lb1-e4

Die letzte schwache Hoffnung.

37. ... Ld6-c5

Gewinnt zwangsläufig.

38. Sf2-d3

Bei anderen Zügen geht eine Figur verloren.

38. ... d5xe4
39. Sd3xc5 e4-e3+

Weiß gab auf: 40.Kg1 Tg4+ bzw. 40.Kg3 Tg4+ 41.Kh3 Tf3 matt. Die ganze Partie ist bemerkenswert durch das gesunde, einfache Spiel des Schwarzen und die hoffnungslosen Bemühungen des Weißen, dem eisernen Griff seines Gegners zu entkommen.

Partie 8

Die Theorie der Holländischen Verteidigung
Das Erreichen des Ausgleichs in der Mitte
Die wirkungsvollsten Plätze für Läufer und Springer
Vorbeugungsstrategie
Das Beibehalten der Spannung in der Mitte
Die Folgen planlosen Spiels
Entwurf und Ausführung eines langfristigen strategischen Plans
Schaffen und Besitzergreifen eines starken Punkts

Einer der auffallendsten Unterschiede zwischen Meister und Amateur liegt in Entwurf und Ausführung ihrer Strategie. Der Amateur tappt unentschlossen im Dunkeln nach einem Plan, oft unsicher, worin die richtige Strategie besteht, oft unrichtig in der Ausführung, ist der Plan einmal gefasst. Der Meister versteht die Stellung als Ganzes und bezieht seine Strategie aus den Erfordernissen jener Stellung. Er entwirft einen vernünftigen Plan und geht dann an seine Ausführung, wobei er sich den taktischen Gegebenheiten anpasst, Zugeständnisse macht, hier und da Kleinigkeiten ändert. Jeder Zug verfolgt einen Zweck. Es überrascht daher nicht, dass seine Figuren gewöhnlich genau an der richtigen Stelle stehen und im gemeinsamen Angriff gegen die Schwächen seines Gegners zusammenarbeiten.
Dem Amateur fehlt nicht nur eine klar umgrenzte Strategie; beim Versuch, Verwicklungen zu vermeiden, macht er es dem Gegner leichter, seine Pläne zu verwirklichen. Z.B. liebt der Amateur im Allgemeinen keine unaufgelösten Spannungen auf dem Brett, weil diese Lage den Spieler zwingt, ständig eine Vielzahl von Möglichkeiten zu bedenken; sie macht es viel schwerer und manchmal unmöglich, eine bestimmte Strategie festzulegen. Der Amateur zieht es vor zu wissen, woran er ist. Er neigt dazu, Spannungen durch Bauerntausch zu beseitigen. Dabei erleichtert er aber nicht nur seine eigene Aufgabe, sondern auch die des Gegners. Solange die Spannung anhält und vielfache Möglichkeiten bleiben, ist es schwierig, einen bestimmten Plan zu fassen. Wird die Spannung aufgehoben und eine beständige Lage geschaffen, gibt der Amateur seinem Gegner die willkommene Gelegenheit, eine wohlbegründete Strategie einzuschlagen.

WEISS: AMATEUR SCHWARZ: MEISTER
HOLLÄNDISCH

1. c2-c4

Dieser Zug, den wir bereits in Partie 3 gesehen haben, stimmt mit dem Grundsatz überein, die Mitte zu beherrschen. Er schwächt auch den Damenflügel nicht und weist das zusätzliche Merkmal auf, sehr wandlungsfähig zu sein und in viele andere Eröffnungen übergehen zu können.

1. ... f7-f5

Auch dieser Zug zielt auf Beherrschung der Mitte, überdies kann er später zur Lanzenspitze eines schwarzen Angriffs auf dem Königsflügel werden. Allerdings kann der Zug auch eine Schwächung der eigenen K-Stellung bedeuten.

2. d2-d4

Mündet durch Zugumstellung in die Holländische Verteidigung. Die normale Folge ist 1.d4 f5. Viele Spieler zögern jedoch, sofort 1. ... f5 zu spielen, weil sie 2.e4 fürchten, das Staunton-Gambit, das zu sehr scharfem Spiel führen kann.

2. ... Sg8-f6
3. Sb1-c3 g7-g6

Die Leningrader Variante. Genauso gut ist 3. ... e6.

4. Sg1-f3 Lf8-g7

Diese Stellung unterscheidet sich von Königsindisch (1.d4 Sf6 2.c4 g6) nur darin, dass der f-Bauer schon auf f5 steht. Das hat den Vorteil, gegen e4 zu drücken, und den Nachteil, dass das schwarze Zentrum geschwächt erscheint, solange es Schwarz nicht gelingt, den e-Bauern nach e5 vorzustoßen.

5. e2-e3

Weiß hat die Wahl, ob er den Lf1 nach e2 oder g2 entwickeln soll. Das Fianchetto ist heute weitaus üblicher.

5. ... 0-0
6. Lf1-e2

Der Läufer steht auf e2, von wo er später nach f3 gehen kann, besser als auf d3, wo er gegen eine Bauernkette gerichtet ist und Sorgen bereiten könnte, falls Schwarz zum Vorstoß des e-Bauern kommt. Andererseits könnte der Läufer auf d3 den Vorstoß e3-e4 unterstützen – mit Vor- und Nachteilen.

6. ... e7-e6

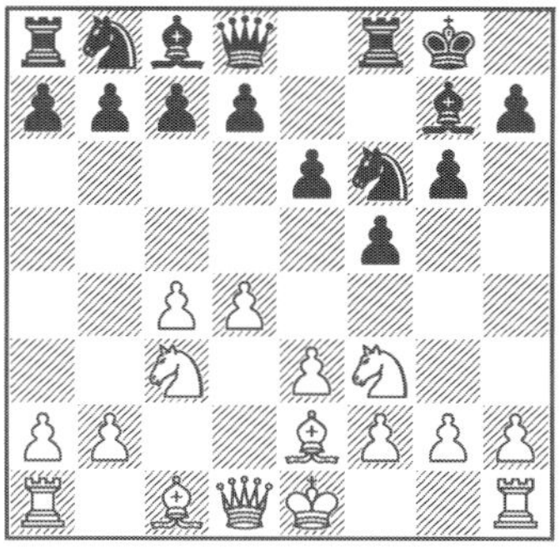

Schwarz plant e6-e5 nach entsprechender Vorbereitung, d.h. nach d7-d6 und Sb8-d7. Warum er nicht gleich d7-d6 spielt, ist positionell lehrreich. Es folgt 7.d5 e5 8.dxe6 Lxe6 und Weiß erhält die Möglichkeit, seinen Springer nach d5 zu bringen (später und nach sorgfältiger Vorbereitung). Wird dieser getauscht, schlägt der c-Bauer zurück und Schwarz behält einen rückständigen c-Bauern, der leicht zum Objekt eines Angriffs werden kann. Tauscht Schwarz nicht, sondern treibt den Springer mit c7-c6 zurück, dann könnte der Bd6 schwach werden. Spielt Schwarz nach 7.d5 aber Sbd7, um den Springer auf c5 zu postieren, setzt Weiß mit 8.Sd4 fort, und Schwarz hat ständig Ärger mit der Schwäche des Feldes e6.

7. 0-0 d7-d6

8. Lc1-d2(?)

Auf d2 stärkt dieser Läufer die weiße Stellung lediglich vom Standpunkt der Verteidigung. Außerdem steht er anderen Figuren, wie der Dame und dem Sf3, im Weg. Es wäre daher besser, ihn offensiv zu entwickeln, obwohl Schwarz in diesem Fall seinen e-Bauern ohne weitere Vorbereitung vorstoßen könnte: 8.b3 e5 9.dxe5 dxe5 10.Sxe5? Se4 11.Sxe4 Lxe5. Anstelle von 10.Sxe5? kann Weiß aber 10.La3 spielen und eine schöne Partie erhalten, z.B. 10. ... Te8 11.Dxd8 Txd8 12.Tfd1 Te8 13.Sd5! Sxd5 14.cxd5 und Schwarz ist in Nöten, weil sein Bc7 zur Schwäche neigt. Daraus geht hervor, dass 8. ... e5 verfrüht ist. Es ist immer gefährlich, das Spiel zu öffnen, wenn die Entwicklung zurückgeblieben ist.

8. ... Sb8-d7

Bereitet e6-e5 vor.

9. Ta1-c1 e6-e5

Schwarz hat sein Ziel erreicht und steht nun in der Mitte ebenbürtig. Dass der f-Bauer schon auf f5 den e-Bauern unterstützt, gibt Schwarz im Zentrum bereits die Initiative.

10. Dd1-c2

Mit diesem Zug macht Weiß die erste Reihe für die Bewegung der Türme frei. Er hofft, Druck auf der noch geschlossenen c-Linie ausüben zu können.

10. ... c7-c6

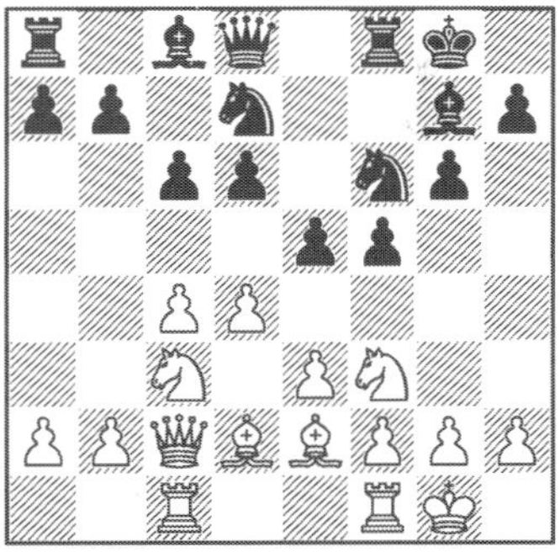

Hindert den Weißen daran, Sd5 zu spielen, was im Fall von De7 oder De8 stark sein könnte, weil durch Tausch auf d5 die c-Linie geöffnet wird. Schwarz denkt gegenwärtig nicht an d6-d5, da ihm nicht an einer Öffnung der c-Linie liegt.

Die Eröffnung ist nun beendet, und es gibt keine dringenden taktischen Probleme. Weiß bestimmt daher an dieser Stelle die allgemeine Linie, der sein Spiel folgen soll, mit anderen Worten seine Strategie. Weiß überlegt zwei Wege:

a) 11.dxe5 dxe5 12.Tfd1. Nach diesem Tausch hätte e5-e4 nicht mehr so viel Kraft wie zuvor, weil der Sf3 auf d4 postiert werden kann.

b) 11.b4 in der Hoffnung, am D-Flügel angreifen zu können. Es soll b4-b5 folgen, und Schwarz könnte kaum tauschen, weil sich dann die c-Linie, auf der Weiß so stark ist, öffnet. Man kann nicht sagen, welche Vorgehensweise die beste ist; jede hat ihre Vor- und Nachteile. Weiß muss sich jedoch mit der Lage vertraut machen und sich eine Vorstellung davon verschaffen, was er plant und warum. Er wählt b) und spielt:

11. b2-b4 e5-e4

Auch Schwarz trifft eine wichtige strategische Entscheidung. Er beschließt, am K-Flügel vorzugehen, wohin der geschehene Zug das Schwergewicht verlagert. Schwarz hat dort zur Zeit einen deutlichen Raumvorteil.

12. Sf3-e1

Der Springer wäre auf d2 besser postiert, doch der L nimmt ihm das Feld.

12. ... a7-a6

Schwarz möchte sich bei seinem Vorgehen am K-Flügel nicht durch Verteidigungsmaßnahmen am D-Flügel ablenken lassen und macht daher diesen Zug, um dem Vorgehen b4-b5 angemessen entgegnen zu können. Durch Tausch öffnet sich Schwarz dann die a-Linie.

13. a2-a4(?)

Eine unnötige Vorbereitung. Sofortiges 13.b5! war gut spielbar, z.B. 13. ... axb5 14.cxb5 Sb6. Schwarz lässt dann Le6 folgen, um den Punkt d5 zu beherrschen. Die weiße Batterie auf der offenen c-Linie hätte aber jedenfalls an Kraft gewonnen. Man sehe: 15.a4 Le6 16.bxc6 bxc6 17.a5 Txa5 (Sc4 18.Sxe4 kostet einen Bauern.) 18.Sxe4 Ta2 19.Sxf6+ Lxf6 20.Dd3 mit verteilten Aussichten.

13. ... Kg8-h8

Entzieht sich einem eventuellen Schachgebot auf c4, falls Weiß mit b4-b5 fortfährt.

14. f2-f3

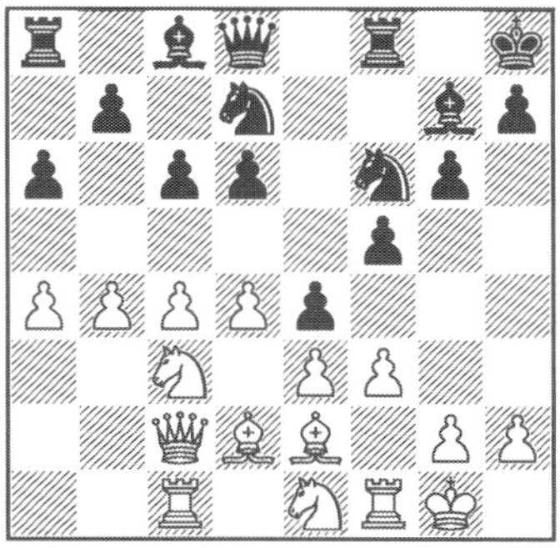

Weiß hat offenbar sein Vorhaben b4-b5 vergessen. Dennoch ist der Textzug gut. Weiß wendet sich gegen die Speerspitze der schwarzen Bauernkette. Nach 14. ... exf3 15.Lxf3 ist das Vorgehen e3-e4 nicht zu verhindern. Schließlich greifen die weißen Figuren beschleunigt in den Kampf ein.
Folgt Weiß seinem ursprünglichen Plan mit 14.b5, sieht sich Schwarz einigen Problemen gegenüber. Er sollte nicht mit 14. ... cxb5 die c-Linie öffnen, weil dies die dortige Verdoppelung rechtfertigt. Auch 14. ... axb5 15.cxb5 ist nicht vertrauenerweckend, denn Weiß hätte Druck

gegen c6 und könnte aus der halboffenen c-Linie Vorteil ziehen. Am besten wäre 14. ... c5, doch hätte Weiß in diesem Fall das Feld d5 zurückerobert, und Schwarz könnte nicht d6-d5 zur Unterstützung des Be4 spielen.

14. ... Tf8-e8

Schützt e4 und räumt f8 für den Sd7.

15. f3-f4?

Weiß verkennt die strategischen Erfordernisse der Stellung und hebt mit dem Textzug den Druck gegen e4 auf. Schwarz hat es nun leichter, einen Gesamtplan zu fassen, weil er nicht länger die Verwundbarkeit des Be4 einbeziehen muss. Spannung im Zentrum sollte nie, außer wenn unbedingt nötig, aufgehoben werden. Weiß konnte 15.fxe4 Sxe4 16.Sxe4 fxe4 spielen mit Aussichten auf beiden Flügeln, aber auch den Wartezug 15.Kh1, um auf e4 zu tauschen, nachdem Schwarz 15. ... Sf8 gespielt hat (was er wahrscheinlich tun wird, um die Diagonale für den Lc8 zu räumen). Nach einem Tausch auf e4 wäre der beste Platz für den Sd7 das Feld f6. Weiß tauscht also am besten erst dann, wenn der Sd7 weggezogen ist.

15. ... Sd7-f8

Der letzte weiße Zug hat eine Festlegung des schwarzen Zentrums herbeigeführt. Schwarz setzt nun seine Strategie des K-Angriffs mit direkteren Maßnahmen fort, um nach passender Vorbereitung g6-g5 zu spielen. Man kann dabei von einer Art Bauernketten-Strategie sprechen, bei der die Spitze der weißen Bauernkette e3/f4 angegriffen wird, weil die Basis e3 unzugänglich ist. Die Strategie rund um die Bauernkette erörtern wir im Einzelnen in Partie 19.

16. g2-g3

Macht Platz für den Springer. Man merkt, dass Weiß keinen wirklich nutzbringenden Plan hat. Tatsächlich hat er überhaupt keinen wirklichen Plan. Der Amateur tappt im Dunkeln, spielt von Zug zu Zug.

16. ... Lc8-e6

Der Läufer muss entwickelt werden, außerdem wird jetzt c8 für den Ta8 frei. Sobald Schwarz seine Dame nach f7 gebracht hat, steht der Bc4 unter Druck, und Weiß mag sich zu c4-c5 genötigt sehen, womit das Feld d5 in die Gewalt des Schwarzen übergeht.
Der Angriffsplan des Weißen am Damenflügel, der einmal so aussichtsreich schien, verspricht jetzt weit weniger: 17.b5 axb5 18.cxb5 Sd5 und Schwarz ist die Besetzung des wichtigen Zentralfeldes gelungen, bzw. 18.axb5 Dc7 nebst Df7 und Schwarz drückt gegen die weiße Bauernstellung.

17. **Sc3-d1**

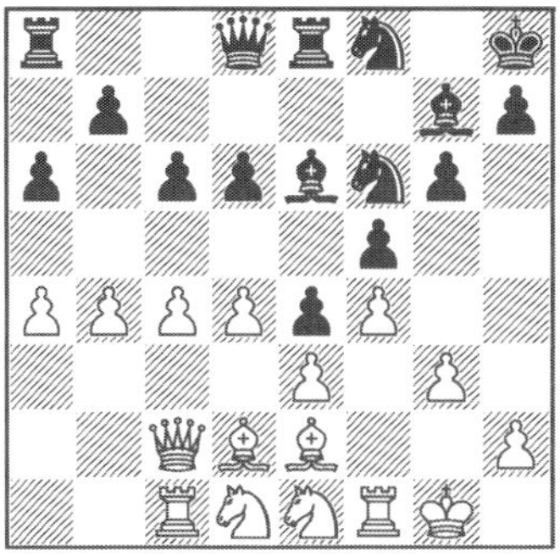

Der Springer soll über f2 nach h3 und vielleicht g5 gehen.

17. ... **Dd8-e7**

Verbindet die Türme und ermöglicht Df7.

18. **Sd1-f2 h7-h6**

Bereitet g6-g5 vor. Es ist bemerkenswert, wie langsam in geschlossenen Stellungen Pläne Gestalt annehmen – ein Zug an einem, dann am anderen Flügel, ein Abwarten auf die günstigste Gelegenheit.

19. **h2-h3**

Weiß plant selbst den Vorstoß seines g-Bauern, denn 19.Sh3 fruchtet wegen S8h7 nichts.

19. ... **g6-g5**

Schwarz wäre mit dem Tausch auf g5 sehr einverstanden, weil dann die h-Linie offen ist.

20. **f4xg5?**

Viel besser wäre 20.Sg2 gewesen, um auf f4 mit dem Springer zurücknehmen zu können. Schwarz hätte sich dann darauf einstellen müssen, den Bauern nach g4 und evtl. später den h-Bauern nach h4 vorzurücken – nach sorgfältiger Vorbereitung. Der Amateur macht es dem Gegner, wie schon im 15. Zug, zu leicht.

20. ... **h6xg5**

Wichtig ist, dass sich die h-Linie nun für den Angriff geöffnet hat. Viel später, weil die Umgruppierung Zeit kostet, wird Schwarz Turm und/oder Dame auf diese Linie befördern.

21. **g3-g4**

Unter den Umständen am besten – zwecks Vereinzelung des e-Bauern. Das richtet jedoch offensichtlich kaum Schaden an.

21. ... **Sf8-g6**

Bringt den Springer ins Spiel und räumt die 8. Reihe, damit sich die Türme frei bewegen können.
In dieser Partiephase ist keine deutliche Richtung zu erkennen. Schwarz versucht, seine Figuren auf bessere Plätze zu entwickeln und Kräfte anzusammeln. Möglicherweise wird der Sg6 nach h4 gehen.

22. **g4xf5**

Hier und im nächsten Zug ist Weiß ungeduldig, möchte nicht abwarten und versucht, sich etwas zu befreien. Vielleicht hätte er seinen Angriff am D-Flügel mit b4-b5 wieder aufnehmen sollen, auch wenn dies nicht so viel ergibt wie einige Züge zuvor.

22. ... **Le6xf5**
23. **Sf2-g4 Lf5xg4**

Schwarz tauscht hier mit dem Läufer, um den Bauern auf einem Feld zu fixieren, wo er ihn anzugreifen vermag. Der andere Schlagzug 23. ... Sxg4 24.hxg4 verliert ein Tempo, so dass Weiß seine schwachen Punkte festigen könnte.

24. h3xg4

Zu erwägen war 24.Lxg4, um eine weitere (untätige) Figur zu tauschen.

24. ... De7-d7
25. Dc2-d1

Erzwungen, denn 25.Tf5 verliert: Sh4 26.Txg5 Lh6 und der Turm hat keinen Rückzug.

25. ... d6-d5

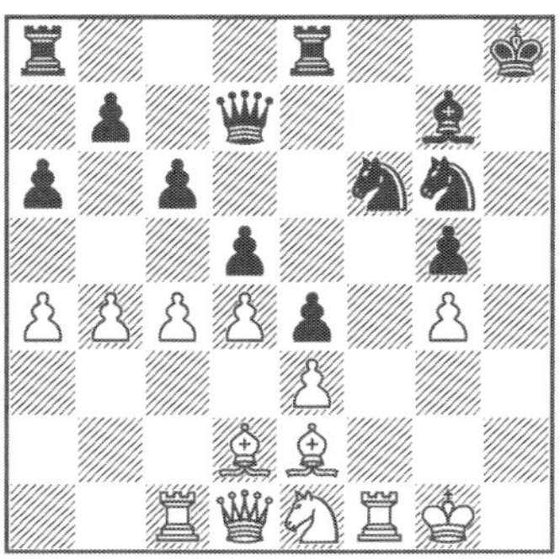

Um die Diagonale b8-h2 für die Dame zugänglich zu machen und auch, wenn Weiß nicht c4-c5 spielt, das Feld d5 für den Springer zu sichern. Man beachte, dass Schwarz diesen Zug erst macht, nachdem auf der c-Linie keine Gefahr mehr droht.

26. Se1-g2(?)

Weiß hätte nicht zulassen sollen, dass Schwarz den starken Punkt d5 in die Hand bekommt. Schlecht war 26.cxd5? Sxd5, gut jedoch 26.c5!, weil dann der Springer nicht nach d5 kommt. In diesem Fall erreicht Schwarz sein anderes Ziel – zum Angriff auf der h-Linie zu kommen. Er setzt mit Kh7, Th8 und Kg8 fort. Sein Angriff wäre kaum abzuwehren.
Des Nachdenkens wert war auch 26.b5, wenngleich Schwarz danach ebenfalls d5 besetzt: 26. ... dxc4 27.bxc6 bxc6 28.Txc4 Sd5.

26. ... d5xc4

Das Feld d5 für den Springer wiegt schwerer als die Schwäche des Be4, der sowieso nicht angreifbar ist.

27. Tc1xc4 Sf6-d5

Von diesem beherrschenden Feld kann der Springer nicht vertrieben werden, er kontrolliert den ganzen Damenflügel. Ein solcher Posten ist bekannt als starkes Feld, es ist für feindliche Bauern unerreichbar und befindet sich in oder nahe dem feindlichen Gebiet.

28. Dd1-e1

Der Druck gegen g4 hat sich verringert, so dass die Dame ziehen kann. Der geschehene Zug erreicht aber nicht viel. Weiß plante 29.Dg3, 30.Tfc1 und 31.Kf2, doch so weit kommt es nicht. Vielleicht war 28.Le1 besser. Wenn dann Dd6, so 29.Lf2 nebst De1 und Lg3. Möglich war auch der Versuch einer Königsflucht mittels 28.Kf2. Aber selbst wenn dieser in die Mitte entkommt, übt der Sd5 einen beengenden Einfluss aus.

28. ... Dd7-d6

Das hindert nicht nur die Dame, nach g3 zu gehen, sondern bereitet auch den Angriff Lf6, Kg7, Th8 nebst Dh2+ vor.

29. Tc4-c1(?)

Ein schwerer Zeitverlust. Der weiße König ist in einer beklagenswerten Lage. Etwas musste unternommen werden, möglicherweise 29.Tf5 nebst 30.Df2 und, wenn nötig, Flucht des Königs entlang der 1. Reihe.

29. ... Lg7-f6
30. b4-b5

Viel zu spät. Am besten war immer noch der Versuch 30.Tf5.

30. ... a6xb5
31. a4xb5 Kh8-g7

Alles plangemäß. Schwarz steht nun bereit, mit Th8 usw. fortzusetzen.

32. b5xc6 b7xc6
33. Kg1-f2

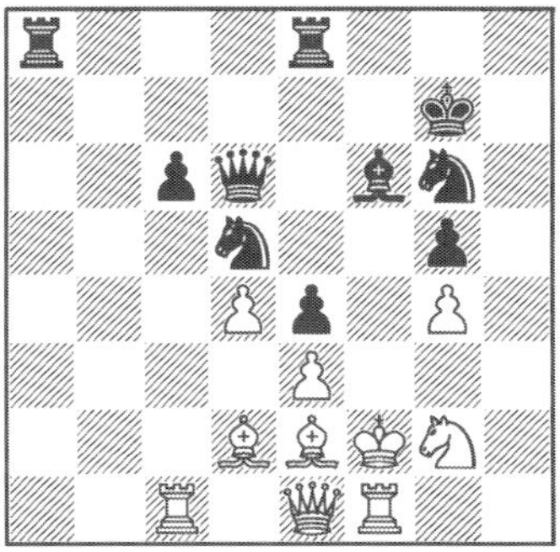

Fruchtlos, aber für eine Rettung ist es zu spät, z.B. 33.Lc4 Th8 34.Kf2 Th2 mit der Drohung Sh4. Schwarz steht klar überlegen. Alle Figuren stehen zum Eingreifen bereit – ein Beispiel für die Anhäufung von Energie.
Mit anderen Worten: die Idee Lc4 nebst Lxd5 ist allgemein gesehen gut – als Verteidiger soll man drohende Figuren abtauschen, um den Angriff zu schwächen, hier jedoch genügt sie nicht mehr.
Oder 33.Tf5 Th8 34.Lf1 Dh2+ 35.Kf2 Sh4 und gewinnt immer, denn Schwarz spielt einfach Sxf5 nebst Th3.

33. ... Te8-f8

Zwingt den König zurück.

34. Kf2-g1 Tf8-h8
35. Tc1-a1 Dd6-h2+
36. Kg1-f2 Ta8-f8

Weiß gab auf.

Die Drohung 37. ... Lxd4+ oder irgendein anderer L-Abzug verspricht großen Materialgewinn für Schwarz, und auf jeden Fall ist der weiße König so eingekreist, dass es keinen Ausweg gibt.

Partie 9

Die Theorie der Grünfeld-Verteidigung
Die Schwäche eines breiten Bauernzentrums
Motive für den Damentausch
Ausnutzung von zwei Schwächen
Angriff gegen den entblößten König
Das Mattnetz

In früheren Partien haben wir gesehen, wie die Spieler das Zentrum kontrollieren, indem sie es entweder mit Bauern besetzen oder durch Figurendruck aus der Ferne beherrschen. In der Grünfeld-Verteidigung gestattet Schwarz seinem Gegner absichtlich, die Mitte mit Bauern zu besetzen, und greift sie später an. In der vorliegenden Partie schwächt er das breite weiße Bauernzentrum durch Abtausch und zwingt Weiß, den verbliebenen Rest mit dem König zu verteidigen. Schließlich bricht er die Mitte vollständig auf, und der nackte weiße König wird zur Zielscheibe für den schwarzen Turm und die beiden Läufer, die hin und her schießen, den König in Unannehmlichkeiten bringen, wo immer es möglich ist, und ihn gnadenlos zur Strecke bringen.

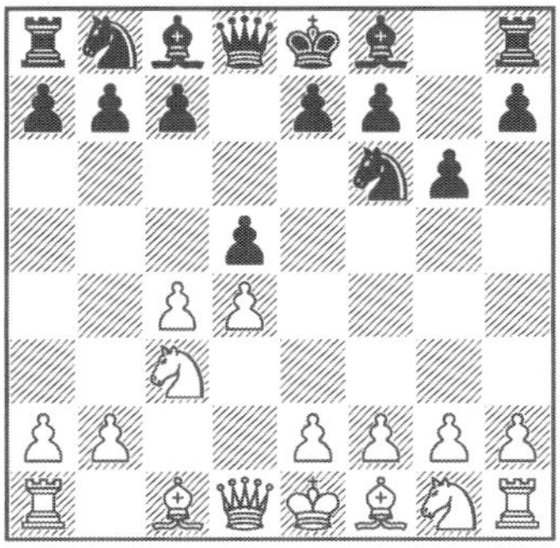

Die typische Grünfeld-Bauernstellung

Die Wirksamkeit der beschriebenen Technik hängt von der Art des Bauernzentrums ab, das Weiß aufbaut. An geringen Unterschieden liegt es mitunter, ob ein Bauernzentrum gesund oder ungesund ist. So erspart ein Sc3 (nach 1.d4 Sf6 2.c4 g6 3.Sc3 d5 4.cxd5 Sxd5 5.e4) dem Schwarzen ein Tempo, weil er tauschen kann, so dass ihm diese Zugfolge attraktiver erscheint als etwa 1.d4 Sf6 2.c4 d5 3.cxd5 Sxd5 4.Sf3 g6 5.e4 usw.
Es ist nicht leicht für den Amateur, in diesen Eröffnungen seinen Weg zu finden, weil es auf derart feine Unterschiede ankommt. Gut aussehende Züge können sich als schwere Fehler erweisen. Eine genaue Kenntnis der einschlägigen Varianten ist erforderlich.

In dieser Partie macht der Amateur einen offensichtlichen Zug, der sich als strategischer Irrtum erweist. Dann verteidigt er sich gut und hätte bei einem Partner gleichen Kalibers wohl Remis oder sogar mehr erzielt, der Meister jedoch zieht ein Höchstmaß an Nutzen aus dem Fehler des Gegners und lässt ihm keine Chance.

Weiß: Amateur Schwarz: Meister
Grünfeld-Verteidigung

1.	**d2-d4**	**Sg8-f6**
2.	**c2-c4**	**g7-g6**

Der charakteristische Zug der königsindischen Eröffnungen (Partien 20-22). Die klassische Strategie sah die Besetzung der Mitte mit Bauern vor. Beispiele findet man in Spanisch und in gewissem Maß in Nimzoindisch (Partien 1, 2, 5-7). Der schwarze Aufbau in dieser Partie zeigt die moderne Strategie, die nicht auf Besetzung des Zentrums mit Bauern angelegt ist, sondern Figuren gegen das Zentrum richtet, also lediglich auf das Zentrum drückt, abwartet, was der Gegner dort unternehmen wird und dann entsprechend handelt. Abhängig davon, wie Weiß fortsetzt, kann Schwarz in Königsindisch verschiedene Bauernformationen wählen:

a) c7/d6/e5 (Partie 10, mit wLe2 und Partie 22 mit wLg2)
b) e7/d6/c5: 3.g3 Lg7 4.Lg2 d6 5.Sc3 0-0 6.Sf3 und nun 6. ... c5 7.0-0 (Jugoslawisch) oder 6. ... Sc6 7.d5 Sa5 (Panno-Variante).
c) d5: Neben der Grünfeld-Verteidigung im Text noch 3.g3 d5 oder 3.g3 Lg7 4.Lg2 d5 (Partie 21), oder 3.Sc3 Lg7 4.Sf3 0-0 5.g3 d5. Diese Variante ist vielleicht ein wenig günstiger für Schwarz als die vorhergehende.
d) c6: 3.g3 c6 4.d5 (Partie 20).

Es ist wichtig zu wissen, unter welchen Umständen diese verschiedenartigen Formationen anwendbar sind. Das kann nicht scharf umrissen werden. Wir werden einige davon in dieser und in den erwähnten Partien sehen.

3.	**Sb1-c3**	**d7-d5**

Der Themazug der Grünfeld-Verteidigung. Das ist ein spezieller Weg, im Zentrum aktiv zu werden: ein Mittelbauer wird als Tauschobjekt für einen Flügelbauern angeboten. Schwarz ist willens, mit einer deutlichen Minderheit in der Mitte fortzusetzen, jedoch mit der Möglichkeit, das breite Bauernzentrum des Weißen auf wirkungsvolle Weise anzugreifen. Dabei kommen ihm die Gelegenheit zum Tausch auf c3 und die Stellung des Lg7 zugute. Für Weiß gibt es verschiedene Methoden, dem Vorgehen des Schwarzen entgegenzutreten: 4.Sf3, 4.Db3, 4.Lf4, 4.e3 und schließlich der Textzug.

4.	**c4xd5**

Weiß beschließt, den Bauern zu schlagen und das schwarze Zentrum zu zerstören.

4. ... Sf6xd5
5. e2-e4

Weiß nimmt das Zentrum in Besitz. Antwortet er 5.e3, um Schwarz keine breite Angriffsfläche in der Mitte zu bieten, kommt dieser nach 5. ... Lg7 6.Sf3 c5 zum Abtausch seines c- gegen den weißen d-Bauern und stellt damit das Gleichgewicht in der Mitte wieder her. Ebenso erleichtert auch 5.Sxd5 Dxd5 die Entwicklung des Schwarzen.

5. ... Sd5xc3
6. b2xc3

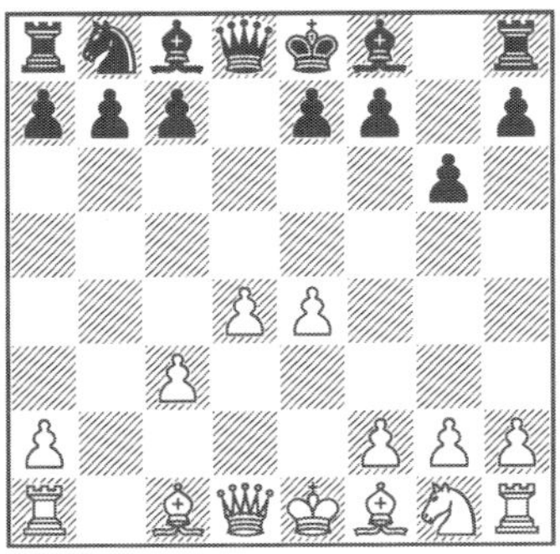

Das weiße Zentrum sieht nun stärker aus als es ist, weil Schwarz den Punkt d4 mehrfach angreifen kann. Der Bc3 hilft nicht viel, denn nach c7-c5 wird er beseitigt, und dxc5 kommt wegen der entstehenden schlechten Bauernstellung nicht infrage, abgesehen davon, dass Schwarz dann den Bauern leicht zurückgewinnt.

6. ... c7-c5

Schwarz könnte auch zuerst Lg7 spielen. Der Bauernzug muss aber auf jeden Fall folgen, weil sonst der Lg7 kraftlos wäre. Man findet den Zug c7-c5 in vielen Eröffnungen, stets in der Absicht, den c- gegen den d-Bauern zu tauschen und im Zentrum auszugleichen. Das ist hier nicht der Fall; es soll lediglich das weiße Zentrum verwundbar gemacht werden.

Weiß könnte 7.d5 spielen; ein Mittelbauer, der sehr früh vorrückt, kann jedoch leicht zum Tausch gezwungen werden, und das bedeutet Zeitverlust, in diesem Fall auch vereinzelte Bauern, z.B. 7. ... Lg7 8.Ld2 e6 9.Lc4 Da5 10.Dc2 b5 und nach 11.Le2 exd5 12.exd5 0-0 kann der Bd5 sehr schwach werden. Zudem hat Schwarz bereits die Initiative. Nach 13.Sf3 Te8 kann Weiß nicht rochieren.

7. Sg1-f3

Weiß möchte d4 ein drittes Mal verteidigen. Deshalb wird vielfach dem Aufbau 7.Lc4 nebst Se2 der Vorzug gegeben, wobei Lg4 mit f2-f3 beantwortet wird. In der Regel folgt 7. ... Lg7 8.Se2 Sc6 9.Le3. Der Bd4 ist viermal angegriffen und viermal gedeckt, so dass Weiß sein Zentrum behauptet hat. Von einem Vorteil seinerseits kann man nicht sprechen, denn der Besitz des Zentrums bedeutet nur dann ein greifbares Plus, wenn einer oder beide Bauern vorgehen, Figuren vertreiben oder Raum für Angriffszwecke schaffen können. Weiß kann hier kaum etwas Derartiges tun. Die Theorie fährt z.B. fort mit 9. ... 0-0 10.0-0 cxd4 11.cxd4 Lg4 12.f3 Sa5 13.Ld3, eine vielfach erprobte, sehr schwierige Stellung mit beidseitigen Chancen.

Altmodisch ist 7.Lb5+, z.B. 7. ... Ld7 8.Lxd7+ Dxd7 (um sich die Möglichkeit Sc6 zu erhalten) 9.Sf3 Lg7 10.0-0 cxd4 11.cxd4 Sc6. Zweifelhaft ist 7. ... Sc6 8.Lxc6+ bxc6 9.Le3 Lg7 10.Se2 cxd4 11.cxd4 c5, denn Weiß kann nun opfern: 12.dxc5 Lxa1 13.Dxa1 mit guten Chancen (13. ... 0-0 14.Lh6).

7. ... Lf8-g7
8. Lf1-c4

Wenn nichts droht, setzt man eben die Entwicklung fort. In Verbindung mit Sf3 wird dieser Läufer allerdings heutzutage fast ausnahmslos nach e2 gestellt, um die Fesselung Lg4 zu entkräften. Zu Lc4 passt, wie oben erwähnt, besser Se2, um auf Lg4 mit f3 zu antworten.

8. ... c5xd4

Der Tausch setzt den Bd4 einem direkten Angriff aus, wie die Folge zeigt. Schwarz könnte auch 8. ... Sc6 oder 8. ... Lg4 spielen und den Druck gegen d4 verstärken; indes hat er bereits eine zwangsläufige Zugfolge im Auge. Spielt er 8. ... Dc7 mit mittelbarer Bedrohung des Lc4, so wäre 9.Ld3 schlecht wegen 9. ... cxd4 10.cxd4 Dc3+ mit Figurengewinn. Weiß könnte entweder 9.Lb3 (cxd4 10.cxd4 Dc3+ 11.Ld2) oder 9.Db3 spielen.

9. c3xd4

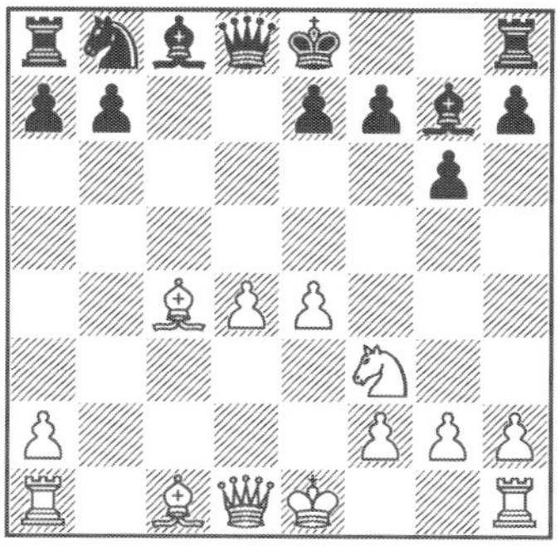

Auf 9.Sxd4 bliebe der Bc3 sehr schwach.

9. ... Sb8-c6
10. Lc1-e3

10.Lb2 verteidigte genauso und vielleicht stärker. Weiß kann nicht 10.d5 spielen, weil der Ta1 hängt. Betrachten wir nun 10.e5, das spielbar aussieht, weil es den Einfluss des Läufers auf der Diagonalen vermindert. In bestimmten Stellungen dieses Typs ist e4-e5 sehr stark. (Siehe Partie 21, wo dieser Vorstoß hilft, aus der Schwäche des Punktes f6 Vorteil zu ziehen.) Positionell schafft es aber zwei entschiedene und dauerhafte Schwächen: der d-Bauer und das Loch auf d5. Es ist allerdings für Schwarz nicht einfach, diese Schwachstellen aufzudecken.
Nach 10.e5 käme hier 10. ... Lg4 11.Le3 0-0 12.0-0 Lxf3 und Weiß muss mit dem Bauern zurücknehmen. Das schwächt den K-Flügel. Schwarz könnte mit e7-e6, Se7 und Sd5 fortfahren und das Loch besetzen.

10. ... Dd8-a5+

Weiß soll gezwungen werden, entweder das Rochaderecht aufzugeben oder d4 mittels Dd2 bzw. Ld2 noch mehr zu schwächen.

11. Dd1-d2

Vielleicht war 11.Ke2 vorzuziehen. Auf 11.Ld2 kommt Da3!; dann ist der Bd4 zweimal angegriffen, und 12.Le3 scheitert an Dc3+.

11. ... Da5xd2+

Im Allgemeinen wird der Angreifer nicht die Damen tauschen. Er tut es, wenn a) die gegnerische Dame stärker ist als die eigene, oder b) der Tausch strategisch oder taktisch zu seinen Plänen passt. Hier hat Schwarz ein direktes Vorgehen gegen den d-Bauern im Auge. Die Bloßstellung des wK ist ihm dabei sehr von Nutzen.

12. Ke1xd2

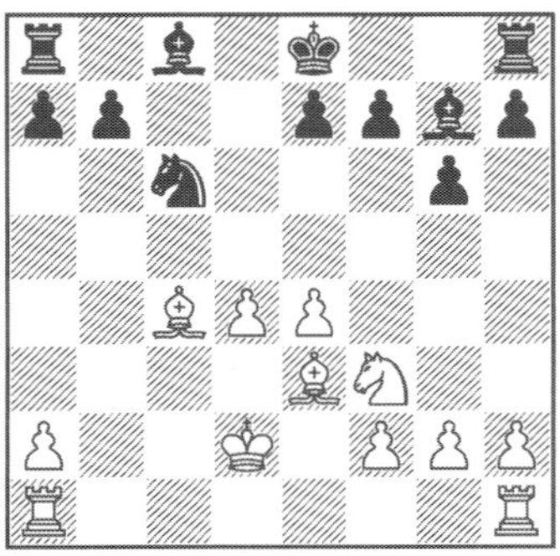

Wie kann Schwarz die Schwäche des Punktes d4 nutzen? Er muss einen Zug finden, der einen Verteidiger von d4 bedroht, zugleich den Weg ebnet zu einem weiteren Angriff auf d4 sowie den wK. Daher spielt er:

12. ... Lc8-g4!

13. Kd2-c3

Das geringste Übel wäre wohl 13.e5 gewesen, z.B. 13. ... Lxf3 14.gxf3 0-0 15.Ke2, doch am Ende wird auch hier die schwarze Mehrheit am D-Flügel zählen. Der Amateur zeigt, dass er sich nicht fürchtet, seinen K in die Gefahrenzone zu bringen. Wahrscheinlich war ihm bewusst, dass dieser gut stehen wird, sobald die schwarzen Drohungen zu Ende gehen. Im Endspiel soll der K möglichst an die „Front" kommen. Natürlich gibt es auch schlechtere Züge: 13.d5 verliert die Qualität, 13.Kd3 kostet nach 13. ... Lxf3 14.gxf3 0-0-0 15.Ld5 (15.Lxf7? Se5+) 15. ... Sb4+ 16.Kc4 Sxd5 17.exd5 Td7 usw. Material.

13. ... Ta8-c8

Droht bereits Figurengewinn durch Sa5. Weiß hat zwei Schwächen: den Bd4 und seine Königsstellung. Schwarz hat die Wahl, die neuen Schwächen mit Tc8 auszunutzen oder den Druck auf die eine Schwäche durch Td8 zu verstärken. Es ist schwieriger, sich gegen zwei Schläge aus verschiedenen Richtungen zu verteidigen, als gegen zweifachen Angriff aus einer Richtung. Verschiedenartige Schwächen sind am schwersten zu schützen. Sie sind ein fortschreitendes Übel.
Schwarz hebt sich also die Möglichkeit Tfd8 auf. Er hätte auch 13. ... Lxf3 spielen, so den Druck gegen d4 verstärken und dem Gegner einen Doppelbauern verschaffen können. Das wäre recht gut, überließe aber dem Weißen die zwei Läufer,

die vielleicht auf Dauer den möglichen Verlust eines Bauern ausgleichen können (vgl. die Bemerkung zum 18. Zug von Schwarz). Schwarz hat ein erhebliches Maß an Selbstbeherrschung bewiesen, weil er nicht abgetauscht hat. 99 von 100 Spielern hätten das aus reiner Bequemlichkeit getan, denn Schwarz muss von hier an immer berücksichtigen, ob der Springer seinen Platz verlassen und so die weißen Chancen verbessern kann, ohne einen Nachteil in Kauf nehmen zu müssen.

14. Ta1-c1 0-0

Damit ist auch der andere Turm bereit zum Eingreifen. Man beachte, dass Schwarz nicht unmittelbar die Ausnutzung der Schwäche betreibt. Als Grundregel gilt: verstärke zuerst deine Stellung, d.h. sammle deine Kräfte. Der Versuch, die Schwäche des Lc4 sofort mit Sa5 wahrzunehmen, führt nach 15.Kb4 zu nichts.

15. Th1-d1

Wieder gut gespielt. Weiß ist entschlossen, standzuhalten und den Sturm zu überstehen. Als er über diesen Zug nachdachte, fragte er sich, wie Schwarz Vorteil daraus ziehen soll, dass sich der Kc3 in der Linie des Tc8 befindet. Was ist mit b7-b5? Er überdachte die naheliegende Fortsetzung 16.Lxb5 Sxd4+ 17.Kb4!. Wie soll Schwarz weiterkommen? Mit 17. ... Sc2+ 18.Ka4 Tc3 (droht Matt auf a3) 18.Td3 ist nichts zu erreichen. Weiß schloss, dass er in dieser Stellung etwas besser dran wäre als zuvor. Schlussfolgerung: b7-b5 gewinnt nicht unmittelbar, und darum entschloss sich Weiß zu dem Textzug.

Was hätte er auch sonst tun können? a) 15.Kb3? Lxf3 16.gxf3 Lxd4 mit Bauernverlust; b) 15.Kd3 Lxf3 16.gxf3 ist ebenfalls sehr günstig für Schwarz: 16. ... Tfd8 17.Ld5 Sb4+ 18.Kd2 Sxd5 19.exd5 f5 und die weiße Position ist sehr bloßgestellt; c) 15.e5 b5! ist stärker für Schwarz als in der Partie, weil der Bauer auf e5 schwächer ist als auf e4; d) 15.a4 a6 und Weiß hat dasselbe Problem bzw. dieselben Züge zur Wahl wie eben.

15. ... b7-b5!

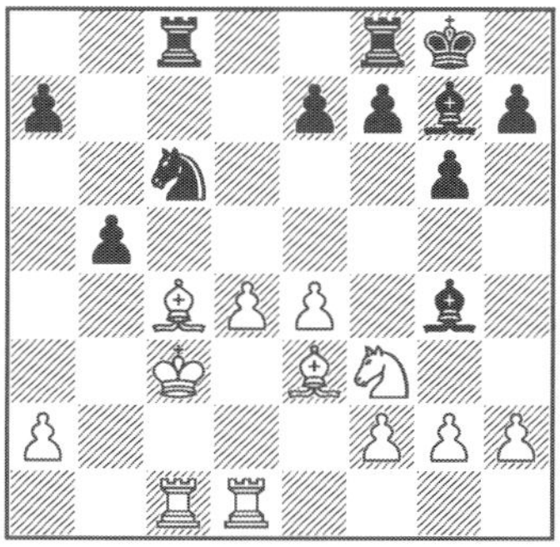

Schwarz nutzt die mittelbare Fesselung aus (ohne den Sc6 wäre sie unmittelbar). Die Kombination führt in wenigen Zügen zu einem zwangsläufigen Bauerngewinn, wie wir bald sehen werden.

Schwarz hätte 15. ... Tfd8 fortsetzen und so seinem Grundprinzip, zuerst die Kräfte zu sammeln, treu bleiben können. Das wäre annehmbar gewesen. Es ist eine Frage des Vergleichs der Vorteile, die man erreichen kann, wenn der Schlag sofort oder später geführt wird. Hier wäre der Unterschied nicht sehr groß gewesen. Weiß hat praktisch nichts anderes als 16.e5, und 16. ... b5 führt zu ähnlichen Entwicklungen wie in der Partie.

16. Lc4xb5 Sc6xd4+
17. Kc3-b4 Sd4xf3

Sehr stark ist auch 17. ... Sc2+, aber nicht entscheidend. Der geschehene Zug ist vorzuziehen, weil er einen Bauern in ausgezeichneter Stellung erobert.

18. g2xf3 Lg4xf3

Nun ist klar, warum Schwarz im 13. Zug nicht tauschte. Auf f3 steht jetzt ein Läufer statt eines Springers. Das macht einen erheblichen Unterschied. Mit einem S könnte Weiß 19.Lxa7 spielen, und obschon Schwarz dann seinen materiellen Vorteil mit 19. ... Sxh2 behaupten könnte, wäre der freie, von beiden Läufern und dem K unterstützte a-Bauer ein starker Trumpf des Weißen. Man sieht daran, was zwei Läufer unter besonderen Umständen bedeuten können.

19. Tc1xc8

Weiß hat keine Wahl. 19.Td7 Txc1 20.Lxc1 Tc8 21.Le3 ergäbe die gleiche Stellung wie in der Partie.

19. ... Tf8xc8
20. Td1-d7

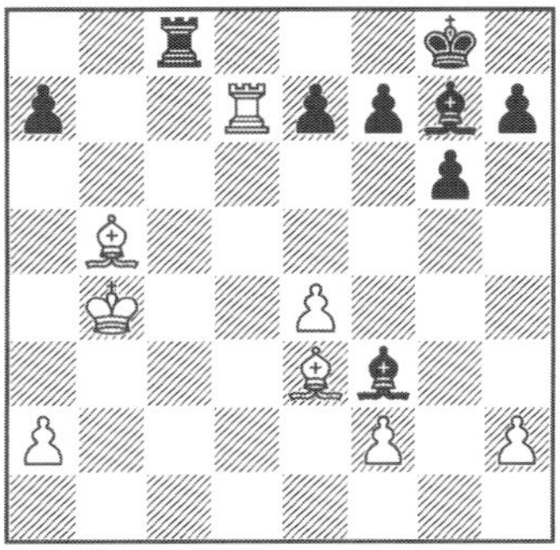

Die einzige Gegenchance.

20. ... Lg7-c3+

Auch 20. ... Lxe4 wäre gut; Schwarz möchte jedoch gegen den entblößten König das Äußerste aus seinen Läufern herausholen.

21. Kb4-a3

Wenn 21.Kb3 a5 22.Txe7, so Ld1+ 23.Ka3 Lb4+.

21. ... a7-a5!

Verteidigt indirekt den Be7 wegen Lb4+.

22. Lb5-d3 Tc8-b8

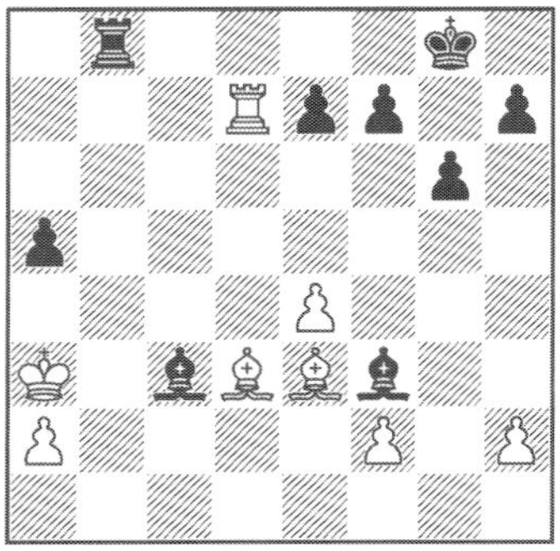

Mit Drohungen wie 23. ... Ld1 (23. ... Tb4) nebst 24. ... Lb2 matt.

23. Ld3-c2

Um die Drohungen, so gut er kann, abzuwehren. Eine andere Möglichkeit bestand in 23.Tc7 Le5! 24.Ta7 Ld1 mit undeckbarem Matt bzw. 24.Tc4 Ld1! 25.Lc2 Le2 und der weiße Turm ist verloren. Man sieht die Kraft, die T und zwei L gegen den K im Freien ausüben – Gefahr von Doppelangriffen und Matt.

23. ... Lf3-e2

Droht den weißen Turm mit 24. ... Lb2+ 25.Ka4 Lb5+ zu erobern. Hätte Schwarz 23. ... Tb4 gespielt, ließen sich die Drohungen mit 24.Lb3 oder Lc1 abwenden.

24. Td7-c7

Wenn 24.Ld3, so Ld1 25.Lc1 Lb4+ 26.Kb2 Ld2+ nebst baldigem Matt, oder 24.Ta7 Lb2+ 25.Ka4 Lb5+.

24. ... Lc3-e5!

Weiß gab auf.

Der Turm hat keine Züge: a) verlässt er die c-Linie, gewinnt 25. ... Lb2+ 26.Ka4 Lb5+; b) 25.Tc6 analog; c) auf 25.Tc5 Ld6 bleibt Schwarz bei 26.Ka4 Lxc5 27.Lxc5 Tc8 und bei 26.Lb3 Tc8 im Mehrbesitz eines Turms.

Im Vergleich mit früheren Partien erkennen wir hier eine erhebliche Verbesserung auf Seiten des Amateurs. Sein stärkeres Spiel besteht in

a) einer Reihe unternehmungslustiger Königszüge;
b) der Bereitschaft, die Initiative zu übernehmen, falls der Gegner die richtige Fortsetzung verpasst;
c) genauer Verteidigung gegen die vielen feinen Drohungen des Gegners.

Partie 10

Die Zukertort-Réti-Eröffnung (1.Sf3)
Wie sich hängende Bauern ausnutzen lassen
Wie man Vorteil aus vereinzelten Doppelbauern zieht
Motive für Damentausch

Im Laufe seiner Praxis trifft der Schachspieler auf verschiedenartige typische Strukturen, die besondere Merkmale aufweisen und ein bestimmtes Konzept von beiden Seiten erfordern. Sogar ein Spieler von erheblicher Stärke kann solche Strukturen oft nicht richtig behandeln, wenn er noch nie von ihnen gehört und keine Kenntnis von ihren Tücken hat. Eine gegebene Struktur zu erkennen ist eine Warnung, dass es empfehlenswert ist, sie näher zu betrachten, ihre Stärken und Schwächen kennenzulernen und die gebräuchliche Technik, mit ihnen umzugehen.
Diese Partie zeigt, wie ein Spieler, dem die Gefahren der „hängenden Bauern" nicht bewusst waren, unwillkürlich in eine Lage gerät, die schon vor dem 10. Zug praktisch unhaltbar ist. Durch Tausch von Mittelbauern verbleibt zuweilen ein Bauernpaar auf benachbarten Linien, das von allen anderen Bauern wenigstens durch je eine Linie beidseitig getrennt ist. Dies nennt man „hängende Bauern". Sie können unter bestimmten Umständen stark sein, unter anderen mögen sie ein größeres Problem darstellen als ein Einzelbauer, weil sie ja praktisch ein Duo aus zwei Einzelbauern bilden.

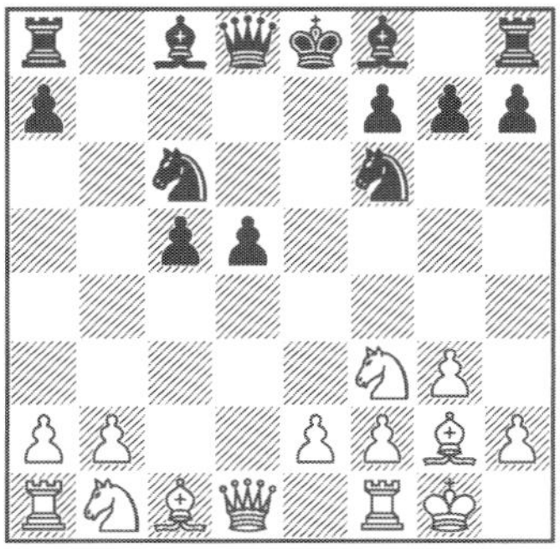

Wenn sich viele Figuren, insbesondere leichte, auf dem Brett befinden, können sich die von den hängenden Bauern bestrichenen Felder in starke Vorposten verwandeln. In dieser Partie hingegen sind die hängenden Bauern schwach, hauptsächlich infolge der schlechten Entwicklung.
Für das Vorgehen gegen hängende Bauern gibt es mehrere Grundsätze:
a) Man greife sie mit Figuren an und zwinge den Gegner, sie mit seinen Figuren zu verteidigen. Dann greife man die Verteidigungsfiguren an und tausche sie in einem günstigen Augenblick ab. Diese Technik führt entwe-

der zu einem Bauerngewinn oder erzeugt neue Schwächen des Gegners.
b) Man zwinge einen der Hängebauern zum Vorrücken und postiere dann eine Figur vor dem zurückgebliebenen Bauern.
c) Man greife einen der hängenden Bauern mit einem eigenen an, erzwinge einen Tausch und verschaffe so dem Gegner einen vereinzelten Bauern.

Weiß: Meister Schwarz: Amateur
Zukertort-Réti-System

1. Sg1-f3

Das verhindert e7-e5 ohne Zuhilfenahme eines Bauern. Weiß hat sich noch auf keine bestimmte Eröffnung festgelegt (vgl. die Anmerkungen zum 1. schwarzen Zug in Partie 1).

1. ... d7-d5

Wir haben nun eine Art Indisch im Anzug.

2. g2-g3

Mit diesem Zug lenkt Weiß in Königsindisch im Anzug ein (man sehe Partien 19-22 bezüglich der königsindischen Grundideen). 2.c4 ergäbe die eigentliche Zukertort-Réti-Eröffnung (mit ähnlichen Stellungen wie in Partie 25), deren Grundidee darin besteht, die Besetzung des Zentrums mit Bauern zu verzögern. Falls Schwarz sich dieser Strategie nicht anpasst und die Mitte mit einem oder zwei Bauern besetzt, wird Weiß diese mit seinen c- und f-Bauern angreifen, in der Regel zunächst mit dem c-Bauern. Ist das Zentrum auf diese Weise bereinigt, betritt Weiß später mit seinen Bauern die Mittelfelder. Ein typisches Beispiel: 2. ... e6 3.g3 Sf6 4.Lg2 dxc4 5.Da4+ Ld7 6.Dxc4 Lc6 7.0-0 Sbd7 8.Dc2 Le7 9.Sc3 0-0 10.Td1 Sb6 11.e4 Dc8 12.d4. Die weiße Strategie war ein uneingeschränkter Erfolg. Weiß besetzt das Zentrum mit beiden Mittelbauern, und Schwarz steht sehr beengt.

2. ... c7-c5
3. Lf1-g2 Sb8-c6

Diese Antwort ermöglicht es Weiß, die Grünfeld-Verteidigung mit vertauschten Farben zu spielen. Das ginge nicht, falls Schwarz 3. ... Sf6 oder 3. ... g6 gezogen hätte.

4. d2-d4

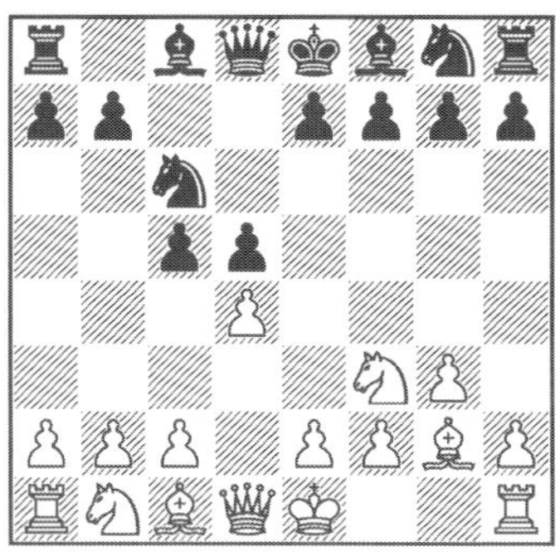

Grünfeld im Anzug! Wegen der grundlegenden Grünfeld-Abspiele siehe Partie 9. Wir müssen uns merken, dass Weiß hier die Grünfeld-Stellung mit einem Zug mehr hat; sein Läufer steht schon auf g2 statt f1.

4. ... e7-e6

Die ruhigste und solideste Fortsetzung. Andere Züge wie 4. ... Sf6 sind ebenfalls möglich.

Nicht empfehlenswert ist 4. ... cxd4, das zur Tauschvariante führt: 5.Sxd4 e5 6.Sxc6 bxc6 7.c4 und Schwarz gerät in große Schwierigkeiten. Dies ist genau die Stellung aus Partie 9 mit umgekehrten Farben und einem Zug mehr für Weiß. Es ist klar, dass ein Zug mehr in dieser lebhaften Stellung mehr bedeuten muss als in einer ruhigen, und aus diesem Grund ist e7-e6 wohl am besten.

5. 0-0 Sg8-f6

Entwicklungszüge.

6. c2-c4

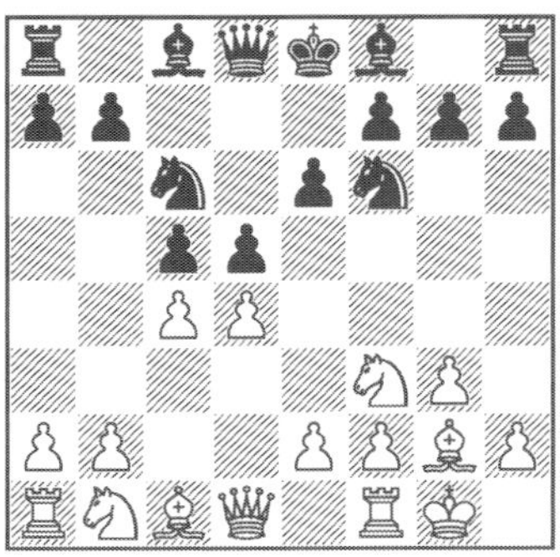

Das erste Anzeichen, dass Weiß einen Zug mehr hat als in der analogen Grünfeld-Stellung. Dieser Zug ermöglicht es ihm, im Zentrum nachdrücklicher die Initiative zu ergreifen, als es sonst Schwarz vermag. Weiß plant 7.cxd5, und wenn Schwarz mit dem Springer zurückschlägt, erringt Weiß mit e2-e4 eine klare Mehrheit in der Mitte. Nimmt Schwarz dagegen mit dem Bauern, kann Weiß zu gegebener Zeit auf c5 tauschen und so den Bd5 vereinzeln. Dies führt allerdings in Gefilde des Damengambits (Tarrasch-Verteidigung, die sich in der Regel nach 1.d4 d5 2.c4 e6 3.Sc3 c5 4.cxd5 exd5 5.g3 Sc6 6.Lg2 Sf6 7.0-0 ergibt) und ist für Schwarz durchaus akzeptabel.

6. ... b7-b6?

Ein sehr schlechter Zug, denn a) er erlaubt Weiß, das schwarze Zentrum durch den Abtausch der beiden Mittelbauern zu schwächen; b) er schwächt die bereits vom Lg2 beherrschte Diagonale und c) er schwächt auch die Schräge a4-e8. Nach 6. ... dxc4 7.Da4 Ld7 (nötig, um die Folgen des dreifachen Angriffs gegen den Sc6 durch Sf3-e5 zu vermeiden) 8.dxc5 Lxc5 9.Dxc4 hätte Weiß ein gutes Spiel, die schwarze Stellung wäre jedoch nicht klar minderwertig. Andererseits wäre die weiße Stellung nach 6. ... cxd4 7.Sxd4 bestimmt vorzuziehen. Weiß droht dann das schwarze Bauerngerippe durch 8.cxd5 Sxd5 9.Sxc6 zu schwächen. Am sichersten dürfte 6. ... Le7 sein, um den oben erwähnten Übergang zur Tarrasch-Verteidigung anzusteuern.

7. c4xd5

Dieser und der folgende Tausch lösen zwar das weiße Bauernzentrum auf; die weißen Figuren erhalten jedoch Gelegenheit, den verbleibenden schwarzen Mittelbauern aufs Korn zu nehmen.

7. ... e6xd5

Dieser Bauer wird sehr schwach, und darum war 7. ... Sxd5 ein wenig günstiger.

8. d4xc5 b6xc5

(Siehe das Diagramm in der Einleitung.)
Schwarz schlug nicht mit dem Lf8 zurück, um einen vereinzelten Bauern zu vermeiden; in diesem Fall wäre b7-b6 in der Tat sinnlos gewesen. Er hat dafür die sogenannten „Hängebauern" in Kauf genommen, die doppelt so schwach sein können wie ein Einzelbauer, denn jeder ist sozusagen für sich vereinzelt.
Es gibt Situationen, in denen Hängebauern haltbar und sogar stark sind. Hier sind sie jedoch derart bloßgestellt, dass ihre Schwäche außer Frage steht. Sie können ein Trumpf sein, wenn ihre Partei die Initiative und viele Figuren entwickelt hat. Dies ist hier ganz entschieden nicht der Fall. Die Bauern sind schwer zu verteidigen und ganz leicht anzugreifen.

9. Sb1-c3

Ein Vorbereitungszug, der eine Figur entwickelt und Druck auf das schwarze Zentrum ausübt.

9. ... Lc8-b7?

Besser war 9. ... Le7. Das folgende Abspiel, eine mehr oder weniger logische Zugfolge, zeigt jedoch, dass die Schwierigkeiten des Schwarzen auch in diesem Fall bald unüberwindbar werden könnten, weil die Bauern d5/c5 so verwundbar sind: 10.Lg5 Le6 (d4 11.Sxd4) 11.Da4 Dd7 12.Tad1 0-0 13.Lxf6 Lxf6 14.Sxd5 Lxd5 15.e4 Lxb2 16.Txd5 Db7 17.Txc5 mit Gewinn eines Bauern.
9. ... Le6 10.Lg5 d4 (Le7 führt zur vorigen Spielweise) 11.Se4! wäre gewiss nicht besser für Schwarz.
Nach 9. ... d4 10.Sxd4 gewinnt Weiß durch die Kraft seines Lg2: 10. ... cxd4 11.Lxc6+ Ld7 12.Lxa8.

10. Lc1-g5

Greift den Bd5 indirekt an. Der Amateur gerät schon in diesem frühen Partiestadium in eine verlorene Stellung. Auch der beste Verteidigungskünstler der Welt könnte sein Spiel nicht mehr retten.

10. ... d5-d4

Praktisch erzwungen, denn Züge wie 10. ... Sa5 oder 10. ... Sb8 können mit 11.Se5 und verstärktem Druck gegen d5 beantwortet werden.

11. Sc3-e4

Dies eröffnet Angriffsmöglichkeiten gegen den Bc5 und droht außerdem Tausch auf f6, der Schwarz einen hässlichen Doppelbauern verschaffen würde.

11. ... Lf8-e7

Verhindert zwar diesen Doppelbauern nicht, weil ja c5 gedeckt bleiben muss, aber Schwarz hat keinen besseren Zug.

12. Lg5xf6

Das Entstehen eines vereinzelten Doppelbauern im gegnerischen Lager ist im Allgemeinen ein genügender Grund, das Läuferpaar aufzugeben. Außerdem sind zwei Läufer nur dann zu fürchten, wenn sie aggressiv werden. Hier sind die schwarzen Läufer reine Verteidigungsfiguren.

12. ... g7xf6

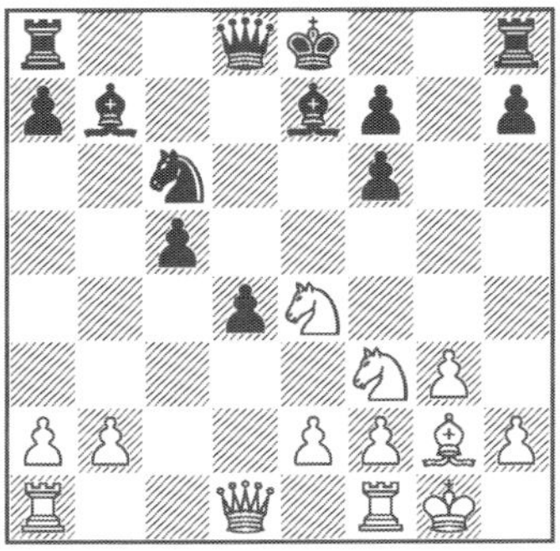

Wenn 12. ... Lxf6, so 13.Sxc5. An diesem Punkt steht Schwarz hoffnungslos. Alle seine Bauern sind schwach. Aber wie soll Weiß fortsetzen, um Vorteil aus diesen Schwächen zu ziehen? Es ist weder nötig noch möglich, dass er unmittelbar auf den Bc5 losgeht. Nach 13.Tc1 Db6 14.Dc2 Sb4 erhält Schwarz etwas Gegenspiel.

13. Sf3-h4!

Ein ausgezeichneter Zug, weil der Springer nach f5 zu gehen droht, wo er unvertreibbar vor dem Doppelbauern stünde und den Königsflügel lähmen würde.

Ein vereinzelter Bauer hat einen zweifachen Nachteil: a) er ist nicht von anderen Bauern zu decken und daher leichter angreifbar; b) eine gegnerische Figur vor diesem Bauern ist von Bauern nicht zu vertreiben. Das bedeutet, dass dieses Feld gewöhnlich stark ist.

13. ... Dd8-b6
14. Sh4-f5

Mit der Möglichkeit 15.Sed6+, Tausch des Lb7 und Exponieren der schwarzen Dame auf der Diagonalen des Lg2. Außerdem ist klar, dass Weiß seinen Druck gegen den Bc5 durch Tausch des Le7 verstärken kann, wann immer er es wünscht.

14. ... Ta8-d8

Verhindert das Schach auf d6. Wenn stattdessen 14. ... 0-0, so leitet 15.Dc1 einen siegreichen Angriff ein. Es droht 16.Dh6. Wenn 15. ... Kh8 16.Dh6 Tg8 17.Sxf6 und gewinnt.

15. Dd1-c1

Bedroht den Bc5 (mittels Sxe7 nebst Sxc5) und beabsichtigt außerdem den Ausflug nach h6. Dies droht auf g7 einzudringen mit unmittelbarem Materialgewinn. Außerdem ist auch 16.Df4 möglich mit Wiederaufleben der Drohung Sed6+.

15. ... Lb7-c8

Dringend notwendig! Der Sf5 ist so stark, dass es eine Frage von Leben und Tod ist, ihn unmittelbar zu einer Erklärung zu zwingen.

16. Sf5xe7

Er vereinfacht, und das ist am besten, denn 16.Sg7+ Kd7 (Kf8 ist wegen 17.Dh6 nicht empfehlenswert.)

17.Df4 mit der Drohung 18.Lh3 matt erlaubt die starke Verteidigung Se5, wonach ein klarer Gewinn nicht zu sehen ist.
Man wähle immer die Variante, die am klarsten zu einer günstigen Fortsetzung führt. Auch wenn wie hier der erzielte Vorteil „nur“ in einem gewonnenen Bauern besteht, ist er einem unklaren Mattangriff vorzuziehen.

16. ... Ke8xe7
17. Dc1xc5+

Weiß erzwingt den Damentausch, weil der Sieg im Endspiel am bequemsten zu erzielen ist. Er hat nicht nur einen Bauern mehr, sondern auch die weit bessere Bauernstellung. Das war das Ende der „hängenden Bauern“, und kein besonders ruhmvolles.

17. ... Db6xc5
18. Se4xc5

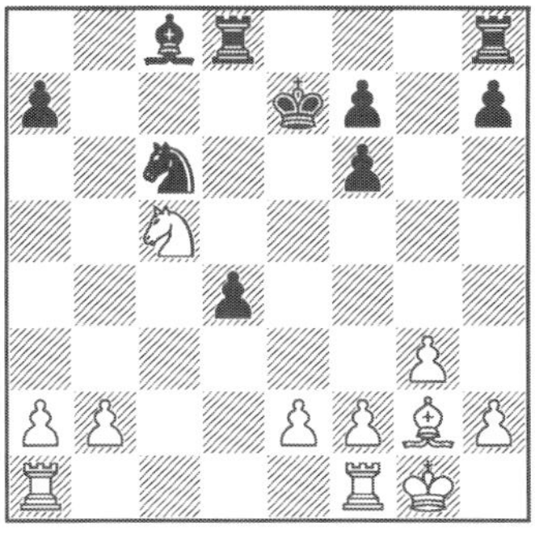

Die Partie wechselt jetzt in eine neue Phase über. Schwarz hat nicht nur einen Bauern weniger, sondern ist in Gefahr, weitere Einbußen zu erleiden.

18. ... Sc6-e5

19. Ta1-c1

Um Nutzen aus der offenen Linie zu ziehen.

19. ... Lc8-f5
20. Tf1-d1

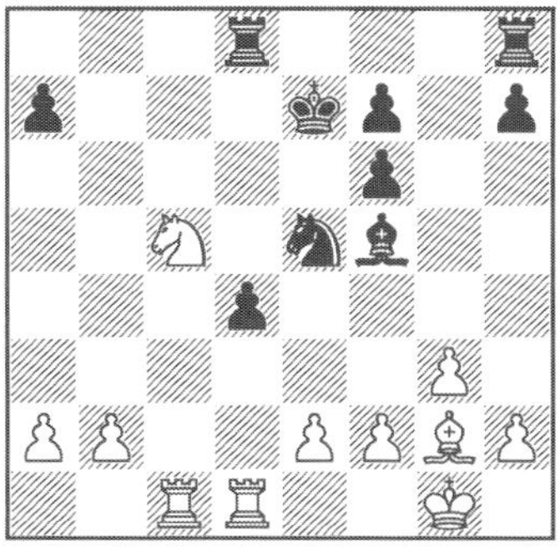

Verpflichtet den Td8 zu bleiben, wo er ist, und die doppelte Aufgabe zu erfüllen, den Bd4 zu verteidigen und die 7. Reihe zu bewachen – das wird notwendig, sobald der Sc5 zieht. Der Turm ist überlastet. Günstiger wäre es, stünde der Th8 auf d8 und der andere Turm könnte zur Verteidigung der 7. Reihe eingesetzt werden.

20. ... d4-d3

Kostet sofort einen Bauern; die Stellung war jedoch in keinem Fall zu halten. So kommt auf 20. ... Td6 21.Sb3 mit erneutem Angriff auf d4 und drohendem Eindringen auf c7:
1) 21. ... Thd8 22.Tc7+ T8d7 (Ke8 23.Txa7) 23.Txd7+ mit Eroberung des Bd4;
2) 21. ... d3 22.exd3
2a) 22. ... Sxd3 23.Tc7+ Ke6 (Td7 24.Txd7+ gewinnt eine Figur) 24.Txa7 Sxb2 25.Te1+ mit Gewinn einer Figur.

2b) 22. ... Lxd3 23.Tc7+ und Schwarz verliert mindestens einen zweiten Bauern.

2c) 22. ... Txd3 23.Txd3 Sxd3 24.Tc7+ Kd6 25.Txf7 mit dem gleichen Ergebnis – Weiß erobert einen zweiten Bauern und blickt einem sicheren Gewinn entgegen.

21.	**e2xd3**	**Se5xd3**
22.	**Sc5xd3**	**Td8xd3**
23.	**Td1xd3**	**Lf5xd3**
24.	**Tc1-c7+**	

Schwarz gab auf. Gegen zwei verbundene Freibauern gibt es keinen Widerstand. Nach 24. ... Ke6 25.Txa7 könnte Schwarz einen Gegenangriff mit 25. ... Tc8 (drohend 26. ... Tc1+) versuchen. Er kann allerdings auf 26.Lb7 Tc1+ (Tc7? 27.Ld5+) 27.Kg2 Lf1+ 28.Kf3 Tc2 29.La6! nichts mehr erfinden.

Partie 11

Die Theorie des abgelehnten Damengambits
Verwendung der offenen Linie
Ausnutzung der 7. Reihe
Verwertung der 8. Reihe
Binden der gegnerischen Figuren

Das Damengambit ist eine der beliebtesten Eröffnungen im Turnierspiel, weil der Ausgleich für Schwarz schwieriger ist als in den meisten anderen Eröffnungen. Spielt Schwarz genau, wird er schließlich Ausgleich erzielen, tut er es aber nicht, verfügt Weiß über die verschiedensten Mittel, seinen leichten Anfangsvorteil zu vergrößern, je nachdem wie Schwarz spielt.
Dank des Zuges 2.c4 hat Weiß in den meisten Varianten des abgelehnten Damengambits die Möglichkeit, durch Bauerntausch die c-Linie zu öffnen. Schwarz kann auf c4xd5 mit e6xd5 antworten, wonach er eine halboffene e-Linie, Weiß eine halboffene c-Linie erhält (vgl. Partie 13). Hat Schwarz aber vorher c7-c6 gezogen, kann er auch c6xd5 antworten, wobei sich die c-Linie für beide Parteien völlig öffnet.
Die Strategie des Spiels auf der offenen Linie ist gänzlich anders geartet als bei einer halboffenen Linie. Im Fall der offenen Linie liegt der Vorteil bei der Seite, die die Linie beherrscht und den Gegner daran hindert, sie zu besetzen. Das Mittel, dieses Ziel zu erreichen, besteht vor allem darin, die Linie mit so vielen Schwerfiguren wie möglich zu besetzen.
Ist der Besitz der Linie einmal gesichert, geht man daran, aus diesem Vorteil vollen Nutzen zu ziehen. Die angezeigte strategische Methode besteht darin, in die feindliche Stellung über die 7. und 8. Reihe einzudringen. Im Hinblick darauf, dass Bauern am meisten verwundbar sind gegen seitliche und rückwärtige Angriffe, ist dieses Eindringen der erfolgversprechendste Weg, die offene Linie im Endspiel zu verwerten. Es kann auch dazu dienen, einen frontalen Angriff am Königsflügel von der Seite zu unterstützen. Das eine und das andere sind Themen dieser Partie.

Weiß: Meister Schwarz: Amateur
Abgelehntes Damengambit
(Klassische Variante)

1. d2-d4 d7-d5
2. c2-c4

Das Damengambit. Es gibt keine andere Eröffnung, in der die Ideen hinter den Zügen klarer darzulegen sind.
Weiß bekämpft sofort den Versuch des Schwarzen, die Mitte zu beherrschen. Der Zug schließt eine Anzahl von Folgerungen ein:
a) Er lädt Schwarz ein, 2. ... dxc4 zu spielen und so einen Mittel- gegen einen Flügelbauern zu tauschen. Die Theorie zeigt, dass Schwarz den Bauern auf die Dauer nicht verteidigen kann; versucht er es, erhält er eine schlechte Stellung.
b) Er droht 3.c4xd5 mit vollständiger weißer Beherrschung der Mitte, z.B. 3. ... Dxd5 4.Sc3 Da5 5.e4.
c) Durch 3.c4xd5 ist außerdem die Öffnung der c-Linie für Weiß beabsichtigt.

2. ... e7-e6

Schwarz hat hier keine große Auswahl an wirkungsvollen Zügen. Er muss der Drohung c4xd5 begegnen. Spielbar sind:

a) 2. ... e6, der Textzug, der d5 schützt und zugleich eine feste Stellung aufbaut. Ein Nachteil ist die Einschließung des Lc8. Dieser ist aber nicht sehr ernsthaft, weil der Läufer wegen der Schwäche des Bb7 auf seinem Ausgangsfeld vorläufig ganz gute Dienste leistet.
b) 2. ... c6, die Slawische Verteidigung (siehe Partie 14).
c) 2. ... Sf6(?) 3.cxd5 Sxd5 4.Sf3 nebst 5.e4 und Weiß beherrscht das Zentrum.
d) 2. ... dxc4, das Angenommene Damengambit. Ein oft gewähltes Abspiel ist 3.Sf3 Sf6 4.e3 e6 5.Lxc4 c5 (Ein sehr wichtiger Zug, mit dem Schwarz versucht, im Zentrum gleichzuziehen.) 6.0-0 a6, und Schwarz erhält gewisse Gegenchancen am Damenflügel zum Ausgleich für die leichte Minderheit im Zentrum.

3. Sb1-c3

Druck auf d5 und e4. Unter Umständen soll e2-e4 geschehen.

3. ... Sg8-f6

Ein Entwicklungszug, der den Absichten des letzten weißen Zuges entgegenwirkt.

4. Lc1-g5

Weiß droht 5.Lxf6, und Schwarz müsste einen vereinzelten Doppelbauern in Kauf nehmen, will er keinen Bauern einbüßen.

4. ... Lf8-e7

Entfesselt den Springer und bereitet die Rochade vor. Das ist der logische Platz für den Läufer im Hinblick auf die Ziele des Schwarzen zur Kontrolle der Mitte. Er pariert gleichzeitig die erwähnte Drohung. Durch 4. ... Lb4 (die Manhattan-Variante) wird die Drohung infolge der Springerfesselung ebenfalls aufgehoben. Die Partie könnte weitergehen: 5.e3 Sbd7 6.cxd5 exd5 7.Ld3 nebst S1e2, um den gefesselten Sc3 zu stützen. Diese Variante gilt als weniger solide als die klassische, weil der Läufer auf b4 keine große Bedeutung hat, falls Weiß den Sc3 gut verteidigen kann.

Spielt Schwarz stattdessen 4. ... Ld6, was Amateure manchmal tun mit der Idee, den Läufer für einen eventuellen Angriff auf h2 zu benutzen, so kann Weiß seine Drohung ausführen: 5.cxd5 exd5 6.Lxf6 nebst 7.Sxd5 mit Bauerngewinn. Weiß darf aber nicht die Züge umstellen und auf die Fesselung des Sf6 vertrauen: 6.Sxd5? kostet wegen Sxd5! 7.Lxd8 Lb4+ 8.Dd2 Lxd2+ 9.Kxd2 Kxd8 eine Figur.

5. e2-e3

Ein gesunder Entwicklungszug, der die Mitte stärkt und eine Diagonale öffnet, so dass der Lf1 den Bc4 schützt. Günstig ist ferner, dass der Lc1 schon entwickelt ist und nicht eingesperrt zu werden braucht. Gleichfalls gut ist 5.Sf3.

An dieser Stelle oder bald danach spielen Amateure manchmal 5.Lxf6 in der irrigen Annahme, dass ein Springer stärker sei als ein Läufer. Statistiken zeigen, dass es im Gegenteil mehr Stellungen gibt, wo der Läufer vorzuziehen ist, als umgekehrt, und das bedeutet, dass entschiedene Gründe für einen Tausch Läufer gegen Springer vorliegen sollten. Umgekehrt ist der Tausch Springer gegen Läufer stets angezeigt, falls nicht klare Gründe dagegen sprechen.

Über den allgemeinen Gründen für oder gegen einen Tausch steht die immer erforderliche Untersuchung der konkreten Lage. 5.Lxf6 lässt den L vom Brett verschwinden, während Schwarz ohne Zeitverlust seinen L auf ein wirksameres Feld (f6) bringt, wo er Druck auf einer Hauptdiagonalen ausübt.

5. ... Sb8-d7

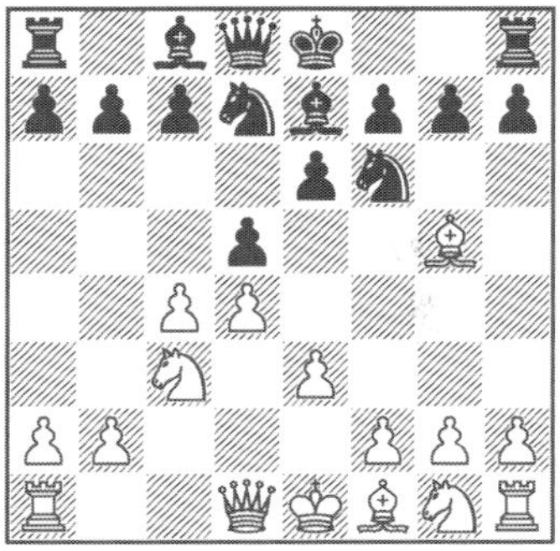

Auf diesem Feld hat der Springer zwei verschiedene Aufgaben, abhängig von der Partiefortsetzung.

a) Er unterstützt den Sf6, was wichtig sein kann, falls Weiß sich mit Ld3 und Dc2 aufbaut. Nach der kurzen Rochade droht Weiß Lxf6 nebst Lxh7+. Außerdem wird der Sd7 manchmal nach f8 dirigiert, wo er h7 schützt.

b) Er bildet eine der nötigen Vorbereitungen für die Befreiung der schwarzen Partie.

Schwarz hat als Nachziehender weniger Bewegungsfreiheit als Weiß. Um Ausgleich zu erzielen, muss er bei Gelegenheit seine Stellung öffnen, und das geschieht gewöhnlich durch den sogenannten Befreiungszug. Das ist ein Bauernzug in der Mitte, der einen Tausch durch eine

der Parteien erzwingt und dabei eine offene oder halboffene Linie schafft. In der Partiestellung erkennen wir, dass Schwarz durch den Zug e6-e5, falls er ohne Nachteil durchzusetzen ist, Ausgleich im Zentrum und Bewegungsfreiheit für seine leichten Figuren, insbesondere den noch eingesperrten Lc8, erlangt. Wir bemerken ferner, dass unter bestimmten Umständen auch c7-c5 als Befreiungszug angesehen werden kann. Das Problem, das Spiel zu befreien, wird deutlicher, nachdem Schwarz seine Entwicklung am K-Flügel vollendet hat und der Notwendigkeit gegenüber steht, seine restlichen Figuren ins Spiel zu bringen.
Es wird nun klar, dass 5. ... Sc6, ein von Anfängern gern gemachter Zug, gewöhnlich minderwertig ist, einerseits weil der Sc6 den Sf6 nicht unterstützt, zum anderen weil er den c-Bauern blockiert und so auf die eine oder andere Weise die Befreiung des schwarzen Spiels erschwert.

6. Sg1-f3

Von seinem natürlichen Feld aus wirkt der S dem Befreiungszug e6-e5 entgegen. Später könnte er vielleicht einmal e5 besetzen, wo er den Angriff unterstützt und schwarzen Aktionen kräftig entgegenwirkt.

6. ... 0-0

Schwarz vervollständigt nun seine Entwicklung. Er bringt seinen K auf einen sicheren Platz und den Turm auf ein Feld, von dem aus er leichter tätig werden kann.

7. Ta1-c1

Dies ist ein wichtiger strategischer Zug. Durch späteren Tausch auf d5 kann Weiß die c-Linie in eine halboffene verwandeln, auf der er verschiedene Manöver ausführen kann: Turmverdopplung, Dame nach c2 usw.

7. ... c7-c6

Bereitet den Befreiungszug vor, wie bald deutlich wird.

8. Lf1-d3

Bisher hat Weiß diesen Zug hinausgezögert, um ohne Zeitverlust zurücknehmen zu können, falls Schwarz auf c4 schlägt.

8. ... d5xc4

Jetzt schlägt Schwarz, a) weil der Ld3 ein zweites Mal ziehen muss, b) weil er das Feld d5 für den Springer benötigt und c) als Beginn einer Zugfolge, die seine Stellung befreien soll.

9. Ld3xc4 Sf6-d5

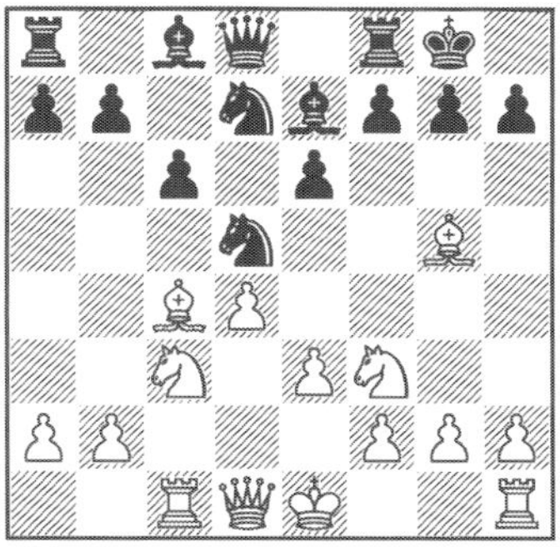

Der zweite Schritt zur Befreiung. Unternimmt Schwarz nichts in dieser Hinsicht, bleibt seine Stellung beengt und äußerst passiv, während Weiß ungehindert alle Figuren auf wirkungsvolle Plätze bringen kann.

Es ist nun klar, dass Sd5 ohne das vorbereitende c7-c6 nicht möglich gewesen wäre.

10. Lg5xe7

Der natürliche Zug.

10. ... Dd8xe7
11. 0-0

Es ist fast immer richtig, den K in Sicherheit zu bringen, bevor Maßnahmen in der Mitte vorgenommen werden.
Auf 11.e4 käme 11. ... Sxc3 12.Txc3 e5 und Weiß muss auf seinen ungedeckten Be4 aufpassen. Falls dann 13.d5, so 13. ... cxd5 14.exd5 Dd6, und der blockierte Einzelbauer ist eher schwach als stark.

11. ... Sd5xc3

Solange der Sd5 doppelt angegriffen ist, kann Schwarz nicht e6-e5 spielen. Er tauscht daher.

12. Tc1xc3

Wir haben nun eine Standardstellung in dieser Eröffnung erreicht. Das strategische Ziel besteht darin, im Zentrum auszugleichen und den Lc8 zu befreien.

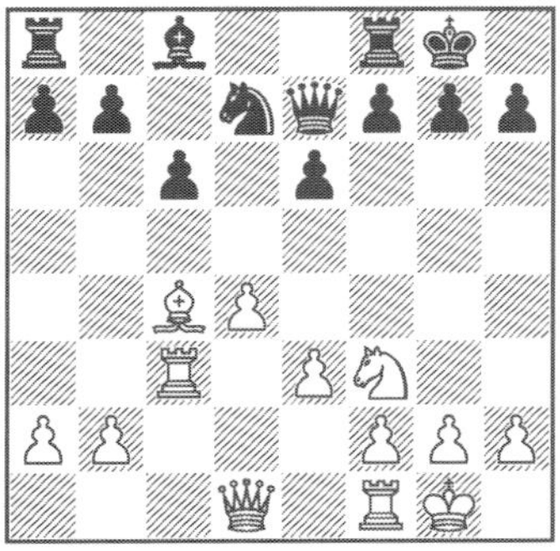

Die übliche Fortsetzung lautet 12. ... e5, der Befreiungszug, der außer den erwähnten Zielen zu einer Vereinfachung führt, die es dem Weißen schwer, wenn nicht unmöglich macht, die strategischen Ziele zu verwirklichen, die die Stärke des Damengambits ausmachen. Es gibt mehrere Fortsetzungen:

a) 13.dxe5 Sxe5 14.Sxe5 Dxe5 15.f4 (Um die weiße Bauernmehrheit am K-Flügel in Bewegung zu setzen.) 15. ... Df6 (Hier steht die D am besten, um den weißen Vorstoß zu hemmen.) 16.f5 (Engt die Bewegungsfreiheit des Lc8 ein.) 16. ... b5 nebst b4 mit annäherndem Ausgleich.
b) 13.Dc2 (Überlässt Schwarz die Entscheidung: will er den Sd7 ziehen, muss vorher der Be5 tauschen oder vorgehen. Die weiße Dame drückt auf der Diagonalen b1-h7 und auf der c-Linie.) 13. ... e4 (13. ... exd4 14.exd4 gibt Weiß Spiel auf der e-Linie und am K-Flügel.) 14.Sd2 Sf6 15.Lb3 Lf5 16.f4, um die Stellung festzulegen. Nach allgemeiner Ansicht steht Weiß etwas günstiger (wegen des Drucks auf der halboffenen Linie).
c) 13.Db1 e4 14.Sd2 Sf6 15.b4, ebenfalls mit etwas Spiel für Weiß. Es gibt viele Möglichkeiten; die Ergebnisse der theoretischen Forschung lassen jedoch nicht den Schluss zu, dass Weiß in irgendeinem dieser Abspiele entscheidenden Vorteil hat.

12. ... c6-c5

Die Abweichung von der „orthodoxen“ Linie. Sie bringt einige Schwierigkeiten für Schwarz mit sich, die aber nicht unüberbrückbar sind. Schwarz setzt sein strategisches Ziel, im Zentrum auszugleichen, durch; für seinen Lc8 ist freilich noch nichts getan. Ein Nachteil besteht auch darin, dass Weiß die Herrschaft über die c-Linie erringt. Daher muss 12. ... e5 als etwas stärker und mehr in Übereinstimmung mit der angezeigten Strategie des Schwarzen angesehen werden.

13. Dd1-c2

Weiß spielt auf die c-Linie und droht z.B. 14.Ld3 mit Doppelangriff auf c5 und h7.

13. ... c5xd4

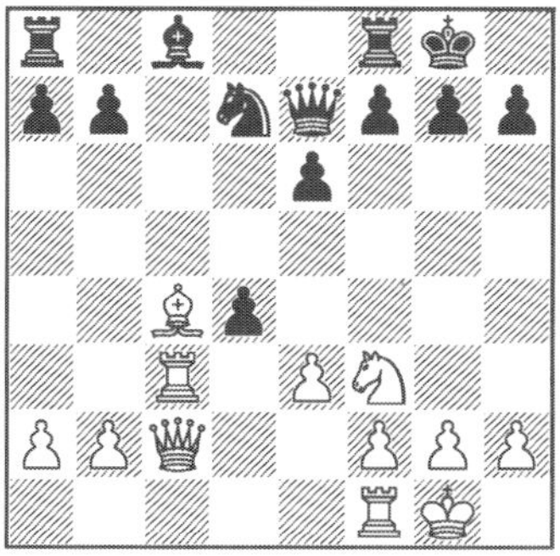

Um das weiße Zentrum aufzulösen und die erwähnte Drohung abzuwehren. Weiß muss nun entscheiden, ob er mit dem B oder dem S zurückschlagen will. Das ist keine leichte Aufgabe, weil davon Leben und Tod abhängen können. Überlegen wir die Vor- und Nachteile der beiden Alternativen:

a) 14.exd4. Vorteil – mehr Spielraum für Weiß, insbesondere die Möglichkeit, den S nach e5 zu bringen und den Tc3 zum K-Flügel; der Be6 ist am Vorgehen gehindert. Nachteil – der vereinzelte Bd4, der schwach werden könnte, und das Feld vor ihm (d5), das der Gegner besetzen kann.
b) 14.Sxd4. Ein guter Zug mit allen erdenklichen Möglichkeiten, aber mit dem Nachteil, dass Weiß keins der vier Mittelfelder mehr mit einem Bauern besetzt hat und dass die Bauernstellung beider Parteien symmetrisch ist. In solch einer Stellung kann man einen Vorteil erlangen, der jedoch häufig vorübergehender Natur ist, weil er nicht auf der Bauernstellung beruht. Vorteile aufgrund der Bauernstellung sind ihrem Charakter nach viel dauerhafter als die, die von der Figurenstellung abhängen. Figuren verändern ihren Standort oder werden getauscht, das Bauerngerippe bleibt für eine gewisse Zahl von Zügen bestehen.

Weiß hält es für vorteilhafter, einen größeren Einfluss im Zentrum zu haben, und spielt:

14. e3xd4 Sd7-f6

Es ist wichtig, zum Schutz des Punktes h7 den Springer auf den K-Flügel zu bringen. Nach 14. ... Sb6 15.Ld3 (mit Tempo) 15. ... h6 16.Tc7 hat Weiß Zeit gewonnen, die 7. Reihe zu erobern.

15. Lc4-d3

Ohne Zeitgewinn. Das Ziel von Weiß besteht nun darin, die offene c-Linie

auszunutzen, die von ihm vollständig beherrscht wird. Die Bemühungen von Schwarz gehen dahin, dem Weißen die c-Linie zu entwinden und den Lc8 zu befreien.
Wie wir im nächsten Zug sehen werden, hätte Schwarz die Partie mit 15. ... g6 ausgleichen können. Darum fragt es sich, ob der offensichtliche Zug 15.Te1 hier nicht besser gewesen wäre. Auf 15. ... Dd6 kann Weiß mit 16.Se5 ein Bauernopfer bringen, um nach 16. ... Dxd4 mit 17.Th3, 17.Tg3 oder gar 17.Tf3 einen Angriff zu beginnen.

15. ... b7-b6

Ein plausibler Zug, wie die Partiefortsetzung jedoch zeigt, zu langsam. Sehen wir uns nach anderen um.
a) 15. ... h6 (um Sg5 zu verhindern) 16.Tc7 Dd6 17.Se5 (errichtet einen machtvollen Vorposten im feindlichen Gebiet) 17. ... Sd5 (wenn Dxd4 18.Sxf7 Txf7 19.Txc8+) 18.Lh7+ Kh8 19.Sxf7+, und man erkennt bereits die Kraft der Beherrschung der 7. Reihe sowie dass es Schwarz in dieser Variante nicht gelingt, die weiße Vorherrschaft auf einfache Weise einzudämmen.
b) 15. ... g6! 16.Tc7 Dd6 17.Se5 Sd5 führt zu nichts für Weiß. Er muss daher Sd5 verhindern, bevor er die 7. Reihe besetzt. Richtig ist in diesem Fall 16.Le4. Schwarz kann nun seine Entwicklung nicht fortsetzen, und auch nach Sxe4 17.Dxe4 ist er für den Augenblick in Verlegenheit, wie er verhindern soll, dass Weiß seine Linienstrategie mit Tf1-c1 fortsetzt oder auch mit Se5 oder Sg5 den Angriff auf die geschwächte K-Stellung aufnimmt. Zu erwägen ist 17. ... Tb8 nebst Ld7.
Der Textzug zeigt, dass der Amateur die Bedeutung des Eindringens der weißen Figuren auf die 7. Reihe nicht genügend gewürdigt hat. Vielleicht erwartete er, den eingedrungenen Turm ohne viel Mühe zurücktreiben zu können. Die Folge beweist, dass er sich geirrt hat.

16. Tc3-c7

Die 7. Reihe ist das gegebene Ziel des Turms auf einer offenen Linie.

16. ... De7-d6

Schwarz zieht auf das unter den Umständen günstigste Feld. Dd8 wäre zu passiv. Ld7 verursacht eine Selbstfesselung und kostet nach 17.Se5 mindestens einen Bauern.
Nun, da Weiß die 7. Reihe besetzt hat, fragt sich, was er damit anfangen kann. Wie kann er seinen Vorteil erhöhen? Das ist Teil der Mittelspieltechnik, die nicht in eine allgemeine Regel gefasst werden kann. Die Methode kann jedoch durch das Beispiel beschrieben werden.
Weiß erkennt, dass der Zug Le4 sehr günstig wäre, könnte der Läufer nicht getauscht werden: der Ta8 müsste ziehen, und Txa7 wäre möglich. Weiß schaut daher nach einer Möglichkeit, den störenden Sf6 zu beseitigen.

17. Sf3-g5

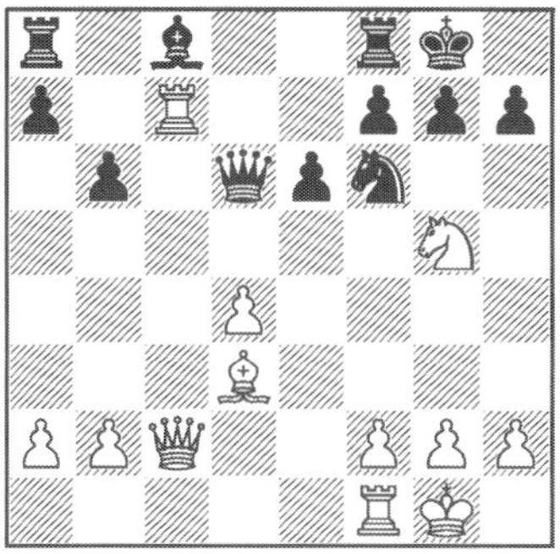

Droht nicht nur 18.Lxh7+, sondern auch 18.Sxf7, weil der Tf8 nicht nur f7, sondern auch c8 verteidigen muss. Außerdem kann der Springer eventuell nach e4 gehen und den Sf6 angreifen. Auf 17.Tfc1, drohend 18.Txc8 Taxc8 19.Dxc8, kann Schwarz sich mit 17. ... g6 verteidigen und dann den Tc7 mit Sd5 verjagen.

17. ... h7-h6

Wenn 17. ... g6, so 18.Sxf7! (Herrschaft über die 7. Reihe!) 18. ... Dxd4? (Besser Txf7 19.Txc8+ usw. und Schwarz hat einen Bauern weniger.) 19. Lxg6! mit überwältigendem Angriff.

18. Sg5-h7

Einfacher wäre die eben erwähnte Kombination gewesen: 18.Sxf7 Txf7 (Dxd4 ist riskant wegen 19.Td1.) 19.Txc8+ usw. Weiß hofft jedoch, aus dem Besitz der 7. Reihe mehr herausholen zu können, indem er den Springer, der nach d5 zu gehen droht und außerdem den Läufer nicht nach e4 lässt, abtauscht. Verlockend, aber nicht ausreichend ist 18.Lh7+ Kh8 19.Sxf7+ Txf7 20.Txf7 Sxh7 21.Dg6 Dxd4.

18. ... Sf6xh7

Schwarz konnte 18. ... Sd5 versuchen, was aufgrund bestimmter taktischer Feinheiten der Stellung große Verwicklungen hervorruft, z.B. 19.Tc6 und nun:

a) 19. ... De7 20.Sxf8 Sb4 (die Pointe des schwarzen Gegenspiels) 21.Txc8 Sxc2 22.Sg6+ Txc8 23.Sxe7+ usw.;
b) 19. ... Db8 20.Sxf8 Sb4 21.Dc4 Sxc6 22.Dxc6 Lb7 (Kxf8 23.Le4) 23.Dd7 Kxf8 24.Tc1 Ld5 25.Tc7 De8 26.Dxe8+ Kxe8 und Weiß beherrscht die 7. Reihe, die ihm auf Dauer den Sieg bringen wird.

Nach dem Springertausch im Text braucht Weiß nicht mehr zu fürchten, dass sein Turm zurückgetrieben wird. Die strategische Niederlage des Schwarzen ist nun eine Tatsache; trotzdem verteidigt sich der Amateur mit großem Erfindungsreichtum und Zähigkeit. Der Meister muss mit Raffinesse vorgehen, um seinen Vorteil zu bewahren und noch zu erhöhen.

19. Ld3xh7+ Kg8-h8
20. Lh7-e4

Plangemäß. Antwortet Schwarz nun 20. ... La6 21.Tc1 Tac8, so gewinnt 22.Txc8 Txc8 23.Dxc8+. Die Schwäche des Königs auf der 8. Reihe!

20. ... Ta8-b8
21. Tc7xa7

Das erste greifbare Ergebnis des Eindringens auf die 7. Reihe. Weiß erobert nicht nur einen Bauern, er erweitert auch seinen Spielraum auf der 7. Reihe, so dass dort Manöver möglich werden.

21. ... Dd6xd4

Schwarz bewahrt das materielle Gleichgewicht, jedoch nicht für lange.

22. Tf1-d1

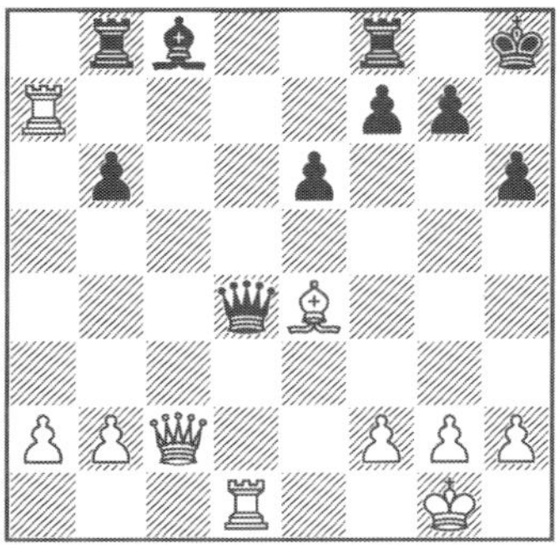

Eine interessante Stellung. Zu beachten ist, wie Weiß unter Tempogewinn die Beherrschung seiner Felder ausdehnt.

22. ... Dd4-e5

Deckt den Tb8, der sonst „hängt" und eine Kombination ermöglicht, z.B. 22. ... Df6 23.Dc7!. Aufschlussreich ist auch die Erwiderung 22. ... Dc5. Dabei fällt auf, dass nach 23.Dxc5 bxc5 der Tf8 zur Verteidigung des K an die 8. Reihe gebunden ist. Weiß kann daher mit 24.Txf7 fortsetzen. Die Schwäche der Grundreihe infolge der Trennung der Türme wird von hier ab deutlich erkennbar. Wenn 22. ... Db4 23.a3 (23.Txf7? Txf7 24.Td8+ Tf8) Db5 24.Txf7. Das gleiche Thema tritt auch in der Partie auf.

23. Ta7xf7

Der Triumph der 7. Reihe! Der Tf8 ist überlastet.

23. ... Lc8-a6

Schwarz macht die 8. Reihe frei und entlastet damit den Tf8.

24. Td1-d7

Man beachte, dass Weiß nicht selbst tauscht, womit er die Spannung verringern würde, sondern er hält den Druck auf der 7. Reihe aufrecht und vergrößert ihn, indem er den anderen Turm zur Unterstützung seines Kollegen entsendet.

24. ... Tf8xf7

Schwarz tauscht natürlich, um den Angriff abzuwehren und sich zu entlasten. Auf 24. ... Tb/fc8 antwortet Weiß 25.Tc7 und vermeidet damit jeden Gegenangriff.

25. Td7xf7 Kh8-g8

Es ist wichtig, die Mattdrohung auf der 8. Reihe zu beseitigen, wie aus 25. ... Tc8? 26.Dxc8+ nebst 27.Tf8 matt hervorgeht.

26. Tf7-c7

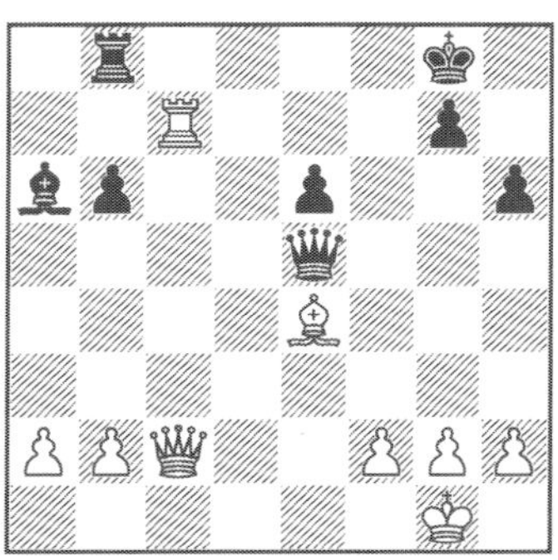

Der Turm kehrt auf die c-Linie zurück, wo er von der D unterstützt wird. Wiederum beherrscht er die Linie und übt fortgesetzt Druck entlang der 7. Reihe aus.
Schlecht ist 26.Ta7? wegen Tc8! (27.Db1? Dxe4!).

26. ... Tb8-d8!

Droht sowohl Dxe4 als auch Dxc7, denn Weiß könnte wegen Td1+ nicht zurücknehmen. Zu registrieren ist die wichtige Rolle, die in dieser Partie die 1. bzw. 8. Reihe für beide Parteien spielt.
Der Amateur zeigt eine Zunahme seiner Spielstärke, indem er diesen Zug gefunden hat.

27. h2-h3 Td8-d4

Ein Gegenangriffszug, der wie ein Bumerang wirkt. Der schwarze T kann es sich nicht leisten, die 8. Reihe zu verlassen.

28. Le4-h7+

Der schwarze König wird entweder nach f8 gezwungen, wo er Angriffen auf den offenen Linien ausgesetzt ist, oder nach h8, wo ihm wieder das Grundlinienmatt droht.

28. ... Kg8-h8

Nach 28. ... Kf8 29.Ta7 hätte der La6 kein gutes Feld. 29. ... Tc4 wird durch 30.Dd1 Td4 31.Df3+ usw. widerlegt. Offensichtlich steht der K auf f8 sehr unsicher. Ebenso wenig ist er jedoch auf h8 in Sicherheit. Weiß sucht nun nach einem Weg, die Beherrschung der 8. Reihe auszunutzen, und findet einen Zug mit einer Doppeldrohung, den er mit Tempogewinn ausführen kann.

29. Tc7-a7

Droht außer Txa6 auch Ta8+.

29. ... La6-c8

Schwarz braucht Dxc8+ wegen Kxh7 nicht zu fürchten.

30. Ta7-a8

Droht 31.Txc8+ nebst Matt. Weiß muss immer noch sorgfältig vorgehen. Seine D kann sich nicht frei bewegen, weil auf der 1. Reihe Matt droht. Außerdem muss sie den Lh7 gedeckt halten.

30. ... Td4-d8

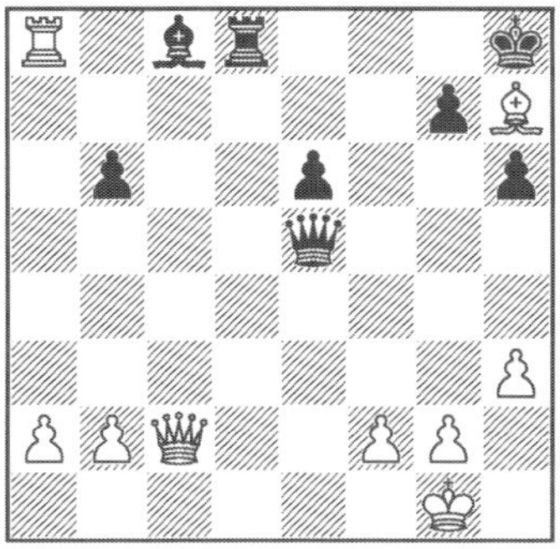

Hier haben wir einen Stellungstyp, der dem Schachspieler oft den größten Kummer bereitet. Weiß hat eine gewonnene Partie, denn er kann, wenn sich nichts Besseres findet, die Figuren tauschen und den Mehrbauern zur Geltung bringen. Indes weiß er, dass es einen kürzeren und eleganteren Gewinnweg geben muss, den er aber nicht finden kann. Was tun?
Der Kh8 ist eingeklemmt und nahezu in einem Mattnetz gefangen. Ein

mögliches Matt zeigt sich bei folgender Überlegung: „Stünde der weiße Läufer auf g6 und die Dame auf c8, könnte Schwarz das Matt nicht mehr decken.“ Weiß zieht daher:

31. Lh7-g6

Droht 32.Dxc8.

31. ... De5-c5

Erzwungen. Weiß kann nun das angedachte Matt nicht mehr verwirklichen. Die Drohung hat aber Schwarz in eine weniger vorteilhafte Stellung gezwungen, wo kein Gegenmatt auf der 1. Reihe mehr zu befürchten ist.

32. Dc2xc5

Weiß kann die Damen tauschen, um sich einen starken, vom feindlichen K weit entfernten Freibauern zu verschaffen.

32. ... b6xc5

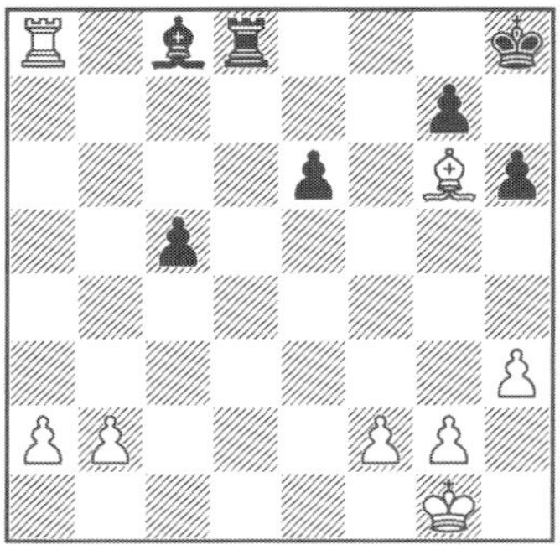

Schwarz ist nun vollständig gebunden: der L kann nicht ziehen, der T nicht die 8. Reihe verlassen, sein K hat keine wirkungsvollen Züge, und Bauernzüge sind bedeutungslos. Im Gegensatz zur Lähmung von Schwarz stehen die weißen Figuren aggressiv, er hat einen B mehr und außerdem einen freien a-Bauern.

33. a2-a4 Kh8-g8
34. a4-a5 Kg8-f8
35. a5-a6 Kf8-e7
36. Ta8xc8

Am elegantesten.

36. ... Td8xc8
37. Lg6-e4 Tc8-c7
38. Le4-b7

Schwarz gab auf, weil er die Umwandlung des Bauern nicht mehr verhindern kann.

Partie 12

Das frühzeitige Tc1 im Abgelehnten Damengambit
Wie der Zug b7-b6 zu behandeln ist
Wie man dem Gegner „hängende Bauern“ verschafft
Der Angriff auf die „hängenden Bauern“
Schwächen und Stärken der „hängenden Bauern“
Die Bedeutung der genauen Analyse taktischer Möglichkeiten

Die 10. Partie und die vorliegende beleuchten die Verwundbarkeit einer Bauernformation, die man die „hängenden Bauern“ nennt. In Partie 10 jedoch entstanden sie durch einen Irrtum des Amateurs, hier ergeben sie sich als logische Entwicklung der natürlichen Strategie, die mit der gewählten Eröffnung verbunden ist. Die Bauernstellung c5-d5 erweist sich als so dynamisch, dass die „Hängenden“ zugleich eine merkliche Schwäche und eine potenzielle Kraftquelle für Schwarz bedeuten. Im Partieverlauf zeigt sich die außerordentlich wirkungsvolle Technik des Angriffs auf die hängenden Bauern. Diese Technik hat nur durch einen zufälligen taktischen Witz Erfolg: der schwarze Se7 steht ein und ermöglicht es so dem Weißen, vorteilhaft zu vereinfachen.
Hängende Bauern bringen aber auch zwei Elemente der Stärke mit sich: die Möglichkeit, durch das Vorgehen eines oder beider Bauern Linien zu öffnen und Raum zu gewinnen, und die Möglichkeit, Schlüsselfelder zu beherrschen, die als Vorposten für Springer oder Läufer dienen können.

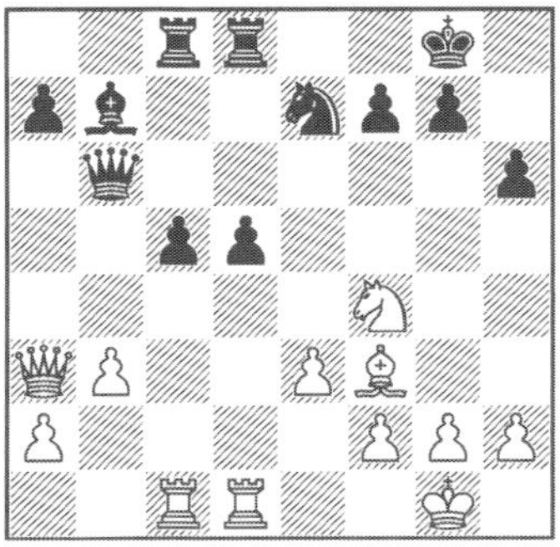

Das Diagramm weist auf eine Variante der vorliegenden Partie hin, falls Weiß 21.b3 (anstelle von 21.Sd3!) gespielt hätte. Durch d5-d4 könnte Schwarz eine Linie öffnen mit allen Gefahren und Vorteilen. Spielen wir einmal 21. ... d4! 22.Lxb7 (Weiß kann die Verstümmelung seines Königsflügels durch Tausch auf f3 nicht zulassen.) 22. ... Dxb7 23.Txc5 (23.exd4 cxd4 und Schwarz ist wirkungsvoller aufgestellt.) 23. ... dxe3! 24.Txd8+ (24.Txc8 exf2+ und Schwarz steht beweglicher, während der weiße König

nicht mehr sicher ist.) 24. ... Txd8 25.fxe3 De4 mit Rückgewinn des Bauern bei wiederum beweglicherer Figurenstellung.
Dies als Beispiel, wie man hängende Bauern nutzen kann, um Linien zu öffnen, mehr Raum zu beherrschen und die Kraft seiner Figuren zu erhöhen.
Spielt Weiß wie in der Partie 21.Sd3 (statt 21.b3) 21. ... c4 (erzwungen) 22.Sf4 (sicherer als 22.Dxe7), dann antwortet Schwarz 22. ... Tc5.

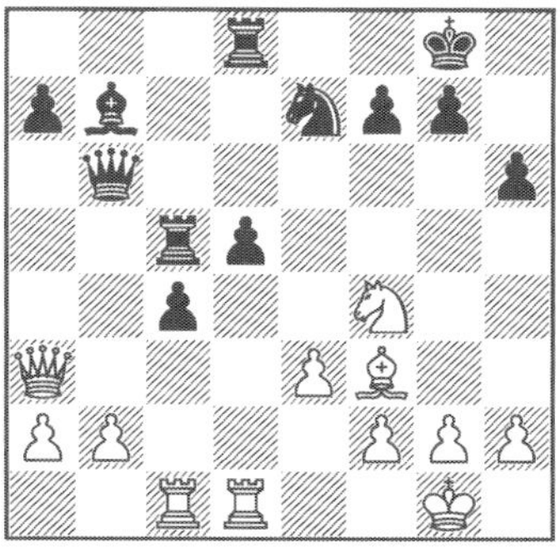

Der Bauer d5 ist rückständig; er kann nicht ohne Weiteres vorrücken. Der Bc4 hingegen bildet einen Stützpunkt, so dass der Se7 früher oder später auf d3 auftauchen könnte, wo er einen enormen Druck auf die ganze weiße Position ausübt. Weiß könnte seinerseits den Springer nach d4 überführen. Tut er das, erleichtert er andererseits dem Schwarzen das Manöver Se7-g6-e5-d3. Von größerer unmittelbarer Bedeutung als dieses drohende Springermanöver ist die Schwäche des weißen Damenflügels; denn sobald der Se7 gedeckt ist, droht Ta5. Dafür, dass er Weiß den starken Punkt d4 überlassen hat, besitzt Schwarz ausreichende Manövrierfähigkeit und gewisse Angriffschancen.

WEIß: MEISTER SCHWARZ: AMATEUR
ABGELEHNTES DAMENGAMBIT
(TARTAKOWER-SYSTEM)

1.	**d2-d4**	**d7-d5**
2.	**c2-c4**	**e7-e6**
3.	**Sb1-c3**	**Sg8-f6**
4.	**Lc1-g5**	**Lf8-e7**
5.	**e2-e3**	

Soweit wie in Partie 11, wo die Ideen dieser Züge besprochen wurden.

5.	...	**0-0**

Im Abgelehnten Damengambit rochiert Schwarz gewöhnlich frühzeitig, und er kann dies anstelle von 5. ... Sbd7 (Partie 11) tun.
Wenn Weiß jetzt auf f6 tauscht, kann Schwarz nicht mit einem Springer zurücknehmen; meistens unterlässt Weiß diesen Tausch, weil er dem Gegner nicht die zwei Läufer überlassen möchte. Der einzige Grund für Weiß, 6.Lxf6 zu spielen, besteht darin, durch Zugumstellung eine Art Abtauschvariante (siehe Partie 13) zu erreichen: 6. ...

Lxf6 7.cxd5 exd5 8.Db3 c6 9.Ld3, und Weiß hat ein bequemes Spiel ohne Entwicklungssorgen und mit der klaren Mittelspielstrategie des „Minoritätsangriffs“. Auf lange Sicht werden aber auch die zwei Läufer des Schwarzen zur Geltung kommen.

6. Ta1-c1

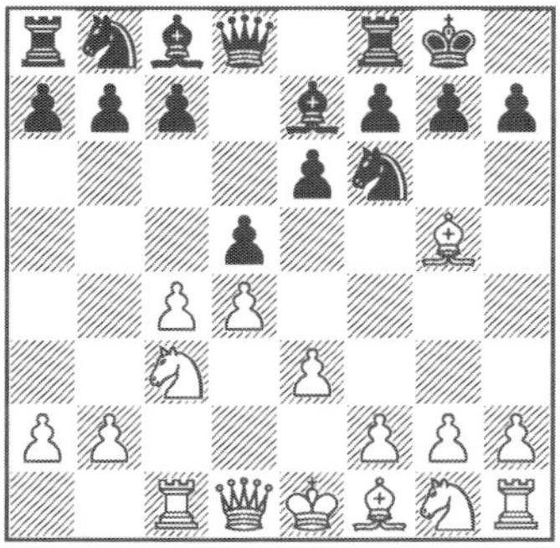

Der Turm geht auf sein natürliches Feld, wo er die c-Linie beherrschen wird, die sich öffnet, sobald auf d5 bzw. c4 getauscht wird.

Der Textzug ist ein Versuch, sowohl 6. ... c5 (eine Art Tarrasch-Variante, in der Schwarz das Spiel frühzeitig zu öffnen trachtet) als auch 6. ... Se4 (die Lasker-Variante, in der Schwarz ein leichtes Remis durch Vereinfachung anstrebt) entgegenzutreten. Die folgenden Varianten zeigen, wie der Turmzug mit beiden Antworten fertig wird:

a) 6. ... c5 7.Lxf6 (um Lxf6 zu erzwingen und dem Bc5 den Schutz des Läufers zu nehmen) 7. ... Lxf6 8.dxc5 (nicht 8.cxd5 wegen 8. ... cxd4).

b) 6. ... Se4 7.Lxe7 Dxe7 8.cxd5 Sxc3 (erzwungen) 9.Txc3 exd5 10.Dc2 c6 11.Ld3 h6 12.Se2. Demjenigen, der mit der Lasker-Variante vertraut ist, wird klar sein, dass Weiß bei dieser Zugfolge einige Tempi gewonnen hat und zum Minoritätsangriff (siehe Partie 13) bereit steht.

6. ... h7-h6

Ein für Schwarz in zweifacher Hinsicht vorteilhafter Zug: er entfernt den Bauern von h7, wo er ein direktes Angriffsziel für Dc2 plus Ld3 bilden kann, und er zwingt Weiß zwischen drei Zügen zu wählen, von denen die ersten beiden etwas nachteilig sein könnten, nämlich a) 7.Lxf6 mit dem Läuferpaar für Schwarz, b) 7.Lf4 (Abbau des Drucks gegen die Mitte) und c) 7.Lh4 mit andauerndem indirektem Druck.

Für Schwarz bedeutet h7-h6 eine kleine Schwächung der Rochadestellung. Sobald ein Bauer vor dem König bewegt worden ist, hat der Gegner ein Angriffsziel.

7. Lg5-h4

Weiß wählt den verhältnismäßig besten Weg. Auf 7.Lf4 hätte Schwarz unmittelbar 7. ... c5 gespielt, die Standardantwort in solchen Stellungen; andernfalls könnte er wegen des gemeinschaftlichen Drucks von Tc1 und Lf4 gegen den Punkt c7 in Verlegenheit kommen, sobald Weiß auf d5 tauscht.

7. ... b7-b6

Das Tartakower-System. Die Entwicklung des Lc8 gehört zu den diffizilsten Problemen für Schwarz im Abgelehnten Damengambit. Hier beabsichtigt er, ihn zu flankieren.

8. c4xd5

Weiß tauscht fast immer auf d5, wenn Schwarz in solchen Stellungen fianchettiert. Das öffnet nicht nur die Linie, die der Tc1 bereits besetzt hat, sondern nimmt auch dem Läufer auf b7 viel von seiner Wirksamkeit, wenn Schwarz e6xd5 antwortet und die Diagonale schließt. Weiß musste allerdings auch die Folgen des Textzugs berechnen.

8. ... Sf6xd5
9. Sc3xd5

Man kann auch zuerst auf e7 tauschen.

9. ... e6xd5

Erzwungen, denn 9. ... Lxh4 10.Sxc7 würde Bauer und Qualität kosten.

10. Lh4xe7 Dd8xe7

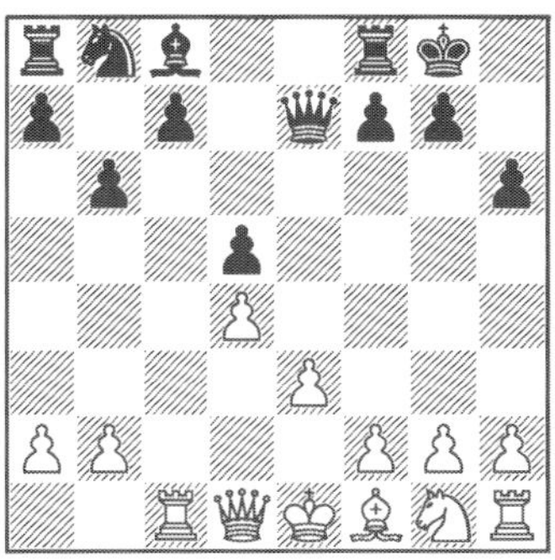

Die erste Phase der Partie ist nun vorüber.
Weiß hat nur eine Figur und zwei Bauern entwickelt, und sein noch nicht rochierter König scheint Angriffen ausgesetzt zu sein. Andererseits beherrscht er die offene c-Linie mit dem Turm. Seine Strategie wird also darin bestehen, am Damenflügel anzugreifen.
Schwarz hat rochiert und Linien für den Lc8 geöffnet. Mit Rücksicht darauf, dass sein c-Bauer praktisch rückständig ist, wird eine strategische Maßnahme darin bestehen müssen, den Bauern nach c5 vorzustoßen, sobald dies möglich ist, und vielleicht zu versuchen, etwas Angriff gegen den in der Mitte befindlichen König zu erlangen.
Sobald der Bc7 auf c5 steht, wo er im Allgemeinen alsbald getauscht wird, entstehen hängende Bauern auf c5 und d5, die das Thema für die weitere Strategie beider Seiten liefern.
Weiß sieht sich nun nach einem Plan um, der auf den gegnerischen Schwächen basiert: den c- und den d-Bauern. Ein Angriff auf d5 mit Lf1-e2-f3 bietet sich an, gefolgt von Sg1-e2-f4 oder c3 (vorzugsweise f4, wobei die c-Linie zu keinem Zeitpunkt verbaut wird). Er denkt auch daran, den König gegen verfrühte Angriffe zu sichern, und spielt

11. Lf1-e2!

Nehmen wir einmal an, Weiß hätte stattdessen beschlossen, den schwachen c-Bauern anzugreifen und den plausiblen Zug 11.Dc2(?) zu wählen: 11. ... c5 12.dxc5 d4!. Das ist gefährlich für Weiß: a) 13.Sf3 dxe3 14.Lb5 (um Te8 zu verhindern) 14. ... Sa6 und nun 1) 15.cxb6? Db4+ mit Gewinn einer Figur; 2) 15.Lxa6? Lxa6 und Weiß kann nicht rochieren, die Drohung exf2+ schwebt über seinem Haupt, und die schwarzen

Türme können sich auf der 8. Reihe frei bewegen; 3) 15.0-0 Sxc5 16.Tfe1 exf2+ 17.Dxf2 Df6 und Weiß hat keinen nennenswerten Gegenwert für den Bauern.
Noch weniger verspricht b) 13.Ld3 dxe3 14.Le4 exf2+ 15.Kxf2 Te8 16.Lxa8 De3+ 17.Kf1 La6+ und gewinnt.

11. ... Tf8-d8

11. ... c5 12.Lf3 Lb7 13.Se2 Td8 wäre nur Zugumstellung. Auf 13. ... c4 (statt 13. ... Td8) erhält Weiß mit 14.b3 b5 15.Sc3 Stellungsvorteil, wie Beispiele aus der Turnierpraxis zeigen. Die Pointe ist, dass Schwarz in der gegenwärtigen Situation auf keine Weise aus den Möglichkeiten Vorteil ziehen kann, die sonst das Problem der hängenden Bauern lösen und ihm manchmal sogar eine Bauernmehrheit am Damenflügel verschaffen.
Schwarz muss an dieser Stelle auch überlegen, ob das Spiel mit 11. ... Db4+ 12.Dd2 Dxd2+ 13.Kxd2 c6 vereinfacht werden kann. Hierbei muss er den c-Bauern auf eine Weise verteidigen, die den Springer an den B kettet. Die Fortsetzung könnte sein: 14.Sf2 Lb7 15.Se5! Tc8 16.b4 und Schwarz steht schlecht, weil sein Damenflügel schwer zu entwickeln ist und seine Figuren an die Verteidigung des c-Bauern gebunden sind.
Die beste Idee ist nach heutiger Ansicht jedoch 11. ... c5 12.Lf3 und nun 12. ... cxd4. Schwarz muss ausnutzen, dass der strategisch sehr gute weiße Plan die einzige Schattenseite hat, Zeit zu kosten. Es könnte folgen 13.Dxd4 Lb7 14.Se2 (14.Lxd5? Td8) 14. ... Sc6 und wenn Weiß nun auf d5 nimmt, erhält Schwarz mit 15.Dxd5 Tad8 16.Df5 Se5 hervorragendes Spiel (17.0-0 Sxf3+ 18.gxf3 Td2). Auch nach 15.Dd2 Se5 hat Schwarz dank des Zeitgewinns aktivere Möglichkeiten als in der Partie, die den isolierten Bd5 in etwa aufwiegen dürften. Somit bleibt nach 11. ... c5 das direkte 12.dxc5 bxc5 13.Dxd5 zu prüfen, doch 13. ... Lb7 14.Dxc5 Dxc5 15.Txc5 Lxg2 16.Lf3 Lxh1 17.Lxh1 Sa6 (möglich ist auch Sd7) 18.Ta5 Tac8 19.Txa6 Tc1+ sichert den schwarzen Qualitätsgewinn. Das Endspiel bleibt danach offen, z.B. 20.Ke2 Txg1 21.Ld5 Tc1 22.Txa7 Tc2+ nebst Txb2.

12. Le2-f3

Der schwarze c-Bauer ist rückständig, solange er auf c7 bleibt. Früher oder später muss er vorrücken. Dass dieser Vorstoß hängende Bauern herbeiführt, bedeutet nicht, dass er fehlerhaft ist; wie in der Einleitung ausgeführt, sind solche Bauern manchmal stark, manchmal schwach. Andere Faktoren auf dem Brett sind dafür maßgebend.

12. ... c7-c5
13. Sg1-e2

Gemäß dem Plan. Weiß könnte hier 13.dxc5 spielen. Der Zug kann durch Umstellung zur Textfolge führen (13. ... bxc5); indes kann Schwarz auch versuchen, Vorteil aus der zurückgebliebenen Entwicklung von

Weiß zu ziehen, z.B. 13. ... Lb7 14.Se2 d4 15.Lxb7 Dxb7 16.0-0 bxc5 und die Verwicklungen sind nicht ungünstig für Schwarz.

13. ... Sb8-c6

Um den Springer auf sein natürliches Feld zu entwickeln und Druck auf d4 auszuüben.

14. 0-0

Auf jeden Fall muss der König in Sicherheit gebracht werden. Weiß zögert den Tausch auf c5 noch hinaus, denn je später er ihn ausführt, umso weniger kann Schwarz von der Öffnung der b-Linie profitieren. In einer Hinsicht allerdings könnte das Aufschieben des Tauschs für Weiß ungünstig sein, nämlich wenn Schwarz vorteilhaft eine Damenflügelmehrheit mit c5-c4 schaffen kann. In der Anmerkung zum 11. Zug haben wir allerdings gesehen, dass c5-c4 momentan zum Vorteil von Weiß ausfällt.

14. ... Lc8-a6

Anstatt den Läufer zur Deckung des Schwächlings d5 zu verwenden, setzt Schwarz ihn aktiver auf einer offenen Diagonalen ein, wo er den Se2 fesselt und indirekten Druck gegen d4 ausübt. In taktischer Hinsicht hoffte Schwarz auf 15.Da4 Lxe2! 16.Lxe2 Sxd4!. Aber sein Läufer hängt auf a6, wie sich im 17. Zug zeigt; darum wäre 14. ... Lb7 vorzuziehen gewesen.

15. Tf1-e1

Entfesselt den Springer, um mit dem Angriff gegen den Bd5 fortzufahren.

15. ... De7-d6

Hält den Schutz von d5 aufrecht, stützt den ungedeckten Sc6 und räumt für diesen e7.
Auf 15. ... c4 16.Sf4 stünde Schwarz vor dem Problem, Bd5 zu verteidigen, z.B. 16. ... Sb4 17.a3 Sd3 18.Sxd3 cxd3 mit gutem Spiel für Weiß.
Wenn 15. ... Lxe2 16.Txe2, und nun geht 16. ... cxd4 nicht wegen 17.Txc6.

16. Se2-f4

Zwingt den Sc6 in die Defensive.

16. ... Sc6-e7

Der einzige Zug.

17. Dd1-a4

Weiß stellt die Dame auf einen Platz, wo sie mehr Felder beherrscht, räumt die d-Linie für den Te1 und greift den ungeschützten La6 an, der unter Tempoverlust einen Defensivposten beziehen muss.

17. ... La6-b7
18. d4xc5

Endlich ist die Zeit für den Bauerntausch gekommen. Weiß zieht nun daraus den größtmöglichen Nutzen: der Ta8 ist an die Verteidigung von a7 gebunden, so dass auf der geöffneten b-Linie keine Gefahr droht.

18. ... b6xc5

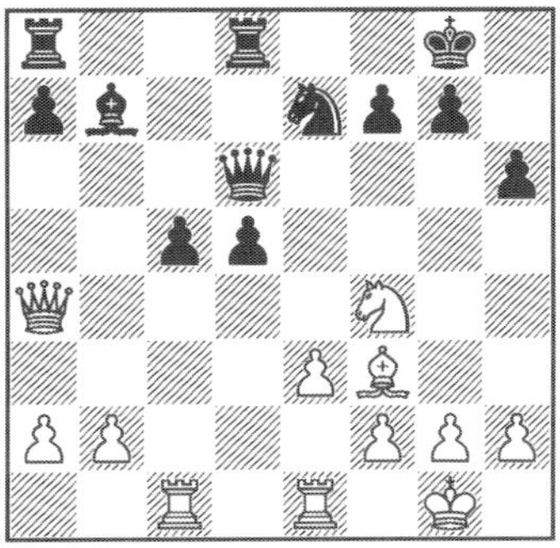

Schwarz hat die „hängenden Bauern". Diese *können,* wie in Partie 10 angemerkt, eine Schwäche darstellen, müssen es aber nicht unbedingt. Das hängt davon ab, wie aktiv die leichten Figuren stehen. Die Hängebauern erfordern seitens des Gegners eine besondere Strategie, siehe die Aufzählung bei Partie 10. Verfolgen wir, wie Weiß ihre Schwäche in dieser Partie ausnutzt.

19. Te1-d1

Zunächst stellt er den Königsturm auf das bestmögliche Feld, von dem aus er zusätzlichen Druck gegen den Bd5 ausübt.

19. ... Dd6-b6

Im Allgemeinen ist die Dame zu wertvoll, als dass man sie auf der Linie eines feindlichen Turms stehen lassen könnte, auch wenn noch eine Figur oder ein Bauer dazwischen steht. So weicht die Dame dem Turm aus und verteidigt den Ba7, damit der Ta8 ins Spiel eingreifen kann.

20. Da4-a3

Der Weiße wendet seine Aufmerksamkeit nun dem anderen hängenden Bauern zu – ein Manöver, das für die Technik des Angriffs gegen diese Formation typisch ist. Dies ist die Fortsetzung des direkten Angriffs, der mit 16.Sf4 begann.

20. ... Ta8-c8

Bis hierher war Schwarz in der Lage, beide hängenden Bauern zu schützen; damit sind jedoch alle seine Figuren gebunden. Er hat keine Möglichkeit, irgendetwas anderes zu unternehmen.

21. Sf4-d3!

Der Springer hat seine Pflicht auf f4 erfüllt und hilft nun beim Angriff gegen c5. Der Zweck dieses Angriffs besteht darin, den Schwarzen zu einer Schwächung zu zwingen – der tiefere Sinn des Positionsspiels.
Man beachte, dass Weiß sofort handeln muss, weil Schwarz sein Spiel mit d5-d4 zu befreien drohte. Man sehe z.B. die Analysen in der Einleitung zu dieser Partie. Auf den Textzug jedoch ist Schwarz gezwungen, den c-Bauern, den er kein weiteres Mal schützen kann, vorzurücken.

21. ... c5-c4

In der Regel steht ein Paar benachbarter Bauern auf der gleichen Reihe am besten. Sobald einer vorrücken muss, ergeben sich Schwächen, u.a. erhält der Gegner starke Felder, die seinen Figuren zugutekommen. Hier kann Weiß das starke Feld d4 besetzen. Andererseits hat die diagonale Formation auch Vorteile, wie in der Einleitung zu dieser Partie ausgeführt. Gäbe es an dieser Stelle keine taktischen Einzelheiten zu berücksichtigen, keine Drohungen, würde Weiß wahrscheinlich versuchen, so zu manövrieren, dass er d4 besetzen oder vielleicht den Druck gegen den geschwächten Bd5 verstärken kann. Schwarz würde seinerseits versuchen, gegen b2 zu drücken oder den Springer nach d3 zu bringen, obwohl dies ziemlich viel Zeit in Anspruch nähme. Da jedoch der weiße und der schwarze Springer einstehen, muss Weiß vor allem taktisch analysieren und insbesondere feststellen, ob nach c4xd3 der schwarze Freibauer stark oder schwach sein wird. Denn wenn er sich als stark erweisen sollte, wird er *sehr stark* sein!

22. Da3xe7

Dieser Entschluss erforderte im Hinblick auf den Bd3 (s.o.) und die Beweglichkeit der schwarzen Figuren – abgesehen vom Läufer – eine sehr genaue Analyse. Sie musste die Abschätzung der schwarzen Möglichkeiten einschließen, die nach Auftauchen des Bd3 entstehen, nämlich a) was der Bd3 selbst unternehmen kann; b) was nach Dxb2 passiert; c) die Folgen von Tc8-c2; d) wie die Chancen von Weiß aussehen, den Bd3 zu erobern; e) die eigenen Angriffschancen des Weißen, die sich als sehr bedeutsam erweisen und doch ganz zufällig auftauchen, denn gemeinhin ist man überrascht, dass allein Dame und Läufer einem gut geschützten Königsflügel gefährlich werden können. Hier jedoch verstärken verschiedene zufällige Umstände den weißen Angriff, wie der verwundbare Turm, dass die Dame den Läufer gedeckt halten muss und noch andere Funktionen ausübt, die sie daran hindern, sich frei zu bewegen. Den weißen Angriff kann Schwarz sogar leicht abwehren, doch dann verliert er seinen wertvollen d-Bauern.

Tatsächlich stand dem Weißen keine andere wirklich überzeugende Fortsetzung zur Verfügung. Er konnte den Angriff mit 22.Sf4 fortsetzen (siehe Einleitung), doch das Ergebnis ist unklar.

22. ... c4xd3
23. Tc1xc8

Um Txc1 zu vermeiden und den Turm auf der d-Linie zu halten, wo er den Bd3 angreift und blockiert.

23. ... Td8xc8
24. b2-b3

Zuerst muss Weiß seinen Bb2 verteidigen. Nach 24.Lg4 Tc7 ergeben sich ein paar überraschende Kombinationen: a) 25.De8+ Kh7 26.Lf5+ g6 27.Lxd3 Dxb2 usw.; b) 25.Dd8+ Kh7 26.Lf5+ g6 27.Lxd3 Tc1!.

24. ... Db6-a6
25. Lf3-g4!

Ein kraftvoller Zug – er greift den Tc8 an, der die 8. Reihe wegen De8+ nicht verlassen darf, und bringt den Läufer auf den Weg nach f5, von wo aus er den Bd3 zu erobern und am Angriff gegen den König teilzunehmen droht. Ein stiller Zug in solch einer Lage wäre sehr gewagt. Schwarz droht Tc2, wo der Turm die 2. Reihe beherrscht und d3-d2 vorbereitet.

25. ... d3-d2

Schwarz glaubt, dass er den Trumpf seines Freibauern ausspielen und die Diagonale a6-f1 vorteilhaft einsetzen kann. Er droht De2, sobald der weiße Läufer die Diagonale d1-h5 verlässt.
Vorzuziehen war 25. ... Tf8, aber dann holt sich Weiß den gefährlichen Bauern mit 26.Lf5. Die Partie könnte weitergehen: 26. ... Dc6 27.Lxd3 d4 28.e4. Schlecht wäre in diesem Fall 26. ... Lc8 27.Lxd3 Dxa2 28.Lh7+!.

26. Lg4xc8 Da6-e2

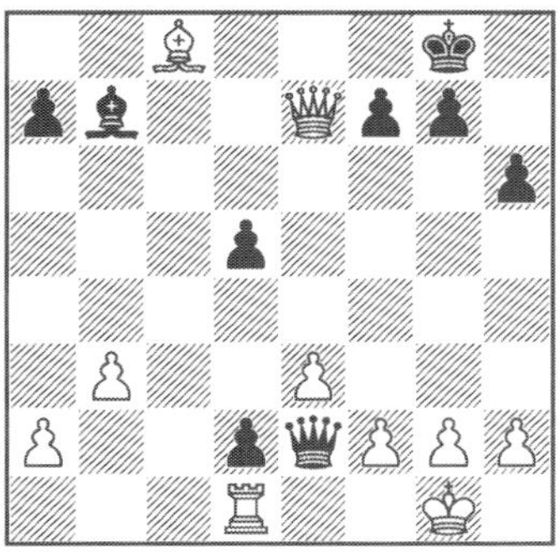

Droht Matt durch Dxd1+ oder De1+. Sobald Schwarz eines Zwangszuges enthoben wäre, kann er selbst mattsetzen. Wenn 26. ... Lxc8 27.Dd8+ Kh7 28.Dxd5.
Weiß verfügt nun über eine zwangsläufige Fortsetzung und kündigt ein Matt in sieben Zügen an: 27.De8+ Kh7 28.Lf5+ g6 29.Dxf7+ Kh8 30.Df6+! Kg8 31.Le6+ Kh7 32.Df7+ Kh8 33.Dg8 matt.

Der Amateur hat die Partie gut gespielt und wäre zu Gegenspiel gekommen, hätte der Meister nicht jeden Zug zur rechten Zeit getan. Nur der 25. Zug von Schwarz war schwach und beschleunigte die Niederlage. Dieser Zug hatte eine alltägliche psychologische Ursache – Schwarz sieht, dass er einen Bauern verliert, und versucht das Unmögliche.

Partie 13

Die strategische Bedeutung der halboffenen Linie
Der Minoritätsangriff
Vorgehen gegen den rückständigen Bauern
Schaffung einer zweiten Front
Zugzwang bei vollem Brett

Wie schon bei Partie 10 ausgeführt, ist es viel schwieriger, eine Theorie des Mittelspiels aufzustellen als eine der Eröffnungen oder des Endspiels. Trotzdem gibt es eine bestimmte Anzahl typischer Mittelspielsituationen, auf die eine Standardstrategie angewendet werden kann. Eine der bekanntesten ist der Minoritätsangriff, der am häufigsten aus dem abgelehnten Damengambit hervorgeht (siehe Diagramm).

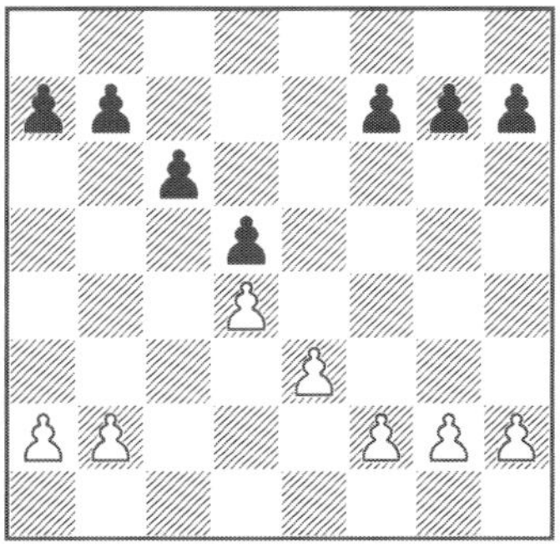

Typische Bauernstellung im Minoritätsangriff: Weiß hat am Damenflügel 2+1 gegen 4 schwarze Bauern.

Nach passender Vorbereitung rückt Weiß den Bb2 vor, bis er in Berührung mit dem Bc6 gerät. Gewöhnlich ergibt sich eine Schwächung der schwarzen Bauernstellung, die Weiß anschließend ausnutzt.
Schwarz steht dabei vor einer schweren Aufgabe, auch wenn ein Meister gegen einen Meister spielt. Gewöhnlich bleibt der Verteidiger ohne Gegenspiel, und der Angreifer kann seine Absichten umso leichter und kraftvoller verfolgen. Wenn der Gegner sich nicht verteidigt, sondern den Gegenangriff sucht, wird die Minoritätsattacke noch stärker und wirkungsvoller. Jedoch hängt viel davon ab, wer zuerst kommt. Im Allgemeinen hat Schwarz bei dieser Art Stellungen kaum Gelegenheit zum Königsangriff; darum wird das Vorgehen des Weißen gewöhnlich erfolgreich sein.
In der Schachliteratur gibt es nur wenige Beispiele, dass Schwarz eine Partie gewann, in der Weiß den Minoritätsangriff ausgeführt hat.

Weiß: Meister Schwarz: Amateur
Abgelehntes Damengambit
(Abtausch-Variante)

1.	**d2-d4**	**d7-d5**
2.	**c2-c4**	**e7-e6**
3.	**c4xd5**	

Man mag überrascht sein, dass Weiß hier tauscht, denn Schwarz kann mit dem Be6 zurücknehmen und seinen Lc8 befreien, dessen Entwicklung in der Regel ein Hauptproblem dieser Eröffnung bildet (siehe Partie 11). Es gibt jedoch einen Umstand bei diesem Tausch, der die weiße Strategie erklärt.
Weiß tauscht, um die halboffene c-Linie zur Verfügung zu haben. „Halboffen" ist eine Linie, auf der der Bauer einer Partei entfernt worden ist, während der B der Gegenseite erhalten bleibt. Offene Linien sind oft nutzlos, weil beide Seiten sie mit Türmen besetzen können; darum sind halboffene Linien strategisch oft wichtiger und vielversprechender als der fruchtlose Versuch, eine offene Linie zu beherrschen.

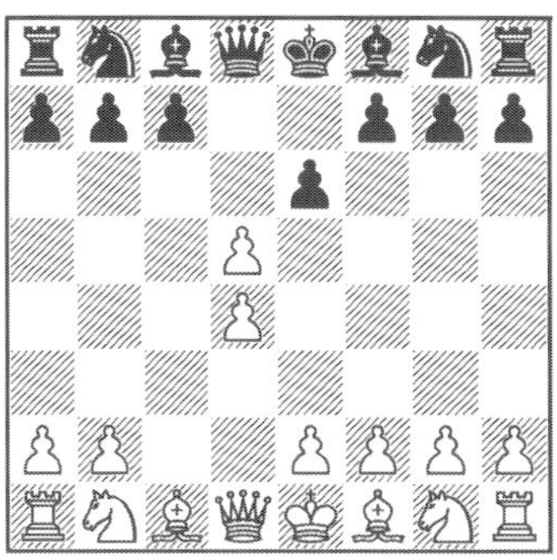

In der vorliegenden Stellung kann Weiß in der halboffenen c-Linie operieren, Schwarz in der halboffenen e-Linie. Die Praxis hat jedoch gezeigt, dass es für Weiß weitaus einfacher ist, greifbare Ergebnisse zu erzielen.

3.	...	**e6xd5**
4.	**Sb1-c3**	**Sg8-f6**
5.	**Lc1-g5**	**Lf8-e7**
6.	**e2-e3**	

In einer derartigen Stellung muss Schwarz zwei gefährliche Angriffsarten beachten: a) einen kombi-natorischen Angriff am K-Flügel, bei dem Weiß in der Regel lang rochiert; b) den Minoritätsangriff wie in dieser Partie, der positioneller Natur ist.

6.	...	**0-0**
7.	**Dd1-c2**	

Die Dame wirkt nicht nur auf der c-Linie, sondern auch auf der Diagonale b1-h7.

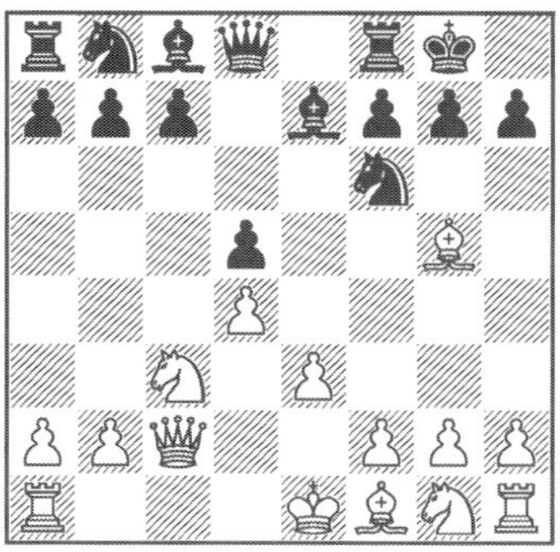

7.	...	**c7-c6**

Früher oder später notwendig zum Schutz des Bd5.

8.	**Lf1-d3**	

Droht 9.Lxf6 nebst 10.Lxh7+ mit Bauerngewinn.

8.	...	**Sb8-d7**

Schwarz konnte auch 8. ... h6 spielen, um den bedrohten Bauern mit Tempogewinn zu sichern. Der Zug könnte sich allerdings einmal als Schwäche bemerkbar machen.

9. Sg1-f3 Tf8-e8

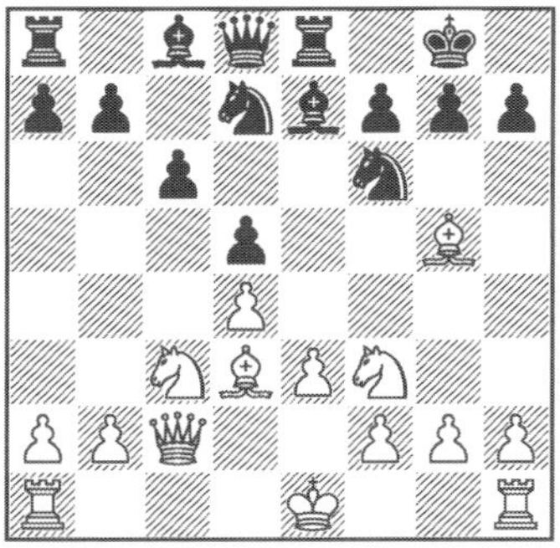

Wenn sich Weiß nun für den kombinatorischen Angriff entscheidet, könnte er lang rochieren und dann mit den Bauern am K-Flügel vorrücken. Die Fortsetzung nach 10. 0-0-0 könnte sein:

a) 10. ... Sf8 11.h4 Le6 12.Tdg1 Tc8 13.Lxf6 Lxf6 14.g4;
b) 10. ... h6 11.Lh4 (Auch 11.Lf4 mit der Falle 11. ... Sh5? 12.Sxd5! cxd5 13.Lc7 bzw. 12. ... Sxf4 13.Sxf4 ist spielbar.) 11. ... Se4 12.Lxe7 Dxe7 13.Lxe4 dxe4 14.Sd2 f5 15.g4.

10. 0-0

Indem er kurz rochiert, ist klar, dass Weiß sich für den positionellen Kurs entschieden hat.

10. ... h7-h6

Ein gesünderer Plan ist das heute allgemein übliche 10. ... Sf8. Schwarz kann in vielen Fällen mit dem Manöver g7-g6, Sf8-e6-g7-f5 fortsetzen oder sich zuweilen mit Se4 entlasten.

11. Lg5-f4

Auf 11.Lh4 kann sich Schwarz mit Se4 etwas befreien. Der Rückzug nach f4 ist im Allgemeinen vorzuziehen, denn von dort aus kontrolliert der Läufer wichtige Felder am Damenflügel und kann sich am Minoritätsangriff beteiligen. Andererseits ist zu beachten, dass er durch Sh5 abgetauscht werden kann. Weiß spielt aus diesem Grund oft vorbeugend h2-h3, um sich den Rückzug nach h2 offenzuhalten.

11. ... Sd7-f8

In diesem besonderen Fall spielt es keine Rolle, dass Weiß noch nicht h3 gezogen hat, denn Sh5 würde durch das schon beim 9. Zug erwähnte Scheinopfer 12.Sxd5 widerlegt (12. ... cxd5? 13.Lc7 mit Damengewinn).

12. h2-h3

Jetzt braucht der L ein Rückzugsfeld.

12. ... Le7-d6

Schwarz tut gut daran, die Läufer zu tauschen, einerseits um Platz zu schaffen und gegebenenfalls einen K-Angriff zu beginnen, andererseits um den Lf4 zu beseitigen und den Druck gegen den Damenflügel zu reduzieren.

13. Lf4xd6 Dd8xd6

Weiß konnte seinen Damenläufer nicht erhalten; er hat jedoch immer noch einen kleinen Vorteil, weil ihm der „gute“ Läufer, dem Schwarzen der „schlechte“ (auf der Farbe der Zentralbauern) verbleibt.

14. Ta1-b1

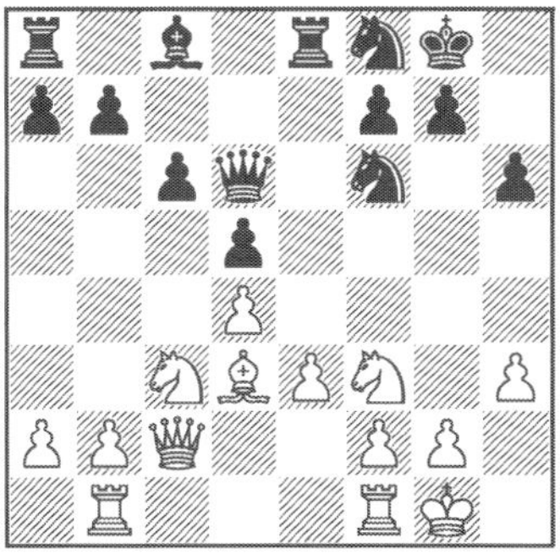

Bereitet den Minoritätsangriff vor! Der Ausdruck leitet sich ab von der Bauernminorität, die auf eine Majorität losgeht. Bei diesem Angriff steht der schwarze c-Bauer stets auf c6.

14. ... Lc8-d7

Schwarz hätte 14. ... a5 spielen können; Weiß hätte 15.a3 erwidert, und am Gesamtbild hätte sich nichts geändert.

15. b2-b4

Der erste Vorstoß gegen den Bc6.

15. ... Dd6-e7?

Schwarz will mehr Raum gewinnen und mit Se4 fortsetzen. Dies würde ein Befreiungsmanöver mit einem Angriff verbinden.
In der Regel ist gegen einen Minoritätsangriff wenig auszurichten. Ein Zug wie 15. ... a6 wird mit 16.a4 beantwortet. Schwarz versäumt hier aber eine Gelegenheit, das weiße Vorgehen zu behindern und 15. ... Tac8 zu spielen. In diesem Fall stünde die weiße Dame ungünstig auf der c-Linie dem schwarzen Turm gegenüber, und Vorbereitungszüge wie Tfc1, Db3 wären erforderlich, denn sofortiges 16.b5? wäre wegen 16. ... cxb5 17.Lxb5 Se4 verfehlt.

16. b4-b5

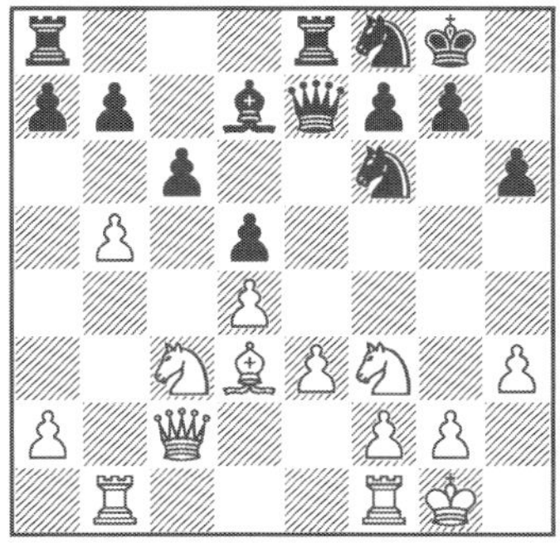

Der Zweck des Vorgehens besteht darin, das feindliche Bauerngerüst zu schwächen. Es gibt nun vier Möglichkeiten: a) wenn Schwarz tauscht, vereinzelt er den Bd5; b) wenn Weiß auf c6 tauscht und Schwarz nimmt mit dem Bb7, so behält er einen rückständigen Bauern auf der halboffenen c-Linie; c) nimmt Schwarz auf c6 mit dem L zurück, wird der Bd5 wie bei a) vereinzelt; d) spielt Schwarz c6-c5, kann Weiß mit dem gleichen Ergebnis tauschen – ein vereinzelter Bd5 und ein starkes Feld d4 für den weißen Springer. Was immer Schwarz also beschließt, ihm bleibt eine minderwertige Bauernstellung, eine Schwäche, die Weiß dann ausnutzen kann.

16. ... Sf6-e4

Das ist kein schlechter Zug. Schwarz will sich befreien und etwas Druck auf die weiße Stellung ausüben. Der Zug schränkt die Handlungsfreiheit von Weiß ein, indem er ihn verpflichtet, den Sc3 gedeckt zu halten. Vermutlich wäre aber c6-c5 doch das geringere Übel gewesen.

17. Sf3-e5

Droht Bauerngewinn auf e4 und nimmt den wichtigen Verteidigungsläufer d7 aufs Korn.

17. ... Se4xc3

Es gab nichts Besseres. Keine Erleichterung verschafft 17. ... f6, denn nach 18.Sxd7 Sxd7 19.bxc6 bxc6 ist die Lage für Weiß sehr günstig, der mit 20.Sxe4 dxe4 21.La6 fortsetzen kann bei deutlicher Schwäche des Bc6. Oder 18. ... Dxd7 19.bxc6 Dxc6 (bxc6 20.Sxe4 kostet einen Bauern.) 20.Sxd5 ebenfalls mit Bauerngewinn (Dxd5? 21.Lc4): 20. ... Dxc2 21.Lxc2 Sd2 22.Sc7 und Weiß behauptet seine Beute.
Weiß kann also entweder die Bauern schwächen oder einen Bauern gewinnen. Wenn 17. ... Sd6 18.bxc6 Lxc6 19.Sxc6 bxc6 20.Sa4, und der Angriff auf den geschwächten Bauern hat eingesetzt – gerade wie in der Partie.

18. Dc2xc3

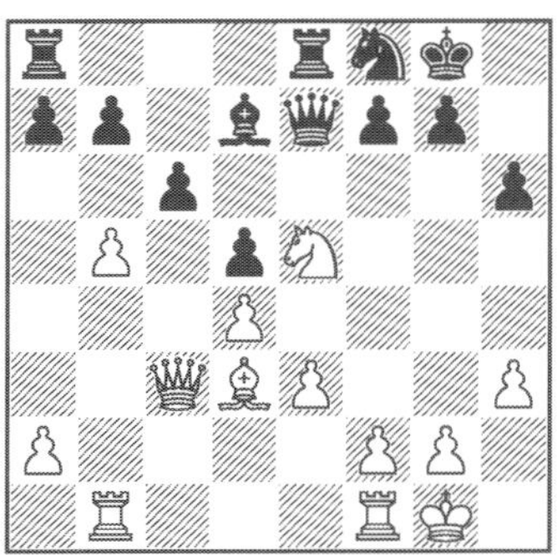

Schwarz hat jetzt mehrere Möglichkeiten:
a) 18. ... cxb5 19.Sxd7 Sxd7 20.Txb5 Sb6 21.Db3, gefolgt von a2-a4-a5 mit allerlei Aussichten für Weiß, denn b7 und d5 bei Schwarz sind schwach;
b) 18. ... c5 19.Sxd7 (19.Dxc5? Dxc5 kostet den S.) 19. ... Sxd7 20.dxc5. Schwarz hat einen vereinzelten Bd5, steht aber sonst nicht so schlecht, weil alle seine Figuren mitwirken;
c) 18. ... Tec8, der Textzug.

18. ... Te8-c8

Droht c6-c5xd4 und drängt so den Weißen, sich zu entscheiden. Der von ihm gewählte Weg ist günstig, denn Schwarz bleibt mit einem rückständigen Bc6 zurück, eines der Hauptziele von Weiß im Minoritätsangriff.

19. b5xc6 Ld7xc6

Auf 19. ... bxc6 geschieht 20.Tb7 mit zusätzlichem Druck auf der 7. Reihe.

20. Se5xc6 b7xc6

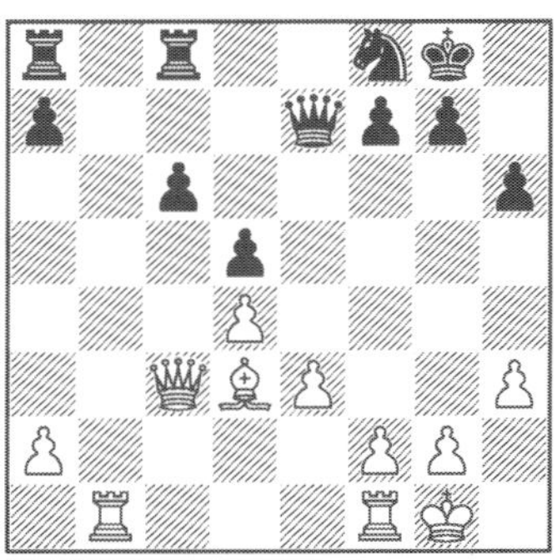

Erzwungen, denn 20. ... Txc6 21.Db3 kostet einen B. Endlich haben wir die Bauernstruktur, die Weiß anstrebte. Schwarz hat einen rückständigen Bc6. Eine neue Partiephase beginnt. Wie kann Weiß daraus Nutzen ziehen? Durch direkten Angriff gegen c6 kann er nicht viel erreichen, weil Schwarz genügend Abwehrkräfte hat.

Das Spiel des Weißen muss sich gegen zwei Fronten richten. Er muss in der Lage sein, den kritischen Punkt c6 anzugreifen und außerdem etwas an anderer Stelle zu unternehmen. Das ist das Geheimnis, wie ein Stellungsvorteil ausgenutzt wird. Wenn es an zwei Stellen brennt, wird Schwarz es schwer haben, sich an beiden Fronten zu wehren, und schließlich zusammenbrechen.

21. Tf1-c1

Der logische Zug. Er verstärkt den Druck auf der c-Linie und verhindert c6-c5, was die Schwäche auflösen würde. Durch den Druck gegen c6 ist es für Schwarz auch schwieriger, einen Turm auf der b-Linie entgegenzustellen (wegen 21. ... Tab8 22.Txb8 Txb8 23.Dxc6).

21. ... De7-e6?

Die Dame verlässt die 7. Reihe, um den Bc6 zu schützen, und bietet Weiß so eine zweite Front an, den Besitz der 7. Reihe. Schwarz hätte 21. ... Tc7 spielen sollen. Weiß hätte dann 22.Da5 Dd6 23.Da6, drohend 24.Tb7, fortgesetzt.

22. Dc3-c2

Droht mit 23.Lf5 die Qualität zu erobern. Er hätte auch sofort 22.Tb7 spielen können (die Antwort wäre 22. ... Sd7). Weiß sucht vorher die Diagonale f5-c8 einzunehmen.

22. ... De6-d6

Auch 22. ... g6 23.Tb7 wäre nicht besser gewesen.

23. Tb1-b7!

Ein starker Zug, der alle schweren Figuren des Schwarzen bindet, z.B. 23. ... Tc7 24.Txc7 Dxc7 25.Dxc6, oder 23. ... Tab8 24.Txa7.

23. ... Sf8-e6

Der S ist die einzige Figur, die ziehen kann. Der Textzug verfolgt den Gedanken, c6-c5 durchzusetzen und so die Schwäche loszuwerden. Der Bc6 ist nicht nur eine Schwäche, sondern auch ein Hindernis. Seinetwegen können die Türme und die Dame sich nicht frei bewegen. Kann Schwarz den Bc6 auflösen, wird Bd5 schwach, aber kein Hindernis sein.

Nach 23. ... a5 (oder a6) erobert Weiß den Bc6 durch 24.Tb6. Der Ausfall 24. ... Da3 (mit Druck gegen Ld3 und Ba2) nützt wegen 25.Txc6 Txc6 26.Dxc6 nichts, und der Ta8 ist angegriffen.

Schwarz könnte den sofortigen Ausfall 23. ... Da3 erwägen. Darauf gibt es mehrere Erwiderungen für Weiß; die einfachste ist 24.Dc3! Dxc3 (Dxa2? 25.Ta1 und die D hat keinen Rückzug.) 25.Txc3 mit Stellungen ähnlich der Partie, z.B. 25. ... Se6 26.Lf5 Kf8 27.Lxe6 fxe6 28.g3 und Schwarz ist in Zugzwang.

Schließlich erleichtert auch 23. ... Sd7 die Lage nicht wegen 24.Lf5.

24. Ld3-f5

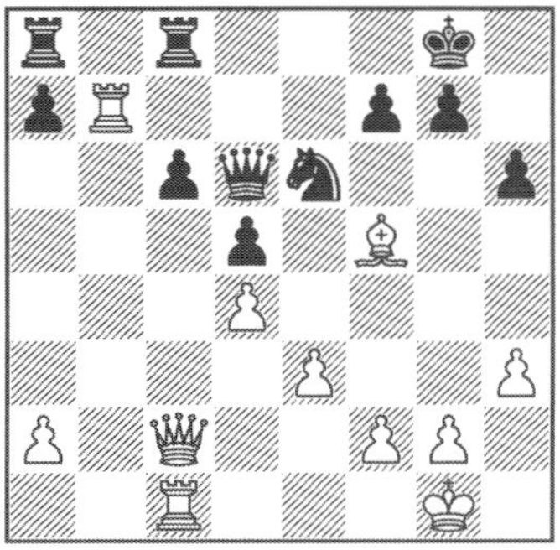

Hindert Schwarz daran, seinen Plan auszuführen (rückt Schwarz den Bc6 vor, tauscht Weiß den Springer und erobert einen B).

Schwarz ist nun in einer Art Zugzwang bei vollem Brett. Das ist erstaunlich. Er kann keine einzige Figur ziehen, ohne wenigstens einen Bauern einzubüßen. Untersuchen wir die Stellung im Einzelnen:

a) 24. ... Kh8 25.Txf7;
b) 24. ... Kf8 25.Lxe6 nebst 26.Dh7;
c) 24. ... Da3 25.Lxe6 fxe6 26.Dg6 Df8 27.Dxe6+;
d) 24. ... Dd8/f8 25.Lxe6 fxe6 26.Dg6 Df6 27.Dxf6 gxf6 28.Te7;
e) 24. ... Tab8 25.Txa7;
f) 24. ... Tc7 25.Txc7 und 26.Dxc6;
g) 24. ... Tc8 anders 25.Dxc6;
h) 24. ... Se6 bel. 25.Lxc8;
i) 24. ... a6 25.Tb6;
j) 24. ... c5 25.Lxe6 Dxe6 (fxe6 26.Dg6) 26.dxc5;
k) 24. ... f6 25.Lxe6+ Dxe6 26.Dg6;
l) 24. ... g6 25.Lxg6 fxg6 26.Dxg6+;
m) 24. ... h5 25.h4 und Schwarz ist wieder in Zugzwang;
n) 24. ... g5 (der Textzug).

24. ... g7-g5

Der einzige Zug, der unmittelbaren Materialverlust vermeidet. Genau genommen ist der Zugzwang aufgehoben, weil der K jetzt ziehen kann.

25. Lf5-g4

Macht Platz für die Dame und behält eine Art Zugzwang bei, soweit die schwarzen Figuren betroffen sind (mit Ausnahme des K).

25. ... Kg8-g7

Der einzige Zug, wie aus den beim 24. Zug aufgeführten Möglichkeiten hervorgeht.

26. g2-g3

Weiß konnte hier sofort 26.Df5 ziehen; der Zug gewinnt aber an Kraft, wenn der K auf g8 steht. Daher macht Weiß einen Wartezug, der den Gegner in die weniger günstige Stellung zwingt.

26. ... Kg7-g8

Wiederum der einzige Zug.

27. Dc2-f5

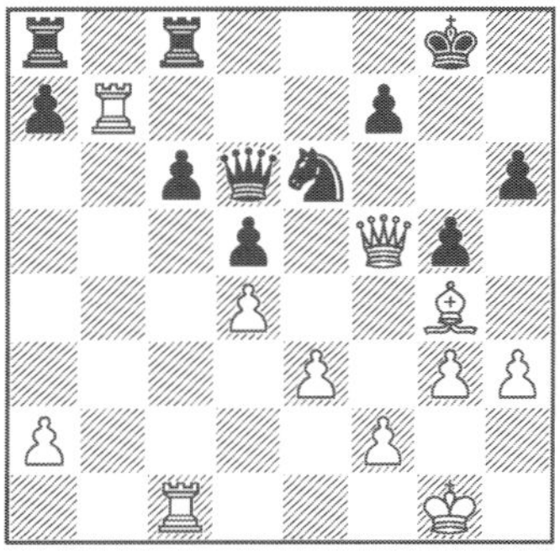

Weiß hebt den Druck auf Bc6 auf, weil er erkennt, dass er am anderen Flügel entscheidenden Vorteil erzielen kann.

27. ... Se6-d8

Infolge der Entlastung von c6 ist scheinbar 27. ... Tc7 möglich; aber Weiß gewinnt darauf auch jetzt einen B durch 28.Txc7 Sxc7 (Hoffnungslos ist Dxc7 29.Df6 mit der Doppeldrohung 30.Lxe6 und 30.Dxh6.) 29.Dd7!.

28. Tb7-d7 Dd6-e6

Andere Damenzüge sind nicht besser, z.B. 28. ... Da3 29.Tc2 oder 28. ... Df8 29. Txd5 usw.

29. Df5-f3

Weiß hätte auch mittels 29.Dxe6 einen B gewinnen können: 29. ... fxe6 30.Te7 Kf8 31.Th7. Der Textzug ist noch besser.

29. ... De6-e4

Andere Züge kosten sofort einen Bauern (29. ... Dg6 30.Txd5).

30. Df3-f6

Greift h6 an und zwingt die D zurück.

30. ... De4-g6

Nach 30. ... Dh7 gewinnt Weiß mit 31.Te7 sofort, weil nicht nur 32.Te8+, sondern auch 32.Lxc8 droht.

31. Df6xg6+ f7xg6
32. Td7xd5

Möglich ist auch 32.Td6.

32. ... c6xd5
33. Lg4xc8

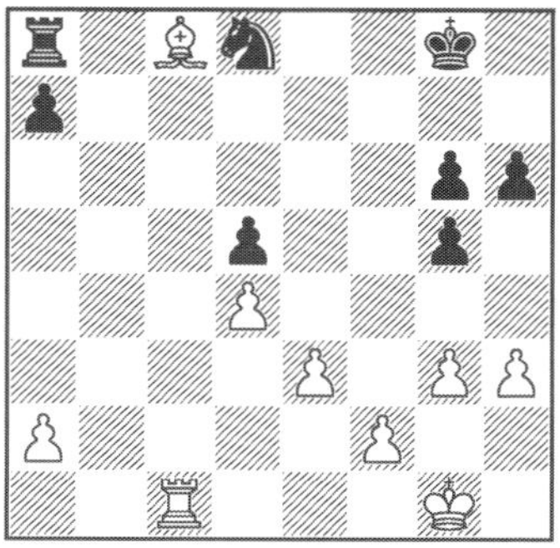

Weiß geht dem Turmtausch aus dem Weg, weil sein T stärker ist als der feindliche. Im Folgenden wird die Kraft des weißen T deutlich.

33. ... Ta8-b8

33. ... Kf7, um den K nicht einsperren zu lassen, hätte 34.Tc7+ Kf6 35.Lb7 Sxb7 36.Txb7 zur Folge. Weiß steht weiterhin überlegen und wird nicht viele Schwierigkeiten haben, den Mehrbauern zu verwerten. Dennoch wäre dies gegenüber der Partie etwas besser gewesen.

34. Tc1-c7

Greift a7 an, so dass Schwarz nicht 34. ... Tb2 (wegen 35.Txa7) spielen kann.

34. ... a7-a5

Der S kann nicht ziehen, weil auf 34. ... Sf7 35.Le6 folgt. Das geringste Übel wäre 34. ... Kf8 gewesen (35.a4 usw.).

35. Tc7-c5

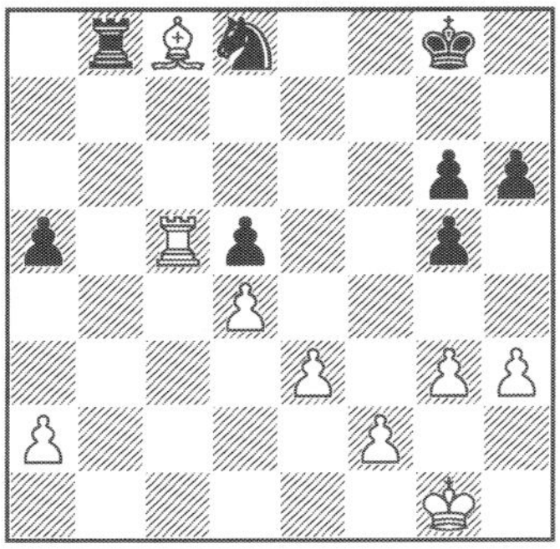

Trotz Angriffs auf zwei ungeschützte Bauern kann der T keinen von ihnen schlagen, bevor der Lc8 in Sicherheit ist. Andererseits kann Schwarz (außer Tb1+) den T nicht von der 8. Reihe entfernen, ohne das Schlagen eines B zu ermöglichen. Auf einen Zug wie 35. ... Kg7 käme 36.Lg4 nebst Txd5 oder Txa5.

35. ... a5-a4
36. Lc8-d7

Beide Bauern sind nun ernstlich bedroht.

36. ... Tb8-b2
37. Ld7xa4 Tb2xa2
38. La4-b3

Der Bd5 ist verloren.

38. ... Ta2-a1+
39. Kg1-g2 Kg8-f8
40. Lb3xd5

Schwarz gab auf. Sein S ist vom weißen L eingesperrt. Zieht er, wird er getauscht, und Weiß behält mit zwei verbundenen Freibauern ein leicht gewonnenes Endspiel.
Wenn ein Spieler überhaupt keine Gegenchancen hat, bleibt ihm nichts anderes übrig, als auf den Schlag zu warten und sich darauf einzustellen. Genau das geschah in dieser Partie. Man kann kaum mit Sicherheit sagen, ob ein Meister oder ein Amateur die schwarzen Steine geführt hat, außer beim 21. Zug von Schwarz, als er seinem Gegner eine zweite Front offerierte. Ein Meister hätte das gewiss nicht getan. Abgesehen davon kann man es nur als Pech für den Amateur bezeichnen, dass er in eine Lage geriet, die so schwer zu verteidigen ist.

Partie 14

Die Theorie der Slawischen Verteidigung
Das Auffinden eines Planes für das Mittelspiel
Die Bedeutung der Zentralisierung
Motive für den Tausch von Figuren
Die Nachteile einer „Figur außer Spiel"
Löcher in der Stellung
Turmtausch im Endspiel
Lähmung der feindlichen Figuren im Endspiel
Die Rolle des Königs im Endspiel

Zu den dringlichsten Problemen im Schach gehört die Wahl einer wirkungsvollen Mittelspielstrategie. Sie muss auf Stellungsmerkmalen beruhen; und wenn es keine feindlichen Schwächen gibt, die man angreifen kann, muss sich die Strategie einfach darauf richten, die gegnerischen Versuche zur Machtentfaltung zu neutralisieren, die Stellung zu befreien, usw.

Ein strategisches Fehlurteil ist nicht so leicht zu bestrafen wie ein taktischer Irrtum. Hat ein Spieler an einem gegebenen Punkt nicht die beste strategische Fortsetzung gewählt, so ist er deswegen nicht unbedingt zwangsläufig verloren. Setzt er später richtig fort, so kann er sich erholen und eine Stellung erreichen, in der sein leicht überlegener Gegner vor die schwere Aufgabe gestellt ist, mehr als ein Remis herauszuholen.

Die Möglichkeit, eine leicht ungünstige Stellung innerhalb der Remisgrenze zu halten, bietet sich sowohl im Mittel- wie im Endspiel an. Die folgende Partie zeigt, dass der Amateur in der kritischen Phase, als es einen Plan zu fassen gilt, fehlgreift; sie zeigt aber auch, dass er in der gleichen Phase an verschiedenen Punkten so spielen konnte, dass es auch für einen Meister schwierig gewesen wäre, mehr als Remis zu erreichen.

WEIß: AMATEUR SCHWARZ: MEISTER
SLAWISCHES DAMENGAMBIT

1.	**d2-d4**	**d7-d5**
2.	**c2-c4**	**c7-c6**

Leitet die Slawische Verteidigung ein. Im Gegensatz zur klassischen Verteidigung (e7-e6) vermeidet Schwarz die Einsperrung des Lc8.

3. **Sg1-f3**

Nimmt Schwarz hier das Gambit an und spielt 3. ... dxc4, so gewinnt Weiß den B auf die übliche Weise zurück: 4.e3 b5 5.a4 e6 6.axb5 cxb5 7.b3 usw. Hat Weiß 3.Sc3 gespielt, so ergeben sich nach 3. ... dxc4 andere Varianten. Schwarz kann auch in diesem Fall den Bauern nicht halten:

a) 4.e4!

a1) 4. ... b5 5.a4 b4 (a6? 6.axb5 cxb5 7.Sxb5) 6.Sa2 und gewinnt entweder den Bb4 oder den Bc4; wenn 6. ... b3 7.Sc3 La6, so erhält Weiß den B nach 8.Sf3 gefolgt von 9.Se5 bzw. Sd2 doch zurück, und zwar unter noch günstigeren Umständen.

a2) 4. ... e5 5.Sf3 exd4 6.Dxd4 Dxd4 7.Sxd4 b5 8.a4 b4 9.Sd1 La6 10.Se3, immer mit Rückerhalt des Bauern.

b) 4.e3 b5 5.a4 b4 6.Sa2 mit gleichem Ergebnis.

3.	...	**Sg8-f6**
4.	**Sb1-c3**	**d5xc4**

Für die Aufgabe des Zentrums hat Schwarz Gegenwerte. Er droht, den Bc4 mit b7-b5 zu verteidigen. Um den Bauern wiederzugewinnen, schwächt Weiß gewöhnlich seine Stellung mit 5.a4 und überlässt damit das Feld b4 dem Schwarzen. Mit späterem Lb4 wird Schwarz den Sc3 fesseln und das Feld e4 kontrollieren.

Amateure spielen an dieser Stelle oft (wie früher auch Meister) 4. ... Lf5. Der Nachteil, die Schwächung des Punktes b7, tritt sofort zutage, z.B. 5.cxd5 cxd5 (Das geringere Übel wäre 5. ... Sxd5, was dem Weißen das Zentrum überlässt.) 6.Db3 und Schwarz hat Sorgen, denn der Bb7 ist angegriffen und der Bd5 unter Druck geraten. Am besten wäre noch 6. ... Lc8 (wie Capablanca gegen Aljechin spielte – New York 1927), aber das zeigt nur, wie schlecht 4. ... Lf5 wirklich ist. Nach 6. ... Dd7 7.Se5 fällt entweder b7 oder d5. Oder 6. ... Db6 7.Sxd5 Dxb3 8.Sxf6+ exf6 9.axb3 und Weiß hat einen Bauern mehr, obwohl er noch einige Schwierigkeiten zu überwinden hat.

5. **a2-a4**

Spielbar, wenngleich nicht besser, ist auch 5.e3 b5 6.a4 b4 a) 7.Sb1 La6 – Schwarz hält den B für eine Weile und bekommt Gegenspiel durch c6-c5, nachdem Weiß den B zurückgewonnen hat; b) 7.Sa2 e6 und der Sa2 braucht zwei Züge, um wieder ins Spiel zurückzukehren. Ein Gambit ist 5.e4 b5 (6.a4? b4).

5.	...	**Lc8-f5**

Gegen e2-e4 gerichtet.

6. **e2-e3**

Hier wird oft auch 6.Se5 gespielt, was nach 6. ... e6 7.f3 (7.Sxc4 Lb4)

7. ... Lb4 8.e4 Lxe4 9.fxe4 Sxe4 zu einer heute sehr beliebten Opfervariante führen kann, die für beide Seiten schwer zu behandeln ist. Ob sie je endgültig geklärt wird, bleibt die Frage. [Nach 10.Ld2 Dxd4 11.Sxe4 Dxe4+ 12.De2 Lxd2+ 13.Kxd2 Dd5+ 14.Kc2 Sa6 15.Sxc4 0-0-0 ergab sich eine ausgeglichene Stellung in Kramnik – Iwantschuk, Linares 1994. – Anm. d. Red.]

6. ... e7-e6
7. Lf1xc4 Lf8-b4

Folgerichtig gegen den Punkt e4 gespielt. An dieser Stelle haben beide Parteien drei Figuren entwickelt; diesmal ist es jedoch der *weiße* Damenläufer, der unentwickelt geblieben ist. Beide schwarzen Läufer sind gut herausgekommen, und das bedeutet ein gewisses Gegengewicht zur Mehrheit von Weiß in der Mitte.

8. 0-0 0-0

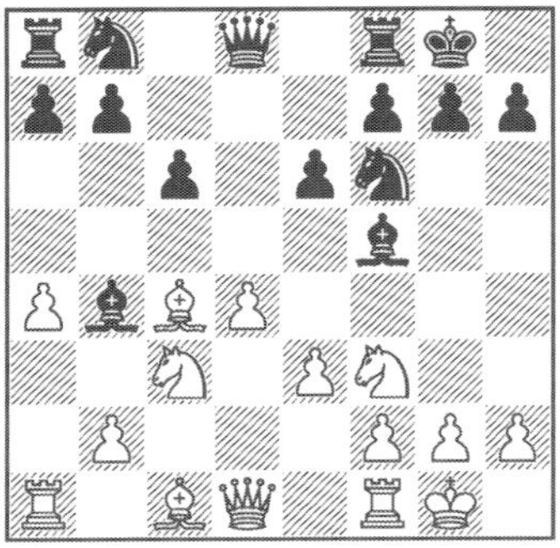

Wir haben nun eine Mittelspielstellung erreicht, in der Weiß versuchen muss, einen guten Plan zu finden. Er erkennt, dass der Lb4 hängt und der Bb7 ungedeckt ist, und spielt

9. Dd1-b3

in der Hoffnung, den Tausch des Lb4 zu erzwingen oder den Bb7 zu erobern. Weil das aber nicht zu erreichen ist, wäre es richtig gewesen, nach dem allgemeinen strategischen Grundsatz zu spielen: *Zentralisierung in der Eröffnungsphase.*

Weiß sollte daher entweder 9.De2 (gefolgt von e3-e4) oder 9.Se5 (Vorbereitung von f2-f3 und e3-e4) spielen. Der letztere Zug wird mit 9. ... c5 beantwortet, was das weiße Zentrum neutralisiert. Man vergleiche die Stellung am Ende dieser beiden Varianten:

a) 9.Se5 c5 10.Sa2 La5 11.dxc5 Dxd1 12.Txd1 Lc7 mit gleichem Spiel.
b) 9.De2. Nun kann Schwarz nicht auf dieselbe Weise ausgleichen: 9. ... c5? (Besser ist Lg4 oder Se4.) 10.Sa2 La5 11.dxc5 Sc6 12.Td1 De7 13.Sd4 Tfd8 14.b4! und Weiß gewinnt. 14. ... Lxb4 kostet nach 15.Sxc6 bxc6 16.Sxb4 eine Figur. 14. ... Sxb4 15.Ld2 ist verwickelt; Schwarz verliert aber auch dabei Material, z.B. 15. ... Dxc5 (Sc6 16.Sxc6 bxc6 17.Lxa5) 16.Sb3 Db6 17.Sxa5 usw.

9. ... Dd8-e7

Schwarz verteidigt zugleich den Lb4 und den Bb7. Das ist notwendig, weil auf 9. ... a5 10.Sa2! stark wäre und den Tausch des Lb4 erzwingt.

Weiß hat irrtümlich geglaubt, Schwarz müsse 9. ... Lxc3 spielen. Es gibt eine Anzahl von Gründen für Schwarz, hier nicht zu tauschen. Erstens aus strategischer Sicht:

a) Man tausche nie Läufer gegen Springer, wenn keine wichtigen Argumente dafür sprechen.
b) Stärke nicht das gegnerische Zentrum – 9. ... Lxc3 10.bxc3! und Weiß hat eine stärkere Bauernmitte.
c) Öffne keine Linien für den Gegner. Nach Lxc3 10.bxc3 kann der bislang untätige Lc1 nach a3 ziehen; später kann auch die offene b-Linie für den Turm wichtig sein.

Außerdem ist der Tausch aus taktischer Sicht, nämlich wegen 10.Dxb7!, verfehlt.

10. Lc1-d2

Die Zusammenhänge sind in dieser schwierigen Stellung für den Amateur nicht leicht zu erkennen. Nach der naheliegenden Antwort 10. ... Sbd7 wäre 11.e4! sehr stark, denn Sxe4 12.Sxe4 kostet eine Figur, Lxe4 12.Sxe4 ebenfalls, und 11. ... Lxc3 12.exf5 Lxd2 13.Sxd2 exf5 14.Dxb7 ist günstig für Weiß.
An dieser Stelle würde 10.Sa2 nach dem Grundsatz der Zentralisierung mit 10. ... Ld6 beantwortet werden. Schwarz kann jetzt so spielen, weil sein Bb7 geschützt ist.

10. ... a7-a5

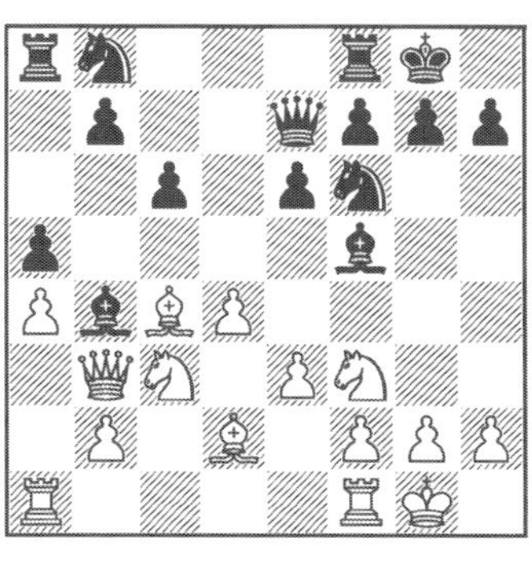

Sichert den Lb4 noch einmal und verhindert so e3-e4.

11. Tf1-d1?

Einer der für den Amateur typischen Irrtümer. Er macht eben einen Wartezug ohne bestimmtes Ziel. Steht der Turm auf d1 besser als auf f1? Das ist zweifelhaft. In manchen Abspielen könnte der Fesselungszug Lg4 Weiß Sorgen bereiten.
Die Stellung ist kritisch, und beide Parteien versuchen, die Lage in der Mitte zu ihren Gunsten zu klären. 11.Tfd1? erreicht nichts und ist daher nur Zeitverschwendung.
In manchen Stellungen ist ein Wartezug zweckmäßig, um zu sehen, was der Gegner zu tun gedenkt; aber niemals ist das in einer *kritischen Stellung* der Fall, in der bestimmte Ziele verwirklicht werden müssen.
Hätte Weiß 11.Tfe1 mit der Drohung e3-e4 gespielt, wäre die Sache ganz anders. Ob gut oder schlecht, jedenfalls entspräche der Zug den Stellungsmerkmalen. Nach 11. ... S8d7 12.e4 Lg4 13.e5 Sd5 14.Lg5 wäre es schwierig, die Aussichten abzuschätzen. Das bedeutet nicht, dass 11.Tfe1 der richtige Zug gewesen wäre – er wäre lediglich eine von mehreren Möglichkeiten und verdient untersucht zu werden.
Eine nähere Untersuchung der Stellung führt zu dem Schluss, dass die folgende strategische Spielweise am besten ist:
a) Weiß sollte planen, den Sc3 nach g3 zu überführen, wo er ebenfalls auf e4 wirkt, nicht getauscht wer-

den kann und eine Reaktion des Lf5 erzwingt;

b) Weiß sollte den Ld2 wirksamer nach c3 stellen.

Die strategischen Züge des Weißen wären also Sc3-e2-g3 und Lc3. Man überzeuge sich, dass 11.Se2 zu einer Stellung führt, in der Schwarz keinen Vorteil hat:

Weiß erhält eine befriedigende Stellung nach 11. ... Ld6 12.Sg3 Lg6 (Lg4 13.Se5 ist vorteilhaft für Weiß wegen 13. ... Lxe5 14.dxe5 Sfd7 15.Dxb7!.) 13.Lc3, denn 13. ... Sbd7 14.Dxb7 (Man beachte den Unterschied zwischen diesem Zug und 13.Dxb7 nach 12. ... Ld6 wie in der Partiefolge.) gestattet dem Schwarzen höchstens Remis nach 14. ... Tfb8 15.Dxc6 Tc8 16.Db5 Tab8 17.Da6 usw. Schwarz würde nach 13.Lc3 mit 13. ... c5 nebst 14. ... Sc6 fortsetzen.

11. ... Sb8-d7

Bereitet e6-e5 vor und verbindet die Türme. Das ist nützlich für Verteidigungs- und Angriffszwecke.

12. Sc3-a2(?)

Um den Läufertausch herbeizuführen. Aber der Sa2 ist nun völlig außer Spiel. Viel besser wäre immer noch 12.Se2 Ld6 13.Sg3 Lg4 14.Dxb7 und Schwarz muss mit 14. ... Tab8 15.Da6 (15.Dxc6? Tb6!) 15. ... Ta8 usw. Remis erzwingen. Man vergleiche die Stellung des S auf a2 in der Partie mit der des gleichen S auf g3 nach 12.Se2.

12. ... Lb4-d6

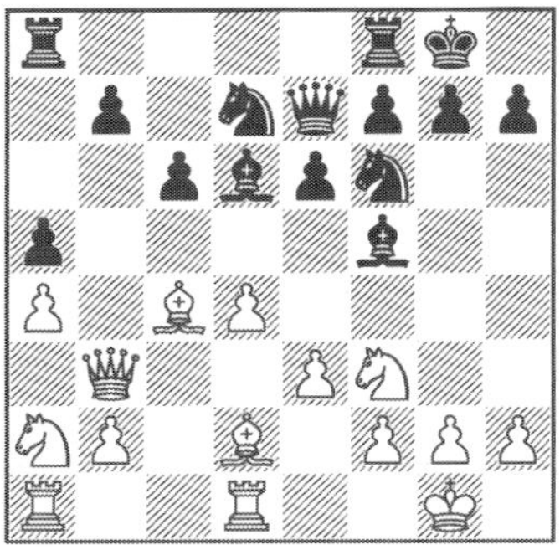

Schwarz wird nun in der Lage sein, eine klare Überlegenheit in der Mitte zu erlangen. Er beherrscht e4, und Weiß kann ihn nicht daran hindern, e6-e5 zu spielen. Sein Vorteil ist jedoch geringfügig, wie so viele Stellungsvorteile in dieser Art Eröffnung. Weiß muss sich nun nach einem Weg zum Ausgleich umsehen. Man beachte, dass 13.Dxb7? (das nach 12.Se2 zum Remis geführt hätte) hier an 13. ... Tfb8 14.Dxc6 Le4 15.d5 Lxf3 16.gxf3 Se5 scheitert. Weil es keine Möglichkeit für Weiß gibt, das drohende e6-e5 zu vermeiden, das den Sf3 beseitigen und den weißen K-Flügel einem starken Angriff aussetzen wird, beschließt Weiß, seinen verhältnismäßig wirkungslosen Lc4 nach d3 zu spielen. Nach Abtausch auf d3 käme die D zur Verteidigung in die Mitte, wo sie auch das Feld e4 stärkt.

13. Lc4-d3

Der gleichfalls offensive Zug Lc3 wäre jedoch besser gewesen; dieser hätte nach 13. ... e5 14.dxe5 Sxe5 15.Sxe5 Lxe5 16.Lxe5 Dxe5 zu allgemeinem Abtausch geführt, wonach nicht mehr viel in der Stellung steckt. Um dies zu vermeiden, konnte Schwarz 13. ... Se4 spielen, d.h. zuerst seinen S gegen den L tauschen und erst dann den Be6 vorstoßen.

13. ... Lf5xd3

Schwarz tauscht aus mehreren Gründen:

a) Nach 13. ... Lg4 oder 13. ... Se4 lebt die Möglichkeit 14.Dxb7 wieder auf. Siehe das Abspiel beim 12. Zug unter 12. Se2.
b) Schwarz möchte seinen Einfluss auf e4 nicht verlieren.
c) Schwarz ist gern einverstanden, den guten Ld3 zu tauschen, nicht aber damit, den schlechten Ld2 gegen den Ld6 zu geben. Der Leser vergleiche mit dem 12. Zug von Schwarz, als dieser seinen guten Läufer zurückzog.

14. Db3xd3 e6-e5

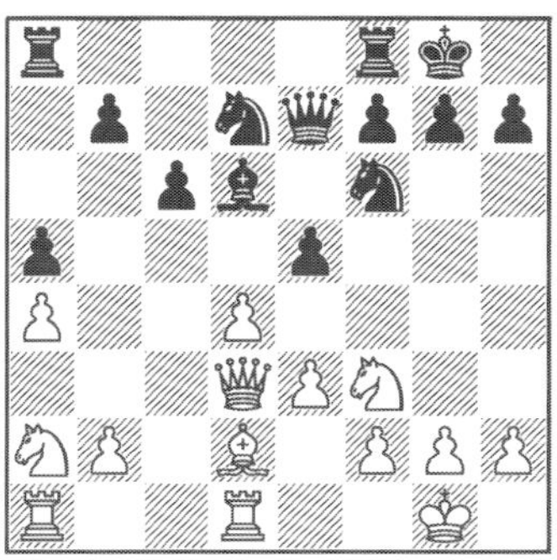

Der Befreiungszug. Untersuchen wir seine Wirkung auf die Stellung:

a) Schwarz besetzt das Mittelfeld e5, während bislang nur Weiß einen B in der Mitte hatte, auf d4.
b) Er erzwingt einen Tausch der Bauern und Figuren in der Mitte und erhöht so die Wirksamkeit der schwarzen Figuren.
c) Er vergrößert den Raum des Schwarzen.
d) Er schwächt die weiße Verteidigung, weil er zum Abtausch des Sf3 führt, der besten Verteidigungsfigur des weißen K-Flügels.

Man beachte, dass Schwarz selbst tauschen kann, falls Weiß die Spannung aufrechterhält. Aber noch wirkungsvoller ist die Drohung e5-e4. Nach 15.De2 e4 16.Se1 ist der Sf3 aus seiner starken Stellung vertrieben, und Schwarz kann einen überzeugenden Angriff aufbauen mit 16. ... Sd5 und eventuell 17. ... f5. Aus diesen Gründen ist Weiß gut beraten, zu tauschen.

15. d4xe5 Sd7xe5
16. Sf3xe5

Vorzuziehen war wohl 16.De2 Sxf3+ (Bei 16. ... Tfd8 vereinfacht 17.Lc3.) 17.Dxf3 Se4 oder 17. ... De5 18.Dg3, und die Schwächung der weißen K-Stellung ist nicht zu erzwingen.

16. ... De7xe5

Weiß ist nun genötigt, die Bauernstellung vor seinem K auf irgendeine Art zu schwächen, entweder mit 17.f4 oder 17.g3. Spielt er 17.f4, antwortet Schwarz 17. ... De7 und hält den Punkt e4 unter Kontrolle. Das ist schwerwiegend, denn Weiß hat den schlechten L, der durch die Bauern e3 und f4 eingesperrt ist, und solange Schwarz e4 beherrscht, kann Weiß den Be3 nicht vorstoßen. Wir notieren ferner, dass 17.f4 De7 18.Lxa5 beantwortet wird mit Txa5 19.Dxd6 Dxd6 20.Txd6 Txa4 und die Fesselung auf der a-Linie ist tödlich.

17. g2-g3

Wie immer in Stellungen dieser Art, verursacht dieser Zug Löcher in der Rochadestellung. Die Felder f3 und h3 sind so geschwächt, dass sie von schwarzen Figuren besetzt werden könnten. Hier kann Schwarz versuchen, die D nach h3 und den S nach g4 zu befördern. Man sehe, wie zwecklos der Sa2 ist.
Aktuell droht Weiß allerdings, mit 18.Lc3 eine Figur zu gewinnen. Besonders im Mittelspiel muss man sein Hauptaugenmerk darauf richten, welche Drohungen aufzustellen und welche zu parieren sind.

17. ... Sf6-e4!

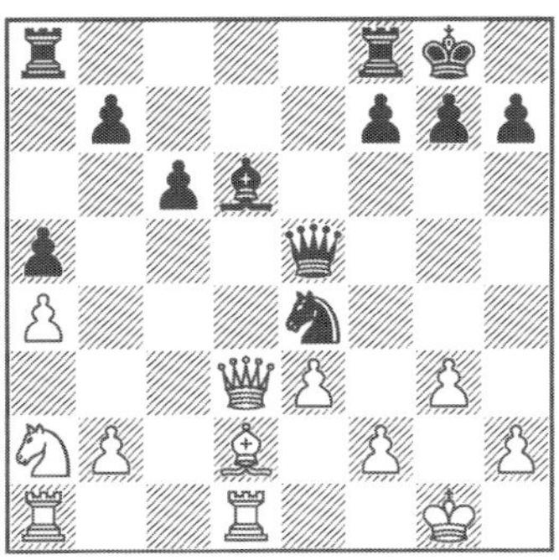

Ein besonders guter Zug, weil er viererlei vollbringt: a) er pariert die Drohung 18.Lc3; b) er bereitet Se4-g5-f3(h3) vor; c) er schützt den Ld6 und d) er räumt f6 für die schwarze D, von wo aus sie f2 angreifen kann.

18. Sa2-c3

Der S soll in den Kampf eingreifen. Es gibt jedoch eine schärfere Spielweise: 18.Lc3 Sxc3 19.Dxd6 (19.Sxc3 Lb4 ist ein wenig günstiger für Schwarz.) 19. ... Dxd6 20.Txd6 Sxa2 21.Txa2 Tad8 mit leicht überlegenem Endspiel für Schwarz, der die d-Linie beherrschen wird.

18. ... Se4-c5

Schwarz kann nicht tauschen, weil er nach Sxc3 19.Lxc3 den Ld6 verlöre. Außerdem geht er dem Tausch aus strategischen Gründen aus dem Weg – der S ist nützlich wegen der geschwächten Bauernstellung von Weiß.
Die Alternative 18. ... Sg5 kostet nach 19.f4 eine Figur: a) 19. ... Sf3+ 20.Kg2 Dh5 21.De2 (nicht 21.dxd6? Tad8 nebst Sxd2); b) 19. ... Sh3+ 20.Kg2 De6 (Dh5 21.Dxd6) 21.f5 Dh6 22.e4 Dh5 23.Dxd6.
Bitte beachten Sie, dass die weißen Felder in der weißen Stellung schwach sind; es sind Löcher auf beiden Flügeln vorhanden. Man fühlt hier den Wert des guten Läufers zum Schutz dieser weißen Felder.

19. Dd3-c2

Weiß möchte den Gegner daran hindern, b3 zu besetzen. Nach 19.Df1 erzeugt Schwarz erheblichen Druck auf die weiße Stellung mit 19. ... Sb3, etwa 20.Tab1 Lb4 21.Dc4 De6 22.Dxe6 fxe6 23.Se4 Tad8 24.Lxb4 axb4 25.Txd8 Txd8 und Weiß ist so eingeengt, dass er kaum atmen kann.

19. ... De5-e6

Schwarz beabsichtigt nun, zur Besetzung von b3 oder d3 zu gelangen. Der Druck auf die weiße Stellung wird zur Beherrschung der d-Linie oder zur Eroberung eines Bauern führen, wie aus dem Partieverlauf hervorgeht.

20. Kg1-g2

Er möchte Dh3 nicht zulassen. Zwar war das derzeit nicht das Vorhaben von Schwarz, könnte es aber jederzeit werden. Räumt Weiß die d-Linie mit 20.Le1, so antwortet Schwarz 20. ... Tfd8 und steht für De6-b3 bereit. Weiß kann das Eindringen am Damenflügel nicht vermeiden, sondern nur versuchen, die Folgen zu mildern. Am besten wäre hier 20.Se2, um den L auf das wirksamere Feld c3 und den S nach d4 zu bringen.

20. ... Tf8-d8

Schwarz konnte sofort 20. ... Db3 spielen. Er zieht es vor, zuerst auf der d-Linie Posten zu beziehen.

21. e3-e4 (?)

In strategischer Hinsicht ermöglicht dieser Zug dem Weißen, Schwächen am K-Flügel zu beseitigen (dazu ist noch f2-f3 nötig) und seinen L zu befreien. Wie jedoch die Folge zeigt, führt er praktisch zum Verlust eines Bauern. Mit 21.Le1 war das zu vermeiden, z.B. 21. ... Db5 22.De2.

21. ... De6-b3

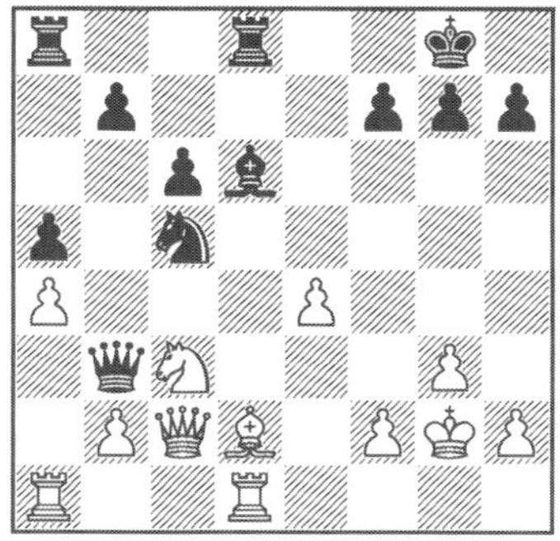

Nun scheint der Bauer nicht mehr zu retten:

1) 22.Db1 Le5
1a) 23.Ta3 Dc4!
1a1) 24.f3 Lxc3 nebst De2+;
1a2) 24.b3 Db4 25.Sb5 Dxe4+;
1a3) 24.Le3 Txd1 25.Dxd1 Sxe4;
1b) 23.f4 Lxc3
1b1) 24.Lxc3 Txd1 25.Dxd1 Dxd1 26.Txd1 Sxa4 27.Lxa5 Sxb2!;
1b2) 24.bxc3 Dc4 und die Drohung De2+ lässt eine Verteidigung des Be4 nicht mehr zu.
2) 22.Tdc1 Le5 23.f3 (23.Ta3 Dxc2 24.Txc2 Lxc3 25.Lxc3 Sxe4) 23. ... Dxc2 24.Txc2 Sb3 25.Td1 Lxc3 26.bxc3 Td3 27.Tb2 Sc5 und Schwarz bleibt um mindestens einen Bauern im Vorteil, z.B. 28.Ta2 Tad8 29.Kf2 Sxa4 oder 28.Kf2 Sxa4 29.Txb7? Sxc3 usw.

Daher spielt Weiß

22. Dc2xb3 Sc5xb3
23. Ta1-b1 Ld6xg3

Der Abzugsangriff auf den Ld2 bringt schließlich einen B ein.

24. h2xg3

Zu erwägen war 24.Lg5. Schwarz setzt mit 24. ... Txd1 25.Txd1 Le5 fort.

24. ... Sb3xd2

Schwarz nimmt nicht mit dem Turm, weil er auf diese Weise die aktive Verwendung des Tb1 verhindert, die 24. ... Txd2 25.Txd2 Sxd2 26.Td1 zeigt.

25. Tb1-c1 Sd2-b3

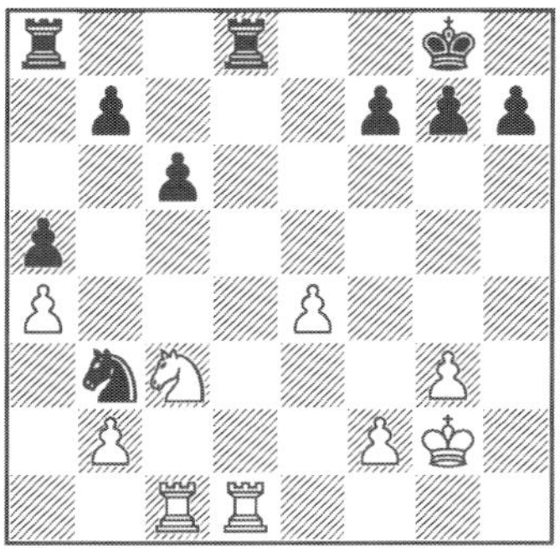

Weiß hat nun drei Möglichkeiten:

a) Überhaupt keinen T zu tauschen: 26.Tb1 Kf8. Das ist wahrscheinlich am besten.
b) Beide Türme zu tauschen: 26.Txd8+ Txd8 27.Td1 Txd1 28.Sxd1; Schwarz muss dieses Endspiel sehr sorgfältig spielen, wenn er den gewonnenen B erfolgreich verwerten will. Diese Variante wird nach dem 26. Zug untersucht.
c) Einen T zu tauschen; dies überlässt Schwarz jedoch die d-Linie und verschafft ihm einen zusätzlichen Vorteil.

In T-Endspielen wird die stärkere Seite die Türme tauschen, wenn im verbleibenden Leichtfigurenendspiel ihr König besser steht als der feindliche. Das wäre bestimmt der Fall, wenn ihr K in die feindliche Stellung eindringen kann, was bei Türmen auf dem Brett selten möglich ist.

26. Td1xd8+ Ta8xd8

Angenommen, Weiß erzwingt nun den Tausch der verbleibenden Türme durch die Drohung, die d-Linie zu beherrschen: 27.Td1 Txd1 28.Sxd1, so scheint es, dass der schwarze K auf geradem Weg vormarschieren kann. Untersuchen wir aber die Stellung etwas sorgfältiger.

a) 28. ... Kf8 29.Kf3(?) Ke7 30.Ke3 Kd6 und der weiße K kann sich nicht weiter nähern, da 31.Kd3 Sc5+ einen weiteren Bauern verliert, und Schwarz gewinnt leicht. Aber es gibt den Gegenangriff 29.Se3!, z.B. 29. ... Sc5 30.Sc4! Sxa4 31.Sxa5 Sxb2 32.Sxb7 oder 29. ... Ke7 30.Sf5+ und der König muss mit 30. ... Kf6 den Bg7 verteidigen, worauf 31.Sd6 folgt. Der Bauerntausch führt nicht zu einem klaren Gewinn.
b) 28. ... Sc5! 29.Sc3 Kf8 (Erst nachdem er den weißen S festgebunden hat; Schwarz könnte allerdings auch 29. ... Sd3 30.Sd1 einschalten.) 30.Kf3 Ke7 31.Ke3 Kd6 32.Kd4 Se6+ 33.Kc4. Der weiße K muss sich zu weit vom K-Flügel entfernen, um das Eindringen des Schwarzen am D-Flügel zu verhindern. Man beachte, wie schlecht der weiße S für den Gegenangriff postiert ist (als Ergebnis des 28. Zuges). 33. ... g5! (droht h7-h5-h4) In Springer-

endspielen entscheidet oft der entfernte Freibauer. Nach 34.g4 kann der schwarze K am K-Flügel eindringen, Ke5 usw.

Alles in allem hätte Schwarz nach dem Tausch aller Türme noch „technische" Schwierigkeiten zu überwinden. Weiß wählt jedoch die ungünstigste der drei Möglichkeiten und spielt

27. Tc1-c2

Wichtig ist, dass Schwarz nun *zwei* Vorteile besitzt: er hat einen Bauern mehr und beherrscht eine offene Linie mit dem Turm. Es ist schwierig, sich gegen zwei Gefahren gleichzeitig zu verteidigen. Im Schach sind zwei Vorteile größer als zweimal ein Vorteil.

27. ... f7-f6
28. f2-f3 Td8-d3

Droht Bauerngewinn durch die Wendung 29. ... Txf3 30.Kxf3 Sd4+.

29. Tc2-f2 Sb3-d2

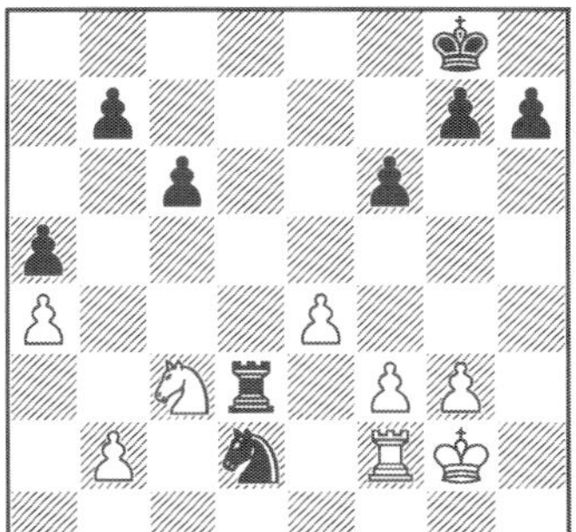

Schwarz hat einen sehr einfachen Plan: zuerst will er so viele weiße Figuren wie möglich binden und dann soll sein K vorrücken. Der Textzug greift f3 an und eröffnet Aussichten wie Sd2-c4-e3+. Der Sc3 kann nur nach a2 ziehen, wo er wirkungslos steht.

30. g3-g4

Sonst könnte Schwarz mit h7-h5 und g7-g5 fortsetzen, um sich nach weiterer Vereinfachung einen Freibauern zu verschaffen.

30. ... Sd2-c4
31. Kg2-g3 Sc4-e5

Der schwarze S steht auf dem Zentralfeld besser, wo er die weißen Figuren bindet und eventuell die Besetzung von f4 vorbereitet.

Schwarz darf nicht 31. ... Sxb2 32.Txb2 Txc3 33.Txb7 spielen. Das würde das weiße Spiel befreien und ihm Gegenchancen einräumen. Das Geheimnis für den schwächeren Teil im Endspiel heißt *Gegenangriff!* In Stellungen wie dieser ist sogar ein erheblicher Vorteil stark entwertet, wenn man dem Gegner irgendeine Initiative gewährt.

32. Kg3-g2 g7-g5

Schwarz sichert sich das Feld f4. Er denkt an Se5-g6-f4+. Ist der weiße K nach g3 gezwungen, ergeben sich Mattgefahren, wie später deutlich wird.

33. Kg2-g3 Se5-g6

Schwarz hätte sofort seinen K nach vorn bringen können; das bedeutet jedoch keinen großen Unterschied. Es ist gleich, ob der weiße T durch Angriff gegen f3 gebunden wird oder indirekt durch Mattdrohungen.

34. Sc3-a2

Weiß ist hilflos. Er muss abwarten, was der Gegner unternimmt.

34. ... Sg6-f4

Solange der S hier steht, kann der weiße T nie zu einem Gegenangriff kommen, weil Td3-d2-g2 matt droht.

35. Sa2-c3 Kg8-f7

Dem K sind nun, da der weiße K unbeweglich ist, keine Steine mehr in den Weg zu legen.

36. Sc3-a2 Kf7-e6

Bevor er seinen K in die Mitte bewegt, musste Schwarz 37.Th2 Ke5! 38.Txh7 Td2 39.Th2 Se2+ 40.Kh3 (sonst Sc1+) 40. ... Txb2 41.Sc3 Sg1+ 42.Kg3 Txh2 43.Kxh2 Sxf3+ (und gewinnt) in seine Berechnungen einbeziehen.

37. Sa2-c3 Sf4-g6

Um 38.Th2 mit Sh4 beantworten zu können. Nach 37. ... Ke5(?) 38.Th2 Kd4 39.Txh7 Td2 (analog der vorigen Variante) ist der Rettungszug 40.Td7+ möglich.

38. Sc3-a2 Ke6-e5

Jetzt kann der K vorrücken.

39. Sa2-c3 Ke5-d4
40. Sc3-a2 Kd4-c4

Man beachte, dass der weiße T allzeit mittelbar gebunden ist, denn jeder Zug könnte mit Sh4 oder Se5 beantwortet werden. 40. ... Ke3 findet die Erwiderung 41.Sc1, und Weiß erhält einige Gegenchancen.

41. Sa2-c3 Kc4-b3
42. Kg3-g2 Sg6-e5
43. Kg2-g3 Se5-c4

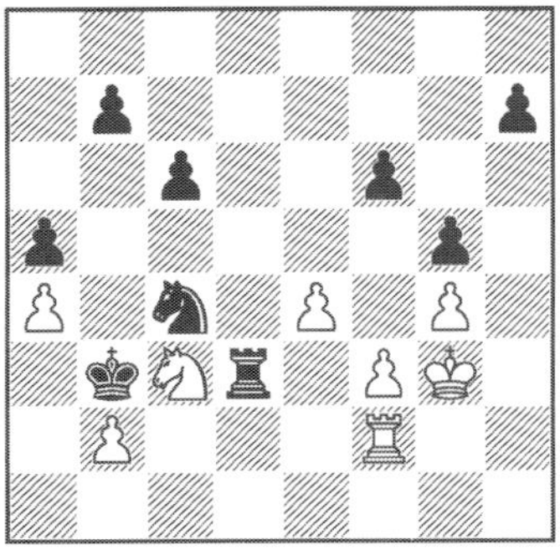

Nun fällt der Bb2 und anschließend auch a4. Weiß gab auf. Nur eine Variante, um zu zeigen, wie nahe Gewinn und Remis beieinanderliegen: 44.Th2 Sxb2 45.Se2

a) 45. ... Sxa4?? 46.Sc1+;

b) 45. ... Td2? 46.Sc1+ Kc2 47.Txd2+ Kxd2 48.Sb3+ mit Remischancen;

c) 45. ... Kxa4? 46.Sc1 Td1 47.Txb2 Txc1 48.Txb7 mit Remischancen;

d) 45. ... Td7! mit leichtem Gewinn, denn Schwarz hat den Gegenangriff auf der h-Linie vermieden. Weiß kann den Verlust des Ba4 nicht mehr abwenden (46.Sc1+ Ka3), und Schwarz behält drei verbundene Freibauern mehr am Damenflügel.

In dieser Partie liegt der maßgebliche Unterschied zwischen Amateur und Meister in der Verschiedenartigkeit, wie sie die Stellung unmittelbar nach der Eröffnung behandeln. Der Amateur versäumt, eigene Pläne zu fassen, erkennt die Pläne des Meisters nicht und begegnet ihnen nicht auf die richtige Weise.

Partie 15

Die Theorie der Caro-Kann-Verteidigung
Das Mittelspiel planen
Ausnutzung einer hängenden Figur
Scharf berechnete Taktik, um die Initiative festzuhalten
Schwächung der feindlichen Königsstellung
Planen des Mattnetzes
Ablenken einer Figur von einer kritischen offenen Linie

In fast jeder Partie kommt der Moment, wo eine Phase vorüber ist und eine andere beginnen soll, wo keine dringenden taktischen Probleme bestehen und der Spieler sich fragen muss: „Was soll ich als nächstes tun? In welcher Richtung soll die Partie weitergehen?" Ein solcher Zeitpunkt könnte „Augenblick der Entscheidung" genannt werden, in dem ein Plan beschlossen werden muss, der oft rein strategisch, manchmal aber auch taktisch ist.

Mit Entscheidung meinen wir das Entwerfen eines allgemeinen Plans, wie das Spiel fortzusetzen ist. Sie wird gewöhnlich gefällt, wenn die Dinge verhältnismäßig ruhig verlaufen, wenn keine Figuren einstehen, keine feindlichen Drohungen, keine angespannte taktische Lage, die Vorrang beansprucht, bestehen.

Manchmal ist es möglich, einen Plan für die ganze Partie zu fassen, gewöhnlich aber wird die Entscheidung nur für eine Partiephase getroffen, die, sagen wir, fünf bis zehn Züge umfasst.

Sobald einem Spieler klar geworden ist, dass der Augenblick der Entscheidung gekommen ist, muss er die Stellung sorgfältig von allen Seiten untersuchen. Er muss seine eigenen Stärken und Schwächen und die seines Gegners abschätzen und die Details der Stellung abwägen, wie Bauernverteilung, Platz des gegnerischen Königs, offene und halboffene Linien, usw. Der Plan wird auf einer oder mehreren allgemeinen Ideen fußen – Ziele, die anzustreben sind. Ein zielbewusstes Vorgehen ist nur möglich, wenn ein Spieler ein bestimmtes Ergebnis vor Augen hat. Wer es versäumt, einen Plan zu fassen, wandert ziellos von Zug zu Zug oder verlässt sich auf rein taktische, sporadisch auftauchende Konstellationen oder Umstände, die ihm Vorteil bringen könnten. Nicht dass ein Plan unabänderlich ist, wenn man ihn einmal gefasst hat. Was der Gegner tut und die taktischen Erfordernisse des Augenblicks können die Lage ändern, so dass ein Spieler immer bereit sein muss, seinen Plan zu überprüfen, zu ändern oder ihn vollständig zu wechseln, falls die Umstände es erfordern. Wichtig ist, Ziele zu haben und einen Plan, sie zu erreichen.

Manchmal ist die Stellung derart, dass ein einziger Plan sich aufdrängt – keine andere Fortsetzung wäre ebenso logisch. Ein anderes Mal – und das ist natürlich der kompliziertere Fall – mögen mehrere Pläne brauchbar sein. In diesem Fall ist die Wahl teils vom relativen Wert der verschiedenen Möglichkeiten abhängig, teils vom Temperament des Spielers, ob er z.B. ein Angriffsspiel mit Risiken und Opfern vorzieht oder eine positionelle Lösung, die den Gegner langsamer, dafür umso sicherer zu Boden wirft.

Weiß: Meister Schwarz: Amateur
Caro-Kann

1. e2-e4

Schwarz hat nun die Auswahl. Er kann

a) ebenfalls mit 1. ... e5 die Mitte besetzen (das Vorspiel vieler Eröffnungen),
b) d7-d5 vorbereiten (Französisch, Caro-Kann),
c) den Be4 beunruhigen (1. ... Sf6, Aljechin-Verteidigung),
d) eine unabhängige Gegenaktion am Damenflügel beginnen mit 1. ... c5 (Sizilianisch),
e) sich gar nicht um die Besetzung des Zentrums kümmern (Fianchetto-Verteidigung).

1. ... c7-c6

Schwarz bereitet einen Stoß gegen das weiße Zentrum mit d7-d5 vor. Er könnte auch sofort 1. ... d5 spielen (Skandinavisch), jedoch nicht ohne einen gewissen Nachteil in Kauf nehmen zu müssen. Als Vorbereitung hat 1. ... c6 gegenüber 1. ... e6 (Französisch) den Vorteil, dass der Lc8 nicht eingesperrt bleibt, dagegen den Nachteil, dem Sb8 das natürliche Feld c6 zu nehmen und ein Tempo für die Entwicklung zu verlieren. Unter Entwicklung versteht man einen der folgenden Züge: a) Herausbringen einer Figur; b) die Rochade; c) ein Bauernzug, der eine Linie für einen Läufer öffnet. Daher ist e7-e6 ein Entwicklungszug, c7-c6 nicht.

2. Sb1-c3

Der traditionelle Zug ist 2.d4, der Besitz vom Zentrum ergreift. Der Textzug beruht auf dem Gedanken, dass Weiß im Augenblick den Punkt d4 nicht besetzen muss. Wenn er d2-d4 aufschiebt, erhält er beträchtlichen Entwicklungsvorsprung, der ihm baldige Aktivität verheißt und in manchen Fällen ein sehr wichtiges Tempo gewinnt (siehe Bemerkung nach 4.Sxe4).

2. ... d7-d5
3. Sg1-f3

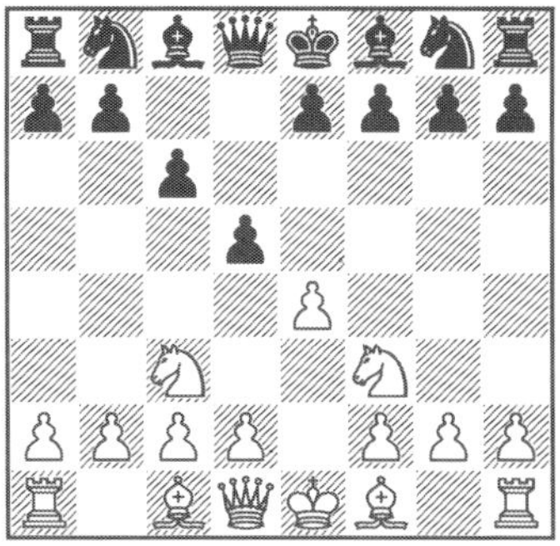

Diese Fortsetzung ist vielseitiger als das klassische Abspiel, das immer noch mit 3.d4 zu erreichen war. Wie beim 4. Zug gezeigt wird, hindert sie den Lc8 nach f5 zu kommen, ein Zug, der einen wichtigen Zweig des klassischen Abspiels bildet. Setzt Schwarz nun mit 3. ... d4 fort, so folgt 4.Se2 c5 5.d3, gefolgt von 6.g3 usw. Weiß spielt dann Königsindisch mit vertauschten Farben und zwei Tempi mehr: a) das Anzugstempo, b) der durch c7-c6-c5 verursachte Zeitverlust.

Schwarz sucht nun nach einer annehmbaren Fortsetzung. Er überlegt: a) 3. ... Sf6 ist möglich, aber nicht leicht nach 4.e5 Se4; b) 3. ... Lg4 ist befriedigend nach 4.h3 Lxf3 (Nicht Lh5 5.g4 Lg6 6.exd5 cxd5 7.h4! h6 8.Se5 usw. – sehr lehrreich.) 5.Dxf3 und Weiß hat das Läuferpaar, doch dies ist keine offene Partie, in der die Läufer am brauchbarsten sind; die Chancen sind gleich; c) 3. ... e6 hemmt den Lc8; d) 3. ... dxe4 bricht die Spannung, bringt jedoch den Sc3 in eine bessere Stellung. Im Allgemeinen lieben Amateure keine ungelösten Spannungen auf dem Brett. Daher wählt er

3. ... d5xe4

4. Sc3xe4

Wie soll Schwarz nun spielen?

Im klassischen Abspiel (1.e4 c6 2.d4 d5 3.Sc3 dxe4 4.Sxe4) setzt Schwarz oft wirkungsvoll mit 4. ... Lf5 und dann 5.Sg3 Lg6 6.h4 h6 7.Sf3 Sd7! fort und verhindert damit 8.Se5. Im Text jedoch wäre 4. ... Lf5 fragwürdig, weil der weiße S schon auf f3 steht statt auf g1 wie in der klassischen Variante. Es würde dann weitergehen: 5.Sg3 Lg6 (Gerade noch spielbar ist 5. ... Lg4.) 6.h4 h6 7.Se5 (Das kann Schwarz im klassischen Abspiel, wie oben gezeigt, verhindern.) 7. ... Lh7 8.Dh5 g6 9.Lc4! mit Mattdrohung. Weiß hat eine mächtige Entwicklung; der Lh7 ist nutzlos, und Weiß verfügt über andere Drohungen, um die schwarze Stellung weiter zu behelligen.

Die Theorie gibt u.a. 4. ... Lg4 an (5.h3 Lxf3 usw.), oder die Textfortsetzung:

4. ... Sb8-d7

Heute sehr populär. Schwarz will Sg8-f6 fortsetzen und die Verdopplung der Bauern auf f6 vermeiden. Das Problem des unentwickelten Lc8 wird gelöst durch baldiges c6-c5 und b7-b6.

5. Lf1-c4

Oder 5.d4 nebst 6.Ld3. Der Textzug wendet sich gegen den wunden Punkt f7. Wenn Schwarz nicht e7-e6 spielt, kann er früher oder später auf den Punkten f7 oder e6 ins Gedränge kommen; z.B. 5. ... b6?? 6.Lxf7+ Kxf7 7.S3g5+ Ke8 8.Se6 und erobert die Dame. 5. ... Sb6 könnte wie folgt Schwierigkeiten verursachen: 6.Lxf7+ Kxf7 7.Se5+ Ke8 8.Dh5+ g6 9.Sxg6 hxg6 10.Dxh8 oder 9. ... Sgf6 10.Sxf6+ exf6 11.Sxh8+. Auch auf 5. ... Sgf6 hat Weiß die Chance, einen Angriff zu starten mit 6.S3g5 e6 7.Sxf7 Kxf7 8.Sg5+. Es ist nicht sicher, ob der Angriff durchdringt, aber der schwarze König steht unbequem, so dass Schwarz manche Probleme zu lösen hat.

Also erzwingt Lc4 mehr oder weniger die Einschließung des Lc8.

5. ... e7-e6
6. 0-0 Sg8-f6
7. Se4-g3

Weiß musste vor diesem Zug die Vor- und Nachteile abwägen. *Dafür:* der Abtausch wäre günstig gewesen für Schwarz, der weniger Raum beherrscht. *Dagegen:* der Zug verliert ein Tempo, denn der S steht auf g3 gewiss nicht besser als auf e4.

7. ... Lf8-e7
8. d2-d4

Der richtige Zug zur rechten Zeit. Weiß entwickelt diesen wichtigen Bauern, besetzt die Mitte, erlangt Kontrolle über c5 und e5 und befreit den Lc1. Zuvor war es wichtig, einige Figuren in den Kampf zu werfen. Nun ist es Zeit, die Mitte zu besetzen. Ein gutes Beispiel modernen Schachdenkens.

8. ... 0-0
9. Dd1-e2

Die D übt Druck auf der e-Linie aus, schützt die zweite Reihe, räumt die erste für freie Bewegungen der Türme bzw. d1 für einen Turm.

9. ... c6-c5

Schwarz hat den c-Bauern ein zweites Mal gezogen; dieser Zeitverlust war jedoch unvermeidlich. Das ursprüngliche c7-c6 war nötig, um d7-d5 vorzubereiten; jetzt ist c6-c5 erforderlich, um das weiße Zentrum zu neutralisieren.
Ein Tempo im Mittelspiel ist im Allgemeinen weniger bedeutsam als in der Eröffnung. Wenn der zweischrittige Doppelzug zwei verschiedenen Gesichtspunkten folgt, sollte man ihn in Erwägung ziehen und sich klarmachen, dass er auf bestimmte Weise Zwang auf den Gegner ausübt; und man kann sich vorstellen, dass er unter gewissen Umständen eher zum Gewinn als zum Verlust eines Tempos führt. Versuchen wir, diesen Gedanken zu illustrieren. Vergleichen Sie nach 1.d4 d5 2.c4 Sc6 3.Sc3 e5 4.cxd5 Sxd4 die Fortsetzungen a) 5.e4 und b) 5.e3 Sf5 6.e4 Sd4.
Die Stellung nach a) ist genau die gleiche wie nach b) mit dem wesentlichen Unterschied, dass nach a) Schwarz am Zug ist, nach b) jedoch Weiß. Also hat Weiß in a), wo er e2-e4 in einem Zug gespielt hat, ein Tempo *verloren*, während er in b) mit e2-e3-e4 eins *gewonnen* hat.

10. Tf1-d1

Der T kann starken Druck auf der d-Linie ausüben, umso mehr als sich die schwarze D noch auf dieser Linie befindet.

10. ... b7-b6

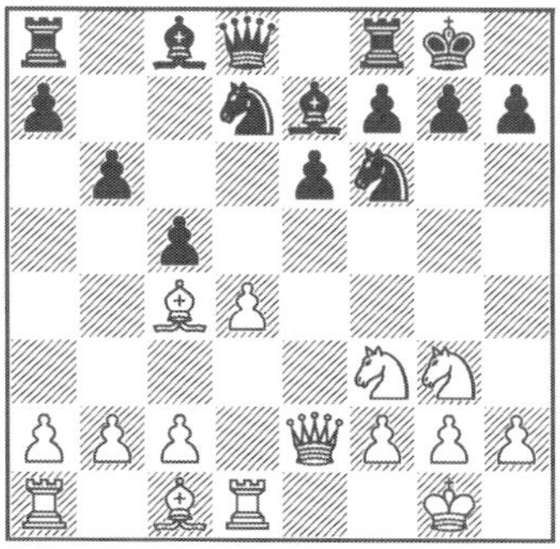

Entsprechend dem Plan, den wir beim 4. Zug von Schwarz erwähnten. Die Entwicklung des Weißen ist praktisch beendet. Das Mittelspiel ist erreicht. Hier liegt einer der schwierigsten Punkte in der Schachpartie. Manchmal kann Weiß seinen nächsten Zug auf einen wohldurchdachten, langfristigen Plan gründen, manchmal muss er seinen Zug auf der Grundlage allgemeiner Prinzipien wählen. Jedoch muss er in jedem Fall eine Reihe von gedanklichen Schritten vollziehen, um den besten oder wenigstens einen spielbaren Zug zu finden.

Zunächst fragt er sich: „Hat Schwarz irgendwelche taktischen Drohungen?“ Hier hat Schwarz nichts weiter als c5xd4. Als zweites fragt er: „Wie wird wohl die Strategie des Schwarzen aussehen?“ Offenbar wird er die Entwicklung mit Dc7 und Lb7 fortsetzen. Drittens prüft er: „Was sind die offensichtlich besten Züge für mich, und wohin werden sie führen?“ Es gibt folgende Möglichkeiten:

a) 11.Lf4 Lb7 12.dxc5 Lxc5 13.Se5 De7. Das scheint zu befriedigendem Spiel für Schwarz zu führen.

b) 11.Lg5, um zu versuchen, im Hinblick auf Lxf6 Lxf6 Druck gegen d7 auszuüben – dem Sd7 wird die Deckung des Sf6 geraubt. Als Beispiel: 11. ... Lb7 12.dxc5 bxc5 13.Se5 und Schwarz ist in großen Schwierigkeiten. Weiß droht 14.Lxf6 und 15.Sxd7. Auch 13. ... Dc7 14.Sxd7 würde eine Figur kosten, und 13. ... De8 trifft auf 14.Lb5 oder auch 14.Sxd7 Sxd7 15.Lxe6, ein Scheinopfer, das einen Bauern gewinnt. Um den Druck zu vermindern, spielt Schwarz am besten 11. ... h6, wonach 12.Lxf6 Lxf6 13.dxc5 bxc5 14.Lb5 De7 die Sorgen zu bannen scheint.

c) 11.Se5 ist ebenfalls ein starker Versuch. Er droht, den Druck mit 12.Sc6 zu verstärken und den Le7 zu tauschen. Einige der naheliegenden Antworten scheinen nicht auszureichen:

c1) 11. ... Lb7 12.dxc5 bxc5 (oder Lxc5) 13.Lb5 und gewinnt;

c2) 11. ... Dc7 sieht gut aus. Aber 12.Sxf7! (eine der Absichten des letzten Zuges von Weiß) 12. ... Kxf7 (Txf7 13.Dxe6 und gewinnt den T.) 13.Dxe6+ Ke8 (Kg6 14.Df5 matt) 14.Sf5 ist lästig für Schwarz, denn es droht Matt: 14. ... Sb8 15.Lb5+ Kd8 16.dxc5+ usw.

c3) Ein wenig besser wäre der Springertausch 11. ... Sxe5 12.dxe5 Sd7 (Sd5 13.Sf5 ist unbequem für Schwarz.) 13.Se4 Dc7 14.Sd6 Lxd6 15.exd6 oder 15.Txd6 und Weiß hält den Druck, der vergleichbar ist mit dem in der Partie, aufrecht.

c4) Die beste Antwort für Schwarz ist wohl 11. ... Ld6, wonach 12.Sxf7 nicht zu genügen scheint: 12. ... Txf7 13.Dxe6 De7 mit T + 2B für L+S, aber Schwarz hat danach eine gute Entwicklung.

12.dxc5 Lxe5 bringt auch nichts

ein, und 12.Sxd7 Lxd7 festigt das schwarze Spiel (13.dxc5 Lxc5 14.Lg5 Le7).

d) 11.dxc5 scheint von allen am günstigsten zu sein, denn nun kommt der Druck des T auf der d-Linie zur Geltung und schafft unmittelbar taktische Möglichkeiten.

11. d4xc5 Le7xc5

Auch 11. ... bxc5 war nicht so schlecht, weil der Le7 dann die Kontrolle über f6 behält. In vielen Spielweisen leistet er auf e7 größere Dienste für die Verteidigung als auf c5 für den Angriff. Wie sich in der Partie zeigt, braucht Schwarz den Schutz von f6.

Dass Schwarz nach bxc5 zwei vereinzelte Bauern am D-Flügel behält, ist höchstens im Endspiel, kaum aber im Mittelspiel von Belang.

12. Sf3-e5

Die Kraft des vorangegangenen Tauschs wird nun klarer: Er öffnete die d-Linie und gestattet Weiß, seinen Raumvorteil und die Fesselung des Sd7 auszunutzen.

12. ... Dd8-c7

Schwarz muss die Fesselung sofort abschütteln, sonst geht er unter (Lb7? 13.Lb5). Er wählt das beste Feld für die D, wo sie c6 vor einem Einbruch des Se5 schützt, diesen angreift und b7 deckt, so dass ein eventuelles Df3 mit Lb7 beantwortet werden kann.

13. Lc1-f4

Die Dc7 ist nun einem indirekten Angriff ausgesetzt, der die Doppeldrohung 14.Sxd7 und 14.Sg6 beinhaltet. Man beachte die Fehlkombination 13.Sxf7? Txf7 14.Dxe6 Se5!.

13. ... Sd7xe5

14. Lf4xe5 Dc7-e7

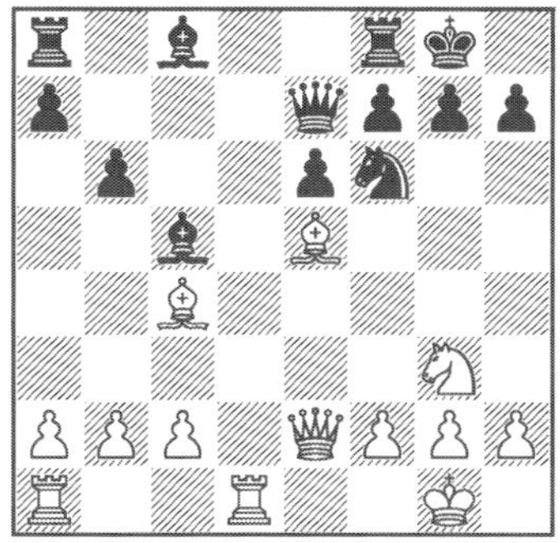

Weiß verfügte über viele Wege, die schwarze Stellung anzugreifen, und es war das Problem von Schwarz, sie auf ein Mindestmaß zu verringern. In verschiedener Hinsicht hat er gute Arbeit geleistet – nur ein verwundbarer Punkt bleibt, f6, wie die Folge zeigt.

Die jetzige Stellung ist wichtig und lehrreich für die Methode der Schachanalyse. Betrachten wir sie. Lässt Weiß ihm Zeit, spielt Schwarz Lb7, macht Weiß die offene d-Linie mit einem seiner Türme streitig, und was hätte Weiß dann? Wahrscheinlich nicht mehr als Ausgleich. Sein Vorteil hätte sich aufgelöst. Er muss daher nach einem Mittel Ausschau halten, aus seiner überlegenen Entwicklung Kapital zu schlagen, bevor Schwarz gleichziehen kann. Wie muss er vorgehen?

Wenn ein Spieler die überlegene Entwicklung hat, ist es für ihn wichtig, sorgfältig nach Möglichkeiten zu suchen, seinen Vorteil nutzbringend umzusetzen, ehe sein Gegner die Entwicklung beendet oder ausgeglichen hat. Hier steht ein schwarzer Turm ungedeckt, er „hängt“. Eine hängende Figur ist immer ein Hinweis, nach einer Kombination zu suchen. Auch wenn die hängende Figur geschützt werden kann, wird es Zeit kosten, die dem Angreifer ein zusätzliches Tempo einbringt.

Weiß untersucht nun das folgende Abspiel: 15.Df3 (greift a8 an) 15. ... Lb7 16.Lxf6 Lxf3 17.Lxe7 Lxd1 18.Lxf8 und er hat eine Figur mehr. Er erkennt, dass er dabei gewinnt, und setzt seine Untersuchungen fort, denn Schwarz hat sicher günstigere Varianten. Er überlegt: „Mit 15.Df3 Lb7 16.Lxf6 zwinge ich Schwarz zu gxf6, reiße ihm die Rochadestellung auf und erhalte Chancen auf Königsangriff.“

15. De2-f3 Lc8-b7
16. Le5xf6 g7xf6

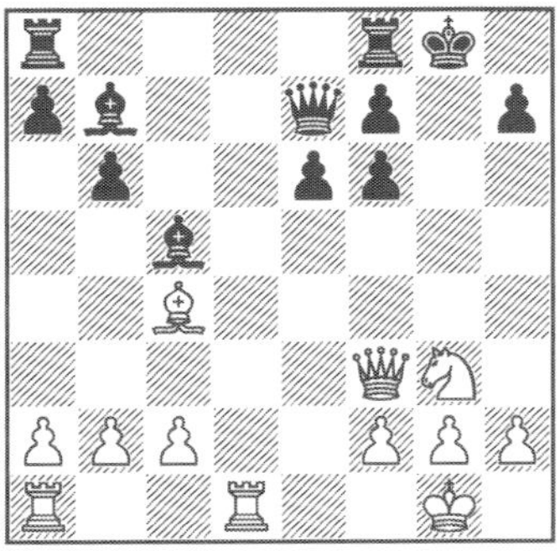

Weiß hat nun sein strategisches Ziel, den f-Doppelbauern, erreicht. Es stellt sich die Frage: „War seine Strategie gesund? Wird die aufgerissene Königsstellung zu einem erfolgreichen Mattangriff führen oder wird Schwarz die halboffene g-Linie seinerseits für einen Gegenangriff nutzen können, insbesondere in Verbindung mit seinem Lb7?“

Das Problem von Weiß besteht darin, die Schwächen des Schwarzen, den gefährdeten K und den verwundbaren Bf6, auszunutzen. Der Angriff gegen diese beiden Schwächen muss miteinander verbunden werden.

Weiß sieht zwei Wege, den Angriff fortzusetzen: a) 17.Dh5 und b) 17.Df4. Untersuchen wir zunächst 17.Dh5. Ein paar Möglichkeiten:

a) 17. ... Kh8? 18.Ld3 f5 19.Sxf5 exf5 20.Lxf5 f6 21.Td7 und gewinnt;
b) 17. ... f5 18.Dh6 führt zur Partie;
c) 17. ... Tfd8! 18.Dh6 Kh8 19.Sh5 Tg8 und Schwarz hat Gegenchancen.

Beim Vergleich mit der Partie kommen wir zu dem Schluss, dass 17.Df4 tatsächlich vorzuziehen ist.

17. Df3-f4

Behält den Druck gegen f6 bei und überlässt das Feld h5 dem S.

17. ... Kg8-h8

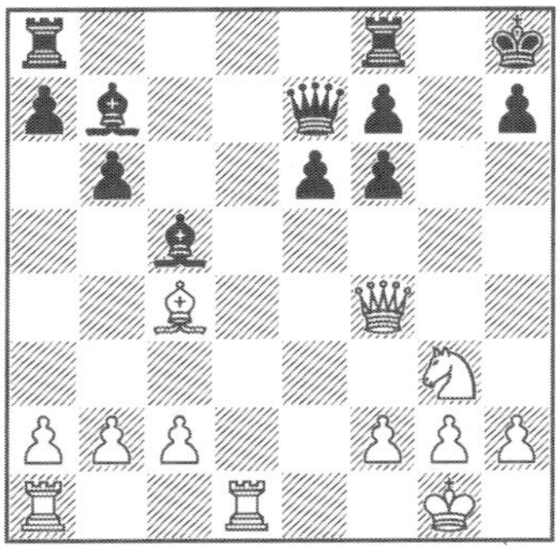

Andere Möglichkeiten sind weniger gut:

a) 17. ... e5? 18.Dh6 (droht 19.Sh5 und 19.Sf5);
b) 17. ... Tfd8 18.Sh5 (droht 19.Dg3+ nebst Matt) 18. ... Kh8 19.Sxf6 Df8 (um 20.Dh6 zu verhindern) 20.g3. Weiß hat gute Angriffschancen und außerdem einen Mehrbauern. Verglichen mit c) beim 16. Zug des Schwarzen sehen wir, dass 17.Df4 (statt 17.Dh5) diese Verteidigung weniger wirkungsvoll gemacht hat.
c) 17. ... f5 18.Sh5 Kh8 19.De5+ f6 20.Dxe6 mit materiellem Vorteil.

Der Königszug bezweckt, 18.Sh5 mit Tg8 und Gegenchancen auf der g-Linie beantworten zu können. Damit ist noch einmal eine kritische Stellung erreicht. Weiß muss jetzt und keinen Zug später eine zwingende Antwort finden, denn wenn Schwarz einen Zug Zeit hat, festigt er sich mit Tad8 oder Tg8.

Betrachten wir die Kombination 18.Td7 Dxd7 19.Dxf6+ Kg8 20.Sh5 mit Mattdrohung. Aber Schwarz kann sich retten mit 20. ... Dd4 oder 20. ... Ld4. Das erklärt den folgenden Zug:

18. b2-b4!

Um den L vom Zugang zu d4 abzulenken.

18. ... Lc5xb4
19. Td1-d7!

Weiß möchte mit 20.Dxf6+ und 21.Sh5 fortsetzen. Schwarz hat keine Wahl.

19. ... De7xd7
20. Df4xf6+ Kh8-g8
21. Sg3-h5 Lb4-c3

Das Einzige.

22. Df6xc3 f7-f6

Alles erzwungen.

23. Lc4xe6+

Lenkt die D von g7 ab.

23. ... Dd7xe6
24. Dc3-g3+ Kg8-f7
25. Dg3-g7+ Kf7-e8
26. Dg7xb7!

Schwarz gab auf. Er ist verloren, weil nicht nur 27.Sg7+, sondern auch 27.Dxa8+ droht, z.B. 26. ... De5 27.Sg7+ Kd8 28.Td1+ usw. oder 26. ... Dc8 27.Te1+.

Wie in vielen vorhergehenden Partien verlor der Amateur, weil er im Augenblick der Entscheidung, der meistens unmittelbar nach der Eröffnung kommt, nicht tief genug sah. In dieser Partie können wir den 11. Zug des Schwarzen bemängeln, nicht dagegen planloses Spiel. Im Gegenteil, seine Strategie war sehr klar: zuerst entwickeln, dann das Zentrum des Gegners neutralisieren, dann alle Figuren zu einem Höchstmaß an Wirkung bringen. Es erwies sich als äußerst schwierig für den Meister, diesen Plänen zu begegnen und die Pläne auszuführen, die er selbst entworfen hat. Auf die Dauer jedoch blieb der Widerstand des Amateurs, der sich tapfer und zäh verteidigte, hoffnungslos gegenüber den vielen brillanten Zügen des meisterhaft spielenden Partners.

Partie 16

Die Theorie der Sizilianischen Verteidigung
Die Drachenvariante
Eröffnungsvarianten
Inbesitznahme der offenen Linien
Der Druck des Lg7 auf den weißen Damenflügel
Fortgesetzter Angriff auf den weißen Damenflügel
Neutralisieren gegnerischer Züge
Beherrschen der 7. (bzw. 2.) Reihe
Abschneiden gegnerischer Verbindungslinien
Der unwiderstehliche Freibauer

Keine Eröffnung ist so stark, dass die gegnerische Seite nicht mit den richtigen Zügen zum Ausgleich kommen könnte. Aber um das zu erreichen, muss man die Ideen hinter der Eröffnung verstehen und wissen, was der Gegner beabsichtigt.

Dies trifft insbesondere auf Sizilianisch zu, das zu den tiefsten Eröffnungen gehört. In den meisten Varianten strebt Schwarz nicht die direkte Beherrschung des Zentrums an, und er versucht fast nie einen Angriff auf den K, wenn dieser kurz rochiert hat.

Hinter Sizilianisch scheinen sich geheimnisvolle Ideen zu verbergen; in Wirklichkeit sind sie jedoch deutlich umrissen. Schwarz hat wenig auffällige, aber nichtsdestoweniger wirksame Vorteile am Damenflügel im Visier. Zuerst öffnet er die c-Linie, auf dieser sucht er gewöhnlich Druck auszuüben mit Dame und einem Turm. Oft bringt er den Sb8 über c6 nach a5, um auf den Punkt c4 zu drücken oder ihn zu besetzen. In der Drachenvariante flankiert er den Lf8 nach g7, wo er entlang der ganzen Diagonale drückt und besonders stark ist, weil er gegen die Punkte a1, b2 und c3 wirkt. Diese Strategie ist so tief, dass sie oft den Zusammenbruch der weißen Damenseite bewirkt, ohne dass Weiß etwas dagegen zu tun vermag und obwohl er genau weiß, was sich ereignet.

WEIß: AMATEUR SCHWARZ: MEISTER
SIZILIANISCHE DRACHENVARIANTE

1. e2-e4 c7-c5

Eine der verwickeltsten Antworten auf 1.e4. Sizilianisch hat einen modernen Charakter. Die weiße Partie erhält ein anderes Gesicht als es gemeinhin bei den 1.e4-Eröffnungen zu sehen ist.
Schwarz will dem Vorgehen des Weißen in der Mitte nicht am gleichen Ort, sondern zunächst am Damenflügel entgegentreten. Mit 1. ... c5 kontrolliert er den Punkt d4 und ist vorbereitet, die c-Linie für das Gegenspiel am D-Flügel zu öffnen, nachdem Weiß d2-d4 spielt.

2. Sg1-f3

Das sofortige d2-d4 wird mit 2. ... cxd4 3.Dxd4 Sc6 beantwortet, mit Gewinn eines Tempos für Schwarz.

2. ... Sb8-c6

An dieser Stelle wird auch oft 2. ... d6 gespielt, um gelegentliches e4-e5 zu verhindern. Es ist interessant, den Unterschied zwischen Sc6 und d6 zu untersuchen.

a) 2. ... Sc6 3.d4 cxd4 4.Sxd4 Sf6 5.Sc3 d6 6.Lg5
b) 2. ... d6 3.d4 cxd4 4.Sxd4 Sf6 5.Sc3 g6

In a) stößt das Fianchetto im 5. Zug auf Bedenken, weil 5. ... g6?! 6.Sxc6 nebst e4-e5 als günstig für Weiß gilt, obwohl es gelegentlich immer wieder versucht wird. Und 6. ... g6 würde nach 7.Lxf6 exf6 eine ernstliche Schwächung des Bauerngerüsts bedeuten. In b) kann Schwarz die Flankierung durchsetzen, weil er die Entwicklung des Sb8 verschoben hat.

3. d2-d4

Weiß besetzt d4. Wenn jetzt 3. ... cxd4 4.Sxd4 Sxd4 5.Dxd4, so verliert Weiß kein Tempo, da der Sb8 bereits abgetauscht ist.

3. ... c5xd4

Nimmt Schwarz nicht, kann 4.d5 mit Raumgewinn folgen. Der wichtigste Punkt des sizilianischen Aufbaus besteht gerade darin, dass er einen Flügel- für einen Mittelbauern abtauscht und so eine potenzielle Mehrheit im Zentrum schafft. Nach dem Tausch besitzt Schwarz den e- und d-Bauern, während Weiß nur noch den e-Bauern hat.
Die Frage, wann die Spannung im Zentrum aufrechterhalten werden und wann man tauschen soll, ist im Schach wichtig. Im Allgemeinen wird man tauschen, a) wenn man durch Ablehnen des Tauschs ein Tempo verliert, z.B. 1.e4 d5 2.e5? mit Zeitverlust, während 2.exd5 Dxd5 3.Sc3 ein Tempo gewinnt; b) wenn man anderen Schwierigkeiten aus dem Weg gehen möchte, z.B. 1.e4 d5 2.Sc3 d4.

4. Sf3xd4

Der weiße S steht nun in der Brettmitte; allerdings kann Schwarz ihn mitunter mit e7-e5 verjagen (siehe Partie 18).

4. ... Sg8-f6

Greift den Be4 an und zwingt Weiß, ihn zu decken. Dies wird er am zweckmäßigsten mit 5.Sc3 tun. Damit hat Schwarz aber erreicht, dass Weiß nicht so leicht zu c2-c4 kommt, womit er ein Gegenspiel in der c-Linie erschweren und den Punkt d5 stark in den Griff bekommen würde.

5. Sb1-c3

Wie schon beim 2. Zug von Schwarz erwähnt, droht Weiß nun 6.Sxc6 nebst e4-e5. Man beachte, dass der Bauernvorstoß ein Zug zuvor nicht möglich war, weil nach 4.Sxc6 bxc6 5.e5? Da5+ der Be5 verloren geht.

5. ... d7-d6

Ein anderes System, den Lf8 zu entwickeln, beginnt mit 5. ... e6. Wenn nun 6.Sxc6 bxc6 7.e5, so ist 7. ... Sd5 möglich. Die übliche Fortsetzung ist daher 6.Sdb5 (Am besten, um den Auswirkungen der kommenden Fesselung zu begegnen.) 6. ... Lb4 7.a3 Lxc3+ 8.Sxc3 d5 9.exd5 exd5 und Schwarz hat einen vereinzelten Bd5, doch kann Weiß dessen Vorstoß nach d4 nicht verhindern, der Schwarz einigen Raum als Ausgleich für das weiße L-Paar verschafft. Vielleicht steht nach heutiger Theorie Weiß aber doch eine Idee besser.

6. Lf1-e2

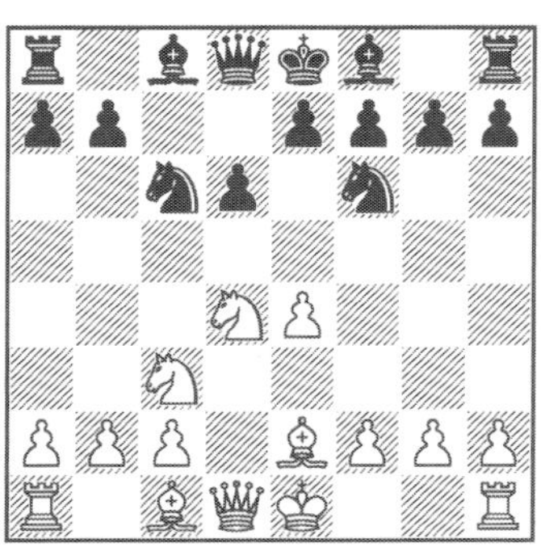

Im Sizilianer ist e2 ein gutes Feld für den Lf1. Von hier aus deckt er g4 zur Vorbeugung gegen einen Springerausfall. Ein anderes gutes Feld ist c4, was oft bevorzugt wird, mit der Idee 6.Lc4 g6? 7.Sxc6 bxc6 8.e5! (dxe5?? 9.Lxf7:+!).
Das Feld d3 ist im Sizilianer für den L nicht immer gut, teils weil der Be4 im Weg steht, teils weil der Sd4 den Schutz der Dame benötigt.
Der Richter-Rauser-Angriff 6.Lg5 zwingt Schwarz in das e7-e6-System: 6. ... e6 7.Dd2 Le7 8.0-0-0 ist weit ausanalysiert, mit beiderseitigen Chancen.

6. ... g7-g6

Die Drachenvariante. Schwarz will den L nach g7 entwickeln, wo er nach der Rochade den K schützt und Druck auf der langen Diagonale ausüben soll.
Zum Scheveninger System führt 6. ... e6. Die Idee besteht darin, auf der c-Linie zu manövrieren und evtl. im Zentrum vorzugehen.
Zum Boleslawski-System führt 6. ... e5 (siehe Partie 18).

7. Lc1-e3

Der L zieht auf ein Feld, wo er den Punkt d4 verstärkt. Nach der Antwort des Schwarzen, einem indirekten Angriff auf d4, zeigt sich die Nützlichkeit des Zugs.
An dieser Stelle wird auch 7.Sb3 gespielt, sogar bevor Schwarz Lg7 gezogen hat. Die Idee ist, einem Vorstoß d6-d5 entgegenzuwirken und nach ausreichender Vorberei-

tung (Weiß muss zuerst e4 decken) Sc3-d5 nebst c2-c4 folgen zu lassen mit Einschnürung des schwarzen Spiels.

7. ... Lf8-g7

Im Laufe der Partie muss Weiß dafür sorgen, dass der Druck des L entlang der Diagonalen h8/a1 neutralisiert wird. Er muss auch den Ta1 im Auge behalten, der zwar vom Lg7 durch mehrere Steine getrennt ist, sich aber nie sicher fühlen kann, solange er sich auf a1 befindet.

8. 0-0 0-0

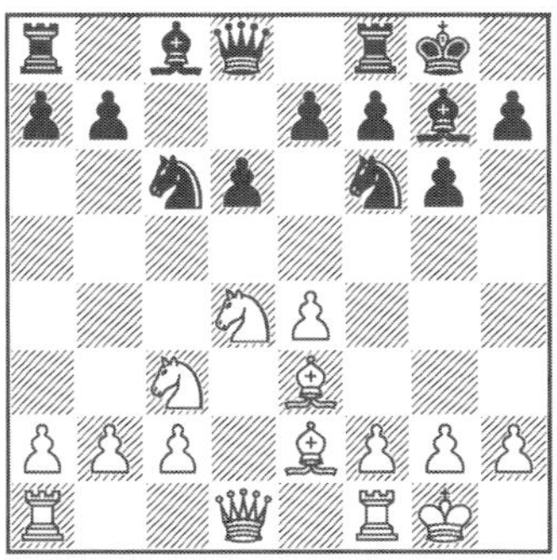

9. h2-h3(?)

Um Sf6-g4 zu verhindern mit Tausch eines L gegen den S; heutzutage hält man dies aber für überflüssig. Sofort 9.Dd2 Sg4 10.Lxg4 Lxg4 11.Sd5 ist gut spielbar für Weiß, wenn auch wohl nicht mit Vorteil verbunden, während 11.f4 die Ausgleichswendung 11. ... Sxd4 12.Lxd4 e5! 13.Le3 exf4 usw. zulässt.
Der üblichste und am meisten analysierte Zug ist hier 9.Sb3.

9. ... Lc8-d7

Entwickelt den L und macht Platz für den Ta8. Von d7 aus kann der L nach b5 oder a4 gehen; er deckt außerdem den Sc6, so dass a6 nebst b5 möglich wird.

10. Dd1-d2

Macht die 1. Reihe frei und ermöglicht ein späteres Le3-h6, um den starken Lg7 abzutauschen und schwache Felder in der schwarzen Stellung zu schaffen.

10. ... a7-a6

Ein thematischer Zug im Sizilianer – der Anfang eines Angriffs am D-Flügel mit b7-b5-b4 oder b5 nebst Sa5. Außerdem verhindert er Sd4-b5 und bereitet so Dc7 vor.

11. f2-f4

Um die weiße Überlegenheit im Zentrum zu erhöhen und späteres Sc6-e5 zu vermeiden. Der Zug dient teils dazu, e5 zu kontrollieren, teils dazu, Lf3 vorzubereiten, ohne den f-B zu verstellen. Außerdem ist unter bestimmten Umständen der weiße Vorstoß g4, f5, g5 für Schwarz sehr gefährlich.
Andererseits wird die weiße Stellung verwundbarer, wie wir später sehen werden. Der Punkt e4 kann nicht mehr vom f-B verteidigt werden.
Man beachte, dass der Bh3 zwar den positiven Zweck erfüllt, Sg4 zu verhindern, dafür jedoch ein Loch auf g3 geschaffen hat. Dieses Loch wird in den meisten Fällen keine ernsten Folgen haben, gibt aber dem Geg-

ner immer zusätzliche Chancen (abgesehen von der Möglichkeit, evtl. auf h3 zu opfern). Man beachte ferner, dass an dieser Stelle 11.Lh6 eine Figur gekostet hätte, weil die Dd2 nicht gleichzeitig den Lh6 und den Sd4 schützen kann.

11. ... Ta8-c8

Im Sizilianer geht der Ta8 normalerweise nach c8, einmal um mit dem Druck auf der halboffenen c-Linie zu beginnen, aber auch um sich aus der langen Diagonalen zu entfernen, wo er dem Einfluss eines auf f3 auftauchenden Läufers ausgesetzt wäre.

12. Le2-f3 Dd8-c7

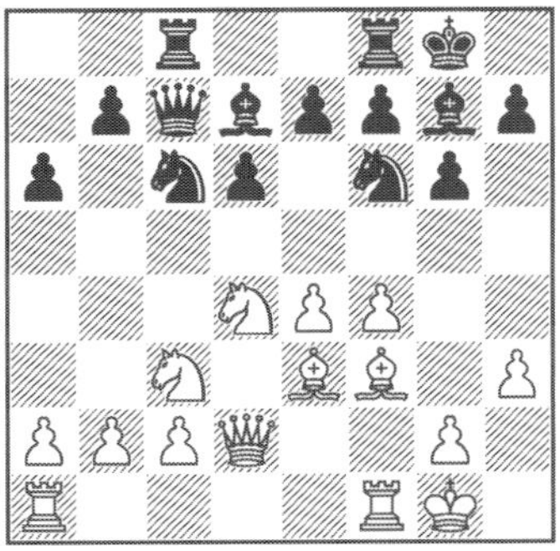

Schwarz verstärkt seinen Druck auf der c-Linie. Der Zweck wird bald ersichtlich. Der Entwicklungsplan des Weißen sieht sehr harmonisch aus: hinter den Bauern e4/f4 die L und S bereit zum Losschlagen, und die Dd2 vervollständigt diesen Eindruck. Man hat ein halbes Jahrhundert gebraucht, um herauszufinden, dass dieser Aufbau nicht harmonisch, sondern im Gegenteil sehr verwundbar ist.

13. Ta1-e1 (?)

Besser wäre 13.Tad1, weil nach 13. ... Sa5 (drohend Sc4) 14.Dd3 Sc4 15.Lc1 (wie auch in der Partie) ein zusätzlicher Schutz des Sd4 wichtig wäre.

13.Sd5 wäre gewaltig, falls c2 ausreichend geschützt wäre. An dieser Stelle kostet der Zug jedoch einen B: 13. ... Sxd5 14.exd5 Sxd4 15.Lxd4 Lxd4+ 16.Dxd4 Dxc2.

13.Tac1 sieht gut aus als Vorbereitung von 14.Sd5. In diesem Fall antwortet Schwarz jedoch 13. ... Sa5 14.Sd5 Sxd5 15.exd5 Sc4 16.De2 Sxe3 oder 16. ... Sxb2.

13. ... Sc6-a5

Ebenfalls ein thematischer Zug, der Sc4 droht mit einer dominierenden Stellung des S. Mit 14.b3 ist die Drohung nicht abzuwehren, da der Sc3 verloren geht. Der Sa5 hat die Bahn der schweren Figuren auf der c-Linie freigegeben.

14. Dd2-d3

In Erwartung von Sc4. Zieht Weiß die D jetzt nicht, so kommt Schwarz nach 14. ... Sc4 zum Tausch des S gegen den Le3. Das wäre sehr unbequem für Weiß, denn der Le3 schützt das bedeutsame Feld d4, und der Lg7 würde an Kraft gewinnen. Außerdem hätte Schwarz die Möglichkeit 15. ... Sxb2.

Besser wäre vielleicht 14.Df2 Sc4 15.Lc1 und Schwarz kann auf b6 mit der Dame nicht fesseln wie in der Partie.

14. ... Sa5-c4

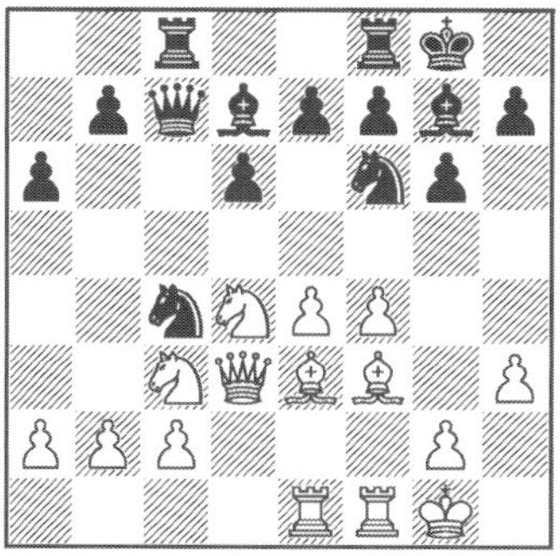

Schwarz hat eine für den Sizilianer ideale Stellung erreicht. Er hat a) die Herrschaft über die halboffene c-Linie; b) einen Angriff gegen b2; c) die Drohung des Drucks gegen c3, denn um den Sc4 zu vertreiben, müsste Weiß b3 spielen, und der Sc3 wäre ungenügend gedeckt; d) die Möglichkeit b7-b5-b4; e) die Möglichkeit e6, gefolgt von d5.

15. Le3-c1

Versucht Weiß, sich mit 15.b3 zu verteidigen, erobert Schwarz mit 15. ... Sb2 16.Dd2 Dxc3 17.Dxc3 Txc3 18.Lc1 Sh5 nebst 19.Lxh5 Lxd4+ 20.Kh2 Txc2 oder 19.Td1 Lxd4+ 20.Txd4 Txc2 eine Figur.

15. ... Dc7-b6

Mit der Doppeldrohung Sxb2 und e5. Außerdem gibt es noch die indirekte Bedrohung des Sd4 durch den Lg7!

16. b2-b3

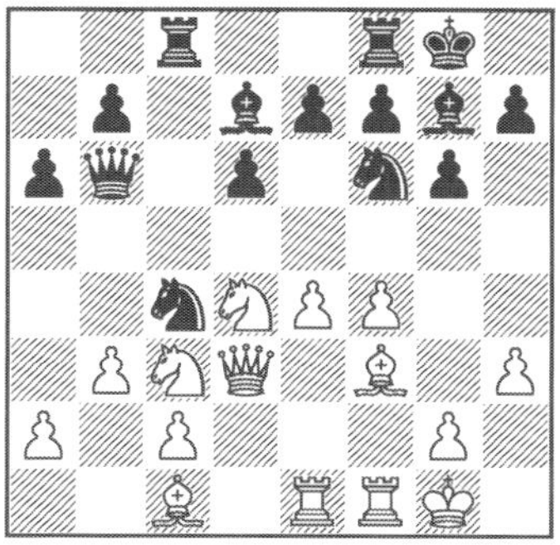

Die Stellung sieht nun prachtvoll aus für Schwarz, weil der Sd4 nicht ziehen und jederzeit einem zusätzlichen Angriff durch den Lg7 ausgesetzt sein kann. Dennoch gibt es nur einen einzigen Weg, der auch nur geringen Vorteil einbringt. Betrachten wir die Möglichkeiten:

a) 16. ... Sxe4? 17.Txe4 f5 18.Txe7 Dxd4+ 19.Dxd4 Lxd4+ 20.Kh1 Lxc3 21.Txd7 Sa5 22.La3 und Weiß hat nichts zu fürchten.
b) 16. ... Se5? 17.fxe5 dxe5 18.Le3 exd4 19.Lxd4 und Weiß steht gut.
c) 16. ... e5? 17.bxc4 exd4 18.Sd5 und Weiß kann zufrieden sein.
d) 16. ... Sg4?. Es scheint, als könne es sich Schwarz leisten, seinen S einzustellen, weil auch der Sd4 hängt. Nach 17.S3e2 sind aber zwei schwarze S bedroht. Der Versuch, die Lage mit 17. ... Sge5 18.fxe5 Sxe5 zu retten, scheitert an 19.De3 (entfesselt) Sxf3+ 20.Sxf3.

In verwickelten Mittelspielstellungen muss man alle Möglichkeiten untersuchen, man kann aber nicht sicher sein, etwas Klares zu entdecken. Es gibt gleichwohl oft ein Motiv, das anzeigt, in welcher Richtung der beste Zug liegen könnte. Hier liegt das Motiv in der Kombination zweier Überlegungen: a) dass die schwarze Dame den Sd4 fesselt; b) dass sich der Lg7 ebenfalls auf der Diagonale mit dem S befindet. Schwarz spielt daher:

16. ... Sf6-h5

Indem er die Diagonale räumt, greift er d4 zum zweiten Mal an.

17. Sc3-e2!

Deckt zwar, aber die ärgerliche Fesselung bleibt. Eigenartig ist, dass trotz des einstehenden Sc4 Weiß eine Figur verliert, falls er diesen schlägt: 17.bxc4? Dxd4+ usw.

17. ... Sh5-g3!

Greift den Verteidiger e2 an, der überbeansprucht ist (d4 und g3). Andere Fortsetzungen ergeben nichts: 17. ... e5 18.bxc4 exd4 19.Lxh5 gxh5 und Schwarz hat nichts erreicht.

18. Se2xg3

Nach 18.bxc4 kostet Sxf1? 19.Kxf1 Schwarz Material. Richtig ist 18. ... Sxe2+ nebst Dxd4+ mit Bauerngewinn.

18. ... Db6xd4+
19. Dd3xd4

Vorzuziehen war 19.Kh1 Dxd3 20.cxd3 Sa5 und Schwarz steht etwas besser, weil sein T die offene Linie beherrscht und die L wirkungsvoll stehen.

19. ... Lg7xd4+
20. Kg1-h2 Sc4-a5

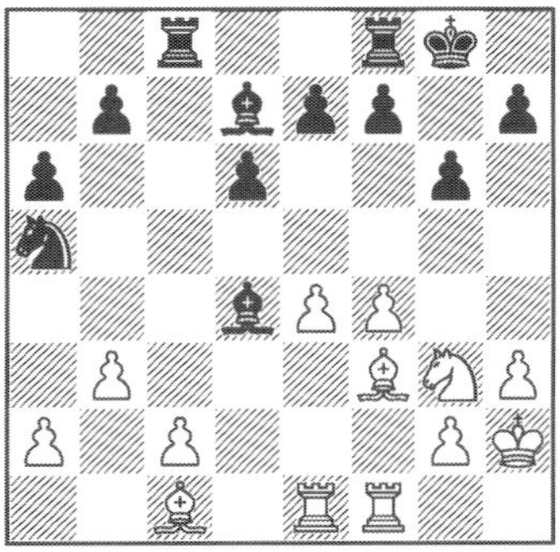

Eine Phase des Mittelspiels ist zu Ende gegangen, eine neue setzt ein. Die weiße Stellung wird charakterisiert durch die Verletzbarkeit der Bauern des D-Flügels und die Unmöglichkeit, seine Stellung durch c2-c4 zu festigen, wie die Partie zeigen wird. Die schwarze Stellung zeichnet sich durch die Ansammlung von Figuren am D-Flügel aus.

21. c2-c4

Praktisch erzwungen. Im Allgemeinen wäre dieser Zug für Weiß sehr gut; in diesem besonderen Fall jedoch kann Schwarz ihn ausnutzen. Versucht Weiß, c2 mit 21.Te2 zu schützen, so kann 21. ... Lc3 mit der Drohung Lb5 kommen, oder 21. ... b5 und der Bc2 bleibt schwach.

21. ... b7-b5!

Ein sehr wichtiger strategischer Zug. Er öffnet Linien und Schrägen. Der Bc4 ist dreimal angegriffen, nur einmal gedeckt.
Öffnet ein Spieler eine Linie, muss er sich vergewissern, dass er mehr Nutzen daraus zieht als sein Gegner.

Hier ist ein typisches Beispiel der Besitzergreifung der halboffenen Linie – ein überwältigender Angriff gegen den feindlichen B, der die Linie schließt. Das strategische Ziel ist fast immer das Eindringen des Turms auf die 2. (bzw. 7.) Reihe.

22. c4xb5

22.Ld2 kann Schwarz mit Lb6 beantworten und Weiß steht wieder vor dem gleichen Problem. 23.Lxa5 Lxa5 24.Tc1 wäre kein befriedigender Ausweg wegen 24. ... Ld2 nebst Lxf4.

22. ... Ld7xb5

Schwarz beherrscht nun die c-Linie mit seinem T und die wichtigen Diagonalen mit seinem Läuferpaar. Weiß beherrscht überhaupt nichts. Dennoch geht es nicht ganz nach dem Kopf des Schwarzen.

23. Lf3-e2

Natürlich ist Weiß bestrebt, den Einfluss von Schwarz zu verringern. Der Tausch eines wirkungslosen L gegen einen, der wichtige Felder beherrscht, verringert den weißen Nachteil.

23. ... Tc8-c2

Schwarz kann den Läufertausch nicht vermeiden und vergrößert seinen Einfluss an einer anderen Stelle: Kontrolle der 2. Reihe – der eigentliche Sinn einer offenen Linie. Nach 23. ... Lxe2 24.Txe2 hätte Weiß zwei Ziele erreicht: a) Beseitigung eines der Läufer; b) Schutz der 2. Reihe.

24. Le2xb5 a6xb5
25. Te1-e2

Weiß setzt die Strategie fort, den Griff des Schwarzen auf den offenen Linien und Reihen zu lösen.

25. ... Tf8-c8

Durch die Turmverdopplung behauptet Schwarz die 2. Reihe.

26. Lc1-a3 Ld4-a7!

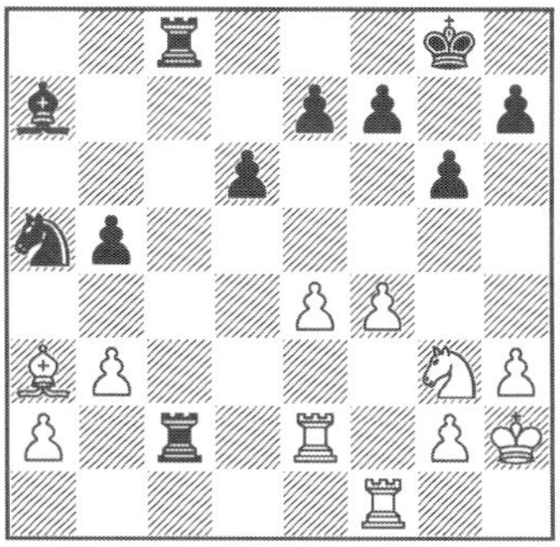

Jetzt droht 27. ... Txe2 28.Sxe2 Tc2, weil kein Ld4 mehr vom Se2 angegriffen wird. Zum Remis führt 26. ... Lb6 27.Lb4 Txe2 28.Sxe2 Tc2 29.Lxa5 Lxa5 30.Sc1 Ld2 31.Sd3! Txa2 32.Tf2. Nach einigen Zügen wird klar, warum La7 mehr leistet als Lb6.

27. La3-b4

Wenn 27.Tfe1 Lf2 28.Txc2 Txc2 29.Te2 Lxg3+ und gewinnt.

27. ... Tc2xe2
28. Sg3xe2 Tc8-c2!

Statt 28. ... Sb7, was den S auf ein unwirksames Feld bringt, tauscht Schwarz ihn gegen den aktiveren weißen. Schwarz hätte lieber 28. ... Sc6 gezogen, aber dann verfügt

Weiß über den Ausgleichszug 29.Tc1. Falls nach dem Textzug der Se2 gehalten wird, kann Sc6 sehr gut geschehen.

29. Lb4xa5

Nach 29.Sc1 erobert Sc6 30.Sd3 Txa2 einen B.

29. ... Tc2xe2

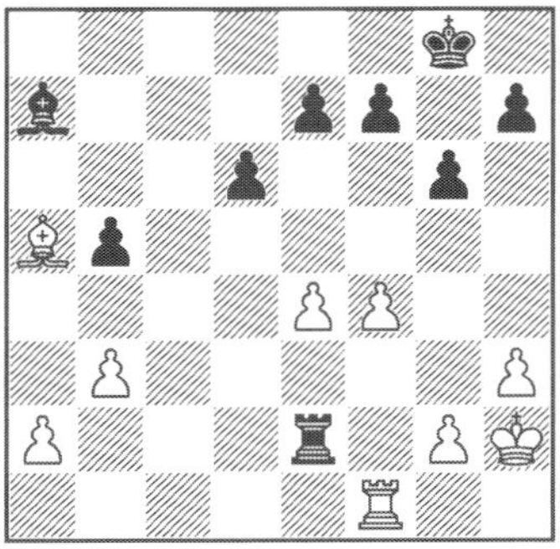

Bedroht zugleich a2 und e4. Man beachte, dass der T den S nicht hätte nehmen können, befände sich der L auf b6. Schwarz hätte auf a5 zurücknehmen müssen (siehe Anmerkung zum 26. Zug).

Das Gesamtergebnis des schwarzen Spiels besteht im Gewinn eines B, das unmittelbare Resultat der Herrschaft über die offene Linie und des Eindringens auf die 2. Reihe.

30. Tf1-c1

Der Be4 ist nicht zu verteidigen. Darum nimmt der T die c-Linie in Besitz. 30.e5 beantwortet Schwarz am besten mit dxe5 31.fxe5 Lb8!.

30. ... Te2xe4

Ein Zentralisierungszug, der Schwarz einen freien und einen halbfreien Bauern verschafft. 30. ... Txa2 hätte ebenfalls einen Mehrbauern ergeben, der Gewinn wäre jedoch technisch erheblich schwieriger gewesen. Die taktischen Gegebenheiten hätten Weiß mehr Gegenspiel eingeräumt: 31.Tc8+ Kg7 32.Lc3+ f6 33.e5 dxe5 34.fxe5 und Weiß hat die Drohung 35.exf6+ und 36.Tc7+. Nach 34. ... fxe5 35.Lxe5+ Kf7 36.Th8 ist die Lage nicht klar.

Besonders in Endspielen mit T und leichten Figuren sollte man vermeiden, dem Gegner die Führung zu überlassen. Im Allgemeinen ist die Initiative fast einen Bauern wert.

31. Tc1-c8+ Kg8-g7
32. La5-c3+ f7-f6
33. Kh2-g3

Auf 33.g3 käme Te2+ und Txa2.

33. ... Te4-e3+
34. Kg3-h2

Der K darf nicht ins offene Feld und in feindliches Gebiet wandern. Wenn 34.Kg4? h5+ 35.Kh4 Txc3 36.Txc3 Lf2+ 37.g3 Kh6 gefolgt von g5+ nebst Matt.

34. ... La7-c5

Um die Verbindung zum Tc8 abzuschneiden und den La7 von einer verwundbaren Stelle zu entfernen, denn Tc7 könnte lästig sein.

35. Lc3-a5

Nach 35.Ld2 oder Lb2 ginge durch Te2 der Ba2 verloren.

35. ... b5-b4

Der La5 ist von e1 abgeschnitten und die Stellung des Lc5 gestärkt, denn

Weiß kann nicht mehr b4 spielen. Außerdem ist der Ba2 bewegungsunfähig, und Schwarz droht seine Eroberung durch Te2. Man beachte, wie die Beweglichkeit der weißen Figuren nun ernstlich beschränkt ist.

36. Tc8-b8 Te3-e4

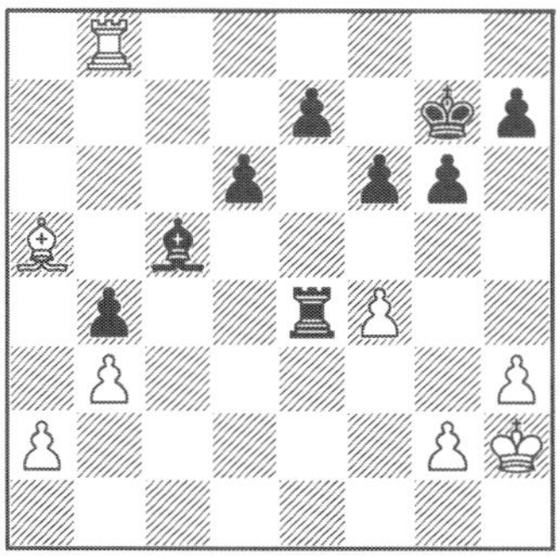

Verteidigt b4 und greift f4 an.

37. Kh2-g3

Wenn 37.g3, so gewinnt Te2+ 38.Kh1 Txa2 39.Lxb4 Lf2 40.g4 Lg3 41.f5 gxf5 42.gxf5 Tf2 oder 37. ... h5, um die weißen Bauern mit h5-h4 zu lähmen. In all diesen Fällen behält Schwarz nicht nur zwei Bauern mehr, auch der weiße K steht sehr unsicher.

37. ... Kg7-f7

Beide Parteien werden versuchen, ihre Könige in die Mitte zu bringen. Besonders Weiß ist daran gelegen, den Te4 von seinem zentralen Standort zu vertreiben.

38. Tb8-b7

Ein Zug ohne besonderes Ziel, Weiß muss aber irgendetwas unternehmen. Versucht er, sich mit seinem König zu nähern, so kommen wieder einige sehr hübsche Kombinationen ans Tageslicht: 38.Kf3 Te3+ 39.Kg4 h5+ 40.Kh4 Tf3 41.g3 (41.gxf3 Lf2 matt) 41. ... Txf4+ 42.gxf4 Lf2 matt.

38. ... Kf7-e6
39. La5-d8 d6-d5

Schwarz kann e7 auf einfache Weise decken. Außerdem ermöglicht er Ld6 und rückt den Freibauern vor.

40. Ld8-c7 d5-d4!
41. Tb7-b5 d4-d3!

Schwarz kann es sich hier schon leisten, den L zu opfern, weil der d-Bauer nach 42.Txc5 d2 nicht mehr aufzuhalten ist.

42. f4-f5+

Um das Feld f4 für den Läufer freizumachen und den Bauern aufzuhalten.

42. ... g6xf5
43. Lc7-f4 Te4xf4

Weiß gab auf.
Nichts kann den Freibauern mehr an der Umwandlung hindern.
Schwarz kam durch den gewonnenen Bauern, seine Zentralisierung, die größere Beweglichkeit seines T und L sowie die unsichere Stellung des weißen K zum Erfolg.
Der Amateur lässt in dieser Partie keine der typischen Mängel, die in den vorangegangenen Spielen auftraten, erkennen. Er entwickelt strategische Pläne unmittelbar nach der Eröffnung, er zeigt Unternehmungslust, er entdeckt feindliche Drohungen, die er so gut wie möglich abwehrt, und sein Widerstand lässt nicht

nach, auch nachdem er begonnen hat, infolge des gleichbleibend starken Spiels seines meisterlichen Gegners Terrain zu verlieren. Die einzige Schwäche im Spiel des Amateurs taucht um den 10. Zug herum auf, als er ein wenig zu zuversichtlich im Hinblick auf die Chancen seines Angriffs ist. Das ist jedoch in einer Eröffnung wie Sizilianisch leicht verständlich, bei der die schwarzen Streitkräfte lange im Hintergrund bleiben und erst viel später hervorbrechen, so dass Weiß leicht zu der Auffassung kommen kann, besser zu stehen. In einer Partie zwischen zwei starken Gegnern, in der der eine seine Stellung überschätzt, ist es leicht, gleichwohl aber gefährlich für ihn, die Remisvarianten zu umgehen, die unter den gegebenen Umständen die besten gewesen wären.

Partie 17

Der Wert der f2-f3-Variante im Sizilianer
Der Königsangriff des Weißen
Erzwingen einer offenen Turmlinie
Das Standardopfer, das den feindlichen König dem Angriff der schweren Figuren aussetzt

Angriffe auf Königsbastionen, die keine Schwäche aufweisen, erfordern gewöhnlich weit mehr Vorbereitungszeit als Angriffe auf geschwächte Königsstellungen. Wenn beide Seiten versuchen, den rochierten König anzufallen, so ist meist die Zeit der entscheidende Faktor. Im Lichte dieser Erkenntnis können sich Schwächen in der Königsstellung als schwerwiegend erweisen. Während Schwarz im Sizilianer die für den Angriff am Damenflügel nötigen Züge macht (siehe vorige Partie), startet Weiß oft eine heftige Attacke am Königsflügel, die gute Aussichten hat, gefährlich zu werden; insbesondere in der Drachenvariante, wo Schwarz seine Königsbauernphalanx etwas schwächen muss, um den Läufer fianchettieren zu können. Der Bg6 gibt dabei dem Weißen eine Angriffsmarke. Dem Vorgehen von Weiß kann Schwarz nur mit energischem Spiel entgegentreten, das entweder auf die Entwicklung eines eigenen Angriffs oder auf einen Gegenstoß in der Mitte gerichtet ist. Sonst dringt der weiße Angriff durch, bevor Schwarz dazu gekommen ist, den Gegner zu beschäftigen.
Diese Partie ist ein Beispiel für den weißen Königsangriff und das Vorgehen des Schwarzen am Damenflügel. Die Verteidigungs- und Angriffskraft des Zuges f2-f3 wird deutlich, wie auch das Versäumnis von Schwarz, aktives Gegenspiel zu suchen, verhängnisvoll wird, und schließlich die Methode von Weiß, die Bauernbarriere um den schwarzen König aufzubrechen, die h-Linie zu öffnen und dies zum Mattsetzen auszunutzen.

Weiß: Meister Schwarz: Amateur
Sizilianisch –
Moderne Drachenvariante

1. e2-e4 c7-c5
2. Sg1-f3 d7-d6

Wegen des Unterschieds zu 2. ... Sc6 siehe Partie 16.

3. d2-d4 c5xd4
4. Sf3xd4 Sg8-f6
5. Sb1-c3 g7-g6
6. Lc1-e3

Stellt den L auf wichtige Diagonalen, unterstützt den Sd4 und trägt dazu bei, die 1. Reihe für die Rochade freizumachen.

6. ... Lf8-g7

Nicht etwa 6. ... Sg4 wegen 7.Lb5+ mit entscheidendem Materialgewinn für Weiß.

7. f2-f3

Dieser Zug hat eine ganz besondere Bedeutung: Er unterbindet den Ausfall Sg4, stärkt die Mitte und lässt erkennen, dass der strategische Plan von Weiß die lange Rochade einschließt sowie einen Königsangriff, der mit g2-g4 eingeleitet wird.

7. ... Sb8-c6
8. Dd1-d2

Macht den Weg für die lange Rochade frei und erlaubt gelegentliches Lh6, um den schwarzen K einer wichtigen Verteidigungsfigur zu berauben.

8. ... 0-0

Der schwarze K kann nicht in der Mitte bleiben. Die lange Rochade ist hier nicht opportun, u.a. weil der Bc7 fehlt. Trotz des zu erwartenden Angriffs dürfte es nichts Besseres für Schwarz geben als den Textzug.

9. 0-0-0

Weiß vervollständigt so seine Entwicklung. Er ist nun bereit, seinen Plan auszuführen: Vorstoß des h- und g-Bauern; Öffnung der h-Linie; Abtausch des Lg7 durch Lh6 oder Ld4; Mattangriff gegen den schwarzen K.

9. ... Lc8-d7

Die Theorie sagt, dass Schwarz nicht untätig bleiben darf. Er kann 9. ... Sxd4 nebst Le6 spielen; das Beste dürfte aber nach moderner Ansicht das Bauernopfer 9. ... d5 sein. In den dann möglichen Verwicklungen muss man allerdings unbedingt auf der Höhe der aktuellen Theorie bleiben.

10. g2-g4

Weiß beginnt den Angriff, der sich auf den schwächenden Zug g7-g6 und auf die „heterogenen Rochaden" gründet. Durch Vorstoß der g- und h-Bauern wird Weiß eine Linie öffnen, auf der Türme und Dame zur Geltung kommen.

10. ... a7-a6

Der thematische Zug in den meisten Varianten des Sizilianers. Schwarz strebt b5 und evtl. b4 an. Hier fruchtet diese Damenflügel-Demonstration nichts, denn der weiße Angriff ist zu scharf und die schwarze Antwort zu langsam. Bereits nach dem 9. Zug steht Schwarz jedoch kaum eine andere Idee zur Verfügung.

11. h2-h4

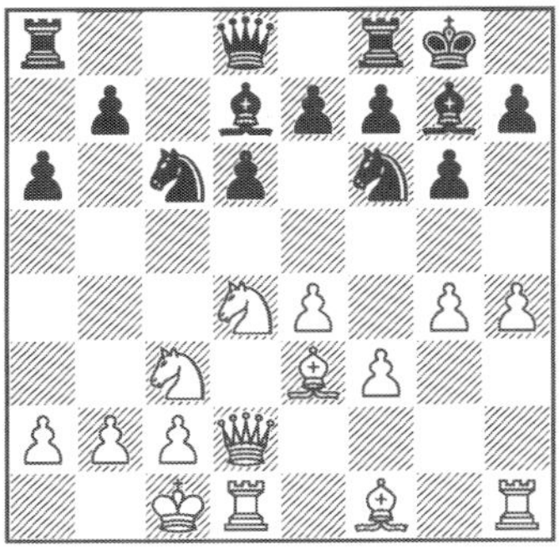

11. ... b7-b5

Ohne auf den weißen Plan Rücksicht zu nehmen, führt Schwarz seine Geschäfte am Damenflügel weiter. Anstelle dieses zu langsamen Vorgehens hätte er hier auf Verteidigung umschalten sollen. Das war bis zu einem gewissen Grad möglich durch den seltsam aussehenden Zug 11. ... h5, der die K-Stellung freiwillig durch Vorrücken eines Schutzbauern weiter schwächt. Nach einiger Überlegung wird man sehen, dass 12.gxh5 Sxh5 Schwarz mit einem neuen Bollwerk ausstattet und auch 12.g5 den weißen Angriff nicht fördert. Weiß müsste seine Strategie ändern: bevor er auf h5 tauscht, muss der Sf6, ein mächtiger Verteidiger, beseitigt werden. Die Fortsetzung könnte 12.Sd5 sein, und weiter:

a) 12. ... Sxd5 13.exd5 Sxd4 14.Lxd4 Lxd4 15.Dxd4 hxg4 16.fxg4 und Weiß kann seinen heftigen Flügelangriff in aller Ruhe mit Zügen wie g5 nebst h5 (Sofort h5 blockiert die Stellung.) wieder aufnehmen;

b) 12. ... hxg4 13.Sxf6+ Lxf6 14.Sxc6

b1) 14. ... bxc6 15.h5 gxf3 16.hxg6 und Weiß hat einen starken Angriff, z.B. 16. ... fxg6 17.Lc4+ e6 18.Dxd6 Tf7 19.Dg3! und gewinnt;

b2) 14. ... Lxc6 15.h5 gxf3 16.hxg6 und wieder ist der weiße Angriff überwältigend, z.B. 16. ... Lxe4 17.Dh2 Lxg6 18.Ld3 oder 16. ... fxg6 17.Lc4+.

In all diesen Abspielen scheint die Öffnung der h-Linie entscheidend zu sein.

12. h4-h5

Das erste Ergebnis der weißen Strategie: Schwarz kann den Weißen nicht daran hindern, die h-Linie zu öffnen. Wenn jetzt 12. ... gxh5, so 13.g5, um die h-Linie eher als die g-Linie zu öffnen. Allerdings wäre auch 13.gxh5 sehr stark, z.B. 13. ... Te8 14.Tg1 Kh8 15.h6 Lf8 und die schwarze Stellung ist nicht beneidenswert. Vielleicht hätte es Weiß aber doch schwerer als in der Partie, zum Erfolg zu kommen.

12. ... b5-b4

Schwarz setzt scheinbar eines seiner strategischen Ziele durch: den Sc3 zu vertreiben, eine der allgemein anerkannten Absichten im Sizilianer. Hier spielt er zwar nach allgemeinen Grundsätzen, ohne jedoch die besondere Lage zu berücksichtigen. Das Ergebnis ist, dass der Sc3 nach d5 geht, und dieser Zug gehört in mancher Hinsicht zum Plan des Weißen, die Verteidiger des K-Flügels abzutauschen und so den Angriff zu verstärken.

13. Sc3-d5

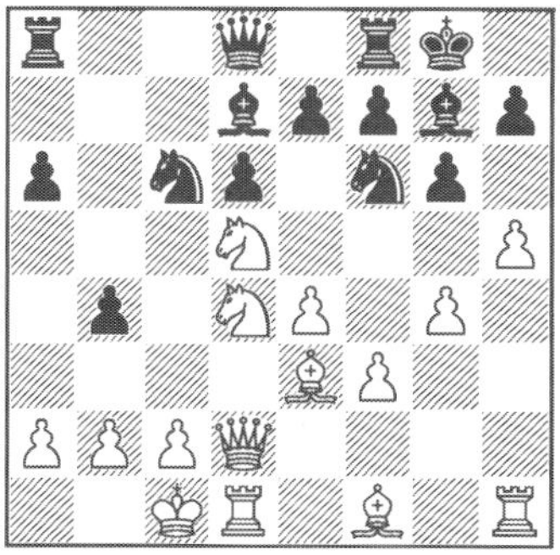

13. ... Sf6xd5

Dieser Tausch ist für den Angreifer günstig, weil alle Verteidigungskräfte des Schwarzen verschwinden; aber was sollte er tun? Wenn 13. ... Se8, so 14.Sxc6 Lxc6 15.Lh6 mit der Drohung hxg6, Lxg7 und Dh6+.

14. e4xd5 Sc6xd4
15. Le3xd4

Nun hängt der Bb4, und außerdem droht Weiß sofort zu gewinnen mit Lxg7, hxg6 und Dh6+.

15. ... Lg7xd4
16. Dd1xd4 Dd8-a5

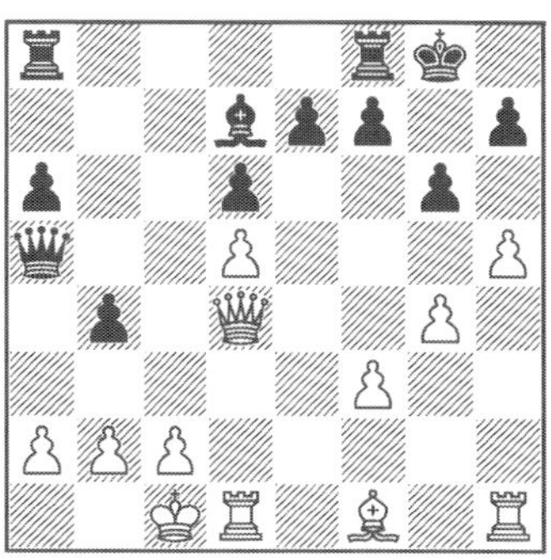

Die erste Drohung des Schwarzen; es ist jedoch bereits zu spät. Weiß ist schon so weit, dass er die Gegendrohung unberücksichtigt lassen kann, um alle seine Reserven für den Schlussangriff bereitzustellen.
Ist eine Stellung so stark und der Angriff so gewaltig, kann der Spieler es sich leisten, die Gewinnkombination auszurechnen, ohne Zeit für die Verteidigung zu verlieren.
Hier würde z.B. 17.Kb1 mit Dc5 beantwortet; die weiße Dame müsste ihre beherrschende Stellung in der Mitte aufgeben und damit die weißen Angriffschancen erheblich herabsetzen. Freilich muss Weiß sich überzeugt haben, dass sein Angriff das Ziel erreichen wird. Spielt er 17.h6 (mit Mattdrohung auf g7), so ist 17. ... f6 eine ausreichende Antwort. Der weiße Angriff wäre dann für viele Züge zum Stillstand gekommen.

17. Lf1-d3

Die Kraft dieses Zuges ist aus der Partie ersichtlich. Der L räumt die Grundlinie und ermöglicht so dem Td1, zur h-Linie hinüberzuwechseln. Außerdem greift er g6 an, wo er sich unter Umständen zu opfern droht.

17. ... Da5xa2

Spielt Schwarz nun 17. ... Dc5, erwidert Weiß 18.Df4 und droht 19.Dh6 mit Mattangriff; daran ändert auch 18. ... Dxd5 nichts.

18. h5xg6 f7xg6

Der Bh7 darf natürlich wegen Matt auf h8 nicht nehmen.

19. Th1xh7!

Ein Standardzug! Weiß droht 20.Dh8 matt. Doch auch ein Standardopfer sollte genau geprüft werden. Ein scheinbar unbedeutender Umstand könnte die ganze Kombination verderben. Man beachte, dass 19.Lxg6 keinen Erfolg gehabt hätte, weil der K nach 19. ... hxg6 20.Dh8+ Kf7 21.Dh7+ den Schlupfwinkel e8 hat.

19. ... Kg8xh7

Auch bei 19. ... Da1+ 20.Kd2 Dxd1+ 21.Kxd1 Kxh7 wäre Schwarz verloren: 22.De4 und wenn Tg8, so 23.Dxe7+ Tg7 24.Dxd6 usw.

20. Td1-h1+ Kh7-h8

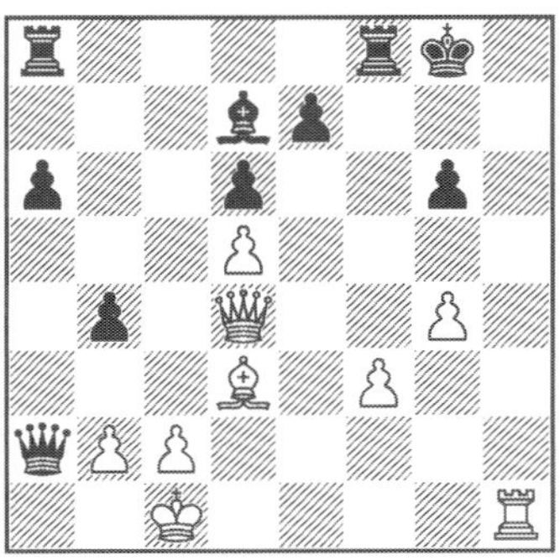

21. Th1-h8+!

Weiß macht auf einfache, dennoch elegante Art Schluss. Der Erfordernis des Opferspiels, den bloßgestellten König erbarmungslos zu verfolgen und seine Sicherung zu verhindern, entspricht auch 21.Dh8+! Kf7 22.Lxg6+ Kxg6 23.Dh7+ Kf6 (oder Kg5 24.Dh6 matt) 24.g5+ Kxg5 25.Dh6+ Kf5 26.Th5 matt. Hier müsste man aber noch genau rechnen. Dass es schon mehrere Wege nach Rom gibt, beweist die Überlegenheit der weißen Stellung.

21. ... Kg8-f7
22. Th8-h7+! Kf7-e8
23. Dd4-g7!

Die Pointe. Schwarz gab auf. Die Treibjagd auf den König entlang der 7. Reihe, die sich nur durch zwei Schachgebote und Dazwischenstellen des Turms aufschieben lässt, führt unweigerlich zum Matt: 23. ... Kd8 24.Dxe7+ Kc7 25.Dxd7+ Kb6 26.Dc7 matt.

Seitens Weiß sehen wir einen klaren strategischen Entwurf, der zur Öffnung der h-Linie und deren Ausnutzung auf die gleiche gradlinige Art führt.

Die Strategie des Schwarzen ist vielleicht ebenso gradlinig, hingegen viel langsamer und weniger wirkungsvoll. Tatsächlich befand sich die schwarze D auf einem Alleingang. Dennoch musste Weiß sorgfältig alle möglichen Gegendrohungen parieren. Das Opfer auf h7 ist die logische Folge der weißen Übermacht am K-Flügel. Man beachte die diversen Mattbilder in den verschiedenen Abspielen.

Ein zusätzlicher Gesichtspunkt der Lage ist die Wirkungslosigkeit der schwarzen D, denn trotz der Drohung Da1+ besaß sie keine besondere Kraft, weil das Schachgebot nach Kd2 zu nichts führt. Das ist während der Partie nicht leicht zu erkennen, denn man geht davon aus, dass eine Dame schweren Schaden anrichten kann. Sobald jedoch dem

Weißen klar geworden ist, dass die schwarze Dame auf der 1. Reihe nichts ausrichten wird, kann er ruhiger und solider vorgehen.
Dies ist seitens des Amateurs keine große Partie. Er konnte sich an keiner Stelle bestätigen, sein Angriff kam nicht ins Rollen und er versäumte es, die Stärke des gegnerischen Angriffs wahrzunehmen. Hätte er gewusst, dass der weiße Sturm so rasch kommt, wäre ihm vielleicht ein zäherer Widerstand geglückt. Solche weitreichenden Entwicklungen zu beurteilen, ist jedoch immer schwierig. In diesem Fall hat die Eröffnungstheorie die Einschätzung für uns vorgenommen.
Dies zeigt besonders für den modernen Amateur, wie problematisch die Eröffnungswahl für ihn sein kann. Gerade wenn er scharfe Systeme spielt, reicht es oft nicht aus, nur allgemeine Prinzipien zu kennen. Hier machte er keinen echten Fehler, folgte korrekt einem sizilianischen Aufbauplan, doch das reichte aus, um sein Schicksal zu besiegeln, weil dieser Plan in der gegebenen Stellung zu langsam war. Ein Meister weiß das, nicht nur weil er die konkret besten Varianten gelernt hat, sondern auch weil es vorbildliche Vorgängerpartien gibt, in denen sich das Scheitern dieses Plans immer wieder bestätigt hat. Dies läuft wiederum darauf hinaus, dass gerade im Stadium unmittelbar nach der Eröffnung die Überlegenheit des Meisters sehr oft zutage tritt, weil er ein erweitertes Wissen nicht nur über Varianten, sondern auch über gute und schlechte Pläne etc. besitzt.

Partie 18

Sizilianisch – Boleslawski-Variante
Eine neue Behandlungsweise des wichtigen Zentralfelds d5 im Sizilianer
Aufschieben des Schlages
Motive für das Opfer der Qualität
Die Bedeutung aktiven Spiels auch bei Materialvorteil
Angriff und Gegenangriff

Zu den reizvollsten Eigenheiten des Schachs gehört, dass man seiner Natur und seinen Techniken immer wieder neue Seiten abgewinnen kann. Was eine Schachgeneration als schlecht ansah, betrachtet vielleicht die nächste als durchaus gut.

Im Allgemeinen bedeutet ein „Loch“ eine ernsthafte Schwäche, weil es der gegnerischen Seite gestattet, dort Figuren zu postieren. In der Boleslawski-Variante verschafft sich Schwarz mit Vorbedacht ein Loch, weil er weiß, dass er entweder in der Lage sein wird, es zu seinem Vorteil aufzulösen oder an anderer Stelle Gegenwerte einzutauschen.

Als Ergebnis seiner Strategie und einer scharf berechneten Kombination befindet sich Schwarz im Mittelspiel mit zwei Bauern im Vorteil. Wie soll der Spieler fortsetzen, wenn er einmal materiellen Vorteil besitzt? Diese Partie zeigt den Wert kräftigen Spiels bei materiellem Übergewicht.

Es ist überraschend, dass man in vielen Fällen eine Partie zweimal gewinnen muss, bevor man den ganzen Zähler verbuchen kann. Zuerst muss der Spieler seinen Gegner strategisch schlagen, indem er ihn in klaren Stellungsnachteil bringt oder ihm einen Bauern oder mehr abnimmt. Veranlasst dies den Gegner nicht zum Aufgeben, muss man ihn auch in taktischer Hinsicht besiegen. In der Praxis erkennen die Schachfreunde nicht immer die Bedeutung dieser zweiten Partiephase. Sie neigen zu der Überzeugung, dass sie nach Erreichen eines strategischen Sieges ohne weiteres Zutun gewinnen müssten. Oft ruht sich der Spieler mit dem strategischen Vorteil auf seinen Lorbeeren aus und begnügt sich mit einer passiven Rolle, anstatt die aktivsten Züge zu finden – Züge, mit denen er die Initiative behält. Eine solche Strategie der Tatenlosigkeit kann tödlich sein. Die Initiative ist im Schach äußerst bedeutsam. Manchmal ist sie ein bis zwei Bauern wert, manchmal sogar mehr.

Weiß: Amateur Schwarz: Meister
Sizilianisch – Boleslawski-System

1.	**e2-e4**	**c7-c5**
2.	**Sg1-f3**	**Sb8-c6**
3.	**d2-d4**	**c5xd4**
4.	**Sf3xd4**	**Sg8-f6**
5.	**Sb1-c3**	**d7-d6**
6.	**Lf1-e2**	**e7-e5**

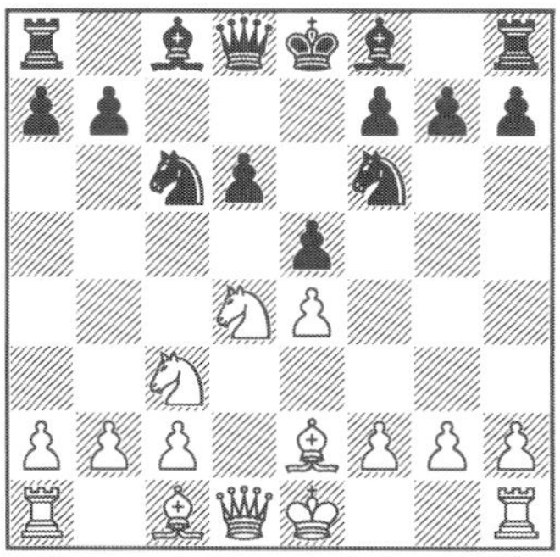

Dies ist der seltsam anmutende, von Boleslawski herrührende Zug, der um 1940 in die Praxis eingeführt wurde. Warum berührt er uns merkwürdig? Weil er in schlagender Missachtung der üblichen schachlichen Grundsätze das Feld d5 ungeschützt lässt.
Kurz vor dem Krieg schrieb ein führender Meister über Sizilianisch (nach 4.Sxd4): „Weiß hat nun einen Springer in beherrschender Zentralstellung. Schwarz könnte ihn nur mit e7-e5 vertreiben. Der Zug e7-e5 schüfe jedoch auf d5 ein absolutes Loch, das weit schlimmer wäre als der vorübergehende Nachteil, den der starke weiße Sd4 verursacht. Aus diesem Grund kann der weiße Springer erst nach langer Vorbereitung aus dem Weg geräumt werden, und in der Zwischenzeit muss sich Schwarz mit einer etwas beengten Stellung abfinden.“
Andererseits gewinnt Schwarz mit e7-e5 ein Tempo, indem er Weiß zwingt, den Sd4 zu ziehen, und sollte es Schwarz später gelingen, d6-d5 durchzusetzen, so erlangt er die Mehrheit in der Mitte.
Diese Eröffnung zeigt wieder einen bemerkenswerten Aspekt des modernen Denkens. Früher verurteilte man, wie es der obige Kommentar zeigt, eine solche Variante gern pauschal aufgrund „allgemeiner Prinzipien“. Boleslawski verband damit jedoch einen konkreten Spielplan, der beweisen sollte, dass der formale Nachteil im gegebenen Fall aufgewogen bzw. überwunden werden kann. Die Praxis zeigt in der Tat, dass Schwarz vor allem gegen schablonenhaftes Spiel meist sein Ziel erreicht und dann schon Weiß nach Ausgleichswegen suchen muss. Auch ein besser durchdachtes Vorgehen der Weißspieler brachte bis jetzt keine „Widerlegung“ des schwarzen Systems, das nach wie vor als vollwertig gilt.

7. **Sd4-b3**

Möglich ist auch 7.Sf3 mit ähnlicher Fortsetzung. Nach 7.Sxc6 bxc6 erhält Schwarz die Kontrolle über d5 zurück.

7. ... **Lf8-e7**

Weiß kann an dieser Stelle noch nicht 8.Sd5 spielen wegen Sxe4. Aber auch wenn Sd5 später möglich wird, bringt es meist nach Sxd5 und exd5 nicht viel ein, denn das Feld d5 ist nicht mehr schwach für Schwarz, wenn dort ein weißer Bauer steht.

Strategisch wäre 8.Lg5 ein starker Zug, um den Sf6 zu tauschen und so das Feld d5 weiter zu schwächen. Schwarz hat aber den taktischen Ausgleichszug 8. ... Sxe4, z.B. a) 9.Sxe4 Lxg5 10.Sxd6+ Ke7. Nun hängt der Sd6, und nach 11.Se4 Dxd1+ 12.Txd1 steht der schwarze König – wie gewöhnlich im Endspiel – in der Mitte günstiger als auf dem Flügel; auch nach 11.Sxc8+ Txc8 hat Schwarz nichts zu fürchten. b) 9.Lxe7 Sxc3 10.Lxd8 Sxd1 11.Txd1 Kxd8 12.Txd6+ Ke7 und Schwarz kann zufrieden sein.

8. Lc1-e3 a7-a5

Schwarz plant a4 und vielleicht a3 mit einer Schwächung des weißen D-Flügels. Im Allgemeinen ist dieser Zug im Sizilianer nicht viel wert, weil er durch a2-a4 gestoppt werden kann. Hier jedoch überlässt dies dem Sc6 das Feld b4, wo er den Einfluss auf d5 erhöht.

9. a2-a4

Möglich war auch 9.a3. Schwarz antwortet 9. ... a4 10.Sc1 Le6 gefolgt von d6-d5 und erreicht sein strategisches Ziel. Am besten dürfte nach der Theorie sofort 9.Lf3 sein, und nach dem konsequenten 9. ... 0-0 10.0-0 a4 11.Sd2 a3 12.b3 Sb4 hätte Weiß mit 13.Sc4 Chancen, durch den a-Bauern-Vormarsch verursachte Schwächen (Feld b6) zu nutzen.

9. ... 0-0
10. 0-0 Sc6-b4!

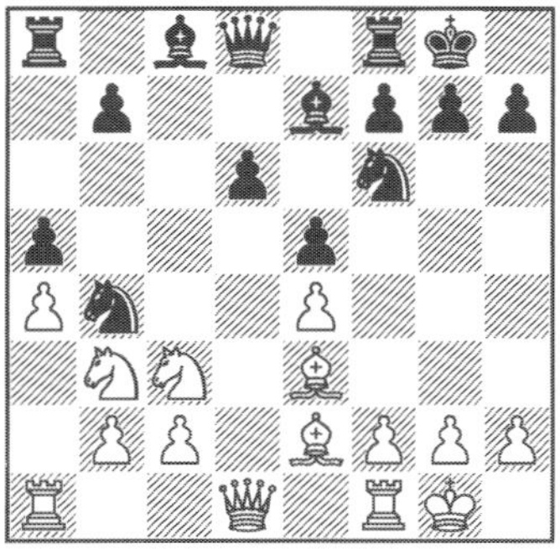

Nun ist es nahezu unmöglich für Weiß, den Gegner an d6-d5 zu hindern. Probiert Weiß 11.Lf3, erwidert Schwarz Le6. 11.Lg5 Le6 (Sxe4? 12.Lxe7 Sxc3 13.bxc3 Dxe7 14.cxb4 kostet eine Figur.) 12.Lxf6 Lxf6 13.Lf3 Db6! ist ebenfalls gut für Schwarz, denn er droht eine typische Wendung: 14. ... Sxc2 15.Dxc2 Lxb3. Daher muss Weiß 14.Sd2 antworten, und Schwarz spielt Tfd8, gefolgt von d5.

11. Dd1-d2

Weiß plant, den Druck auf der d-Linie zu verstärken und einen der Türme nach d1 zu bringen.

11. ... Lc8-e6

Schwarz hätte schon 11. ... d5 spielen können, was ihm wenigstens gleiches Spiel verschafft hätte: 12.exd5 S6xd5 13.Sxd5 Sxd5 und nun 14.Tfd1 Sxe3 15.Dxe3 Dc7 oder 14.Lc5 Lxc5 15.Sxc5 Sf4! 16.Dxd8?? Sxe2+.
Die Technik zielt darauf ab, zuerst den Druck entlang der c-Linie zu erhöhen und dann erst den Bd6 vorzustoßen. Diesen Druck realisiert Schwarz, indem er c8 für den T räumt. Häufig kann ein wirksamer

Nervenkrieg ausgelöst werden, indem man den Schlag hinauszögert, denn der Gegner weiß nicht genau, wo er sich verteidigen soll. Man sehe auch die Anmerkung zum 13. Zug von Weiß.

12. Tf1-d1

Wenn nun 12. ... d5, so 13.exd5 Sfxd5 14.Sxd5 Sxd5 15.Sc5 und Weiß steht gut.

12. ... Ta8-c8

Schwarz denkt an die folgende Kombination: 13.f3 d5! 14.exd5 Sfxd5 15.Sxd5 Txc2 16.Sxe7+ Dxe7. Er erobert die Figur zurück, weil Weiß den Spinger nicht schützen kann, und hat Beute gemacht.

13. Ta1-c1?

Verständlich, jedoch nicht gesund, wie die Partie zeigt. Vorzuziehen war 13.Ld3, worauf Schwarz mit d6-d5 ein recht zufriedenstellendes Spiel erhält. Er hat gut platzierte Springer und einen Raumvorteil. Der Zug 13.Ld3 zeigt, wie man durch Verzögern des Schlags profitiert – nach 11. ... d5 käme Weiß nie auf die Idee, einen derart passiven Zug zu machen. Nun stellt er die einzige Verteidigung dar, weil andere Schläge in der Luft liegen.

13. ... Tc8xc3!!

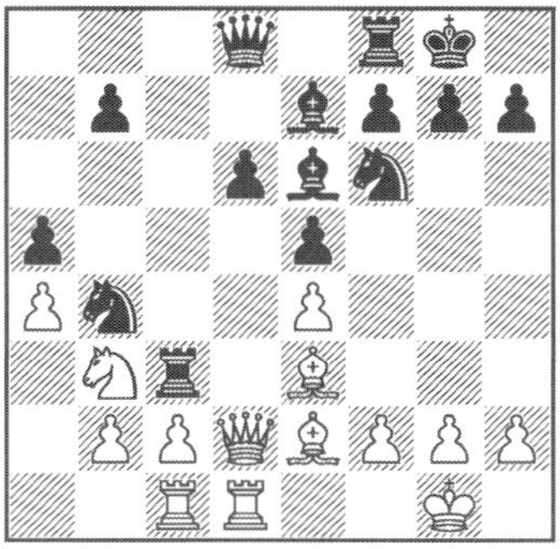

Eine überraschende, vierzügige Kombination, nicht besonders tief, aber unbedingt zwangsläufig. Sie beruht auf einer Anzahl scheinbar unwichtiger Umstände, die bei ihrem Auftauchen erklärt werden. Der erste ist, dass e4 seine Deckung einbüßt, so dass Schwarz für die Qualität mindestens den Be4 erhält.

14. b2xc3

Auf 14.Dxc3 kommt die gleiche Antwort: 14. ... Sxe4 15.De1 Sxc2! 16.Txc2 Lxb3 oder 16.Dxa5 Lxb3 und Schwarz ist in beiden Fällen materiell im Vorteil.

14. ... Sf6xe4
15. Dd2-e1

Erzwungen. Der zweite Umstand: beschränkte Beweglichkeit der weißen Dame. Der dritte Umstand: die unsichere Stellung des Sb3 (nur von c2 verteidigt, der genommen wird).

15. ... Sb4xc2!
16. Tc1xc2

Wieder erzwungen, denn 16.Df1 kostet noch mehr Material: 16. ... Sxe3 17.fxe3 Lxb3. Der vierte Umstand: die diagonale Aufstellung Sb3/Tc2/Td1. Nimmt der L auf b3, erobert er gleichzeitig die Qualität. Der Meister sieht die charakteristischen Merkmale und versucht, ihnen mit einer Kombination Gestalt zu geben. Er sucht nach Zügen, die den Gegner zwingen. Er führt die Züge nicht sofort aus, sondern spielt sie im Kopf durch und versucht, zu einem Ergebnis zu kommen.

16. ... Le6xb3

Schwarz erobert so die Qualität zurück und behält zwei Bauern mehr.

17. Tc2-b2 Lb3xd1
18. Le2xd1

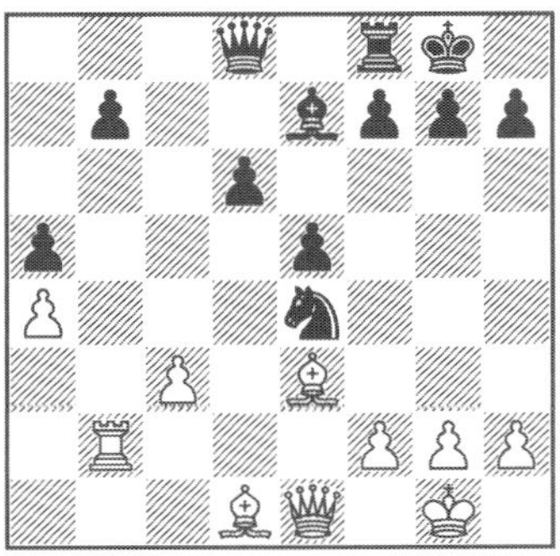

Solche Stellungen sind sehr trickreich. Schwarz hat zwei Bauern gewonnen, die im Augenblick noch nicht recht zählen. Daher besteht momentan eine Art „Feld-Gleichheit“. In solchen Stellungen ist der Spieler mit der größeren Bauernzahl geneigt, den Kampf zu vermeiden im Glauben, er dürfe wegen seines Übergewichts kein Risiko eingehen. Das ist falsch. Er *muss* aktiv werden und kämpfen. Er kann es sich nicht leisten, passiv zu bleiben. Spielt er furchtsam oder unentschlossen, kann es passieren, dass er seinen ganzen Vorteil einbüßt.
Hier muss Schwarz den angegriffenen Bb7 verteidigen. Zugleich kann er den Bc3 angreifen. 18. ... Dc7 könnte jedoch aus zwei Gründen ungesund sein: a) Lb6 zu einem späteren Zeitpunkt; b) späteres Txb7 würde ebenfalls die D angreifen.

18. ... Dd8-c8

Das erlaubt Schwarz außerdem, entlang der Diagonale c8/h3 zu ziehen, insbesondere nach e6.

19. Ld1-f3

Abgesehen vom Bauernminus steht Weiß nicht schlechter, sondern eher besser als Schwarz. Weiß besitzt das Läuferpaar, der Le7 ist untätig, die Bauern a5 und b7 sind schwach, auch d6 bedarf des Schutzes.

19. ... f7-f5

Man beachte, dass die schwarzen Figuren defensiv postiert sind; sie wirken nicht im Sinne des Angriffs zusammen.
Zugunsten des Textzuges spricht, dass er das weiße Läuferpaar neutralisiert und den Kampf um die Initiative aufnimmt, die völlig in die Hände des Weißen überzugehen drohte. Wenn 19. ... Sxc3, so 20.Tc2 mit Gewinn einer Figur. Weiß erhält gute Remischancen nach 19. ... Dxc3 20.Dxc3 (oder 20.Db1) 20. ... Sxc3 21.Txb7 Ld8 22.Lb6.

20. Lf3xe4

Weiß tauscht, weil einerseits der Lf3 nicht zur Geltung kommt, wenn er vom S blockiert wird, andererseits weil der S entfernt werden muss, der mehrere wichtige Felder in der weißen Stellung unter Druck setzt. Schwarz hat sich mit einem Doppelbauern abgefunden, um das weiße Läuferpaar zu beseitigen.

20. ... f5xe4
21. De1-b1

Greift b7 und e4 gleichzeitig an.

21. ... Dc8xc3
22. Tb2xb7 Le7-f6

Der L arbeitet, zwar verteidigend, aber er ist wenigstens nicht mehr ungedeckt wie zuvor.

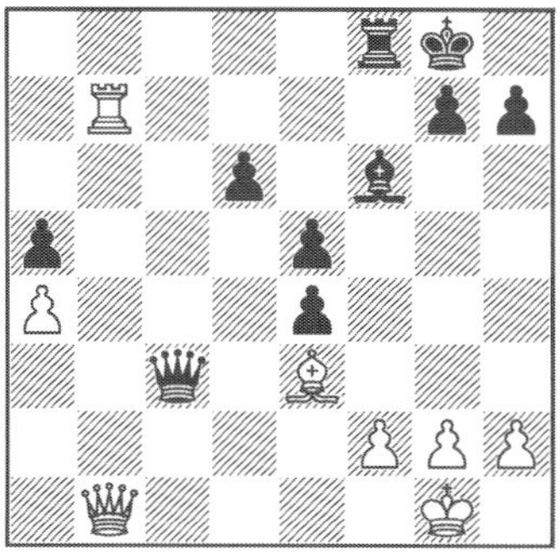

Man sehe, welche Änderung in der Stellung eingetreten ist! Schwarz ist jetzt ein gleichwertiger Gegner. Auch wenn es einen der eroberten Bauern gekostet hätte (was nicht der Fall war), war es ratsam, in solchen Stellungen zu „spielen“ anstatt zu warten. Die Schlacht ist noch nicht gewonnen, doch Schwarz hat jetzt ebenso wie Weiß Trümpfe in der Hand.

23. h2-h3

Wegen der Mattgefahr auf der Grundlinie muss Weiß diesen Zug verlieren, damit seine Dame beweglich wird.

23. ... d6-d5

Deckt e4 und bereitet d5-d4 vor. Schwarz will so schnell wie möglich durch Vorstoß der Bauern Drohungen schaffen. In solchen Stellungen hängt oft alles von der Frage ab, wer zuerst zu Drohungen kommt.

24. Db1-b5

Natürlich muss Weiß versuchen, eine Art von Angriff hervorzuzaubern.

24. ... d5-d4

Gerade noch im letzten Moment. Der Bd5 war bedroht, und sein Vorstoß liegt nahe. Im Folgenden wird jedoch deutlich, dass Weiß einen gefährlichen Angriff hat, der durch Gegenspiel gerade noch abzuwenden ist. Wäre dies nicht möglich gewesen, war 24. ... Dd3 der richtige Zug, weil 25.Dxd3 sofort verliert – es überlässt dem Gegner, der schon zwei Mehrbauern hat, einen starken Freibauern –, aber nach 25.Lc5 gibt es Probleme, z.B. 25. ... Dxb5 26.Txb5 (Auch 26.axb5 ist gut – der Bb5 wird gefährlich.) 26. ... Td8 27.Txa5 d4. Man beachte die Untätigkeit des Lf6 hinter den Bauern e5 und d4. Im Mittelspiel, als er die wichtige Aufgabe hatte, g7 zu schützen, war das vertretbar; im Endspiel müssen jedoch alle Figuren mitwirken.

25. Le3-h6!

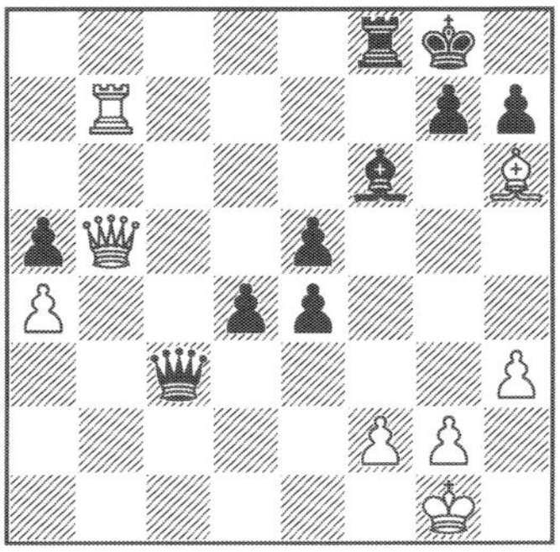

Gut sieht 25.Dd5+ Kh8 26.Df7 aus; Schwarz spielt jedoch 26. ... Dc8! 27.Tc7 Dd8 und Weiß verliert eine Figur, weil D und L angegriffen sind. Es ist klar, dass nun 25. ... gxh6 nicht geschehen darf wegen 26.Dd7!.

25. ... e4-e3!

Zugleich Verteidigung und Gegenangriff. Schwarz hat nun eine Anzahl von Drohungen: 26. ... exf2+, 26. ... De1+ und 26. ... gxh6 27.Dd7 Dd3 usw.
Nach einem verhältnismäßig ruhigen Zug wie 25. ... d3 müsste sich Schwarz mit 26.Dd7 und starken Drohungen auseinandersetzen. Er beschleunigt mit dem Textzug daher seinen Angriff.

26. Db5-d5+

Nicht viel nützen würde 26.Dd7, denn nach 26. ... De1+ 27.Kh2 exf2 wäre Weiß verloren.

26. ... Kg8-h8
27. Dd5-f7

Ein gefährlicher Zug des Amateurs, der 28.Dxf8 matt und 28.Lxg7+ Lxg7 29.Dxg7 matt droht.

27. ... e3xf2+

Natürlich nicht 27. ... Txf7 28.Tb8+ nebst Matt.

28. Kg1-h2

Auf 28.Kxf2 geht überraschend 28. ... Txf7 29.Tb8+ Ld8+!.

28. ... Tf8-g8

Der einzige Zug, der aber genügt. Auf 29.Lxg7+ gewinnt Lxg7 (nicht Txg7 30.Tb8+ nebst Matt).

29. Tb7-b1

Was sonst?

29. ... Dc3-e1

Weiß gab auf. Eine spannende Partie!
Wie in der vorhergehenden Partie hatte es hier der Amateur mit einer Strategie zu tun, mit der er nicht vertraut war und der nicht einfach mit den üblichen Standard-Entwicklungszügen zu begegnen war. Außerdem hatte er mit einem nachteiligen psychologischen Faktor zu tun. Der Amateur hatte den Eindruck, dass seine Stellung vollständig sicher war. Wäre er mit dem seltsam aussehenden und dennoch starken System des Gegners besser bekannt gewesen, hätte er sicher das überraschende Opfer des Schwarzen im 13. Zug nicht übersehen.
Abgesehen davon hat der Amateur recht gut gespielt, besonders bei seinem Versuch, nach dem Bauernverlust Gegenchancen zu erlangen. Der Meister konnte den Amateur nur durch ein sehr scharfes Gegenspiel, das tief und genau berechnet werden musste, in die Knie zwingen.

Partie 19

Die Theorie der Königsindischen Verteidigung
Bauernketten-Strategie
Die offene Linie für Angriffszwecke
Die Aufgabe des Spitzenbauern als Bewacher des Königs
Die Aufspeicherung von Angriffskräften

Der Kampf im Zentrum kann zu einer großen Vielfalt von Bauernstrukturen führen. Einerseits ist es möglich, dass eine Partei durch Abtausch beide Mittel- für Flügelbauern hergibt, und dann ist klar, dass die andere Partei die erste Etappe des Kampfes für sich entschieden und nun die Pflicht hat, aus der erzielten Bauernmehrheit Vorteil zu ziehen. Andererseits kann die Spannung in der Mitte während eines Teils oder während der gesamten Mittelspielphase aufrechterhalten bleiben. Das bedeutet, dass der Kampf um das Zentrum nicht entschieden wurde. Oder die Bauern können so vorrücken, dass sie in einer unbeweglichen Formation stehen, die mit dem Begriff „Bauernketten" bezeichnet wird.

Dies erfordert eine ganz besondere Form der Strategie, die darin besteht, die Basis der feindlichen Kette anzugreifen. Ein solcher Angriff, im richtigen Augenblick durch Bauerntausch sorgfältig vorbereitet und ausgeführt, kann zu zwei Arten von Vorteilen führen:

a) Herbeiführen und Beherrschen einer offenen Linie; b) Schaffung eines schwachen Bauern an der Basis der gegnerischen Bauernkette.

Bei der Ausführung dieser Strategie ist immer die Möglichkeit und Zweckmäßigkeit einer Ausdehnung der Bauernkette zu erwägen, durch die die Basis der gegnerischen Kette entwurzelt wird. Diese Ausdehnung erfordert einen sehr präzisen Vergleich der Möglichkeiten vor und nach dem Vorgehen.

In dieser Partie, die sich um die Bauernkette dreht, erzwingt Weiß einen schwachen Bauern an der Basis der schwarzen Kette. Als Gegenwert erhält Schwarz die Herrschaft über die offene Linie, die er geschaffen hat. Im Verlauf der Partie stellt sich heraus, dass der Angriff auf der offenen Linie bedeutsamer ist als die Schwäche des Bauern an der Basis der Kette.

Weiß: Amateur Schwarz: Meister
Königsindisch
(ohne Fianchetto des Lf1)

1.	**d2-d4**	**Sg8-f6**
2.	**c2-c4**	**g7-g6**
3.	**Sb1-c3**	

Diese Züge kennen wir schon aus der Grünfeld-Verteidigung (Partie 9).

3.	...	**Lf8-g7**
4.	**e2-e4**	

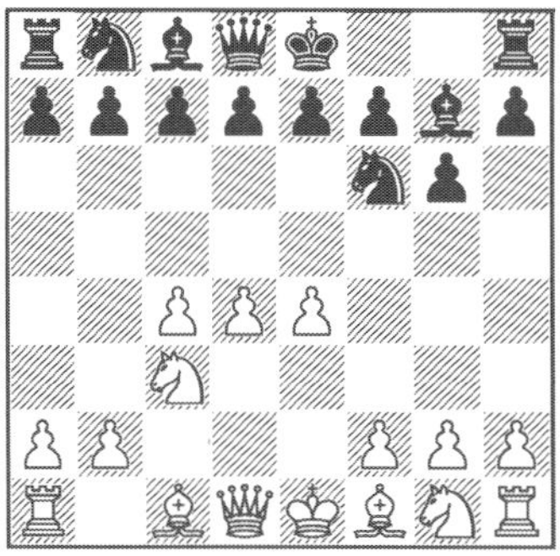

Die Grünfeld-Verteidigung (d7-d5) ist damit ausgeschaltet. Weiß hat nun eine eindrucksvolle Bauernphalanx auf der 4. Reihe. Er beherrscht die zentralen Felder c5, d5, e5 und f5. Wie kann Schwarz es sich leisten, dem Weißen eine Kontrolle über so viel Raum in der Mitte zu gestatten? Die Stärke eines Zentrums besteht a) in der Ausdehnung und Bedeutung der beherrschten Felder; b) in der Art und Verfügbarkeit des Raums hinter dem Zentrum, der als Ausgangspunkt einer Handlung dienen kann. Man muss sich daher, will man den Wert seines Zentrums feststellen, fragen: „Beherrsche ich mehr und bessere Felder als mein Gegner? Kann ich den Raum hinter dem Zentrum als Ausgangspunkt eines Angriffs nutzen?“

Weiß sollte erkennen, dass er mit e2-e4 das Feld d4 im allgemeinen Sinn geschwächt hat, weil er nicht mehr ohne Weiteres die Spannung im Zentrum aufrechterhalten kann. Nachdem Schwarz d6 und e5 (bzw. c5) gespielt hat, drückt der schwarze B auf der 5. Reihe in Zusammenarbeit mit dem Lg7 auf den Punkt d4.

Allgemein formuliert: Kann die Seite, die das Zentrum besetzt hat, die Spannung aufrechterhalten, ist es vorteilhaft. Mit anderen Worten, es ist gut für Weiß, wenn er die Formation c4-d4-e4 gegen die schwarze d6-e5 behaupten kann. Spielt Weiß aber d5 oder dxe5, so gibt er die Spannung auf und nimmt damit unter Umständen Nachteile in Kauf.

Weiß hätte an dieser Stelle auch 4.Sf3 spielen können, das gibt ihm nicht ganz so viele Möglichkeiten; oder 4.g3, was Schwarz mit 4. ... d5 beantworten könnte, einer verstärkten Grünfeld-Verteidigung, denn das Fianchetto gehört nicht zu den nachhaltigsten Abspielen für Weiß.

Der Zug 4.e4 ist die logische Folge von 3.Sc3. Spielt Weiß ihn nicht, erhält Schwarz eine zweite und noch günstigere Gelegenheit, d7-d5 zu ziehen und nach cxd5 Sxd5 e4 Sxc3 bxc3 den Angriff auf das weiße Bauernzentrum mit c5 aufzunehmen, ähnlich wie in Partie 9.

4.	...	**d7-d6**

Um einigen Einfluss im Zentrum zu gewinnen; denn es ist immer etwas gewagt, dem Gegner ein so schönes Zentrum zu überlassen und selbst kein Mittelfeld auf der 5. Reihe durch einen Bauern zu kontrollieren. Man findet den Zug d6 in einer Anzahl von Eröffnungen, in denen Schwarz dem Gegner bis zu einem bestimmten Grad das Zentrum überlässt, wie in der Aljechin-Verteidigung.

Obwohl Schwarz dem Gegner gestatten kann, drei Bauern auf die 4. Reihe in und nahe der Mitte zu bringen, wird es weniger empfehlenswert sein, ein weiteres Vordringen der e- und d-Bauern kampflos zu erlauben. Dennoch könnte Schwarz auch 4. ... 0-0 spielen und auf 5.e5 Se8. Er hätte dann immer noch die Möglichkeit, die weißen Mittelbauern mit d6 und c5 zu unterminieren. Dieses Verfahren ist allerdings schwieriger als das mit 4. ... d6 eingeleitete.

5. Sg1-f3

Ein wichtiger Scheideweg. Weiß hatte hier die Wahl zwischen 5.Sf3, 5.g3, 5.f3 und 5.f4. Weiß musste sich entscheiden, wie er den Lf1 entwickeln will, ob er ihn nach 5.Sf3 benutzen soll, um c4 zu schützen, oder ihn nach 5.g3 zu flankieren. Diese Wahl ist besonders wichtig bei der Lösung der Frage, ob die Spannung in der Mitte beibehalten werden soll oder nicht. Dieses Problem wird sich in wenigen Zügen ergeben, wie auch der Lf1 entwickelt werden mag.

Andererseits besagt die Sämisch-Variante 5.f3 folgendes: „Ich möchte am K-Flügel mit Zügen wie g4 und h4-h5 angreifen. Vorher muss ich das Zentrum mit d4-d5 schließen und lang rochieren." Z.B. 5.f3 0-0 6.Le3 e5 7.d5 Sbd7 8.Dd2 a5 9.g4 Sc5 10.h4 Ld7 11.h5! mit starkem Angriff.

5.f4 schließlich führt zur sog. Vierbauern-Variante. Das breite Zentrum hat bestimmte Vorteile; es ist hingegen nicht immer leicht, die Angriffe von Schwarz gegen ein solches Zentrum abzuwehren.

5. ... 0-0
6. Lf1-e2

Verschiedene Nachteile hätte 6.Lxd3, die weiße D würde ihren Einfluss entlang der d-Linie einbüßen, und der L hat keine eigentliche Aufgabe auf d3, denn die Diagonale b1-h7 ist bei der Bauernstruktur f7/g6/h7 nicht verwundbar, und der L wird durch den eigenen Be4 verstellt. Auf e2 hat er zwar auch keine genau festgelegte Aufgabe. Immerhin deckt er c4, ohne seiner D im Weg zu stehen, vermeidet eine Fesselung durch Lg4, schützt manchmal das Feld g4 und unterbindet u.U. späteres Sh5.

6. ... e7-e5

Schwarz nimmt nun selbst ein Mittelfeld in Besitz. Er blockiert damit die Aktion des Lg7, hilft diesem aber zugleich, den Druck auf der langen Diagonalen zu erhöhen. Nach einem eventuellen exd4 ist seine Kraft beträchtlich gewachsen. Spielt Weiß dagegen d4-d5, ist die Diagonale endgültig geschlossen. Dieser Zug bedeutet aber auch ein Zugeständnis von Seiten des Weißen.

Der Be5 ist zweimal angegriffen, nur einmal verteidigt; ein Scheinopfer des Schwarzen, wie die Analyse beweist, z.B. 7.dxe5 dxe5 8.Sxe5 Sxe4 mit Rückgewinn des Bauern. Es ist wichtig für Schwarz, e5 an dieser Stelle zu spielen, um sich die Wahl zwischen der Entwicklung des Sb8 nach c6 oder d7 vorzubehalten. Spielt er sofort 6. ... Sc6, antwortet Weiß 7.d5 und schickt den S auf sein Ausgangsfeld zurück. Kommt Schwarz nach 6. ... e5 zu Sc6, so kann er nach d4-d5 mit Se7 einen guten Platz einnehmen.

7. 0-0

Weiß könnte hier auch 7.d5 spielen. Das verstößt zwar gegen den Grundsatz, die Spannung in der Mitte so lange wie möglich aufrechtzuerhalten, hindert aber den S daran, c6 zu betreten.

7. ... Sb8-c6

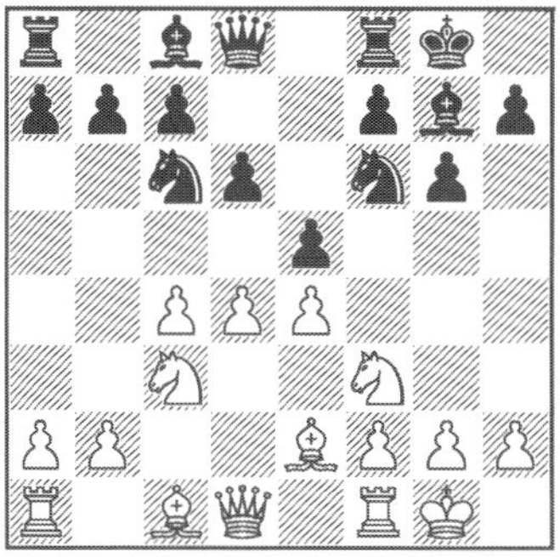

Droht Bauerngewinn mit 8. ... exd4 9.Sxd4 Sxe4 10.Sxc6 Sxc3 11.Sxd8 Sxd1 12.Sxf7 Sxb2. Der Textzug ist viel unternehmender als 7. ... Sbd7, weil er versucht, Weiß zu einer Erklärung in der Mitte zu zwingen.

8. d4-d5

Weiß beschließt, das Zentrum abzuschließen. Sobald er das tut, erhält Schwarz Chancen auf dem K-Flügel. Vor 8.d5 würde ein gelegentliches f7-f5 nach dxe5 und exf5 zu Schwächen im schwarzen Lager führen, das aus diagonaler Richtung verwundbar wäre. Es ist klar, dass diese Gefahr durch d4-d5 ausgeschaltet wird.

Welche anderen Möglichkeiten hatte Weiß? Konnte er die Spannung im Zentrum mit größerer Bewegungsfreiheit beibehalten, ohne Schwarz Gegenchancen einzuräumen? Weiß könnte 8.Le3 Sg4 9.Lg5 f6 10.Lc1 versuchen, was ein ganz anderes Bild schaffen würde. Ist 8.Le3 besser als 8.d5? In einer Hinsicht ja, weil die Spannung erhalten bliebe; in anderer Hinsicht nein, denn Schwarz käme doch zu seinem Spiel. 8.dxe5 dxe5 gibt keiner Seite einen Vorteil. Nach 9.Dxd8 Txd8 10.Lg5 müsste Schwarz mit der Drohung 11.Sd5 rechnen und etwa 10. ... Te8 antworten.

8. ... Sc6-e7

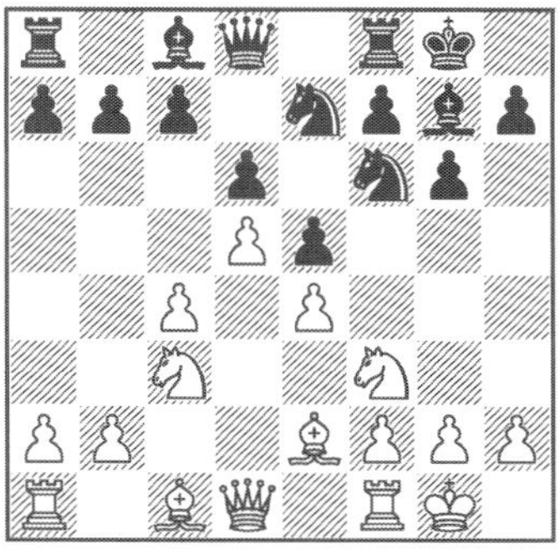

Wir sehen nun eine Bauernkette, wie wir sie schon im Zusammenhang mit Partie 8 besprochen haben. Die Bauern e4 und d5 bilden die weiße, d6 und e5 die schwarze Kette. Beide Parteien sollten versuchen, die Basis der gegnerischen Kette, also den hintersten Bauern, anzugreifen. Schwarz wendet sich somit gegen e4, Weiß gegen d6. Das Ziel eines solchen Angriffs ist, eine Kette zu öffnen und der Basis die Unterstützung zu entziehen, um sie mit Figuren unter Feuer nehmen zu können. Linienöffnung ist nicht ein unbedingtes Ziel. Oft wird die Linie nicht geöffnet; es genügt, wenn die Möglichkeit dazu besteht. Beispielsweise könnte Weiß nach sorgfältiger Vorbereitung zu c4-c5 kommen und die Basis d6 angreifen. Nach cxd6 cxd6 wäre die c-Linie geöffnet, und der Bd6 hätte die Deckung des Bc7 eingebüßt. Weiß könnte diesen Bauern nun mit Zügen wie La3 und Sb5 bedrohen. Wir sehen solche Manöver in dieser Partie. Weiß ist natürlich nach c4-c5 nicht gezwungen, auf d6 zu tauschen. Er kann die Spannung beibehalten, um im richtigen Augenblick loszuschlagen, wenn Schwarz an anderer Stelle beschäftigt ist. Die Frage der Bauernkettenstrategie wird auch bei einer anderen Stellung (Partie 22, 9. Zug von Weiß) besprochen.

9. Sf3-e1

Ein Zug für Verteidigungszwecke, weil er f2-f3 zulässt (um den Be4 nach f7-f5 stützen zu können), und für Angriffszwecke, denn Sd3 wird ermöglicht, wo der S den Zug c4-c5 unterstützt.

9. ... Sf6-d7

Ein defensiver Zug, der das Feld c5 gegen den drohenden Vorstoß c4-c5 schützt und ein eventuelles Sc5 ermöglicht, und ein offensiver Zug, weil er f7-f5 erlaubt (Angriff gegen die Basis e4). Gut ist auch 9. ... Se8, doch könnte der S von diesem Feld aus weder c4-c5 erschweren noch den Punkt e5 stützen; andererseits vermeidet er die Verstellung des Lc8.

10. Lc1-e3

Zur Vorbereitung von c4-c5. Der Zug geschieht an dieser Stelle, um den L im Besitz der wichtigen Diagonale g1-a7 zu lassen. Falls notwendig, geschieht f2-f3, damit er das Rückzugsfeld f2 erhält, denn Weiß muss mit f5-f4 rechnen.

Auch für 10.Sd3 sprechen gewichtige Umstände: a) Weiß braucht keine Zeit zu verlieren, wenn Schwarz f4 spielt; b) das Feld d2 bietet dem L ebenfalls Aussichten, indem er nämlich nach b4 oder a5 gebracht wird. Lange Zeit galt 10.Sd3 als besser und 10.Le3 fast schon als schwach, doch in jüngerer Zeit sieht man das nicht mehr so klar. Inzwischen haben beide Züge ihre Daseinsberechtigung. Nicht im Einklang mit der Kettenstrategie wäre 10.f4?, was die Spitze und nicht die Wurzel der gegnerischen Kette angreift. Schwarz antwortet exf4 und erhält das Feld e5 für seine Figuren (11.Lxf4 Se5). Beim Angriff auf die Spitze der Bauernkette riskiert man, dem Gegner ein starkes Feld zu überlassen; allerdings kommen Stellungen vor, in denen dieser Angriff erfolgreich ist (siehe Partie 8, 14. Zug von Weiß).

10. ... f7-f5

Die angezeigte Strategie, Angriff auf die Basis.

11. f2-f3

Öffnet dem L den Rückzug nach f2. Das Abspiel 11.exf5 ist hier sehr lehrreich und nicht schlecht. Mit 11. ... Sxf5 gibt Schwarz dem Weißen das starke Feld e4. Auf 11. ... gxf5 12.f4 e4 (sicher nicht am besten) erhält Weiß den starken Punkt d4, den er mit Se1-c2-d4 besetzen kann, wobei der gedeckte Freibauer e4, blockiert vom Le3, wertlos ist und mehr Schaden als Nutzen anrichtet.

11. ... f5-f4

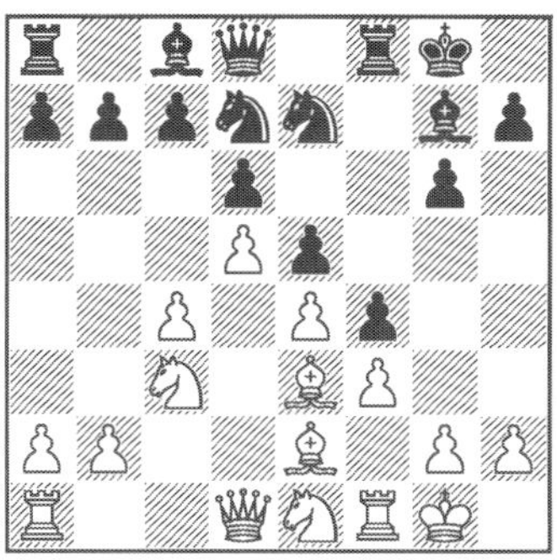

Ein sehr wichtiger Punkt in der Partie. Die Bauernketten sind länger geworden. Die Basis der weißen ist nun f3 statt e4, und die Strategie von Schwarz besteht nun darin, zu g5-g4 zu kommen. Der Zweck ist, die g-Linie zu öffnen, weniger f3 zu schwächen. Je weiter entfernt die feindliche Basis ist, umso schwerer ist sie erfolgreich anzugreifen, und darum zielt Schwarz auf Öffnung, nicht auf Schwächung. Das ist eine Verallgemeinerung; es können jedoch besondere Umstände vorherrschen. Man betrachte den Punkt d6, der mit c5, Sb5 und (wenn der L auf der Diagonale c1-e3 geblieben wäre) Lb4 oder La3 unter Druck gesetzt wird. Es ist dagegen klar, dass der weiße Bf3 kaum auf diese Weise angegriffen werden könnte.
Verfehlt wäre 11. ... fxe4, denn Weiß besetzt mit 12.Sxe4 ein starkes Feld. Auch wenn er 12.fxe4 antworten müsste, wäre die sich ergebende Stellung für Schwarz nicht gut, weil er nichts erreicht hätte. Die Linienöffnung kommt den Türmen beider Parteien zugute.

12. Le3-f2 g6-g5

Beide Kontrahenten verfolgen ihren Plan; es wird jedoch noch beträchtliche Zeit dauern, bevor eine Seite am Ziel ist.

13. Se1-d3

Hier wurden in jüngster Zeit diverse andere Ideen versucht, so 13.a4 nebst a5 oder sogar 13.g4, um nach Möglichkeit den Königsflügel abzuschließen.

13. ... Tf8-f6

Der T will nach g6 gehen, wo er die Öffnung der g-Linie unterstützen und angreifen wird. Manche Spieler ziehen 13. ... Tf7 vor, ein etwas langsameres Verfahren, das dafür die 7. Reihe verteidigt, falls Weiß auf der c-Linie mit T und S angreift. Aber nach derzeitiger Ansicht dürfte die Aufstellung Sf6 und Sg6 im Angriffssinn am wirksamsten sein.

14. c4-c5

Auch Weiß beginnt, sein strategisches Ziel zu verwirklichen. Kann er den Schwarzen zu d6xc5 zwingen, wird die c-Linie geöffnet und der Be5 schwach.

14. ... h7-h5

Schwarz ignoriert das weiße Gegenspiel.

15. c5xd6

Nicht schlecht; noch besser scheint allerdings 15.Tc1 mit der zusätzlichen Möglichkeit c5-c6 zu sein. Außerdem blieben zwei Drohungen bestehen, cxd6 und Sb5. Wenn es mehrere gute Züge gibt, ist es eine gute Politik, den Gegner über die eigenen Absichten im Unklaren zu lassen.

15. ... c7xd6
16. Ta1-c1!

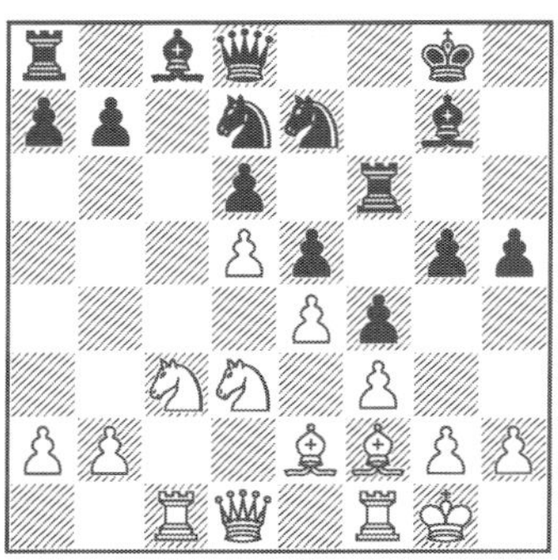

Ein sehr guter Zug, der die offene Linie besetzt und Sb5 droht. Es wäre sehr unbequem, käme der S über b5 nach c7 – und eventuell e6!

16. ... a7-a6

Eine erzwungene Schwächung des Feldes b6, aus der Weiß jetzt Nutzen ziehen muss. Wie kann er das? Ein Weg ist a4-a5 nebst Sa4-b6 oder einfach Sa4, Db3, Sb6. Weiß besetzt den Punkt b6 und setzt dann den Angriff in der c-Linie fort. Schwarz kann zwar jederzeit b5 spielen, um das Vorgehen des Weißen zu stoppen; doch das bedeutet eine weitere Schwächung, die Weiß ein späteres Sb4-c6 ermöglicht.

17. b2-b3

Plant Sb2-c4(a4). Das ist ein drittes System, ebenfalls sehr lehrreich, aber ein wenig langsamer, so dass es in der verfügbaren Zeit weniger Chancen bietet.

17. ... Tf6-g6

Schwarz kann es sich daher leisten, die weiße Demonstration am D-Flügel zu ignorieren und eine schwere Figur auf die Linie zu bringen, die er öffnen will.

18. Sd3-b2

Logisch – Weiß will d6 angreifen und den Einbruch auf b6 vorbereiten.

18. ... Kg8-h8

Schwarz setzt die Vorbereitungen für den Vorstoß g4 fort. Man beachte die äußerst sorgfältigen Berechnungen, die er dabei anstellt. Zunächst erwog er 18. ... Sf6, doch hat dieser Springerzug Nachteile. Er lässt b6 ungeschützt, außerdem könnte Weiß, nachdem g5-g4 geschehen ist, Lh4 spielen. Danach wäre es schwer, den Angriff fortzusetzen. Deshalb räumt Schwarz g8, um den anderen S über g8 nach h6 zu führen, wo er auf g4 wirkt.

19. a2-a4

Er will Sc4 spielen, ohne sofort durch b5 vertrieben zu werden.

19. ... Se7-g8
20. Sb2-c4 Sg8-h6

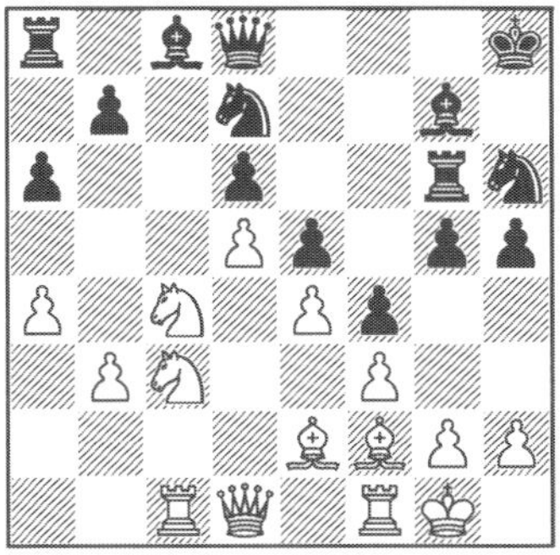

Soweit haben beide Seiten ihre strategischen Absichten auf logische Weise verfolgt. Weiß hätte jetzt mit a5 und Sb6 fortfahren und den schwarzen Angriff missachten können. Stattdessen sah er sich nach einem Verteidigungsplan gegen die schwarze Dampfwalze g4 und h4 um.

21. h2-h3?

Der Vormarsch g5-g4 war auf keine Weise zu verhindern. Der Bauernzug ist lediglich eine unnütze Schwächung. *Wenn* Weiß die Bauern aufhalten will, sollte er es auf einem anderen Weg tun:

a) 21.De1, um auf 21. ... g4 mit 22.Lh4! zu antworten. In diesem Fall bereitet Schwarz die Entgegnung Lf8-e7 vor (nicht sofort Lf6, weil das die Deckungslinie zum Bd6 unterbricht);
b) 21.g4 fxg3 und nun 22.hxg3 g4 oder 22.Lxg3 h4 23.Lf2 g4! 24.fxg4 Sxg4 25.Lxg4 Sf6 26.h3 Sxg4 27.hxg4 Lxg4. In beiden Fällen ist Schwarz in der Lage, den K-Angriff fortzusetzen, jedoch nicht so wirkungsvoll wie in der Partie.

21. ... g5-g4

Scheint einen Bauern zu kosten; das ist aber nur vorübergehend. Schwarz hat sich nun die Öffnung der g-Linie gesichert. Man sieht, wie nutzlos der letzte Zug war; er schwächte sich und arbeitete dem Gegner in die Hände.

22. h3xg4 h5xg4
23. f3xg4 Sd7-f6

So gewinnt Schwarz den B zurück und macht den Weg für den T frei.

24. g4-g5

Ein hübscher Versuch. Weiß erobert die Qualität, verliert jedoch die Partie. Unzureichend sind ferner 24.Lb6 De7 bzw. 24.Sb6 Tb8. Weiß kann Sfxg4 keinesfalls verhindern, und danach entstehen vielerlei Drohungen, wie die Partie zeigt. Wahrscheinlich war 24.Lh4 besser; Schwarz antwortet in diesem Fall 24. ... Shxg4, und bevor er den Angriff wieder aufnehmen kann, wird er Vorbereitungszüge wie Df8 machen müssen, weil der Sf6 gefesselt ist.

24. ... Tg6xg5
25. Lf2-h4 Sf6-g4!

Der Tg5 kann nicht entschlüpfen. Wenn 25. ... Tg6, so 26.Lh5.

26. Lh4xg5

Es war nicht nötig, sofort zu schlagen. Besser war zuerst 26.Lf3, um Zeit für die Verteidigung zu gewinnen. Nicht gut ist 26.Sxd6? Se3!.

26. ... Dd8xg5

Weiß hat die Qualität gewonnen, doch ist der schwarze Angriff sehr stark geworden. Schwarz droht nun Dh4 nebst Dh2 matt.

27. Le2xg4 Lc8xg4

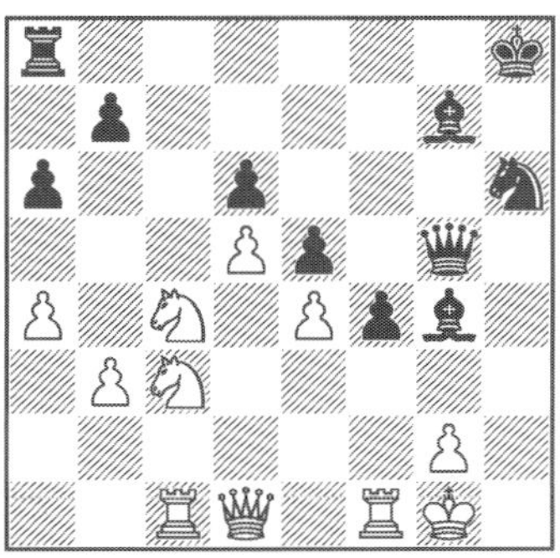

Falls 27. ... Sxg4, so kann Weiß den Schwarzen an der Ausführung seiner Drohung mit 28.Tf3 hindern: 28. ... Dh4? 29.Th3.

28. Dd1-d2 Dg5-g6

Um nicht durch Sxd6 gestört zu werden, z.B. 28. ... Tg8 29.Sxd6. Möglicherweise gelingt es dem S, das Feld f5 zu erreichen und dort lästig zu werden.

29. Dd2-f2

Ermöglicht Weiß Sd2-f3 (defensiv) oder Dh4 bzw. Db6 (offensiv). Die Chancen sehen also ganz gut aus für Weiß.

29. ... Ta8-g8

Hier erleben wir die „Anhäufung von Kräften“. Bringe zuerst die Figuren in Stellung, die Drohungen folgen automatisch!

30. Tc1-c2

Überdeckung des Feldes g2 – ein Beispiel für die Ansammlung von Verteidigungskräften. Hätte Weiß seinen ursprünglichen Defensivplan ausgeführt, so verstärkt Schwarz seinen Angriff: 30.Sd2 Dh5 31.Sf3 Lf6 mit der Drohung Ld8, gefolgt von 33. ... Lxf3 34.Dxf3 Lb6+ oder auch 32. ... Lh3.
An offensive Züge konnte Weiß überhaupt nicht denken. So kommt auf 30.Dh4? Lf6, auf 30.Db6 Lf8 mit der Drohung Lf3.

30. ... Dg6-h5

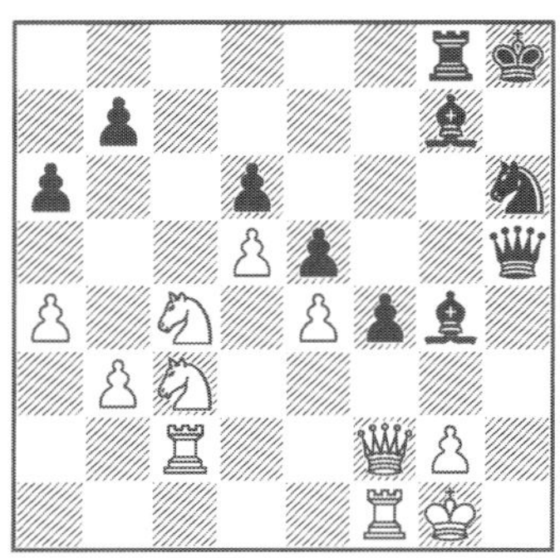

Den Bd6 lässt Schwarz im Stich, um ein paar Züge zu gewinnen und auf 31.Sxd6 mit Lf8 den Läufer kräftig ins Spiel eingreifen zu lassen (u.U. kann Lc5 folgen).

Schwarz will irgendeinen Zug mit dem Lg4 machen, damit der Sh6 dessen Platz einnehmen und schließlich Dh2+ folgen kann. Auf 30. ... Ld7 wäre jedoch 31.Dh4 eine gute Antwort. Deshalb zögert Schwarz einen Zug des Lg4 hinaus und versucht, beide Ideen zu vereinigen.

Die Akkumulation von Kräften wird allmählich überwältigend. Weiß hat keine genügende Verteidigung mehr. Was kann er tun?

a) sein König ist in Gefahr, denn der Bg2 ist ein schwaches Bollwerk;
b) alle schwarzen Figuren sind tätig;
c) Schwarz hat die offene g-Linie;
d) der schwarze Bf4 ist sehr stark.

Doch das bedeutet nicht, dass nun eine beliebige Angriffsmethode genügen würde. Schwarz muss sorgfältig spielen; z.B. 31.Db6

a) nicht 31. ... Ld7 32.Sd2 Sg4 33.Sf3 und Schwarz hat nichts;
b) nicht 31. ... Lf6 32.Dxd6 Lh4 33.Dxe5+;
c) jedoch 31. ... Lf8 (zunächst die g-Linie räumen!) ist richtig:

   1) 32.Sxd6 Dg6 kostet eine Figur;

   2) 32.Kf2 Dh4+ und der K kann wegen des starken Bf4 nicht entkommen;

   3) 32.Sd2 Le7 33.Dxb7 Lh4 34.Tfc1 Lg3 35.Sf1. Schwarz gewinnt nun, indem er von seinen Kräften auf die wirkungsvollste Weise Gebrauch macht, z.B. 35. ... Lc8 36.Db8 Sg4 37.Dxd6 Lh2+! 38.Sxh2 Dxh2+ 39.Kf1 f3! – der Schlüsselzug! Es droht Dh1 matt. Eine mögliche Folge wäre 40.Se2 fxg2+ 41.Ke1 g1D+ 42.Sxg1 Dxg1+ 43.Ke2 De3+ 44.Kf1 Sh2+! 45.Txh2+ Lh3+ 46.Txh3+ Dxh3+ 47.Ke1 Tg1+ und Matt in drei Zügen. Eine köstliche Serie von Schachgeboten.

Sicher gibt es noch viele andere Varianten. Sie alle aufzuführen, würde aber nur Verwirrung stiften. Das gewählte Abspiel ist das für beide Parteien schwierigste.

Gehen wir nun zum Diagramm zurück und versuchen 31.Sd2 Lf6. Dann droht einmal Lh4-g3, unter Umständen aber auch Ld8-b6. 32.Sf3 Lxf3 33.Dxf3 Sg4 34.Dh3 Dxh3 35.gxh3 Se3+ kostet einen ganzen Turm.

In der Partie spielte Weiß

31. Sc4xd6 Lg7-f8

Gewinnt ein Tempo durch Angriff auf den Sd6.

32. Sd6-c4

Wenn 32.Sf5, so Lxf5 33.exf5 Sg4 und gewinnt.

32. ... Lg4-f3!

Man betrachte die angesammelten Kräfte! Jede Figur spielt ihre Rolle: der Tg8 drückt direkt auf den Bg2 und den dahinter versteckten König; der Lf3 verstärkt die Wirkung des Turms; der Lf8 steht bereit, nach c5 zu gehen, wo er die Df2 von ihrem Verteidigungsposten ablenken kann; der Sh6 kann gleichfalls die D vertreiben und das Feld h2 angreifen, wenn er nach g4 kommt; die D kooperiert bei der Mattsetzung.

33. Df2xf3 Lf8-c5+

Weiß gab auf, weil seine D verloren ist: 34.Tc/ff2 Dxf3 bzw. 34.Df2 Sg4! nebst Matt.

In dieser Partie lieferte der Amateur einen guten Kampf, solange er seinen Angriff am Damenflügel vorantrieb. Er wählte zwar nicht den schnellsten Weg, wie in der Anmerkung zum 16. Zug von Schwarz gezeigt, aber auch das langsamere System gab ihm gewisse Gegenchancen. Der entscheidende Fehler des Amateurs war sein 21. Zug, als er versuchte, einen Vorstoß aufzuhalten, der unaufhaltsam war. Das hatte ernste Folgen.

Dennoch fand der Amateur lange Zeit die geeigneten Verteidigungszüge, und der Meister musste eine lange Reihe von Opfervarianten entdecken, um seinen Vorteil wahrzunehmen.

Partie 20

Die Flankierung des Lf1 im Königsinder
Mittel, den Ausgleich von Schwarz in der Eröffnung zu verzögern
Das Verfahren, wenn Schwarz die Initiative in der Eröffnung zu früh ergreift
Psychologische Gründe für Züge, die den Gegner zwingen, eine Wahl zu treffen
Öffnung der Stellung zum Angriff
Eindringen in den offenen Königsflügel
Der Zwischenzug in der Kombination

In der Eröffnung besteht die Rolle von Schwarz darin, seinen geringen Ausgangsnachteil allmählich zu überwinden und Ausgleich zu erzielen. Bei bestem Spiel des Weißen kann Schwarz nur mit einer Reihe von ruhigen, soliden Zügen zum Gleichstand kommen. Versucht er, verfrüht die Initiative zu ergreifen, so riskiert er, wegen der besseren Ausgangsposition von Weiß in Nachteil zu geraten.
Um in der Eröffnung die Führung übernehmen zu können, muss Schwarz in der Regel einige Gefahren auf sich nehmen und gewisse Schwächen in seiner Stellung zulassen. In solchen Fällen muss Weiß diese Schwächen aufspüren und den besten Weg finden, sie auszunutzen. Die Widerlegung voreiliger Maßnahmen liegt oft in einer Zunahme des weißen Entwicklungsvorsprungs. Das Ergebnis kann sein, dass der Gegner nicht rechtzeitig zur Rochade kommt. Solange die Stellung geschlossen bleibt, bedeutet das nicht allzu viel. Weiß wird daher versuchen, die gewonnene Zeit zur Öffnung von Linien zu verwenden. Das erreicht er, indem er seine Figuren an die Front nahe der schwarzen Stellung bringt. In der folgenden Partie wird dieses wohlbekannte Verfahren gescheit, präzise und kreativ vorgetragen.

Weiß: Meister Schwarz: Amateur
Königsindisch: Gegenfianchetto

1.	**d2-d4**	**Sg8-f6**
2.	**c2-c4**	**g7-g6**
3.	**g2-g3**	

Weiß verzögert die Entwicklung des Sb1, um die eigentliche Grünfeld-Verteidigung (3.Sc3 d5) zu vermeiden (Partie 9). Von g2 aus kontrolliert der L mehr Felder als von e2 oder d3. Plant Weiß jedoch einen Angriff auf den Königsflügel, würde der L generell auf e2 oder d3 bessere Dienste leisten.

3. ... c7-c6

Um d7-d5 mit vollständigem Ausgleich in der Mitte zu spielen. Er hofft auf 4.Lg2 d5 5.cxd5 (schwer zu vermeiden, weil c4 ungedeckt ist) 5. ... cxd5 6.Sf3 Lg7 usw. mit symmetrischer Stellung, in der Schwarz etwa ebenbürtige Chancen haben sollte. Weiß hält daher nach einem Zug Ausschau, der ihm gestattet, ein geringes Übergewicht zu erzielen.

4. d4-d5

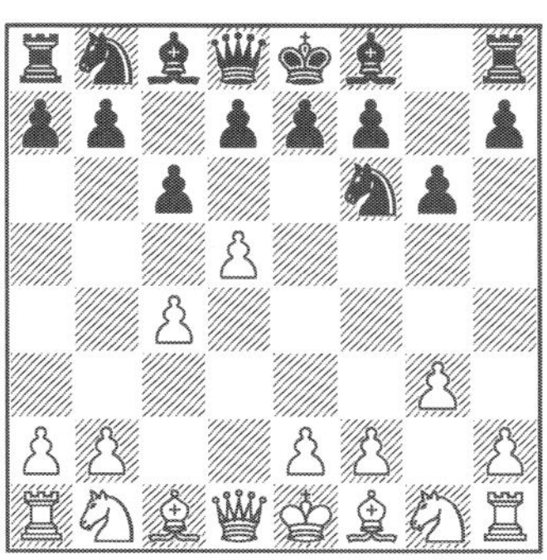

Weiß opfert ein Tempo, um ein Raumübergewicht zu erzielen und die Wirksamkeit des Lg2 zu erhöhen. Er hindert Schwarz an d7-d5, ein Zug, der den L erheblich einschränken würde. Zwar ist dieser auch durch den weißen Bd5 etwas behindert, trotzdem kann er indirekt eine wichtige Rolle spielen. Die Partie selbst zeigt die vorbeugende Wirkung des Lg2: Schwarz wagte e7-e6 nicht, weil er fürchtete, die Diagonale des Läufers zu verlängern.

4. ... c6xd5

Nicht erzwungen, aber Schwarz hielt das Folgende für günstig.

5. c4xd5 Dd8-a5+?!

Ein Versuch, die Führung an sich zu reißen, was für den Nachziehenden immer gefährlich ist, wenn es zu früh erfolgt.
Schwarz sollte mit 5. ... d6 oder 5. ... Lg7 fortfahren. Antwortet Weiß auf den letzteren Zug mit 6.d6, so 6. ... e6. Der Bd6 drückt zwar, behindert aber die Entwicklung kaum. Außerdem kann er später schwach werden.

6. Sb1-c3 Sf6-e4?

Der schwache Punkt im Plan von Schwarz liegt darin, dass er eine Diagonale öffnet, auf der noch kein Läufer steht. Seine Absicht geht hervor aus 7.Dd3 Sxc3 8.bxc3 Lg7 9.Ld2 Sa6 mit Druck gegen den weißen D-Flügel, und wenn 10.c4, so Sb4!.
Relativ besser war z.B. 6. ... b5 7.Lg2 d6, was später einmal gespielt wurde. Das verfrühte Unternehmen im 5. Zug dürfte Weiß etwas Vorteil sichern, aber dieser wäre noch nicht so groß.

7. **Dd1-d4**

Greift den Th8 an. Scheinbar stoppt auch dieser Zug die schwarzen Pläne nicht: 7. ... Sxc3 und a) 8.bxc3 Tg8 nebst Lg7 analog der vorigen Anmerkung, oder b) 8.Dxc3 Dxc3+ 9.bxc3 Lg7 mit Stellungsvorteil für Schwarz. Doch Weiß hat Besseres.

7. ... **Se4xc3**

8. **Lc1-d2!**

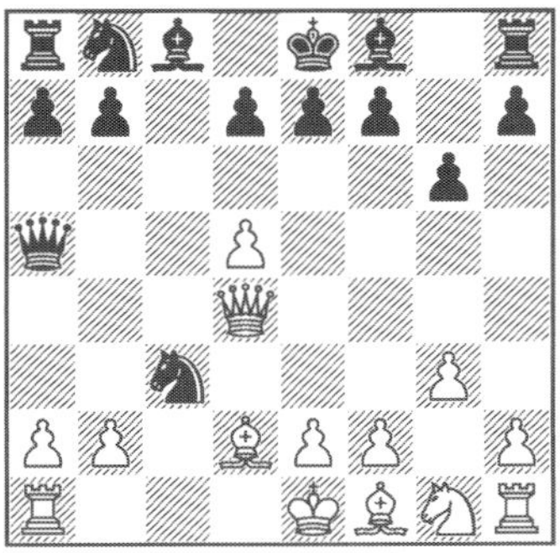

Die Widerlegung des schwarzen Ausfalls, wie die kritische Kombination 8. ... Dxd5 9.Dxc3 Sc6 (Erzwungen, denn es drohte 10.Dxc8 matt.) 10.Dxh8 Dxh1 11.Lh6 zeigt. Das beweist, dass Schwarz nun seinen K-Flügel mit f6 oder Tg8 schwächen muss.

Worin bestand der Fehler des Schwarzen? Er verstieß gegen einen wichtigen allgemeinen Grundsatz: *Strebe nicht nach der Initiative ohne Entwicklungsvorsprung* – und er berechnete die Folgen nicht genau genug. Demnach ist zu beachten, dass man von Grundsätzen abweichen kann, wenn die Berechnungen es rechtfertigen. Prinzipien dienen als Hauptstraßen, und es ist immer möglich, dass irgendwelche Nebenstraßen in besonderen Fällen die kürzeren sind.

Weiß konnte hier nicht 8.Dxh8 spielen wegen 8. ... Se4+ 9.Kd1 Sxf2+.

8. ... **Th8-g8**

Besser war 8. ... f6. Schwarz träumt jedoch von Lg7. Der Textzug verzichtet endgültig auf die kurze Rochade, und auch die lange sieht nicht verlockend aus (die c-Linie ist offen); die Aussichten des schwarzen Königs sind keinesfalls rosig.

9. **Ld2xc3** **Da5-c7**

10. **Ta1-c1**

Schwarz drohte immer noch Lg7 nebst Lxc3. Nach dem Textzug wäre Lg7 nicht vernünftig wegen 11.Dd2 Lxc3 12.Txc3 Dd8 13.Dh6 mit Gewinn eines Bauern und Angriff auf die schwarze Stellung vom Flügel her. Man beachte, dass 10.Tc1 durch indirekten Angriff auf die Dc7 die Initiative festhält.

10. ... **d7-d6**

Macht Platz für die D und verhindert den eventuellen Einbruch d5-d6.

11. **Sg1-f3**

Es gibt keine direkte Methode, die bloßgestellte schwarze D und andere Schwächen der feindlichen Stellung auszunutzen. Weiß kann also nichts Besseres tun als seine Entwicklung zu vollenden und frische Kräfte in den Kampf zu werfen, um den bereits erreichten Vorteil zu verwerten.

11. ... h7-h6?

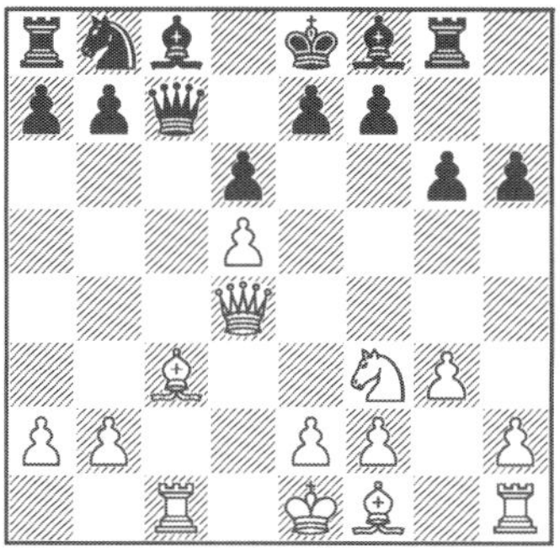

Schwarz fürchtete 12.Sg5 und entschließt sich daher zu dieser weiteren Schwächung. Übel muss fortwährend Übel gebären. Es war nicht unbedingt erforderlich, Sg5 abzuwehren. Es waren andere und wichtigere Dinge am Damenflügel zu erledigen.

Wenn man schon, wie Schwarz hier, nicht gut steht, ist es gewöhnlich nicht möglich, alle Drohungen zu berücksichtigen, und es ist daher eine gute psychologische Waffe, den Gegner vor eine Wahl zu stellen, die ihn Zeit und Kraft kostet. Statt einen Zug zu machen, den der Gegner mühelos beantworten kann, wäre es z.B. hier für Schwarz besser, so zu spielen, dass Weiß Energie und Zeit für Berechnungen investieren muss. Nach 11. ... Sa6 oder 11. ... Sd7 müsste Weiß zwischen der normalen Fortsetzung der Entwicklung 12.Lg2 und dem aggressiven 12.Sg5 wählen. Was am besten ist, kann nur durch genaue Analyse festgestellt werden.

12. Lf1-g2 Sb8-a6

Man könnte sich wundern, warum sich der S auf a6 vom Zentrum entfernt, statt nach d7, in Richtung auf die Mitte, zu ziehen. Dort müsste er einen weiteren Zug machen, denn auf d7 kann er nicht gut bleiben, einmal weil er den Lc8 verstellt, zum anderen weil er nicht genügend Wirkung ausübt.

Steht der S auf f6, wohin er in zwei Zügen kommen könnte, günstiger als auf a6, welches Feld er sogleich besetzt? Vielleicht, sicher ist es aber nicht. Von a6 aus kann er nach c5 gehen, im Augenblick aber auch dort bleiben. Auch von d7 aus steht ihm c5 offen; er hätte allerdings Eile, dorthin zu kommen, weil sich der Lc8 entwickeln will.

13. 0-0 g6-g5

Schwarz möchte Lf5 spielen, vorher jedoch Sh4 ausschalten. Das Heilmittel ist schlimmer als die Krankheit: der Bauernzug gestattet Weiß, in die feindliche Stellung einzudringen.

14. Dd4-d3!

Verhindert Lf5 und kann auf der Diagonalen b1-h7 in den geschwächten K-Flügel einbrechen. Weiß droht auch 15.Lg7!, z.B. 15. ... Dd7 16.Lxf8 Txf8 17.Dh7 mit Gewinn eines wichtigen Bauern und Druck auf die schwarze Stellung von der Flanke her.

14. ... Dc7-d7
15. Sf3-d4

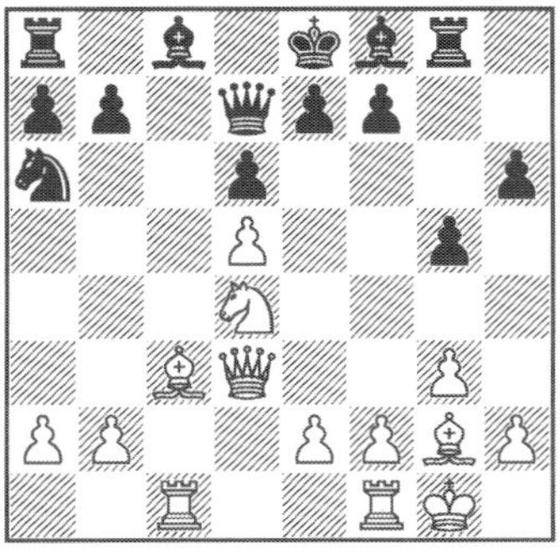

Die letzte Etappe beginnt – die Verwertung des weißen Vorteils. Das Handicap von Schwarz besteht in der unsicheren Stellung seines Königs. Um daraus Nutzen zu ziehen, muss Weiß mit seinen Figuren vorstoßen und die Stellung entlang der f-Linie öffnen. Beides geschieht bald. Der Textzug verhindert Df5 und bereitet f2-f4 vor.

15. ... Lf8-g7

Weiß drohte 16.Dh7 Tg6 17.Se6!; 15. ... Sc5 hätte daran wegen 16.Dh7 Tg6 17.b4 Sa4 18.Se6 nichts geändert.

16. Dd3-h7 Ke8-f8

Das war einer der Gründe für den letzten schwarzen Zug. Endlich hat der K einen Platz – aber was für einen! Beachten Sie, dass er sich auf der Linie des weißen Turms befindet, wenngleich noch zwei Bauern dazwischenstehen.

17. f2-f4!

Der entscheidende Vormarsch. Weiß droht die Stellung zu öffnen und unmittelbar zu gewinnen durch 18.fxg5 hxg5 19.Se6+.

17. ... g5-g4

Erzwungen. 17. ... Th8 genügt nicht, wie 18.Se6+! fxe6 19.Dxg7+ usw. beweist.

18. f4-f5

Droht wiederum 19.Se6+.

18. ... Dd7-d8?

Wenn er überhaupt noch Widerstand leisten wollte, war 18. ... Lxd4+ 19.Lxd4 unerlässlich, obwohl Schwarz dann den Bh6 und später noch mehr verlieren muss.

19. Sd4-e6+

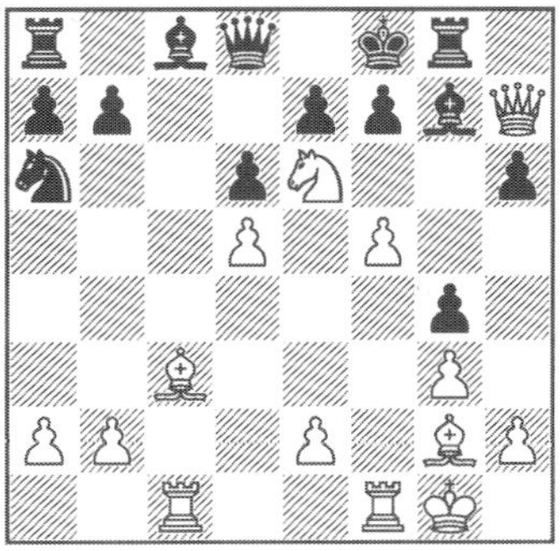

Eine leichte Kombination, weil die schwarzen Züge praktisch erzwungen sind.

19. ... Lc8xe6

Oder 19. ... fxe6 20.fxe6+ Lf6 21.Df7 matt.

20. Lc3xg7+

Ein Zwischenzug, der die Antwort erzwingt. Man beachte, dass die genaue Zugreihenfolge dieser Kombination wichtig ist.

20. ... Tg8xg7
21. Dh7-h8+ Tg7-g8
22. Dh8xh6+ Tg8-g7

Hoffnungslos für Schwarz wäre auch 22. ... Ke8 23.fxe6 und: a) 23. ... f6 24.Dh5+ nebst Matt; b) 23. ... Tf8 24.Txf7 Txf7 25.Dh8+ Tf8 26.Dh5+ nebst Matt; c) 23. ... fxe6 24.Dh5+ Kd7 25.dxe6+ Kxe6 26.Df5 matt.

23. f5xe6 f7-f6
24. Tf1-f5

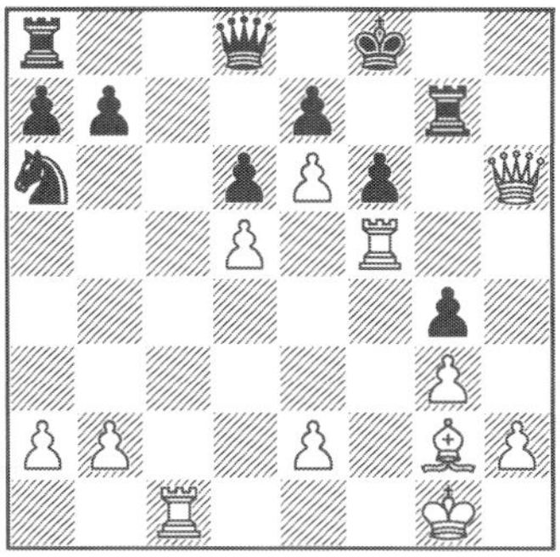

Von hier aus kann der T entweder nach g5 gehen (wo er wegen Dh8+ Tg8 Tf1+ nicht genommen werden kann) oder nach h5 mit verschiedenen Drohungen. Nicht so gut wäre 24.Tf4, denn nach 24. ... Kg8 gäbe es keine überzeugenden Drohungen, und nach 24. ... Db6+ 25.Kh1 Dxb2 26.Tcf1 Kg8 ist ebenfalls kein direkter Gewinn zu sehen.
Hingegen käme nun auf 24. ... Kg8 25.Th5 Kf8 26.Tg5 wie in der Partie, und nach 24. ... Db6+ 25.Kh1 Dxb2 26.Tcf1 gibt es wiederum gegen 27.Tg5 keine Verteidigung.

24. ... Sa6-c7

Der Springer kommt zu spät.

25. Tf5-g5!

Schwarz gab auf. 25. ... fxg5 scheitert, wie schon erwähnt, an 26.Dh8+ Tg8 27.Tf1+, und 25. ... Se8 26.Dh8+ wäre ebenso nutzlos.

Manchmal läuft es in einer Partie von Anfang an verkehrt. Das trifft auch auf Meister zu, in verstärktem Maß aber für Amateure. Eine verfehlte Idee, und die Karre ist verfahren. In solchen Fällen ist es schwierig, überhaupt irgend etwas zu erreichen, wie es auch dem Amateur in dieser Partie erging.

Partie 21

Besetzung des Zentrums in der Eröffnung
Austausch einer Schwäche gegen eine andere
Ausnutzung des „Lochs“
Verzicht auf den unvorteilhaften Qualitätsgewinn
Den Königsflügel angreifen
Mit Zeitgewinn spielen
Das Mattopfer

Oft kommt es zu Stellungen, wo eine Partei ein Zugeständnis macht, um einen entsprechenden Vorteil dafür einzutauschen. Man könnte das als Tausch von Stellungswerten bezeichnen, im Gegensatz zum Tausch von Bauern oder Figuren auf materieller Ebene. Es ist sehr schwer, einen Stellungsvorteil gegen einen Stellungsnachteil abzuwägen. Auf diesem Gebiet gibt es keine Waagschale, wie es im Reich der Bauern und Figuren der Fall ist. Alles hängt von den besonderen Umständen ab. Bietet z.B. der Besitz des Läuferpaars ausreichenden Gegenwert für eine Schwächung des Bauerngerüsts? Oder wird das Loch in der weißen Bauernstellung ausgeglichen durch das Loch am schwarzen Königsflügel? Der letzte Fall erlaubt eine allgemeine Antwort: Schwächen in der Nähe des Königs sind gewöhnlich schwerwiegender als andere.

In dieser Partie spielen Stellungswerte eine wichtige Rolle. Im 10. Zug rückt Weiß seinen Be4 vor und gibt dem gegnerischen S Gelegenheit, ein starkes Feld zu besetzen. Als Gegenwert erhält Weiß die Chance, einen seiner Angriffsspringer an das Loch in unmittelbarer Nähe des schwarzen K zu bringen. Das Scharmützel führt zu einer solchen Schwächung, dass von den drei Schutzbauern, die sonst auf der 7. Reihe stehen, nur noch zwei auf der 6. Reihe verbleiben. Diese doppelte Schwächung – ein fehlender Bauer, die beiden anderen ein Feld vorgerückt – gibt Weiß Gelegenheit, die feindliche Stellung mit all seinen Figuren zu erstürmen und den Kampf mit einem scharfen Opfer zu entscheiden.

Weiß: Meister
Schwarz: Meisteranwärter
Königsindisch: Halb-Grünfeld

1.	**d2-d4**	**Sg8-f6**
2.	**c2-c4**	**g7-g6**
3.	**g2-g3**	**Lf8-g7**

Im Gegensatz zu Partie 20 versucht Schwarz hier nicht, einen defensiven Bauernwall gegen den Lg2 zu errichten.

4. Lf1-g2 d7-d5

Der aus der Grünfeld-Verteidigung bekannte Zug. Die Lage ist hier jedoch etwas anders, weil der nach dem Tausch auf d5 erscheinende S nicht die Möglichkeit Sxc3 hat (vgl. Partie 9).

5. c4xd5

Weiß tauscht an dieser Stelle, um den Druck des Lg2 auf die gründlichste Art ausnutzen zu können. Auf 5.Sf3 oder 5.Db3 könnte Schwarz c7-c6 erwidern und so die Diagonale des Lg2 einschränken. Auch 5. ... dxc4 wäre in diesem Fall befriedigend für Schwarz.

5. ... Sf6xd5
6. e2-e4

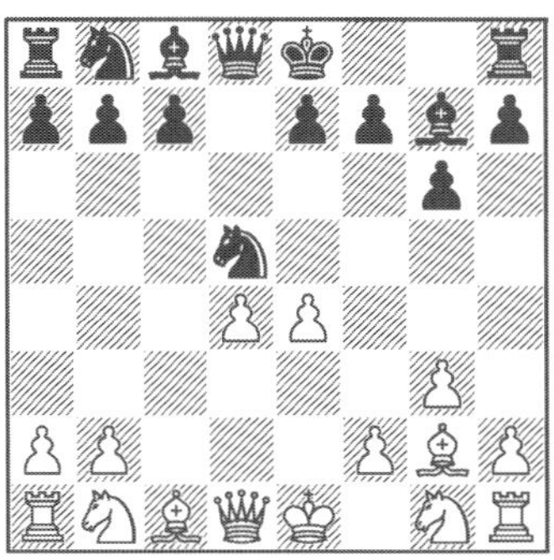

Weiß nutzt augenblicklich die Gelegenheit, das Zentrum zu besetzen. Wir haben diesen Vorstoß in anderen Partien mit wechselndem Erfolg gesehen. Um diese Art Bauernzentrum beurteilen zu können, müssen wir die folgenden Tatsachen berücksichtigen:

a) den Grad der Beweglichkeit der Figuren verglichen mit denen des Gegners;
b) die möglichen Aktivitäten, die aus der größeren Beweglichkeit resultieren;
c) die Gefährdung des Zentrums.

Der Besitz des Bauernzentrums bringt eine Verpflichtung mit sich. Gelingt es nicht, Vorteil aus den Faktoren a) und b) zu ziehen, wird man die Folgen von c) zu erleiden haben.

Weiß wird sich einen K-Angriff erarbeiten müssen, der sich nicht von selbst inszeniert. Seine Aufgabe wird nicht leicht sein.

6. ... Sd5-b6

Wohin sollte der Springer ziehen? Soll Schwarz nur nach dem sichersten Platz Ausschau halten oder ein Feld suchen, wo der S den Gegner belästigen und zu weniger wünschenswerten Zügen zwingen kann? In dieser Stellung ist die Antwort 6. ... Sb6 zahm, weil sie den Gegner unbehelligt lässt. Bei der Suche finden wir den Zug 6. ... Sb4, der eine Drohung aufstellt und so die weiße Stellung und die Struktur des Zentrums beeinflusst. Er erzwingt praktisch 7.d5, was Schwarz mit c6 beantwortet. Sehen wir uns 6. ... Sb4 näher an:

a) 7.Se2 Lxd4 8.Sxd4 Dxd4 9.Dxd4 Sc2+ und Schwarz hat einen B gewonnen;
b) 7.Da4+ S8c6 8.d5. Scheinbar verliert Schwarz eine Figur, aber 8. ... b5! reißt das Steuer herum, z.B. 9.Dxb5 Sc2+ 10.Kd1 Ld7, und Weiß darf keinen der Springer schlagen: 11.dxc6? Lxc6+ oder 11.Kxc2? Sd4+.
c) 7.a3 S4c6 8.d5 Sd4 9.Se2 Lg4 10.S1c3 und Schwarz hat gute Chancen;
d) 7.d5 (am besten) 7. ... c6 8.Se2 cxd5 9.exd5 und der Bd5 kann stark oder schwach werden. Stark als Vorposten, d.h. jenseits der Brettmitte, und schwach, weil er vereinzelt ist.

Nach heutiger Theorie dürfte die Wahl zwischen 6. ... Sb4 und 6. ... Sb6 mehr oder weniger Geschmackssache sein.

7. Sg1-e2

Der S geht nicht nach f3, weil ihn Lg4 fesseln würde, und der Bd4 wäre bereits gefährdet. Außerdem soll die Diagonale des Lg2 frei bleiben.

7. ... 0-0
8. 0-0 e7-e6

Schwarz bereitet c7-c5 vor und will zuvor den Punkt d5 kontrollieren. Der Zug hat den Nachteil, das Feld f6 zu schwächen und so ein Loch in der Nähe des K zu schaffen. Wir werden bald sehen, was das nach sich zieht.

Schwarz hätte auch sofort 8. ... c5 ziehen können: 9.d5 e6 oder 9. ... Sa6, und Schwarz hat einige Gegenchancen am Damenflügel. Es ist klar, dass Schwarz 9.dxc5 nicht zu fürchten braucht, denn er gewinnt den B nach 9. ... Dxd1 10.Txd1 Sa4 zurück.

Eine andere Möglichkeit ist noch 8. ... e5 9.d5 c6. Wer sich näher mit dieser Stellung befassen will, wird um ein Studium der aktuellen Theorie nicht herumkommen.

9. Sb1-c3 Sb8-c6

Das geplante c7-c5 war unmöglich, weil Weiß einfach 10.dxc5 antwortet. Hätte Weiß 9.h3 gespielt, könnte 9. ... c5 10.dxc5 Dxd1 11.Txd1 Sa4 geschehen.

10. e4-e5!

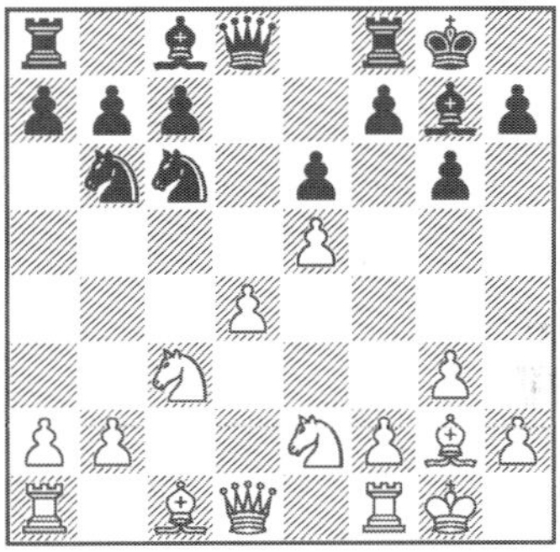

Der Schlüsselzug. Schwarz hat rochiert, die weißen Figuren sind ausreichend mobilisiert und bereit zu handeln. Weiß beabsichtigt, das Loch f6 am schwarzen K-Flügel durch Se4 und Lg5 auszunutzen, wie man in der Partie sehen wird. Zwar hat auch Weiß ein Loch auf f3; jedoch kann sich keine einzige schwarze Figur diesem Feld nähern.

Der Textzug hat einen Nachteil – er überlässt das Feld d5 den schwarzen Figuren.

10. ... Sc6-b4?!

Schwarz will die Schwächung seines D-Flügels durch 11.Lxc6 vermeiden und bereitet zugleich die Besetzung von d5 vor. Aber nach heutiger Ansicht ist das zu langsam, und wenn Schwarz e7-e6 rechtfertigen will, muss er hier 10. ... f6 versuchen. Nach 11.exf6 Dxf6 ist der Be6 nicht gerade schön, aber auch Weiß hat mit d4 seine Probleme.

11. Sc3-e4

Nun ist Lg5 nebst Besetzung von f6 eine starke Drohung.

11. ... h7-h6

Praktisch erzwungen, falls Schwarz sich nicht zu 11. ... S4d5 12.Lg5 f6 entschließen wollte. Das wäre aber wohl noch das geringere Übel gewesen.

12. Se4-f6+!

Dabei rechnete Weiß mit 12. ... Lxf6 13.exf6 Dxf6 14.Lxh6 Te8 (Td8? 15.Dd2 De7 16.Lg5 f6 17.Lxf6 usw.) 15. Dd2. Er hat das Läuferpaar, ist besser entwickelt und außerdem steht der schwarze K unsicher.

12. ... Kg8-h8

Der S steht auf f6 wunderbar. Er bedeutet eine ständige Drohung für den feindlichen K. Die Frage ist, wie man diese günstige Lage am besten ausnutzt. Im Allgemeinen tauchen bei solchen Angriffen zwei große Probleme auf: wie bringe ich eine Figur auf ein starkes Feld, und wie ziehe ich dann Vorteil daraus. Die letzte Frage erfordert in den meisten Fällen die Heranführung anderer Figuren zur Unterstützung und Zusammenarbeit.

13. h2-h4

Kann als Vorbereitung von h4-h5 dienen oder, wie die Partie zeigt, für das Manöver Sg4, h6-h5, Lg5.

13. ... c7-c5

Die einzige Gegenchance des Schwarzen. Die für ihn angezeigte Strategie besteht darin, die weiße Zentralstellung aufzubrechen, die Damen zu tauschen (womit die weißen Angriffschancen stark reduziert werden) und dem Sb4 die Felder c2 und d3 zugänglich zu machen.

14. Sf6-g4

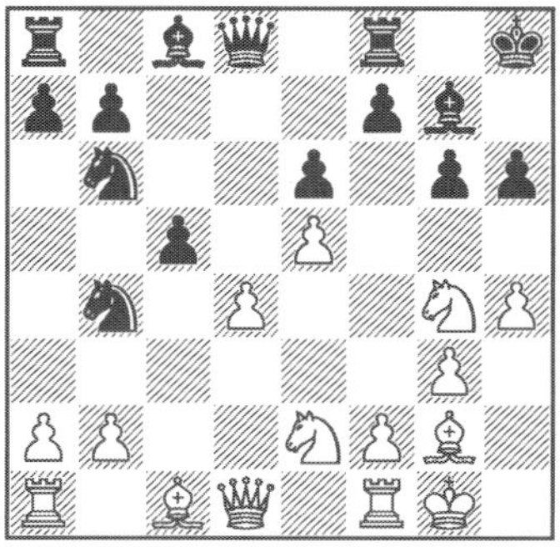

Weiß setzt den planvollen Angriff fort. Spielbar, aber unlogisch wäre es gewesen, auf die Absichten von Schwarz einzugehen und 14.dxc5 Dxd1 15.Txd1 Sc4 16.f4 zuzulassen, wenngleich Weiß dabei den gewonnenen Bauern behauptet.
In der Partie sehen wir ein interessantes Beispiel für Aktion und Gegenaktion auf entgegengesetzten

Flügeln. In solchen Fällen haben es beide Spieler eilig.

14. ... h6-h5

Andere Versuche sind ebenfalls günstig für Weiß:

a) 14. ... cxd4 15.Lxh6

a1) 15. ... Lxh6 16.Sxh6 d3 17.Sc3 Kg7 18.Sg4 und obwohl eine unmittelbar zum Sieg führende Fortsetzung nicht vorhanden ist, besteht an der Überlegenheit der weißen Stellung kein Zweifel. Weiß beherrscht das Loch f6 uneingeschränkt, der schwarze K steht unsicher, der Bd3 kann schwach werden und der Lg2 hat einen großen Wirkungsgrad.

a2) 15. ... d3 16.Dd2 dxe2 17.Lxg7+ Kxg7 18.Dh6+ usw.

b) 14. ... Kh7 15.Dd2 h5 (erzwungen) 16.Sf6+ Lxf6 17.exf6 Dxf6 18.dxc5 S6d5 19.a3 Sc6 20.Lxd5 und erobert einen B, weil 20. ... Td8 durch 21.Dh6+ widerlegt wird.

15. Lc1-g5

Plangemäß – Weiß erlangt die Macht über f6.

15. ... Dd8-c7
16. Sg4-f6

Die logische Fortsetzung der weißen Strategie.

16. ... c5xd4
17. Se2-f4

Schwarz hat keine Verteidigung mehr gegen S4xh5.

17. ... Dc7xe5

Was soll er sonst tun? Wenn 17. ... Dc2, so einfach 18.Dxd4.

18. Sf4xh5

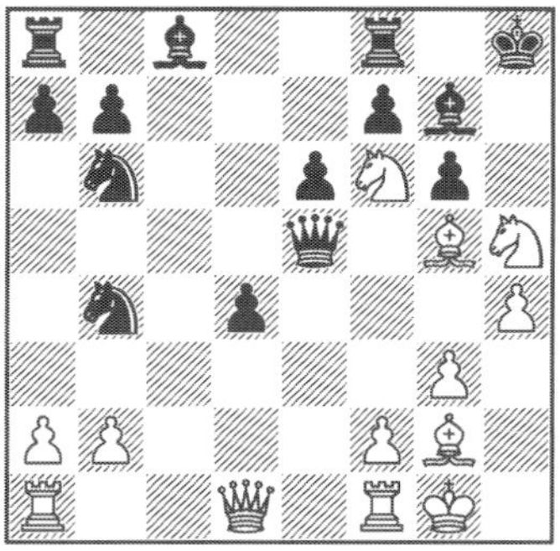

Schwarz kann das Opfer natürlich nicht annehmen, so dass Weiß seinen S gegen den Lg7 tauschen und den Angriff über die noch mehr geschwächten Felder weiterführen kann (Dd2, Lh6 usw.). Wenn 18. ... S6(4)d5, so setzt Weiß 19.Te1 Dd6 20.Sxg7 Kxg7 21.Dxd4 fort.

18. ... Sb6-d7

Schwarz versucht, die weiße Figur von f6 zu vertreiben. Weiß könnte nun auf verschiedene Art die Qualität erobern, z.B. mit 19.Sxd7 Lxd7 20.Sxg7 Kxg7 21.Le7 oder 19.Sg4 Dd6 20.Sxg7 Kxg7 21.Lh6+. Die Aufgabe wäre aber noch nicht leicht wegen des Bd4, der ein ernstes Hindernis darstellt. Weiß wählt daher eine Fortsetzung, bei der er diesen Bauern vorab beseitigt.

19. Tf1-e1

Ein bequemer Zwischenzug.

19. ... De5-d6
20. Sh5xg7 Kh8xg7
21. Sf6xd7

Wenn 21.Df3, so e5, womit 22.Sxd7 Lxd7 23.Df6+ verhindert wäre.

21. ... Lc8xd7

Wenn 21. ... Dxd7, so 22.Dd2 Sc6 23.Lh6+ Kg8 24.Lxf8 Kxf8 25.Tad1 und Schwarz kann den Verlust des Bd4 nicht verhindern.

22. Lg5-f4

Man sieht deutlich, wie nach dem Tausch des Lg7 die von ihm beherrschten dunklen Felder schwach geworden sind. 22.Dd2 hätte wegen Th8 zu nichts geführt.

22. ... Dd6-b6

Erzwungen. Wenn 22. ... De7 23.Dxd4+ gefolgt von 24.Ld6.

23. Lf4-e5+ f7-f6
24. Le5xd4

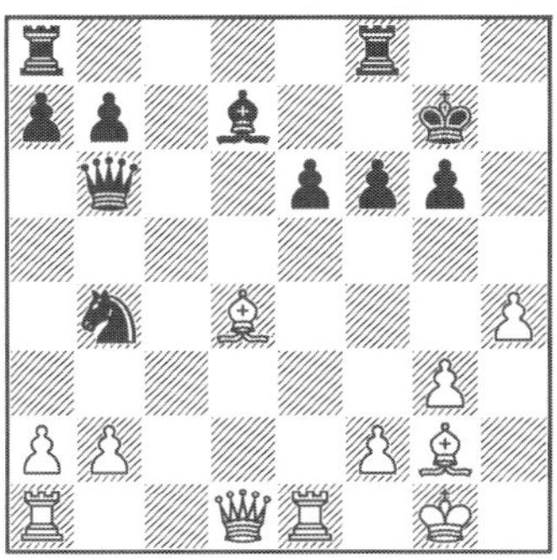

Was ist das Ergebnis all dieser verwickelten Manöver? Materiell steht alles gleich. Trotzdem hat Weiß zwei Vorteile: a) er besitzt das Läuferpaar; b) die schwarze K-Stellung ist geschwächt.

24. ... Db6-c7

Die Damenzüge müssen überlegt sein (Dd8? 25.Lc5 oder Dd6?? 25.Lxf6+).

25. Ta1-c1 Sb4-c6
26. h4-h5!

Weiß hat den geopferten Bauern ohne Zeitverlust zurückerobert und setzt nun seinen Angriff fort. Er will die neue Verteidigungslinie systematisch zerstören.

26. ... e6-e5

Wenn g5, so 27.Dd3 Le8 28.Txe6.

27. Ld4-c5 Tf8-h8
28. Lc5-d6

Man sehe, wie alle Züge des Weißen mit Tempo geschehen.

28. ... Dc7-c8

Der Ld7 soll gedeckt bleiben.

29. h5xg6

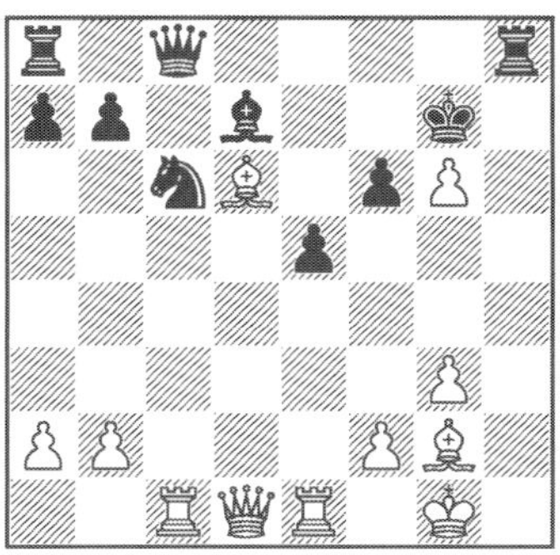

Wieder ist eine Barriere, hinter der sich der schwarze K verstecken könnte, eliminiert worden. Die schwarze Stellung ist nun reif für den entscheidenden Schlag.

29. ... Ld7-f5

29. ... Lh3 hätte die gleiche Antwort erfahren. Warum schlägt Schwarz den Bg6 nicht sofort? Weil der Gegner dann die restlichen Schutzbau-

ern beseitigt und den K glatt überfahren hätte (ähnlich wie in der Partie): 30.Lxe5 fxe5 31.Dd6+ Kg7 32.Txe5, und der weiße Angriff ist unwiderstehlich.
Mit dem Textzug versucht Schwarz, eine neue Widerstandslinie mit dem L zu errichten. Es hilft jedoch nichts.

30. Lg2xc6 b7xc6
31. Te1xe5!

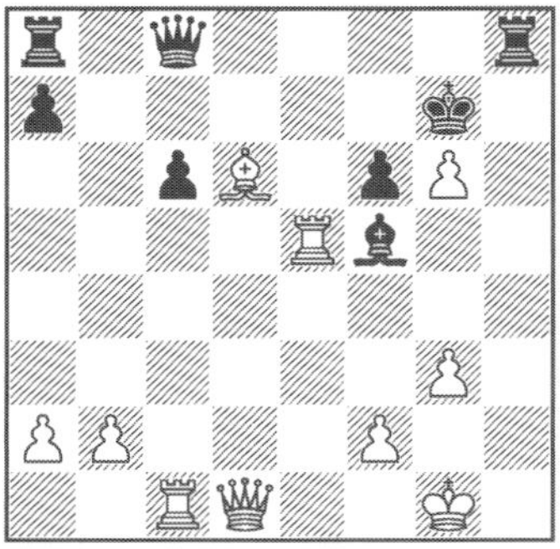

Weiß kann sich dieses beträchtliche Opfer leisten, weil die schweren Figuren des Gegners von ihrem K getrennt sind. Die Folgen der Annahme des Opfers müssen sorgsam untersucht werden. Sie zeigen die Hilflosigkeit eines K ohne Bauernschutz, der von den Angreifern eingekreist wird: 31. ... fxe5 32.Lxe5+

a) 32. ... Kf8? 33.g7+ usw.
b) 32. ... Kg8 33.Lxh8
b1) 33. ... Kxh8 34.Dh5+ Kg7 35.Dh7+ Kf6 36.Df7+ Kg5 37.Tc5! bindet fast alle schwarzen Figuren: 37. ... Tb8 38.g7, und gegen 39.g8D nebst D/Txf5+ gibt es keine Verteidigung mehr.
b2) 33. ... Lxg6. Weiß hat zwei Bauern mehr, abgesehen von seinen Angriffschancen, z.B. 34.Dd4 Dc7 35.Txc6 Df7 36.Dg4.
c) 32. ... Kxg6 33.Lxh8 Dxh8 34.Txc6+
c1) 34. ... Kg5 35.f4 matt;
c2) 34. ... Kf7 35.Dd5+ erobert den L und mehr;
c3) 34. ... Kg7 35.Dd4+ Kh7 36.Dh4+ Kg8 37.Dg5+ mit Rückgewinn des L.
d) 32. ... Kh6 33.Dd2+ Kh5 (Kxg6 34.Lxh8 führt zu c).) 34.Lf6 mit Mattdrohung auf g5.

Nach dieser Analyse beschließt Schwarz, das Opfer abzulehnen.

31. ... Kg7xg6

Etwas längeren Widerstand leistete 31. ... Lxg6 32.Te7+ Lf7.

32. Te5-e7 Th8-h3

In der Hoffnung auf 33. ... Dh8, aber auch andere Züge helfen nicht. Wenn 32. ... Th7 33.Txh7 Kxh7 34.Dh5+ Kg7 35.Te1 Le6 36.Lf4! und gewinnt – die weiße Dame dringt ein. Wenn 32. ... Te8, so 33.Tc7 und ein zweiter Bauer fällt.

33. Tc1-c4

Schwarz gab auf.
Weiß droht 34.g4 Le6 35.Dc2+. Auf 33. ... Dh8 entscheidet 34.Tg4+ Lxg4 35.Dxg4+ Kh6 36.Lf4 matt. Von Seiten des Meisters eine sehr gute Partie, und auch der angehende Meister hat sich gut geschlagen. Er verlor die Partie, weil er mit der von ihm gewählten Eröffnungsvariante nicht völlig vertraut war. Deren Feinheiten waren zum Zeitpunkt der Partie noch nicht so bekannt. Kein Wun-

der, dass der Nachziehende nichts Unmögliches vollbringen konnte. Im geeigneten Augenblick unternimmt er eine Gegenaktion in der Mitte, bricht durch und verhindert auf diese Weise indirekt das Debakel am Königsflügel. Er findet die richtigen Verteidigungszüge an verschiedenen Stellen, kann aber nichts daran ändern, dass er schließlich vor unlösbaren Problemen steht. Ebenso wie in manchen anderen Partien ist die Spielweise des Amateurs von der des Meisters kaum zu unterscheiden.

Partie 22

Die Theorie des Zuges g2-g3 im Königsinder
Die Verwendung des Sg1
Bauernkettentechnik
Spannungen
Einschränken der Beweglichkeit des Gegners
Das Versäumnis, im richtigen Moment zu vereinfachen
Die Gefahr schematischer Themazüge
Schaffung des Drucks auf einer offenen Linie
Das Scheinopfer

Einer der Vorzüge des Meisters besteht darin, dass er weiß, welche Ziele er verfolgen muss und dass er stets einen objektiveren Maßstab dafür hat, was auf dem Brett geschieht. Dem Amateur fehlt dieses Gesamtbild und er ist oft zu optimistisch. Wenn Dinge sich auf einer Seite des Brettes günstig entwickeln, blickt er mit übertriebener Zuversicht in die Zukunft.
Der Amateur läuft Gefahr, zu dem Zeitpunkt in eine schwierige Lage zu geraten, wenn seine Initiative sich verlangsamt. Trotz des Wechsels im Tempo neigt er dazu, weiter vom Erfolg zu träumen. Ein günstiger Ausgang ist zwar zu diesem Zeitpunkt nicht in Sicht, der Amateur neigt jedoch dazu, dies als ganz zufällig anzusehen und erwartet zuversichtlich den baldigen Wiederanstieg seiner Aktien. Er unterwirft die geänderte Lage nicht einmal einer neuen Einschätzung, erstens weil ihm eine richtige und ins Einzelne gehende Einschätzung nicht gelingen würde, zweitens weil er die Entdeckung scheut, dass sich die Dinge nicht so aussichtsreich gestaltet haben wie er hoffte – eine typische Schwäche: er geht schlechten Nachrichten aus dem Weg.
Wenn die Initiative in kritischen Fällen abgebröckelt ist und der Meister erkennt, dass nur sofortiges Spiel auf Remis eine andernfalls verlorene Partie retten kann, wählt er im Allgemeinen die geeignete Fortsetzung und gibt sich mit der Punkteteilung zufrieden. Der Amateur hofft jedoch oft auf das Unmögliche – dass die Initiative irgendwie aus dem Nichts wiedererstehen und ihn zum Gewinn führen werde.
Dieses psychologische Motiv finden wir in der vorliegenden Partie. Der Amateur hat im ersten Teil ziemlich stark gespielt, die Initiative ergriffen und versucht, die Frontlinie des Gegners zu durchbrechen. Diese Linie war allerdings sehr gut befestigt, und dem Meister gelang es, Nachteil zu vermeiden. Ohne einzusehen, dass er höchstens auf ein Remis hoffen kann, hält der Amateur an seiner unternehmenden Taktik fest, und der Meister nutzt das unmotivierte Spiel seines Gegners aus und übernimmt die Führung. Der Schlussteil ist durch hübsche taktische Wendungen gekennzeichnet; trotz zähen Widerstands gelingt es dem Amateur auf die Dauer nicht, den kräftigen

Streichen des Meisters standzuhalten. Die verschiedenen Scheinopfer, die in der Partie und in den Varianten folgerichtig auftreten, sind bemerkenswert.

Weiß: Meisteranwärter
Schwarz: Meister
Königsindisch: Fianchetto des Lf1

1. d2-d4 Sg8-f6
2. c2-c4 g7-g6
3. Sb1-c3 Lf8-g7
4. e2-e4 d7-d6

Zur Eröffnung siehe Partie 19.

5. g2-g3

Näheres zu diesem Zug siehe die Partien 20 und 21. Weiß stellt die Entwicklung des Sg1 noch zurück, weil er eventuell nach e2 gehen soll. Dort vermeidet er die Verstellung des Lg2 und, was wichtiger ist, des Bf2, der nach f4 vorrücken soll. Gegen diesen Entwicklungsmodus hat Schwarz Trümpfe – ein frühzeitiges e7-e5 (denn Weiß hat keinen Sf3) und eine anschließende Verstärkung des Drucks durch Sc6. Der S kann auf d4-d5 nach e7 ausweichen (vgl. Text und auch Partie 19).

5. ... 0-0
6. Lf1-g2 e7-e5

Die Grundidee von Schwarz im Königsinder besteht darin, die Wirksamkeit des Lg7 zu erhöhen. Ein Mittel dazu ist c7-c5, ein anderes e7-e5: Verstärkung des Drucks gegen das Zentrum. Schwarz könnte dem Zug e7-e5 vorausschicken:

a) 6. ... Sbd7, was ein wenig passiver ist, aber zu einer viel gespielten Hauptvariante führt;
b) 6. ... Sc6, das Weiß zum sofortigen 7.d5 provozieren könnte, z.B. 7. ... Se5 8.De2 nebst 9.h3 (um Lg4 zu verhindern) und 10.f4 mit Vertreibung des Springers.

7. Sg1-f3

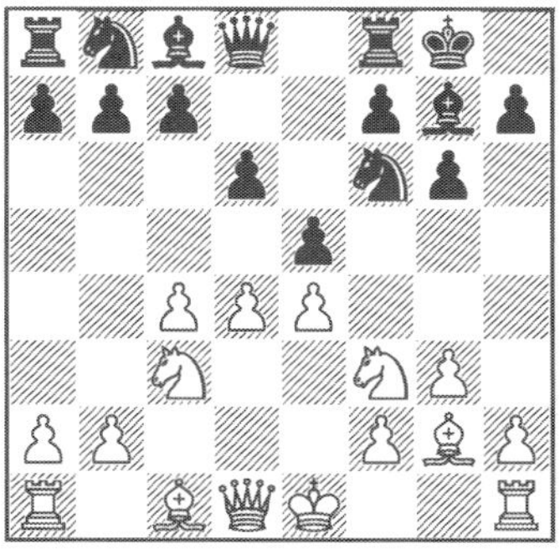

Weiß entschließt sich für dieses Feld, damit der S gegen e5 und d4 drücken kann. Möglich und ebenfalls recht gut, wenn auch von der heutigen Theorie als nicht so nachhaltig betrachtet, war 7.Sge2. Außerdem sind drei weitere Züge zu untersuchen:

a) 7.dxe5 dxe5 8.Dxd8 Txd8 und Schwarz beherrscht die d-Linie, während der Lg2 auf einer geschlossenen Diagonale stünde. Außerdem könnte das Feld d4 für Schwarz stark werden.
b) 7.d5 ist nicht schlecht; immerhin würde Schwarz unmittelbar 7. ... Se8 spielen, gefolgt von 8. ... f5. Das ist die richtige Strategie gegen die Bauernkette (vgl. Partie 19). In dieser Variante hat der Druck von Schwarz gegen den

Bd4 den Weißen bewogen, die Mitte abzuschließen. Schwarz kann sofort den Kampf um die Bauernkette aufnehmen, der ihm jederzeit Chancen gibt, besonders unter den gegenwärtigen Umständen (Entwicklungsvorsprung für Schwarz).

c) 7.Le3, wegen 7. ... Sg4 weniger günstig. Auch 7.Lg5 wäre zweifellos weniger empfehlenswert, denn nach 7. ... h6 müsste sich der L gegen den Sf6 abtauschen oder mit Zeitverlust zu einem Rückzug bequemen.

7. ... Sb8-c6

Verstärkt den Druck gegen d4. Zu einem ganz anderen Partietypus führen die Möglichkeiten 7. ... exd4 oder 7. ... Sbd7. Die Theorie hält seit jeher die Textfolge an dieser Stelle für nicht ganz so gut wie in der Hauptvariante ohne Fianchetto (Partie 19), doch zählt dies schon zu den Feinheiten, die für eine praktische Partie nicht unbedingt von entscheidender Bedeutung sein müssen. Zudem steht Weiß bei der gegebenen Zugfolge eine aussichtsreiche Möglichkeit nicht zur Verfügung (vgl. Anmerkung zum 9. Zug).

8. d4-d5

Weiß hat diesen thematischen Zug bis jetzt aufgeschoben, weil er die Spannung so lange wie möglich aufrechterhalten wollte. Andere Möglichkeiten:

a) 8.0-0 exd4 9.Sxd4 und Schwarz kann das Scheinopfer 9. ... Sxe4! 10.Sxc6 Sxc3 11.Sxd8 Sxd1 12.Sxb7 bringen mit der Folge 12. ... Lxb7 13.Lxb7 Tab8 14.Txd1 Txb7 und um Schwarz ist es bestimmt nicht schlecht bestellt. Er kann sogar mit 12. ... Sxb2 einen B gewinnen, doch wird die Sache dann etwas kompliziert. Ein Beispiel: 13.Sxd6 cxd6 14.Lxa8 Sxc4 15.Tb1 Lf5 16.Tb4 Txa8 17.Txc4 Ld3. Das zeigt, wie weit man mitunter rechnen muss. Auch die Kraft eines indirekten Angriffs (9. ... Sxe4!) ist daraus ersichtlich, wenn die Angriffslinie einer Figur durch den Abzug einer anderen eigenen freigelegt wird.

b) 8.Le3 wäre an dieser Stelle spielbar (während 7.Le3 durch Sg4 praktisch widerlegt wird), denn nach 8. ... Sg4 9.Lg5 f6 10.Lc1 hat der L zwar einige Züge verloren, andererseits hat Schwarz durch f6 den Lg7 behindert, ein späteres f6-f5 wäre nicht mehr so erstrebenswert, weil Weiß nicht d4-d5 gespielt hat, und der Sg4 wird mit Tempogewinn (h3) zurückgetrieben.

8. ... Sc6-e7

Der Springer unterstützt den Vorstoß des B nach f5 im Kampf der Bauernketten, der bald beginnen wird.

9. 0-0

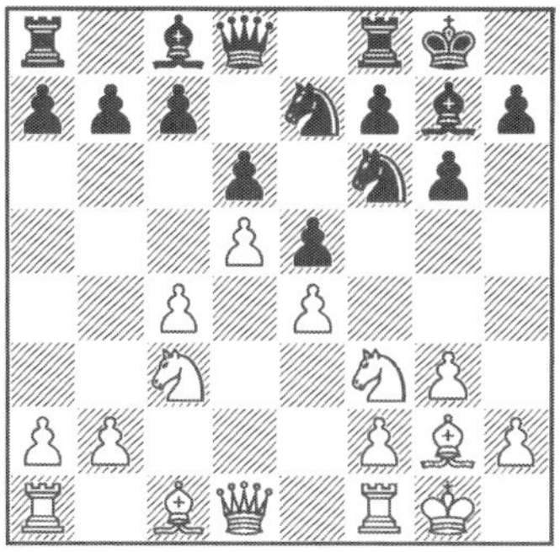

In diesem Moment haben beide Seiten die gleiche Anzahl Figuren entwickelt; Lc1 bzw. Lc8 haben noch nicht gezogen. Dies ist die Stelle, an der beide mit der Kettenstrategie beginnen müssen, die wir in Partie 19 erläutert haben.

Das erste Ziel ist der Angriff gegen die Basis: ein Bauer stößt vor, bis er in Kontakt mit dem hintersten, dem Basis-Bauern gerät und einen „Hebel“ bildet. Dieser führt eine Lage herbei, in der jede der beiden Parteien tauschen könnte. Die Bedeutung des Tauschs liegt darin, dass eine Linie ganz oder teilweise geöffnet und den Türmen ein neuer Wirkungskreis eröffnet wird. Schwarz strebt hier jedoch nicht unbedingt nach Öffnung der Linie, sondern eher (analog Partie 19) nach einer Erweiterung des von ihm beherrschten Raums am K-Flügel. Nach f7-f5 muss Weiß zwar mit fxe4 rechnen, im Plan des Schwarzen liegt hingegen häufig f5-f4.

Man sollte ergänzen, dass Weiß, wenn er die Fianchetto-Variante spielt, heutzutage meist e2-e4 hinausschiebt. Hätte er dies getan und stünde der Bauer hier noch auf e2, wäre das direkte 9.c5!? eine zusätzliche und vielleicht bessere Möglichkeit; aber auch 9.e4 (womit die Diagrammstellung erreicht wäre) hat keinen schlechten Ruf.

9. ... Sf6-e8

Im Allgemeinen ist es nicht erwünscht, den S auf die Grundlinie „rückzuentwickeln“. Hier aber ist der Zug erforderlich, um f7-f5 zu ermöglichen. 9. ... Sh5 zum gleichen Zweck hat den Nachteil, dass der S hier in Gefahr geraten kann. So müsste Schwarz nach f7-f5 immer mit exf5 gxf5 Sxe5 nebst Dxh5 rechnen. Möglich wäre allerdings noch 9. ... Sd7, womit nicht die Grundreihe, dafür aber der Lc8 verstellt wird. Weiß steht nun vor dem Problem, ob er etwas gegen die schwarze Bauernkettenstrategie unternehmen soll oder nicht. Folgt er seinem Hauptziel und spielt 10.b4 als Vorbereitung von c4-c5, muss er mit 10. ... a5 rechnen. Er kann nicht 11.a3 spielen, weil sein Ta1 ungedeckt ist, sondern müsste zu La3, b5 oder bxa5 greifen. Seine Aussichten, c4-c5 durchzusetzen, wären erheblich verringert, obwohl 11.bxa5 Txa5 12.a4 nebst evtl. Ld2, Sb5 usw. von der Theorie gar nicht so schlecht beurteilt wird. Warum spielt Weiß dann nicht 10.Le3, wonach der Ta1 gedeckt ist und b2-b4 ins Bild rückt? Analysieren wir etwas weiter: 10. ... f5 11.b4 gefolgt von:

a) 11. ... f4 12.gxf4 exf4 13.Ld4 und Weiß steht gut – er kann mit dem geplanten c4-c5 fortfahren. In dieser Variante stünde der Se8 erheblich besser auf d7, von wo er sofort e5 besetzen und den Vormarsch seiner K-Flügelbauern wirksam unterstützen könnte.

b) 11. ... h6 (Umsichtiger und daher stärker – Schwarz bereitet den Vormarsch des Bg6 vor.) 12.c5 f4 (Hier besser als in a.) 13.gxf4 exf4 14.Ld4 g5. Schwarz droht g4 nebst f3 und Sg6-e5 mit Besetzung des starken Zentralfeldes. Daher spielt Weiß:

10. Sf3-h4

Anstatt das Hauptziel der Bauernkettenstrategie, den Angriff auf die Basis (hier d6) anzustreben, geht er auf das Nebenziel aus und nimmt den Spitzenbauern aufs Korn. Er bereitet den ebenfalls angängigen Zug f4 vor.

Die Gefahr des Vorgehens gegen den Spitzenbauern liegt darin, dass der Gegner nach dem Bauerntausch ein starkes Feld erhalten könnte, so hier nach etwaigem f4 und fxe5 Lxe5 für den L. Auch 11.f4 exf4 12.Txf4? ist gut für Schwarz, der das Feld e5 beherrscht.

Die Folgerungen sind: a) Weiß wird f4 nur spielen, wenn er exf4 mit gxf4 beantworten und so das Feld e5 beherrschen kann; b) im Allgemeinen wird die Idee von f4 weniger im Tausch auf e5 als im weiteren Vorgehen f4-f5 liegen. Im folgenden Verlauf finden wir einige dieser Punkte illustriert.

10. ... f7-f5

Auch für diesen Zug gilt, dass er im Allgemeinen nur gemacht werden sollte, wenn der Bg6 zurücknehmen kann, weil sonst das Feld e4 in die Hand der weißen Figuren fällt.

11. Lc1-g5!

Ein guter Zug des Amateurs, der zeigt, dass er die Möglichkeiten, die die Situation bietet, verstanden hat. Der Zug schränkt die Bewegungsfreiheit von Schwarz ein, z.B. ist 11. ... h6 nun unmöglich wegen 12.Lxe7 nebst 13.Sxg6, und Schwarz muss auf fxe4 nebst Sf5 verzichten (Später wird die Bedeutung des Springerzugs deutlich.), weil der S gefesselt ist. Die Idee fxe4/Sf5 scheint im Widerspruch zu dem früher erörterten Prinzip, auf f5 mit einem Bauern zurückzunehmen, geschieht hier aber im Hinblick auf den weißen Sh4: Sxf5 gxf5 wäre gut für Schwarz, Sf3 aber Zeitverlust, und später geht der Sf5 nach d4.

11. ... Se8-f6

Um den Se7 zu entfesseln. Wenn:

a) 11. ... f4 12.Dd2 (12.gxf4 exf4 13.Dd2 Le5 mit dem L auf einem starken Feld wäre gut für Schwarz.) 12. ... fxg3 13.fxg3 und Weiß steht überlegen, weil er besser entwickelt ist und mehr Raum besitzt. Die Öffnung der f-Linie ist nur für die besser entwickelte Seite vorteilhaft.

b) 11. ... fxe4 führt zu nichts. Der Zug eilt nicht. Weiß wird nicht freiwillig die schwarze Stellung durch Tausch auf f5 verstärken. Das Spannungsverhältnis e4/f5 stellt eine schwere Aufgabe. Für Schwarz ist im allgemeinen exf5 günstig und für Weiß fxe4, sofern Schwarz nicht Sf5 folgen lassen kann. Es besteht also eine Art Schwebezustand, eine gegenseitige Spannung.

12. Dd1-d2

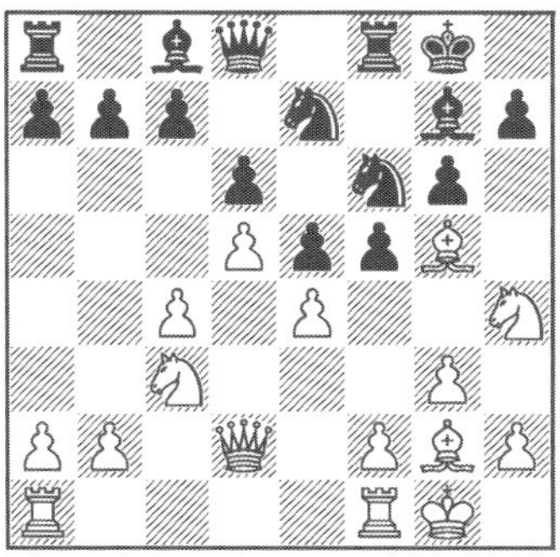

Um h7-h6 zu verhindern und auch ein eventuelles f5-f4. Weiß kann nun auch Lh6 ziehen, wann immer er es wünscht.

12. ... Sf6xe4

Der Anfang eines Plans. Schwarz gibt dem Weißen mit Bedacht das Feld e4 als Gegenwert für Vorteile, die bald ersichtlich werden. Es ist schwierig für Schwarz, länger zu warten, denn Weiß kann seine Lage eher verbessern als Schwarz – er hat Züge wie Tfe1, f2-f4 oder sogar b2-b4 und c4-c5. Schwarz hat weniger Raum für seine Manöver.

13. Sc3xe4 f5xe4
14. Tf1-e1!

Weiß zeigt hier seine Fortschritte auf dem Weg zur Meisterschaft, indem er die Aufgabe des Schwarzen erschwert.
Weiß konnte, und der durchschnittliche Amateur hätte es sicher getan, auch 14.Lxe4 erwidern; es wäre aber dann für Schwarz leichter gewesen, seine Partie zu befreien und die Abwesenheit des L von g2 auszunutzen, indem er 14. ... Lh3 mit Tempo spielt, z.B. 15.Tfe1 Dd7 und danach Sf5 mit verschiedenen Chancen. Bei 14.Tae1 wäre der Tf1 eingeschlossen; das könnte lästig sein.

14. ... Lc8-f5

Um die Entwicklung mit Dd7 fortzusetzen, den S erneut zu entfesseln und Tae8 folgen zu lassen. Schwarz braucht Sxf5 nicht zu fürchten, weil der Bg6 zurücknimmt; Weiß wollte ja den Be4 nur vorübergehend preisgeben.

15. Lg2xe4 Dd8-d7

Der Tausch 15. ... Lxe4 gäbe Weiß mehr Manövrierfreiheit; von sich aus würde er ja nie auf f5 tauschen.

16. f2-f4(?)

Weiß greift die Spitze der Bauernkette an. Ein unternehmender Zug, der vielleicht auf 16. ... exf4 17.Lxe7 Dxe7 18.Lxf5 mit Gewinn einer Figur spekuliert und die e-Linie zu öffnen versucht. Er beseitigt außerdem den Bf2 als mögliches Angriffsziel des Schwarzen, öffnet jedoch vollends die f-Linie, auf der Schwarz dominiert, und vergrößert außerdem den Einflussbereich des Lg7.
Von hier ab wird eine verfehlte Einstellung seitens Weiß erkennbar, der krampfhaft die Führung der Partie zu bewahren sucht, statt sich mit einer ruhigeren oder sogar vereinfachen-

den Fortsetzung wie unter a) und b) zufriedenzugeben. Es gibt verschiedene Wege:

a) Der weniger aktive Zug 16.f3 musste erwogen werden.
b) Befriedigend und vorzuziehen ist 16.Lxe7 Dxe7 17.f4 Lh6 18.Dg2. Manchmal ist der weniger energische Zug der bessere.
c) 16.Lxf5 gxf5 gibt Schwarz, wie mehrfach ausgeführt, ein starkes Bauernzentrum.

16. ... Lf5xe4

Es war schon immer die Absicht von Schwarz, die Läufer zu tauschen und Sf5 folgen zu lassen, damit dieser S am Kampf teilnehmen kann.

17. Te1xe4 Se7-f5

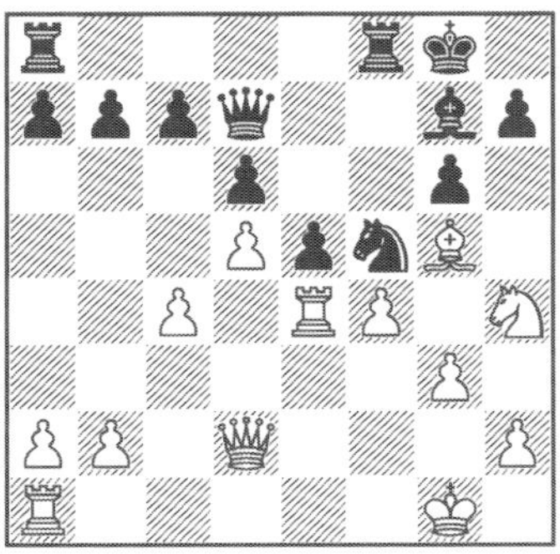

Der Plan ist schließlich verwirklicht. 18.Sxf5 gxf5 ist nicht zu fürchten; der S kann nach d4 hüpfen, wo er wirksam postiert wäre, und Schwarz droht 18. ... h6 mit Materialgewinn.

18. f4xe5

Am besten – der Lg5 erhält einen Weg zum Rückzug im Fall von h6. Nicht empfehlenswert ist 18.Sxf5 gfx5 19.T4e1 e4.

18. ... Lg7xe5
19. Sh4xf5

Jetzt braucht Weiß gxf5 nicht mehr zu befürchten, weil sich auf e5 und f5 keine Bauernphalanx mehr ergibt. **Der Amateur versteht den Unterschied, der im jetzigen Tausch gegenüber früher liegt.**

a) 19.Sg2 wäre ebenfalls gut gewesen, schlecht dagegen 19.Sf3 Sxg3 20.Sxe5 Sxe4 21.Sxd7 Sxd2 22.Sxf8 Sf3+ nebst Txf8 und Schwarz hat einen Bauern gewonnen; eine hübsche, mit einem Scheinopfer eingeleitete Abwicklung.
b) Nach 19.Tae1 Sxh4 20.Txh4 Df5 oder 20.Lxh4 Df5 steht Schwarz etwas besser, weil er wie in der Partie die f-Linie beherrscht, während die e-Linie, die dem Weißen zustehen sollte, verstopft ist.

19. ... Tf8xf5

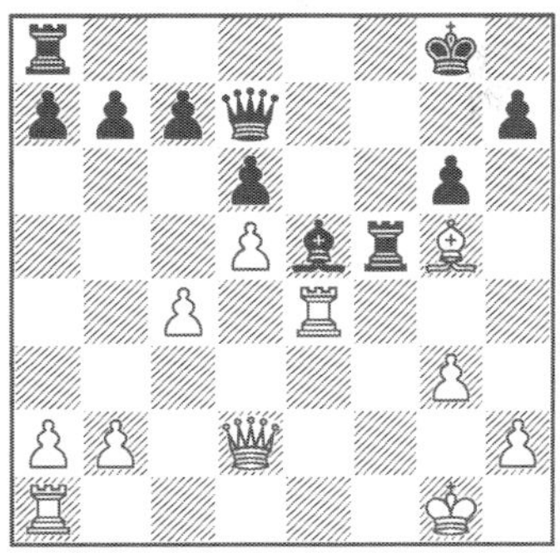

Bei 19. ... gxf5 hätte Schwarz einen vereinzelten Bauern.

20. Ta1-e1?

Der einzige ernsthafte Fehler des Amateurs. Zusammen mit dem fragwürdigen 16. Zug genügt das, seine Position unhaltbar zu machen.

Der Zug ist zu schablonenhaft – die Türme zu verdoppeln ohne bestimmtes Ziel und die Folgen der schwarzen Verdopplung im nächsten Zug zu übersehen, ist schlechtes Schachdenken. Es gibt ein lateinisches Sprichwort: „Wenn zwei dasselbe tun, so ist es nicht dasselbe." Schlecht wäre auch 20.Tf1 Txf1+ 21.Kxf1 Df5+ und falls dann 22.Tf4 Dxg5 23.Tf8+, so Txf8+ (Gegenschach!) und nicht die schwarze, sondern die weiße Dame geht verloren. Weiß sollte 20.Lf4 Lxf4 21.Txf4 Taf8 22.Txf5 Dxf5 und nun 23.Te1 oder vielleicht einfacher 23.De2 nebst 24.Tf1 fortsetzen, mit weiterer Vereinfachung und Remis. Es bleibt zu wenig Material übrig, und beide Seiten verfügen über eine offene Linie.

20. ... Ta8-f8

Schwarz beherrscht jetzt die f-Linie und droht bereits auf f2 einzudringen (21. ... Tf2 22.Dxf2? Txf2 23.Kxf2 Df5+). Schlecht wäre 20. ... Lxb2? 21.Dxb2 Txg5 22.Te7!.

21. Te4-e2

Wehrt die Drohung ab. Es ist deutlich, dass Weiß sich bereits in der Verteidigung befindet. **Dennoch findet der Amateur hier und später die richtigen Züge.** Hier würde 21.Lf4 die Stellung schwächen: 21. ... Lxf4 22.Txf4? Txf4 23.gxf4 Dg4+ und Schwarz erobert einen Bauern, oder 22.gxf4 T5f7, um 23.Te7 zu verhindern und f5 für die D freizumachen, die jetzt auch nach g4 oder h3 zu gehen droht. Der Bf4 wird auf die Dauer verloren gehen.

21. ... Dd7-f7

Nun beginnt der Meister Druckmittel anzuwenden. Er droht 22. ... Tf1+ 23.Kg2 (23.Txf1? Dxf1 matt) 23. ... Df3+ 24.Kh3 Tf5 und die Lage von Weiß ist prekär, denn Schwarz droht 25. ... h6 und auch 25. ... Dh5+ mit Läuferfang.

22. Kg1-g2!

Gute Verteidigung des Amateurs, der der erwähnten Drohung ausweicht.
So wäre 22.De3? (um dem späteren Df3+ vorzubeugen) wegen 22. ... Tf3 23.De4 Tf1+! unzureichend gewesen: 24.Kg2 Txe1 25.Txe1 Df2+ 26.Kh3 Dxb2 mit Bauerngewinn oder auch 26. ... Tf5 mit Druck.

22. ... Tf5-f1

Erneuert die Drohung.

23. Dd2-e3!

Pariert und plant zugleich ein eventuelles c4-c5, um die Stellung des Le5 zu unterminieren. Jedenfalls könnte Schwarz nicht dxc5 antworten.

23. ... Df7-f5

Auf sofortiges Tf3 wäre 24.Dd2 gut und auch 24.De4 möglich. Jetzt hingegen droht 24. ... Tf3 25.De4 Dxe4 26.Txe4 Tf2+ und gewinnt unter günstigen Umständen einen B.

24. Lg5-h6!

Wieder ein sehr guter Verteidigungszug, der neue Möglichkeiten für die nahe Zukunft schafft.
Er vertreibt den Tf8 von der 8. Reihe, so dass Schwarz von nun an mit dem Schach auf e8 rechnen muss, wenn er den Le5 bewegen will.

24. ... Tf8-f7
25. b2-b4

Der Amateur findet nicht nur die beste Verteidigung, sondern hält auch nach Gegenchancen Ausschau. Der Zug ändert die Stellung nicht wesentlich, bringt jedoch den Bb2 aus der Linie des Le5 und verstärkt ein späteres c4-c5. Er überlässt dem Schwarzen die Wahl. Wenn 25.c5 Tf3 a) 26.Dd2 Td3 27.Dg5 Dxg5 28.Lxg5 Txd5; b) 26.De4 Dxe4 27.Txe4 Tf2+; c) 26.Dg5 Tf2+.

25. ... Tf1-f3
26. De3-d2

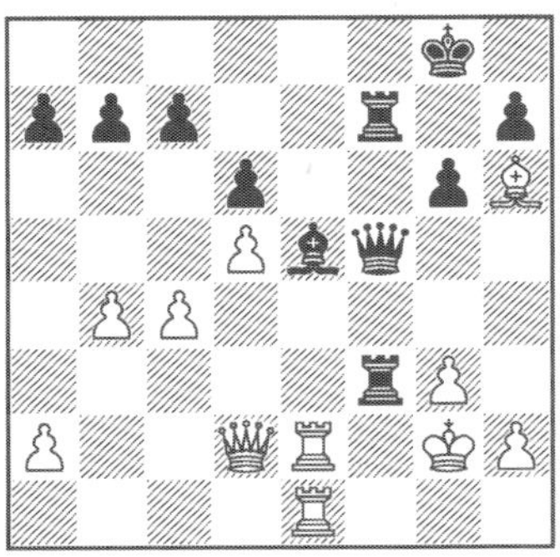

Der einzige Zug, denn a) 26.Dg5? Tf2+ 27.Kg1 Txe2 gewinnt sofort: 28.Txe2 Df1 matt oder 28.Dxf5 Txe1+; b) 26.De4 kostet mindestens einen B wegen 26. ... Dxe4 27.Txe4 Tf2+.

26. ... Tf7-f6

Schwarz verhindert 27.c5 auf komplizierte Weise: 27. ... Td3 28.Dg5 (Man erkennt, wie wichtig Tf6 war – der Drohung Dd8+ ist vorgebaut.) 28. ... Df3+ 29.Kh3! Txd5 30.cxd6 Lxd6 31.Te8+ Lf8. Das führt für Weiß zum Verlust. Ohne diesen starken Zug hätte Weiß die Partie vielleicht halten können:

a) Nicht 26. ... Lc3?? wegen 27.Te8+ usw. (siehe 24. Zug von Weiß);
b) Auch nicht 26. ... Td3 27.Dg5 und Schwarz hat nichts: 27. ... Df3+ 28.Kh3 und Weiß droht wiederum Dd8+.
c) Ebenso wenig nützt 26. ... Tc3 wegen 27.Dxc3! Lxc3 28.Te8+ Tf8 29.Lxf8! (viel besser als 29.Txf8+) 29. ... Lxe1 30.Lh6+ Kf7 31.Tf8+ Ke7 32.Txf5 gxf5 und Weiß ist etwas im Vorteil, weil Schwarz zwei vereinzelte Bauern hat.

27. Lh6-e3

Verhältnismäßig am besten. Schwarz hat keine direkten Drohungen; aber jeder weiße Zug kann die Stellung schwächen. Man erinnere sich, dass 27.Lg5 nach 27. ... Td3 28.Dc2 Df3+ 29.Kh3 Tf5 verliert: a) zieht der Lg5 auf der Diagonale c1/h6, setzt Th5 matt; b) 30.Le7 Th5+ 31.Lh4 Txh4+ 32.Kxh4 Dh5 matt; c) 30.Lh4 g5 mit Figurengewinn oder Matt; d) 30.Dc1 gibt die Berührung mit dem Td3 auf, so dass die Df3 sich frei bewegen kann: 30. ... Dh5+ 31.Lh4 g5. Beachtlich in dieser Variante ist, dass der gut aussehende Zug 30. ... Lxg3 wegen 31.Te8+ zu Verwicklungen führen würde.

27. ... Df5-e4

Droht Matt durch das Doppelschach des T auf g3!

28. Kg2-g1

Wenn nun 28. ... Txe3? 29.Txe3 Ld4 30.Df2!!, eine höchst bemerkenswerte Entfesselung, die das Remis erzwingt. **Dies ist ein feines, verborgenes Hilfsmittel des Amateurs.** Schwarz geht jedoch nicht in die Falle. Er spielt das einfache

28. ... De4xc4
29. Te1-c1

Wenn 29.Lf2 Txf2 30.Txf2 Ld4. Man achte auf dieses Scheinopfer, das sich bei der Stellung des Kg1 stets auf e3 oder f2 anbietet. Wie die Anmerkung zum 28. Zug von Weiß zeigt, schlägt es jedoch nicht in jedem Fall durch.

29. ... Dc4-g4

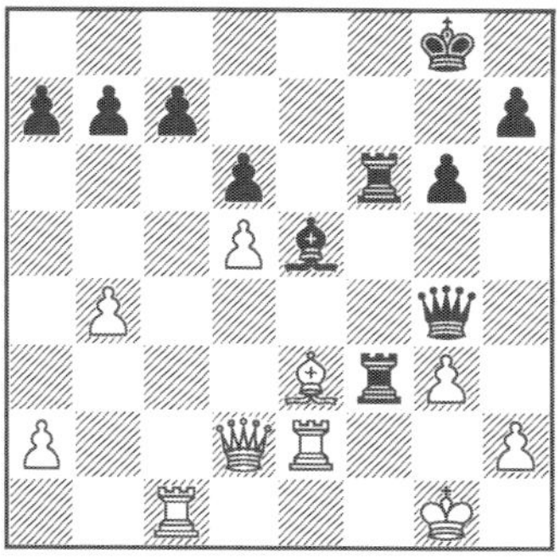

Schützt das Feld c8; das ist für das kommende Abspiel wichtig. Wenn jetzt 30.Txc7 Tf1+ 31.Kg2 Lxg3 32.hxg3 Df3+ 33.Kh3 Th1+ 34.Th2 Dh5+ usw. Ferner droht das Scheinopfer Txe3 nebst Ld4 sowie evtl. Lxg3.

30. Te2-f2 Tf3xe3!

Wieder das Scheinopfer. Weiß gab auf, denn 31.Txf6 Lxf6 32.Dxe3 Ld4 erobert die D bzw. 31.Dxe3 Txf2 32.Kxf2 (oder Dxf2) Ld4 mit dem gleichen Ergebnis. Das Scheinopferthema hat die ganze Schlussphase der Partie beherrscht.

Partie 23

Die Theorie der 4. ... De7-Variante der Italienischen Partie
Behauptung des Zentrumsbauern
Vermeiden des Tauschs a) wenn der Gegner beengt ist, b) um das Läuferpaar zu behalten und c) um eine Angriffsfigur zu bewahren
Tausch einer starken feindlichen Figur
Aufgeben des Zentrumsbauern
Finden des richtigen Plans
Kräfte auf Linien und Diagonalen ansammeln

Manchmal kommt es vor, dass ein Amateur einen Meister oder sogar einen Großmeister schlägt. Dann steht zunächst fest, dass der Amateur ausgezeichnetes Schach spielt und sich auf dem besten Weg befindet, selbst ein Meister zu werden; ferner, dass der besiegte Meister sich irgendwie verrechnet hat.
Im Allgemeinen handelt es sich bei den Fehlern des Meisters um andere als sie der Amateur zu begehen pflegt, so dass eine vom Meister gegen einen Amateur verlorene Partie auf andere Weise lehrreich ist als wenn Amateure gegen Meister unterliegen.
In der folgenden Partie geht es um die Behauptung des Zentrumsbauern, eines der großen Probleme im Schach. Der Besitz der Mitte bedeutet gewöhnlich einen erheblichen Vorteil, und das gilt besonders für die klassischen e4-Eröffnungen, weil hier die Beherrschung des Zentrums gemeinhin Königsangriffe ermöglicht. Man findet daher in Spanisch, Italienisch und anderen e4-Eröffnungen Abspiele, die vornehmlich auf die Behauptung des Zentrumsbauern durch Schwarz gerichtet sind. Das soll nicht heißen, dass es keine Alternative gibt. Der Spieler sollte ständig nach Möglichkeiten Ausschau halten, den Zentrumsbauern auf günstige Art abzutauschen. Spielt man hingegen eine Variante, deren ausgemachter Sinn darin besteht, diesen Bauern auf seinem Platz festzuhalten, muss man völlig sicher sein, einen entsprechenden Gegenwert für die „Aufgabe des Zentrums“ zu erhalten, bevor man sich dazu entschließt. Das ist eine Frage der Einschätzung. Tauscht man den Zentrumsbauern ab, wird die Spannung aufgehoben. Eine neue Situation entsteht, in der die Überlegenheit des Gegners im Zentralbereich durch andere Vorteile aufgewogen werden muss. In dieser Partie gibt der Meister das Zentrum ohne genügenden Gegenwert auf. Seine Einschätzung ist fehlerhaft, und er zahlt die Strafe.
Man kann sein Spiel gleichwohl nicht zu sehr bemängeln, weil er sich in einer Lage befand, die technische und psychologische Fragen zugleich aufwarf. Sobald die Züge in einer angespannten Stellung auszugehen dro-

hen, mag der Verteidiger fürchten, die Spannung zu lange erhalten zu haben. Dann liegt der Versuch nahe, eine annehmbare Variante zu finden, bei der die Spannung aufgehoben wird. Unter diesem Eindruck fällt ein objektives Urteil nicht leicht. So erklärt es sich, dass auch ein Meister unter schwierigen Umständen fehlgreifen kann.

Beim Zusammentreffen von Meister und Amateur tritt noch ein anderer psychologischer Faktor auf, nämlich die Verpflichtung des Meisters, zu gewinnen. Er wird sich mit einer passiven Haltung nicht abfinden wollen, sondern lieber Gefahren in Kauf nehmen, um auf Gewinn zu spielen. Unter solchen Umständen ist es für den Amateur eine kluge Politik, einfache und solide Züge zu machen. Der Gegner soll nicht daran gehindert werden, in seinem Eifer, die Führung zu übernehmen, zu stolpern.

WEIß: MEISTERANWÄRTER
SCHWARZ: MEISTER
ITALIENISCH

1.	e2-e4	e7-e5
2.	Sg1-f3	Sb8-c6
3.	Lf1-c4	Lf8-c5
4.	c2-c3	

Das klassische Abspiel. Weiß plant, das schwarze Zentrum anzugreifen und die überlegene Zentralformation zu erhalten.

4. ... Dd8-e7

Statt des gebräuchlichen Gegenangriffs Sf6 verteidigt Schwarz sein Zentrum mit der D, um den Abtausch auf d4 vermeiden zu können.

5. d2-d4

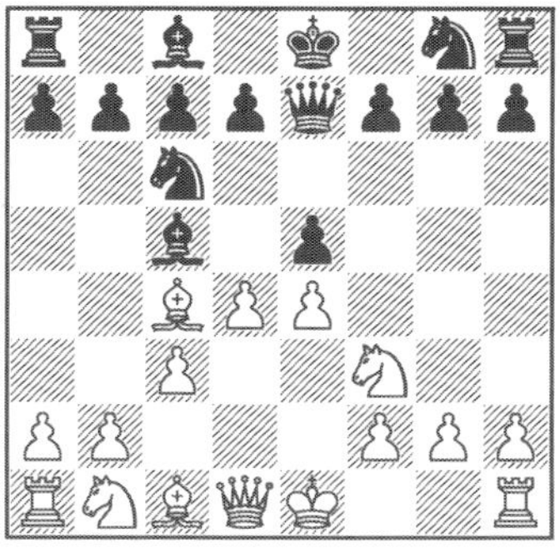

Auf 5.0-0 setzt Schwarz die Entwicklung mit d6 fort.

5. ... Lc5-b6

Mit 5. ... exd4 würde Schwarz seiner Absicht, e5 zu behaupten, untreu. Weiß antwortet 6.0-0 (6.cxd4 Dxe4+ 7.Le3 Lb4+ 8.Sc3 d5! verliert einen

Bauern unter weniger günstigen Umständen.), und Schwarz hat dann die Wahl:

a) 6. ... d6 (oder Sf6) 7.cxd4 und Schwarz hätte das Zentrum ohne Gegenwert aufgegeben; seine D steht auf e7 schlecht, weil sie einem späteren Angriff durch Sc3-d5 ausgesetzt wäre.
b) Die Annahme des Gambits 6. ... dxc3 7.Sxc3 gibt Weiß beträchtlichen Entwicklungsvorsprung. Ein Beispiel: 7. ... d6 8.Sd5 Dd8 9.b4! Lxb4 10.Sxb4 Sxb4 11.Db3 Sc6 12.Lxf7+ mit starkem Angriff auf Kosten eines einzigen Bauern.
c) 6. ... Se5 7.Sxe5 Dxe5 8.f4 dxc3+ 9.Kh1 cxb2 (Besser Dd4, aber nach 10.Db3 Sh6 11.Sxc3 verfügt Weiß wiederum über einen ausreichenden Gegenwert.) 10.fxe5 bxa1D 11.Dd5 und gewinnt: 11. ... c6 (Gibt dem K ein Fluchtfeld.) 12.Dxf7+ Kd8 13.Lg5+ Kc7 14.Dxg7 usw.
d) 6. ... d3 – eine solide, aber nicht ganz ausreichende Fortsetzung; solide, weil Weiß den B nur mit Zeitverlust zurückbekommt und nicht die erstrebte ideale Zentrumsformation aufbauen kann: 7.e5! d6 8.Lg5 f6 9.exf6 Sxf6 10.S1d2 (10.Te1 Se5) 10. ... Lg4 11.b4 Lb6 12.a4 a5 13.h3 und Weiß steht ein wenig besser, weil er schon rochiert hat und den geopferten Bauern jederzeit zurückgewinnen kann, während K und D von Schwarz auf der e-Linie Gefahren ausgesetzt sind.

6. 0-0

Eine wichtige Alternative ist 6.d5 Sb8 7.d6 Dxd6 8.Dxd6 cxd6 und Schwarz hat ein beengtes Spiel. Besser ist 6. ... Sd8, doch auch in diesem Fall bietet das Bauernopfer (vielleicht am besten in der Form 7.a4 a6 8.d6) beachtliche Aussichten. Zu 6.dxe5 Sxe5 7.Sxe5 Dxe5 vgl. die nächste Anmerkung.

6. ... Sg8-f6
7. Tf1-e1

Die Fesselung 7.Lg5 wäre zwecklos, weil Weiß bereits rochiert hat, Schwarz aber nicht. Schwarz kann sich darum mit h6 und g5 gefahrlos entfesseln und zugleich eine Angriffsstellung aufbauen. Die Frage drängt sich auf, ob nicht 7.dxe5 dem Schwarzen das Zentrum entwindet. Es ist jedoch für Weiß weniger vorteilhaft, auf e5 zu tauschen, als wenn Schwarz zu exd4 gezwungen ist, wobei sich der Be5 gegen den Bc3 abtauscht und Weiß das ideale Zentrum erhält. Nach 7.dxe5 Sxe5 8.Sxe5 Dxe5 9.Kh1 (bereitet f4 vor) 9. ... d6 10.f4 De7 steht Schwarz befriedigend, denn sein Lb6 ist sehr stark. Weiß ist im Zentrum nur wenig überlegen, während die schwarzen Figuren recht wirkungsvoll aufgestellt sind. Schwarz droht Sxe4 wie auch Sg4 und hat günstige Aussichten, z.B. 11.Ld3 Sg4 12.Df3 Sxh2 13.Kxh2 Dh4+ oder 11.e5 dxe5 12.fxe5 Dxe5 13.Te1 Se4 14.De2 Lf5 15.Sd2 0-0-0 usw.

7. ... d7-d6
8. h2-h3

Um den Fesselungszug Lg4 zu verhindern. Das ist hier wichtig, weil der S zur Abwehr des Drucks gegen d4 benötigt wird und der Vorstoß d4-d5 im Hinblick auf späteres f7-f5 vermieden werden soll.
Der Zug 8.h3 schwächt allerdings auch. So muss Weiß mit dem schwarzen Plan h6 nebst g5 rechnen, wiederum weil Schwarz nicht rochiert hat. Nach 8. ... h6 9.Sa3 g5 10.Sc2 g4 11.hxg4 Lxg4 12.Se3 steht Weiß aber nicht übel.
Nicht gut ist 8.Lg5 (wie im vorigen Zug). Wenn 8.Le3 Lg4.

8. ... 0-0
9. Sb1-a3!

Der S soll über c2 und e3 nach d5 geführt werden, möglicherweise kann auch Ld3 nebst Sc4 folgen; man sehe 9. ... Sd8 (um c6 vorzubereiten) 10.Lf1 Se8? (um den Punkt e5 mit f6 verstärken zu können) 11.Sc4 f6 12.a4 c6 13.Sxb6 axb6 14.Db3+ und erobert einen Bauern.

9. ... Kg8-h8

Schwarz muss das Zentrum halten – sobald er auf d4 tauscht, steht seine D schlecht, und es tauchen Drohungen wie e4-e5 auf. Der Textzug bereitet Sg8 oder Se8 nebst f6 vor. Außerdem muss Weiß jetzt mit exd4 cxd4 Sxe4 rechnen, weil nach dem Wegzug des K der stützende Zug f5 möglich ist.

10. Sa3-c2

Aus dem erwähnten Grund war 10.Lf1 nicht angängig, und 10.Ld3 kostet den Bd4.

10. ... Sc6-d8

Um Le6 zu spielen und evtl. mit dem S zurückschlagen zu können. Der Zug ermöglicht auch c6, um den weißen S von d5 abzuhalten. Hier geht 10. ... exd4 11.cxd4 Sxe4 wegen 12.Sg5 f5 13.Sxh7 Kxh7 14.Dh5 matt nicht.

11. b2-b3

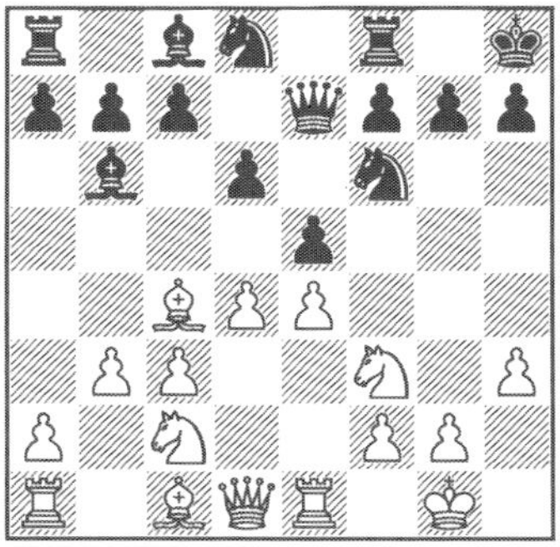

Ermöglicht 12.La3 und stellt Schwarz vor neue Probleme.

11. ... Lc8-e6

Als Ausgleichsmaßnahme strebt Schwarz Läufertausch an. Der Vorstoß d4-d5 wäre ihm natürlich auch sehr angenehm. Wenn 11. ... Sg8, um den Be5 mit f6 (entsprechend dem Grundplan von Schwarz) unterstützen zu können, so kommt Weiß mit 12.Se3! c6 13.La3 bzw. 12. ... f6 13.Sd5 Dd7 14.a4 c6 15.Sxb6 axb6 16.La3 mit der Drohung 17.dxe5 in Vorteil. Er hat das Läuferpaar und Druck gegen das Feld d6, während die schwarzen Figuren ungenügend zusammenspielen.

12. Lc4-f1

Weiß möchte Läufertausch vermeiden; jeder Tausch begünstigt die Seite, die an Raummangel leidet. Wenn 12.dxe5 dxe5 13.Sxe5 Lxh3 14.Sxf7+ (Ein Desperado-Zug – aus dem ohnehin verlorenen S will Weiß so viel Kapital wie möglich schlagen.) 14. ... Sxf7 15.gxh3 (Weiß hat zwar einen B gewonnen, verliert aber die Partie.) 15. ... Se5! mit verheerendem Angriff, z.B. 16.La3 Lxf2+ 17.Kxf2 Sxe4+ usw. Das zeigt, welche Folgen es haben kann, wenn man nur an den Bauerngewinn denkt, ohne die resultierende Stellung genau zu prüfen.

12. ... Sf6-g8

Der Schlüsselzug des ganzen Systems. Ist Schwarz zu f6 gekommen, hat er sein Zentrum gegen dxe5 gesichert und kann fxe5 antworten mit Öffnung der f-Linie, so dass er schon höhere Ziele anvisieren kann. Kurz gesagt, das Thema der ganzen Eröffnung ist: zuerst befestigen, dann nach Initiative streben.

13. Sc2-e3

Um den S nach d5 zu bringen, evtl. a4 folgen zu lassen und a5 zu drohen, wie beim 9. Zug ausgeführt. 13.dxe5 würde sicher nicht mehr als Ausgleich einbringen, wie 13. ... dxe5 14.Sxe5 Lxh3 15.gxh3 Dxe5 zeigt; eher steht Schwarz besser, weil der weiße K-Flügel zersplittert ist.

13. ... f7-f6

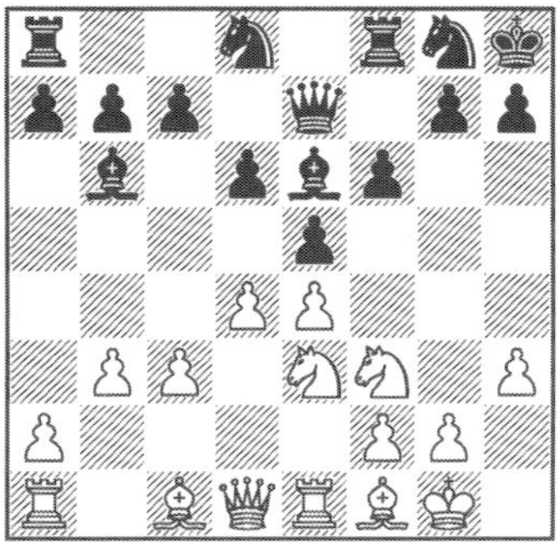

Soweit eine wohlbekannte theoretische Variante. Schwarz hat das Zentrum gesichert und nun eine feste, wenn auch wenig dynamische Stellung. Die Variante ist sehr logisch, was den Kampf um die Mitte angeht. Wäre es Weiß gelungen, exd4 zu erzwingen, stünde er sehr gut. Schwarz hat das aber verhindert und damit eine fast gleichstehende Partie (Weiß hat noch einigen Raumvorteil).

Trotz seiner größeren Beweglichkeit kann Weiß noch keinen K-Angriff beginnen, weil er keine wichtigen Felder beherrscht. Andererseits würde Schwarz, sobald Weiß d4-d5 zieht, zur Strategie der Bauernketten übergehen und einen Vorstoß des f-Bauern lancieren.

Obwohl Weiß sich freier bewegen kann, ist der Druck der schwarzen Figuren und Bauern überall spürbar. Weiß muss auf der Hut sein. Die klassische Variante (4. ... Sf6) führt zu einem offenen Spiel mit guten Angriffsmöglichkeiten für Weiß, obwohl er dafür den Preis von ein oder zwei Bauern zahlen muss. Wenn Schwarz für diesen Partietyp nichts übrig hat, sollte er sich für die 4. ... De7-Variante entscheiden.

14. Se3-d5

Weiß bringt nun eine Figur auf feindliches Gebiet. Den Tausch braucht er nicht zu fürchten, denn er behält die zwei Läufer. Auch jetzt könnte sich Weiß natürlich mit Sxb6 das Läuferpaar verschaffen; Schwarz hätte nach axb6 jedoch Gegenwerte in der offenen a-Linie.

14. ... De7-f7

Droht Bauerngewinn auf d5.

15. c3-c4

Weiß verteidigt den S ein zweites Mal auf Kosten einer geringen Schwächung des Feldes d4.
Zu erwägen war 15.a4. Darauf ist 15. ... Lxd5 nicht befriedigend wegen 16.exd5 Dxd5? 17.Lc4 Dc6 18.a5!. Günstig ist jedoch 15. ... c6 16.Sxb6 wegen des Zwischenzugs Lxb3!.

15. ... Lb6-a5

Um den Tausch des L gegen den Sd5 zu vermeiden; außerdem hofft Schwarz mit 16.Ld2 Lxd2 seine Lage zu erleichtern und will den Druck auf d4 mit Sc6 verstärken. Das ist aber nicht möglich, solange der L auf b6 steht (15. ... Sc6?? 16.Sxb6 axb6 17.d5).

16. Te1-e2 Sd8-c6

Die Alternative war 16. ... c6 17.Se3 c5, um Weiß zu einer Erklärung zu zwingen. Nach dem Tausch der Mittelbauern könnte Weiß seinen S wieder auf d5 postieren, doch Schwarz das gleiche tun: Sc6-d4. Das würde zu gegenseitiger Passivität führen. Tauscht eine Seite den Springer, entsteht ein gedeckter Freibauer für die andere Partei. Ein Tauziehen würde einsetzen; in diesem Fall weist die weiße Stellung aber keinen Raumvorteil mehr auf. Remis wäre wahrscheinlich, aber der Meister möchte gewinnen.

17. Lc1-b2

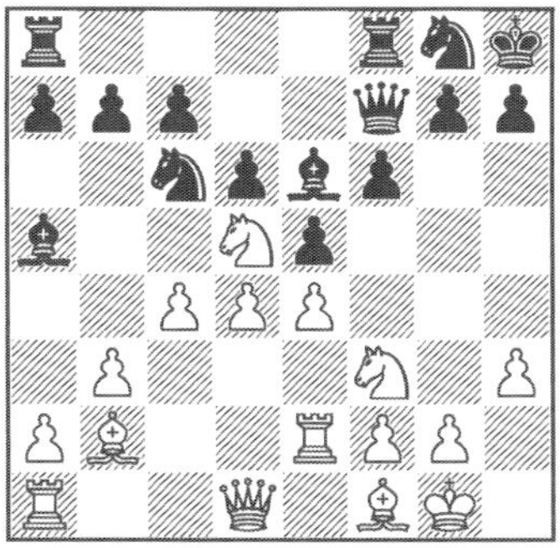

Weiß deckt den Bd4 noch einmal, räumt die 1. Reihe für die Entwicklung des Ta1 und schaltet späteres Lc3 (nach Tausch auf d5) aus. Er droht nun 18.a3 nebst 19.b4 und Gewinn einer Figur durch 20.c5. Schwarz wäre gezwungen, einen Zug später unter ungefähr den gleichen Umständen auf d5 zu tauschen. Das wäre weder vorteilhaft noch nachteilig. Da Weiß droht, kann Schwarz nicht warten und keine Züge wie Tad8 oder Sge7 einschieben. Es sieht so aus, als ob Schwarz ein Versäumnis begangen hat, als er die Möglichkeit ausschlug, mit c7-c6 und c6-c5 ein remisträchtiges Spiel zu erzwingen.

Der Versuch 17. ... Sce7 kostet wegen 18.b4! eine Figur, wie 18. ... Lxd5 19.exd5 Lxb4 20.Da4 a5 21.a3 beweist.

17. ... e5xd4

Der Abtausch des Mittelbauern ist nicht mehr zu vermeiden. Als Folge erhält Weiß mehr Raum und Bewegungsfreiheit für seine Figuren. Er beherrscht vier Reihen, der Gegner nur drei. Schwarz hoffte indes auf Gegenspiel, allerdings vergeblich. Er hätte eben 16. ... c6 spielen müssen. Im Allgemeinen versucht der stärkere Spieler die Spannung zu wahren und dem Gegner die Gelegenheit zu Fehlern zu geben. Schwarz wollte den Kampf mit den beiderseitigen Springern auf d5 bzw. d4, den er im 16. Zug ansteuern konnte, nicht, denn das weiße Gegenspiel wäre zu leicht und daher die Remisgefahr zu groß gewesen.

18. Sf3xd4 Sc6xd4
19. Lb2xd4 Df7-d7

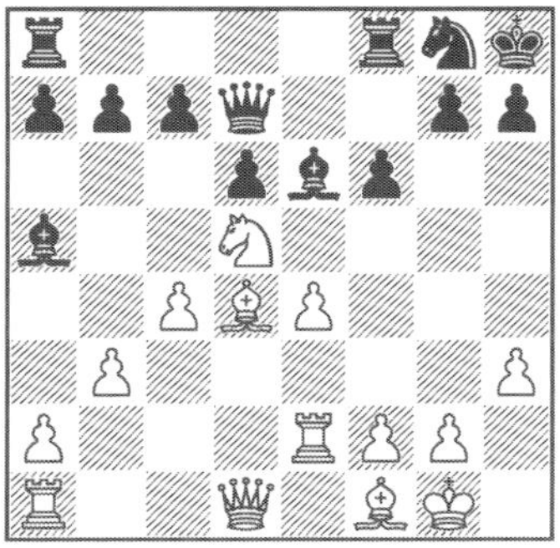

Er bereitet Se7 vor und hindert Weiß an g3. Schwarz hätte gern gleich Se7 gespielt; er fürchtete jedoch 20.b4 Lxd5 21.cxd5 Lxb4 22.Tb2 La5 23.Txb7, und nun nützt Lb6 nichts wegen 24.Lxb6. Günstig für Weiß ist 19. ... Lxd5. Er behält die zwei Läufer und bekommt nach 20.cxd5 außerdem die c-Linie für die Türme.

20. Dd1-c2

Um Tad1 und später c4-c5 spielen zu können. Wenn 20.b4 Lxd5 21.cxd5 Lxb4 22.Tb2 (besser 22.Db3) 22. ... La5 23.Txb7 Lb6 und der T ist, im Gegensatz zur vorigen Variante, tatsächlich gefangen, weil der Bc7 gedeckt ist.

20. ... Sg8-e7

Dem S winken die Felder c6 nebst e5 oder g6 nebst f4. Nicht 20. ... c6 wegen der Schwächung des Bd6 auf einer offenen Linie, der wegen der weißen Bauern nicht ohne Weiteres vorrücken kann. Tatsächlich scheint er nach Zügen wie Se3, Dd3, Td1, Lb2 und La3 unhaltbar zu sein.

21. Sd5xe7

Weiß tauscht, damit der schwarze S nicht zu stark wird. Von 21.Sf4 Lf7 hätte Weiß nicht viel.

21. ... Dd7xe7

Weiß könnte nun 22.c5 spielen, z.B. 22. ... Tad8 23.c6 bxc6 24.Dxc6 Lb6. Als der schwächere Spieler will er aber nicht die Initiative ergreifen. Er will den stärkeren Gegner ermüden, ihn verleiten, sich auf Wagnisse einzulassen und ihm Gelegenheit geben, Fehler zu machen.

22. g2-g3

Nachdem der Bh3 entlastet ist, wird das Fianchetto des Lf1 möglich. Er drückt von g2 aus auf den schwar-

zen D-Flügel. Weiß festigt seine Stellung. **Der Amateur spielt gegen den Meister psychologisch richtig.**
Die Stellung ist nun etwas günstiger für Weiß. Den Gewinn zu erzwingen, ist schwer, weil seine Überlegenheit so gering ist. In solch einer Situation nimmt der seiner Kraft bewusste Meister absichtlich ein Wagnis in Kauf, damit er angreifen kann, obgleich er etwas schlechter steht. Dringt er durch, gewinnt er, wenn nicht, verliert er. Hätte er nicht auf diese Chance gespielt, wäre ein mit großem Kraftaufwand erzieltes Remis im Bereich des Möglichen gewesen. Es ist jedoch immer entmutigend, hart zu kämpfen und zu wissen, dass das Äußerste, das herauskommen kann, nicht mehr als Remis sein wird. Darum sagt sich der Meister an dieser Stelle: „Alles oder Nichts", und dem Amateur gebührt das Verdienst, die Atmosphäre geschaffen zu haben, die einen solchen Entschluss auslöst.

22. ... La5-b6

Verhindert c4-c5. Der L braucht ja nicht mehr zu fürchten, vom S getauscht zu werden.

23. Ld4-b2

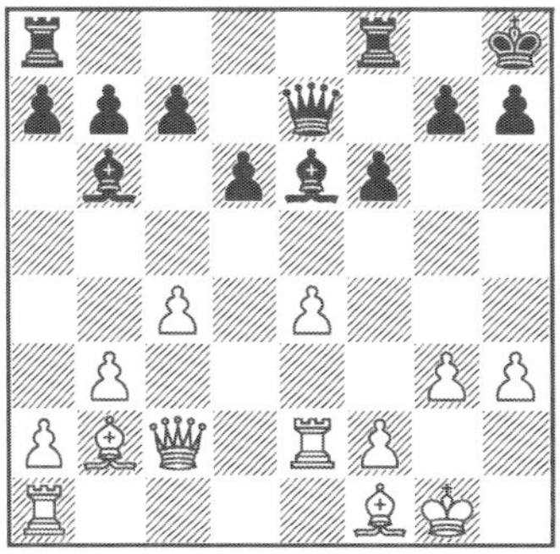

Weiß möchte den L für den Angriff erhalten, er ist hier sehr wichtig. Andererseits steht nun auch der schwarze L gut.

23. ... De7-d7?

Um f5 folgen zu lassen. Das war allerdings nicht der richtige Plan. Richtig war 23. ... Df7, entweder gefolgt von a5-a4 oder von c6 und d5. Weiß wird jedoch den Vorstoß d5 kaum zulassen. Das ist einer der Zwecke des Zuges Lg2.
Der Textzug ist ein Meisterfehler, der meistens auf einem falschen Plan oder den Folgen einer Fehleinschätzung beruht, während ein Amateurfehler häufig ein reines Versehen darstellt.

24. Kg1-h2 f6-f5?

Er verliert die Geduld. Schwarz verlangt zu viel von der Stellung. Er kommt nun in Schwierigkeiten, weil die e-Linie wichtiger ist als die f-Linie. Außerdem öffnet er zwei Diagonalen für die gegnerischen Läufer. Schwarz hoffte auf Druck gegen den Punkt f2. Der einfache Zug 28.f4 macht aber allen Hoffnungen ein Ende, und Schwarz bleibt nichts übrig, als die Folgen seines oberflächlichen Zuges zu tragen.
Immer noch war 24. ... a5, gefolgt von Df7, richtig. Der Zweck ist, mit a5-a4 die a-Linie zu öffnen oder auf b3-b4 a4-a3 zu spielen und sich so Gegenchancen zu verschaffen.

25. e4xf5 Le6xf5
26. Dc2-c3

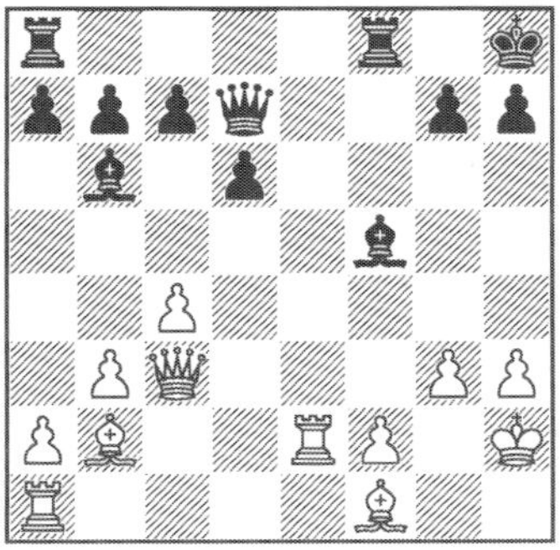

26. ... Tf8-f7?

Die einzige Chance, das Spiel zu halten, war der Tausch auf der e-Linie, z.B. 26. ... Tae8 27.Txe8 Txe8 gefolgt von c6, Ld8 und Lf6. Zwar wäre die Lage schwierig geblieben, vielleicht aber noch nicht hoffnungslos.

Weiß hat nun entscheidenden Vorteil. Von hier an wird das Spiel zu einer wirklichen Meister-gegen-Amateur-Partie, bei der der Amateur der Meister ist. Er nutzt die erlangten Vorteile glänzend aus.

27. Ta1-e1

Damit beherrscht Weiß die e-Linie; dazu ist auch die Diagonale a1/h8 vollständig in seinem Besitz. Man sehe die vereinten Möglichkeiten, die sich daraus ergeben!

27. ... Ta8-f8
28. f2-f4

Schaltet jede Gegenaktion aus. Von seiner f-Linie hat Schwarz nichts. Er kann auch den Druck, den Weiß auf der Diagonale ausübt, nicht abschütteln. Dieser Druck bindet Schwarz an mehreren Fronten und fördert Kombinationen von Weiß. Als erstes droht 29.g4 Lg6 30.f5 h6 (Macht Platz für den L, falls Weiß sich nicht entschließt, die Läufer zu tauschen.) 31.fxg6 Txf1 32.Txf1 Txf1 33.Dxg7+ (oder 33.Te8+) nebst Matt. Schwarz könnte 28. ... h6 ziehen, um 29.g4 mit dem chancenreichen Opfer Lxg4 zu beantworten. Weiß müsste dann den Aufmarsch g4 vorbereiten: 29.Lg2 c6 30.Df3 oder sogar 30.Lf3 Lxh3 31.Lh5.

28. ... Dd7-d8

Gibt dem Lf5 einen Rückzug.

29. Lf1-g2

Auch auf der anderen Diagonale wird gedrückt und zugleich der K besser geschützt.

29. ... c7-c6

Schwarz schwächt den Bd6, aber nur unter Zwang (siehe den 20. Zug).

30. Lg2-f3!

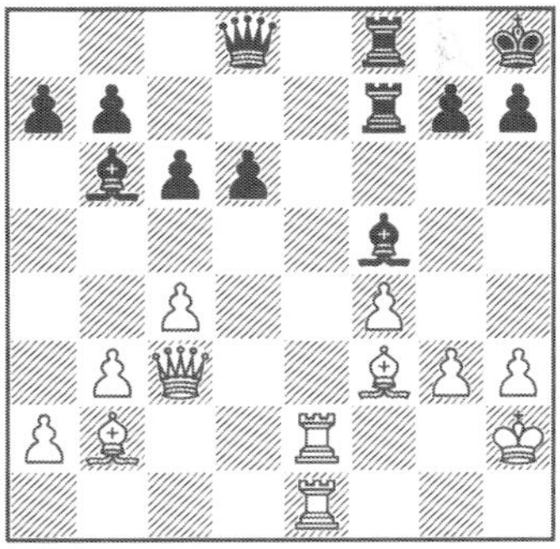

Vernichtend! Weiß lässt die neue Schwäche außer Acht und spielt weiter auf Angriff. Es droht 31.Lh5. Der Tf7 könnte nicht ausweichen (Tc7 32.Te8). Schwarz müsste daher die Verdoppelung nach 31. ... Lg6 32.Lxg6 hxg6 zulassen. Es gibt Stellungen, wo ein Doppelbauer

nicht viel Schaden anrichtet; hier jedoch würde die Verteidigung erheblich beeinträchtigt, und Weiß behielte die Hände voller Trümpfe: die offene e- und h-Linie sowie die Diagonale. Wir geben ein paar Varianten, um zu zeigen, wie Weiß diese Schwächung ausnutzen könnte: 33.Te6 g5 (Oder Tf6 34.Df3 mit Angriff auf den Turm. Nach dem erzwungenen 34. ... Txe6 35.Txe6 g5 36.Dh5+ Kg8 37.Th6 – der alte Trick – wäre es aus.) 34.Df3 gxf4 (d5 35.Dh5+ Kg8 36.Th6) 35.Dh5+ Kg8 36.g4 (Jetzt nicht 36.Th6 wegen fxg3+ und die schwarzen Türme erwachen zum Leben.) 36. ... Dd7 37.g5 (37.Th6? gxh6 38.Dg6+ Tg7) und gegen g5-g6 gibt es keine Verteidigung.
Wir haben gesehen, wie stark die Drohung 31.Lh5 ist. Wie kann Schwarz sie parieren? Nehmen wir an, er spielt 30. ... Kg8 31.Lh5 Lg6 32.Lxg6 hxg6 und hat bei den obigen Varianten ein Tempo mehr. Abgesehen von der Frage, ob das genügen würde, die Partie zu halten (wir bezweifeln es), hätte Weiß den stärkeren Zug 32.Lg4 (statt 32.Lxg6), der 33.Le6 und außerdem 33.f5 droht.

30. ... d6-d5

Verzweiflung! Dennoch kann Weiß seine Drohung nicht ausführen, weil nach 31.Lh5 d4 die Diagonale geschlossen ist.

31. c4-c5 Lb6-a5

Er hofft noch immer auf Gegenspiel. Auf 31. ... Lc7 kommt 32.Lh5 Lg6 (erzwungen) 33.Lxg6 hxg6 34.Te6 g5 mit ähnlicher Stellung wie beim 30. Zug ausgeführt. Weiß kann hier z.B. wie folgt gewinnen: 35.Th6+ Kg8 36.Dd3 Tf5 (der einzige Zug) 37.Tg6 T8f7 (T5f7 38.Txg5) 38.Txg7+ Txg7 39.Dxf5 und Schwarz steht hoffnungslos.

32. b3-b4 d5-d4
33. Dc3-c4!

Schlecht wäre 33.Dxd4 Dxd4 34.Lxd4 Lxb4.

33. ... b7-b5

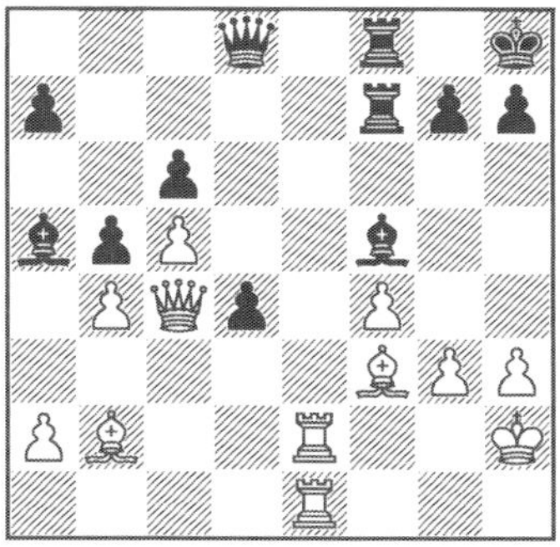

Wenn 33. ... Lc7, so 34.Lxd4 und der Sieg des Weißen stünde fest. Neben seinen Stellungstrümpfen hätte er einen Bauern mehr.

34. Dc4xf7!

Ein Scheinopfer der Dame, um die 8. Reihe zu schwächen: Weiß erhält die D sofort unter günstigen Umständen zurück. Ohne diesen überraschenden Zug wäre die Gewinnführung noch schwierig gewesen: 34.cxb6 Lxb6 und der Bd4, der die Diagonale a1/h8 schließt, steht im Weg. **Der Amateur spielt hingegen wie ein Meister – er hält die Augen für taktische Möglichkeiten offen.** Ein weiteres Verdienst der Kombination zeigt folgende Überlegung: begnügt sich Weiß mit dem Gewinn eines Bauern, hätte er seine überwältigende Stellung allzu billig aufgegeben. **Der Amateur hat jedoch die Endstellung der Kombination nicht nur materiell eingeschätzt (der gewonnene Bauer), sondern auch positionell (überlegene Beweglichkeit aller seiner Figuren und weitere Schwächen am schwarzen Damenflügel).**

34. ... Tf8xf7
35. Te2-e8+ Tf7-f8
36. Te8xd8 Lb6xd8
37. Lb2xd4 Lf5-d7

Um den Bc6 zu verteidigen. Scheinbar hat Schwarz sich gerettet, nicht ohne Narben, aber den Druck ist er los. Der weiße Mehrbauer muss auf die Dauer entscheiden, gleichwohl rechnet man nicht mit einem schnellen Ende. Die schwarzen Figuren können sich nicht frei bewegen, sie müssen Bauern decken oder gegnerische Figuren am Eingreifen hindern. Außerdem stehen sie sich gegenseitig im Weg. Man beachte den Tf8, der der Gnade des weißen Läuferpaars ausgeliefert ist. Und der schwarze K bedarf einer ständigen Bewachung!

38. Ld4-e5

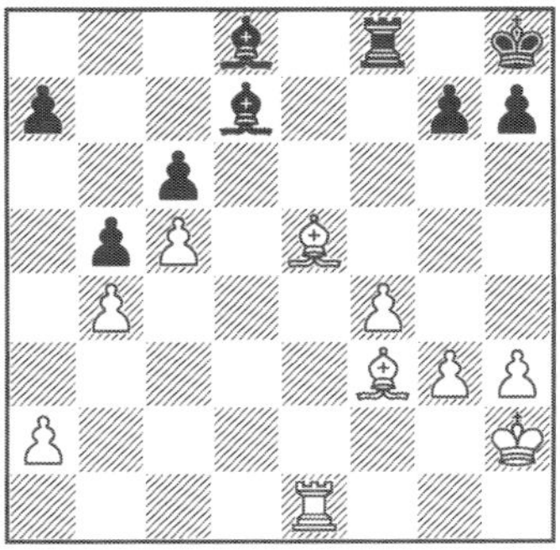

Macht Platz für Td1.

38. ... Tf8-f7

Schützt zwar vorsorglich den Ld7, verbessert aber die Lage des Schwarzen nicht, der immer noch in seinen Bewegungen eingeschränkt ist. Wenn 38. ... Lf6 39.Lxf6 gxf6 40.Te7 Td8 41.g4, und Schwarz steht hoffnungslos: er hat einen B weniger, Weiß hat die 7. Reihe besetzt und droht Le4, oder 38. ... Le7 39.Lxg7+; schließlich 38. ... Le8 39.Td1 Le7 40.Ld6 und gewinnt mindestens einen zweiten Bauern.

39. Te1-d1 Kh8-g8

39. ... Lf6 40.Lxf6 gxf6 41.Td6 und gewinnt („nur") einen weiteren B.

40. Lf3-g4

Schwarz gab auf, denn eine Figur geht verloren.

In dieser Partie hat der Amateur gezeigt: **a) ein gutes Stellungsurteil** – sein Spiel ist fest, so dass seiner Stellung schwer etwas anzuhaben ist; sie weist keine Schwächen auf; **b) gute kombinatorische Kraft** – das Ma-

növer Lg2-f3-h5 war schließlich tödlich; **c) gute Psychologie** – keine Übereilung, „lass den Gegner nur kommen, meine Stellung wird ihm standhalten“.
Schwarz, der Meister, war ungeduldig: a) er vermied das Remis im 16. Zug; b) überschätzte seine Stellung; c) irrte sich bei der Beurteilung der Züge 24 und 26.

Partie 24

Die Theorie einiger Varianten des „Dameninders“
Frühzeitige Befragung des weißen Damenläufers
Der Druck auf der langen Diagonale
Material gegen Stellung
Bauernraub
Unrichtige Stellungseinschätzung infolge psychologischer Faktoren
Angriff gegen die lange Rochade bei Vorliegen von Schwächen
Angriffskraft der verbundenen Freibauern im Endspiel

Vorausschauen können ist im Schach wichtig. Freilich soll man nicht so weit voraussehen, dass man darüber die unmittelbaren Probleme vernachlässigt. Schach ist so verwickelt, und es gibt so viele Varianten, dass beim Versuch, entfernte Möglichkeiten zu erfassen, leicht das Naheliegende übersehen wird.

Sobald der Meister in dieser Partie einen Bauern gewonnen hat, beginnt er darüber nachzudenken, wie er seinen Materialvorteil im noch weit entfernten Endspiel ausnutzen kann. Um seinen weit reichenden Plan voranzubringen, macht er einige Züge, die ausgezeichnet wären, wenn kein Gegner und keine unmittelbaren Probleme vorhanden wären. Es sitzt aber ein Gegner am Brett, der durchaus darauf eingestellt ist, aus der einseitigen Strategie und den daraus hervorgehenden Schwächen Vorteil zu ziehen.

Diese Art Spiel ist in vielen Meisterpartien zu finden, besonders in denen, wo einer der Gegner stärker ist als der andere und sich daher verpflichtet fühlt, seine Überlegenheit zu demonstrieren. Hier tritt wiederum der psychologische Gesichtspunkt hervor. Hätte der Meister einem gleichwertigen Gegner den Bauern abgenommen, so hätte er es wohl nicht versäumt, die Lage sorgfältig zu untersuchen und genauestens die Gegenwerte abzuschätzen, die sein Partner für den aufgegebenen Bauern erhalten hat. Dass er einem schwächeren Kontrahenten den Bauern abnahm, verführte ihn, seinen materiellen Vorteil auszunutzen, und dabei übersah er bestimmte Schwächen in der eigenen Stellung.

Der Amateur verdient Anerkennung, dass es ihm gelungen ist, den Meister in eine solch zweideutige Lage zu bringen und dessen verfehlte Strategie zu widerlegen. In dieser Partie glänzt der Amateur in technischer und psychologischer Hinsicht.

Weiß: Meisteranwärter
Schwarz: Meister
Damenindisch

1. d2-d4 Sg8-f6
2. Sg1-f3

Der gebräuchlichere Zug ist 2.c4. Der Textzug ist nicht besser und nicht schlechter; er schließt das Budapester Gambit (2.c4 e5) aus, vermeidet ein bald mögliches Lb4, solange er c2-c4 aufschiebt, beraubt aber Weiß auch der Möglichkeit, Sge2 und f3 zu spielen, was unter bestimmten Umständen erstrebenswert sein kann.

2. ... b7-b6

Schwarz könnte auch 2. ... d5 antworten (Damenbauernspiel) oder 2. ... g6 (Königsindisch).

3. c2-c4 Lc8-b7
4. Sb1-c3

Man beachte, dass Schwarz den Punkt e4 nun zweimal, Weiß aber nur einmal beherrscht.
Weiß konnte hier auch 4.g3 spielen. Er braucht Lxf3 5.exf3 nicht zu fürchten, weil er das Läuferpaar behält und nach baldigem f3-f4 den Punkt e5 verstärken kann.

4. ... e7-e6

In der Absicht, den Druck auf den Punkt e4 mit Lb4 erneut zu erhöhen. 4. ... d5 ist unlogisch, weil Weiß nach 5.cxd5 Sxd5 schließlich den Punkt e4 in die Hand bekommt. 4. ... g6 wird mit 5.Dc2 beantwortet, und Weiß kann e2-e4 durchsetzen.

5. Lc1-g5

Mittelbarer Kampf um das Feld e4. Ebenso gut ist 5.Dc2 oder 5.g3.

5. ... h7-h6

Sofortige Befragung des Lg5: Tausch oder Rückzug? Es ist klug, den Zug sofort auszuführen. Schiebt Schwarz ihn auf (z.B. mit 5. ... Le7), erhält Weiß in der Zwischenzeit mehr Anhaltspunkte zu den Vor- und Nachteilen des Tauschs. Schwarz ist nun auch bereit für den Vorstoß g5, möglicherweise gefolgt von g4.

6. Lg5-h4

a) Nach 6.Lxf6 Dxf6 7.e4 hat Weiß das Zentrum, Schwarz das Läuferpaar; eins so wertvoll wie das andere, denn die Stellung ist nicht offen (in einer offenen Stellung wären die Läufer vorzuziehen).
b) 6.Lf4 bedeutet den Verlust eines halben Tempos, d.h. man muss sich fragen: „Warum nicht schon im 5. Zug Lf4, denn h6 bedeutet ja hier keine Schwäche?“ Außerdem ist das Feld f4 hier nicht so wirkungsvoll wie in gewissen anderen Varianten. Der Zug Sb5 ist wegen d7-d6 nie gefährlich.

6. ... Lf8-e7

Ebenso gut ist 6. ... Lb4. Damit wird das gleiche erreicht, nämlich der Ausgleich des Drucks gegen e4.

7. e2-e3

Der beste Zug für eine rasche Entwicklung. Logisch ist ferner 7.Sd2, weil Weiß dann e4 ebenso oft überdeckt wie Schwarz. In dieser Variante ist dieses Feld so wichtig, dass seine Beherrschung die Preisgabe eines Tempos wert ist. Vielleicht erwidert Schwarz mit 7. ... d5, um 8.e4 zu verhindern, oder 7. ... c5, um das Zentrum zu unterminieren. Daraus ist zu erkennen, dass 2.Sf3 ein nachteiliges Element in sich birgt, weil Schwarz nach b6/Lb7 den Punkt e4 unter Feuer nehmen kann. Sf3 schaltet ein eventuelles f3 aus. Dagegen hat es den Vorteil, den Punkt e5 zu beherrschen, und f3 ist in seinen Auswirkungen nicht immer günstig.

7. ... d7-d6

Bereitet Sbd7, gefolgt von e5, vor. Der Zug schafft ein Loch auf c6. Aber solange der Lb7 existiert, hat das keine ernsten Folgen.
Die zurückhaltende Aufstellung von Schwarz in der Mitte kann ergeben:
a) e6-e5, das am besten ist, oder
b) d6-d5, das den Nachteil hat, den Lb7 auf der langen Diagonale abzusperren.
Schwarz hätte hier 7. ... 0-0 spielen können. Er plant aber g7-g5 und schiebt deswegen die Rochade auf.

8. Lf1-d3?

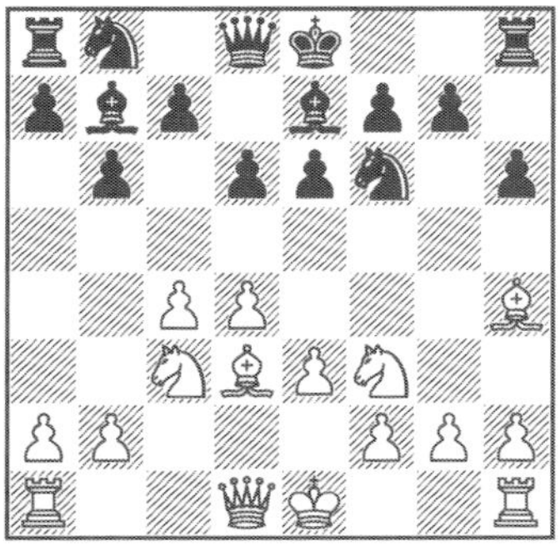

Zweifelhaft, weil der Bg2 seinen Schutz einbüßt und Schwarz in der Lage ist, einen Bauern zu erobern. Besser war 8.Dc2 oder 8.Sd2, gefolgt von f3. Das Ziel der nächsten schwarzen Züge ist: a) den Druck gegen das Feld e4 zu verstärken; b) die lange Diagonale auszunutzen.

8. ... g7-g5

Die Folge zeigt, dass dieser Zug Teil der Strategie ist, die Diagonale a8/h1 zu verwerten. Man beachte das Zusammenwirken des Lb7 mit den Bauern am anderen Flügel.

9. Lh4-g3 g5-g4

Ein ziemlich kühner Zug, der indes einen Bauern erobert. Außerdem braucht Schwarz die Schwächung seiner Bauern am K-Flügel nicht zu sehr zu fürchten, weil er die lange Rochade plant. Soll Weiß nun seinen Bg2 mit Sh4 retten und seinen S abseits stellen? Oder soll er g2 aufgeben und ein Gegenspiel auf fester strategischer Grundlage anstreben? Weiß muss sich natürlich fragen, was wichtiger ist: den S für operative Manöver bereit zu haben oder den B zu verteidigen. Er entschließt sich für das erstere und spielt:

10. Sf3-d2

Der Amateur zeigt seinen Fortschritt, indem er die Wahl eines Meisters trifft. Soll Schwarz nun den B nehmen? Nach dem schwächenden g5-g4 ist es richtig, seiner Absicht treu zu bleiben und die Beute einzuheimsen. Er sollte sich aber diese Frage stellen, *bevor* er g5-g4 zog. Wird Weiß genügendes Gegenspiel für den B haben? Er wird immer einen Zeitgewinn verzeichnen können, eventuell aber auch Raumvorteil und ein besseres Zentrum, selbst wenn Schwarz den B nicht nimmt. Es handelt sich also nicht um einen Fall von „Bauernraub“ in der Form, dass ein Spieler auf Bauerngewinn spielt, wenn seine ganze Stellung gefährdet ist.

10. ... Lb7xg2
11. Th1-g1 Lg2-b7

Wie wird Weiß nun seine Möglichkeiten am besten wahrnehmen? Ein Teil des Gegengewichts besteht darin, dass er nun das Feld e4 beherrscht.

12. e3-e4!

Der Amateur beweist wiederum seine angestiegene Spielstärke, indem er beim Verlust eines B seinen Kopf behält und zuversichtlich mit einem Zug fortfährt, der auf soliden strategischen Erwägungen beruht.
Weiß hat nun das Zentrum in Besitz, wenn auch nicht endgültig, weil Schwarz ja mit seinen Mittelbauern die Felder d5 und e5 kontrolliert und mittels e6-e5 ebenfalls ausreichenden Einfluss auf die Mitte ausübt.

12. ... e6-e5

Schwarz beugt einem eventuellen e4-e5 vor. Dagegen sieht 12. ... d5 13.cxd5 exd5 14.e5 jetzt gut für Weiß aus.
Erwägenswert ist auch 12. ... Sc6, denn 13.Sb3 e5 14.d5 Sb4 15.Le2 h5 16.a3 Sa6 ließe den S am Damenflügel ziemlich wirksam werden. Schwarz hätte e6-e5 auch mit Sbd7 vorbereiten können. Falls möglich, sollte aber e6-e5 ohne Vorbereitungen gespielt werden, weil Schwarz so eine größere Auswahl hat bei der Entwicklung des Sb8, in Abhängigkeit vom Vorgehen des Weißen. Der Textzug hat den Vorteil, Weiß zu einer Erklärung zu nötigen (dxe5 oder d5). Dass der Be5 jetzt zweimal angegriffen und nur einmal geschützt ist, will nichts besagen, weil der Ld3 nach dem Tausch ungedeckt wäre. Außerdem hätte Weiß nach 13.dxe5 dxe5 14.Lc2 Sc6 ein schlimmes Loch auf d4.

13. d4-d5

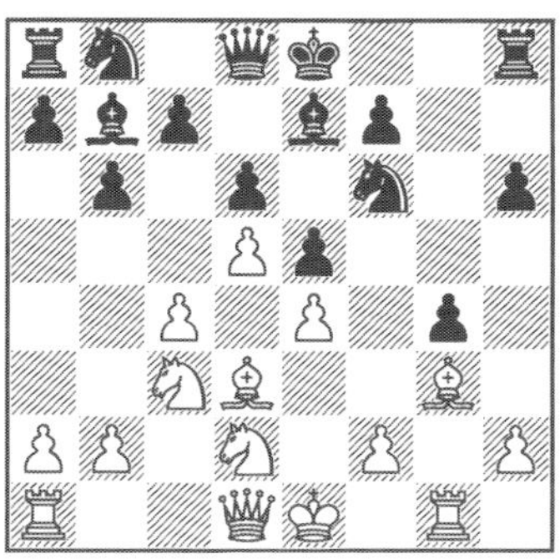

Weiß beherrscht nun mehr Raum, aber Schwarz hat einen Bauern mehr. Seine Strategie muss darin bestehen, sein Plus so bald wie möglich zu verwerten. Ein Weg wäre, den Bf7 nach f5 vorzurücken. Das ist keine leichte Aufgabe, zumal Weiß in den kommenden Zügen die richtige Strategie findet, den Gegner an der Verwirklichung seiner Ziele zu hindern.

13. ... Sb8-d7

Recht gut sieht 13. ... c5 aus, ein Versuch, die ganze Stellung abzuriegeln. Weiß stünde vor einer schwierigen Wahl: nimmt er en passant, so schlägt der Sb8 zurück mit Ausblick auf d4; nimmt er nicht, sind seine Aussichten erheblich geringer, einen starken K-Angriff wie in der Partie zu erhalten.

14. f2-f3!

Öffnet die f-Linie, und das bedeutet strategisch, dass es für Schwarz lange Zeit unmöglich sein wird, seinen Plan f7-f5 auszuführen. Mit anderen Worten, das schwarze Bauernplus ist nach 14. ... gxf3 15.Dxf3 entwertet, weil ein rückständiger f-Bauer auf einer offenen Linie übrig bleibt. **Weiß, der Amateur, zeigt Initiative und Positionsgefühl.**
Schwarz wird jedoch nicht gxf3 spielen, da er dem Weißen nicht entgegenkommen will.

14. ... h6-h5

Aber nun zwingt Weiß seinen Gegner zum Tausch und damit zur Entwertung seines Mehrbauern wie folgt:

15. Ld3-e2! g4xf3

Denn nach 15. ... Tg8 16.fxg4 hxg4 17.Lh4 gewinnt Weiß den verlorenen Bauern zurück, und Schwarz verbleibt mit dem rückständigen Bauern.

16. Le2xf3

Auch 16.Sxf3 verdient eine Erwägung, um den S über h4 nach f5 zu führen.

16. ... Sd7-f8

Macht Platz für die D als Vorbereitung zur langen Rochade. In Betracht kam auch 16. ... Sc5, doch hat der S hier keine Zukunft. Weiß spielt 17.Dc2 und später evtl. b4.
Wie sollte der Plan des Weißen nach dem Textzug aussehen? Er könnte das Manöver Sf1-e3-f5 ins Auge fassen, zieht es aber vor, ebenfalls rasch zur langen Rochade zu kommen.

17. Dd1-e2

Für Schwarz günstig ist 17.Lh4 Sg6 18.Lxf6 Lxf6 19.Lxh5 Lh4+ 20.Kf1 Sf4. Den B hätte Weiß zurück, aber sein K steht hoffnungslos schlecht.

17. ... Sf8-g6

Schwarz will das Feld f4 besetzen und so die f-Linie schließen in der Hoffnung, hinter dem Rücken des Sf4 doch noch zu f7-f5 zu kommen.

18. 0-0-0

Dass der c-Bauer vorgerückt ist, kann in diesem Fall nicht als Schwächung der K-Stellung betrachtet werden. Weiß braucht seinen K nur nach b1 zu stellen, wo er vollständig sicher ist. Auch das wäre im Augenblick überflüssig, weil keine der schwarzen Figuren am D-Flügel eine Drohung aufstellen kann.

18. ... Lb7-c8?

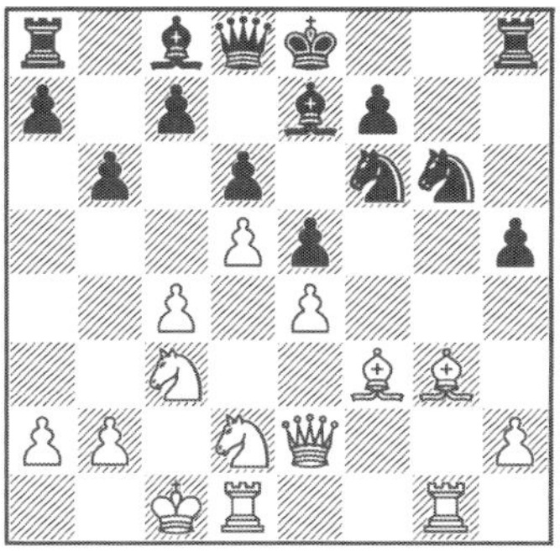

Soweit hat der Meister den Gang der Dinge bestimmt. Er hat einen B gewonnen und dafür den Nachteil einer beengten Stellung am D-Flügel und in der Mitte in Kauf genommen. Jetzt aber verlangt er zu viel von seiner Stellung. Er überlegt, wie er das Äußerste aus dem gewonnenen B herausholen kann. Daher bereitet er die Überführung des L auf den K-Flügel vor, unterschätzt aber das Ausmaß der Schwächung, das diese Vorgehensweise für den D-Flügel nach sich zieht, wo der schwarze K einen sicheren Platz braucht.
Die Tatsache, dass ein Meister immer auf Gewinn spielt, in die Zukunft blickt, nach zu viel Initiative strebt, wenn die Initiative und der Gewinn nicht in der Stellung stecken, ist für ihn manchmal ein Handicap.
Richtig war 18. ... Dd7 nebst 0-0-0. Schwarz hätte seinen Mehrbauern behalten, freilich angesichts der Umstände nur geringe Aussichten auf Sieg.

19. Sd2-f1

Von e3 aus soll der S das Feld f5 kontrollieren.

19. ... h5-h4

Schwarz hofft, auf dem K-Flügel zusätzlichen Druck auszuüben. Er wird fortfahren, S und L auf starke Plätze zu bringen. Diese Manöver haben jedoch geringen Wert, weil sich der Hauptkampf am D-Flügel abspielen wird.

20. Lg3-e1

Ginge der L nach f2, würde nach Sf4 schon Sh3 drohen.

20. ... Sg6-f4
21. De2-c2

Schwarz strebt nach der langen Rochade. Die D kann er erst herausziehen, nachdem der L aus dem Weg ist.

21. ... Lc8-h3
22. Sf1-e3! Dd8-d7
23. Le1-f2

Um die Türme zu verbinden. Außerdem zielt der L auf die K-Stellung, nachdem Schwarz lang rochiert hat.

23. ... 0-0-0

Ein wichtiger Punkt in der Partie. Nachdem Schwarz rochiert hat, beginnt ein fürchterlicher Angriff. Es geht jedoch zu weit, die Rochade als schweren Fehler brandmarken zu wollen. Einesteils ist sie wünschenswert, damit der Ta8 in den Kampf eingreifen kann; Schwarz hat also nur die Wahl zwischen zwei Übeln. Rochiert er nicht, wird es ihm nie gelingen, die Partie zu gewinnen, weil er die Stellung nicht öffnen kann.

Sein K steht in der Mitte des Bretts unsicher. Dass Schwarz sich hier zur Rochade entschließt, muss als eine Art Überoptimismus betrachtet werden, dass es ihm irgendwie gelingen wird, den Sturm zu überstehen.

24. a2-a4

Der Angriff gegen die geschwächte Königsstellung beginnt. Es spielt keine wesentliche Rolle, ob man hier zuerst den a- oder b-Bauern vorrückt. Ein Bauernvorstoß gegen den feindlichen König ist gerechtfertigt durch: a) dessen geschwächten Bauernschutz – hier infolge von b7-b6; die Schwäche wird durch den fehlenden Lb7 noch vergrößert; b) gut postierte Angriffsfiguren; c) Raumvorteil – Weiß beherrscht fünf, Schwarz nur drei Reihen.
Der Fortschritt des Amateurs zur Meisterschaft geht daraus hervor, dass er über die hier anzuwendende richtige Strategie im Bilde ist.

24. ... Kc8-b7

Zu versuchen war a7-a5.

25. b2-b4! c7-c5

Abwarten wäre ebenfalls sehr gefährlich. Man betrachte die Kraft der weißen Züge b5, Sa2-b4-c6. Schwarz hatte keine große Wahl, denn nach 25. ... a5 26.bxa5 bxa5 27.c5 dxc5 ist 28.Sc4 fast tödlich. Zu erwägen war 25. ... Ta8. In diesem Fall setzt Weiß am besten fort mit 26.a5, denn 26.b5 könnte mit 26. ... a5 beantwortet werden, womit dem S das Feld b4 genommen ist. Schwarz beschließt, tapfer zu sein. Er geht mitten in die Feuerlinie hinein und hofft, den Folgen begegnen zu können.

26. d5xc6+

Natürlich nimmt Weiß die Gelegenheit wahr, die Stellung zu öffnen. Der Textzug macht die d-Linie und den Punkt d5 für einen S frei. So kann er den Sf4 auf eine Weise angreifen, die praktisch den Abtausch erzwingt – der für Schwarz ernste Folgen haben wird, denn der Be4 wechselt nach d5, und infolgedessen erhöht der Lf3 seine Wirkungskraft.

26.	**...**	**Dd7xc6**
27.	**Se3-d5!**	**Sf6xd5**
28.	**Sc3xd5**	**Sf4xd5**
29.	**e4xd5**	**Dc6-c8**

Unterstützt den Lh3, der nun nach f5 gehen könnte. Schwarz macht so aktive Züge wie möglich.
Man beachte, dass das Problem des rückständigen Bf7 plötzlich vollkommen gelöst ist, denn sein Weg nach f5 ist frei. Schwarz hat sogar zwei verbundene Freibauern. Der Amateur hat das offenbar alles genau durchdacht. Er hat den Wert des Freibauernpaars gegen die Kraft seines Angriffs auf den schwarzen K abgewogen. Solche Vergleiche gehören zu den schwierigsten Problemen im Schach, und auch in dieser Hinsicht hat der Amateur beträchtliche Fortschritte erzielt. Ihm ist vollständig klar, dass sein Angriff durchdringen muss und die Vorteile von Schwarz am anderen Flügel nicht zählen.

30. c4-c5!

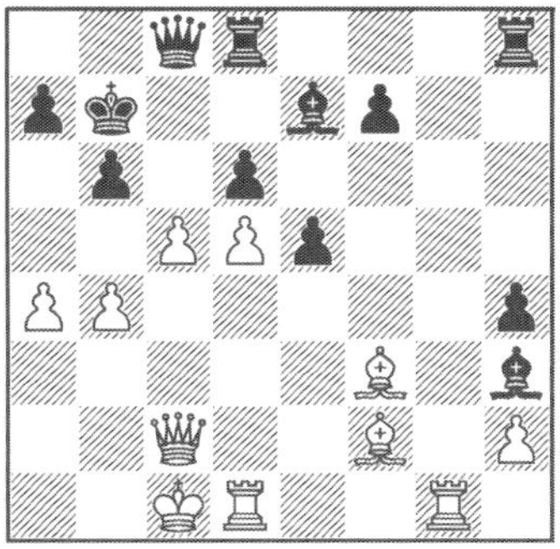

Weiß schätzt die Stärke des Lf2 in Verbindung mit dem c- und b-Bauern richtig ein. **Der Amateur zeigt nicht nur Positions-, sondern auch ein feines Angriffsgefühl.**

30. ... Td8-g8

Ein Versuch, die gegnerischen Streitkräfte zu verringern und dem K ein weiteres Fluchtfeld einzuräumen. Etwa gleichwertig war 30. ... Lf5 31.c6+. Nach 30. ... bxc5? 31.bxc5 steht der K noch offener, und ein weiteres 31. ... dxc5 ist natürlich wegen 32.d6+ ausgeschlossen.

31. c5-c6+

So erhält Weiß einen mächtigen Freibauern. Weitere Öffnung der Stellung durch a4-a5 (wenn nötig nach vorherigem b4-b5) ist gesichert. Eine gute Alternative gab es übrigens nicht. cxd6 hätte zum Damentausch und zur Auflösung des weißen Angriffs geführt.

31. ... Kb7-c7
32. a4-a5

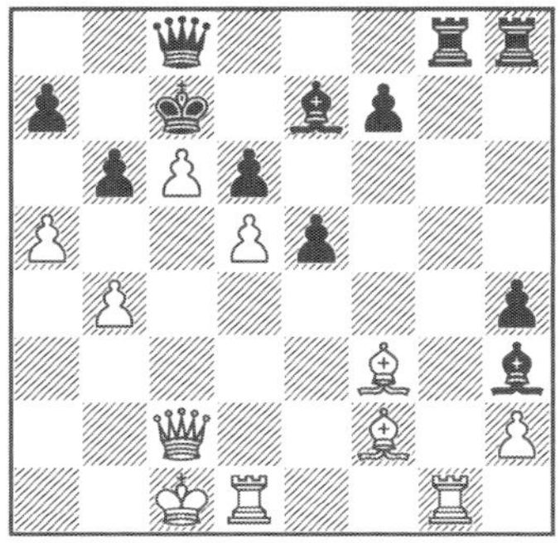

Schwächt den Punkt b6 und bereitet die Öffnung der a-Linie vor.

32. ... b6xa5?

Schwarz hofft auf 33.bxa5 Da6, aber Weiß kommt ihm zuvor. Besser war 32. ... Df5, doch scheint das Spiel auch dann nicht haltbar zu sein, z.B. 33.Da4 Dxf3 34.axb6+ und gewinnt, oder 33. ... b5! 34.Dxb5 Tb8 35.Dd3 (Oder auch 35.Da6 mit noch verwickelteren Folgen: 35. ... Dxf3 36.Dxa7+ Kc8 37.Td2 und die Lage ist schwierig, vermutlich aber für Weiß gewonnen.) 35. ... Df4+ 36.Td2. Das führt zu einer komplizierten Stellung, die schwer zu beurteilen ist. Alles hängt von zufälligen Einzelheiten ab. Angesichts der enormen Kraft des Lf2 müssen die Chancen des Weißen als überlegen angesehen werden. Diese Kraft ist dauerhaft und kommt immer wieder zum Vorschein, sobald der schwarze Gegenangriff beendet ist. Zwei mögliche Fortsetzungen sind: a) 36. ... Dxb4 37.Ta2 f5 38.Tg7 e4 39.Txe7+ Kd8 40.Td7+ Ke8 41.Dc2 exf3 42.Ta4 Db3 43.Te4+ und gewinnt; b) 36. ... Lg5 37.Txg5 Dxg5 38.Lxa7 Txb4 39.Lb6+ Txb6 (Kb8 40.Da6) 40.axb6+ Kxb6 41.Db3+ und gewinnt.

33. Dc2-a4!

Erneut stellt der Amateur seine Fortschritte unter Beweis. Er behandelt diesen Teil der Angriffsführung mit Präzision.

33. ... Kc7-b8

33. ... axb4? 34.Da5+ Kb8 35.Dxa7 matt.

34. Da4xa5 Dc8-c7
35. Da5xc7+

Weiß strebt nach zwei verbundenen Freibauern. Vermeidet er den Damentausch, behält Schwarz den Mehrbauern und verteidigt sich: 35.Db5+ Ka8 usw.

35. ... Kb8xc7

Nachdem die Damen vom Brett verschwunden sind, gibt der Amateur ein Beispiel seines gewachsenen Könnens in der genauen Behandlung des Endspiels.

36. Lf2xa7

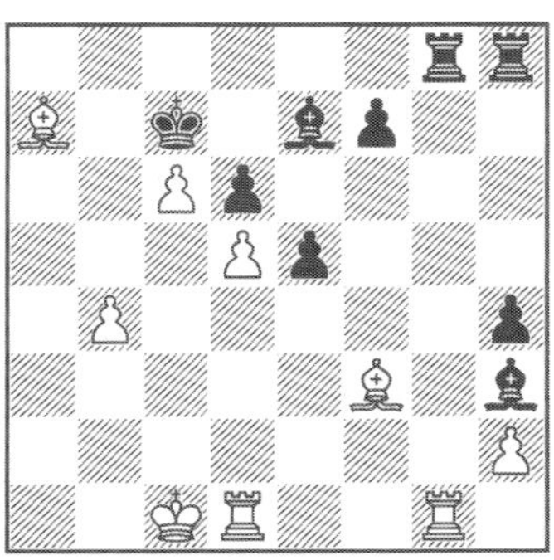

Beide Parteien haben ein Paar verbundener Freibauern; jedoch sind die weißen erheblich weiter vorgerückt. Er droht jetzt b5-b6+.

36. ... Le7-g5+

Besser war 36. ... Ta8 37.Le3 Thb8, doch sowohl 38.Ld2 (zum Schutz von Bb4, Behauptung der verbundenen Bauern und mit der Drohung 39.Tg7) als auch gleich 38.Tg7 gewinnt für Weiß.

37. Tg1xg5!

Schnellstes Vormarschieren der Freibauern ist mehr wert als die Qualität. **Der Amateur ist bereit zu opfern – ein Merkmal meisterhaften Spiels.**

37. ... Tg8xg5
38. b4-b5 Lh3-g4

38. ... Tb8 39.Lxb8+ Kxb8 40.b6 und gewinnt.

39. Lf3xg4 Tg5xg4
40. b5-b6+ Kc7-c8

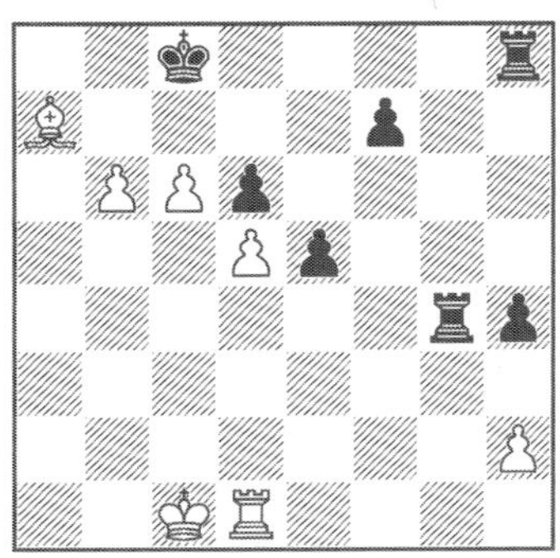

Spielt Weiß nun 41.b7+, erreicht er nicht viel: 41. ... Kc7 42.b8D+ Txb8 43.Lxb8+ Kxb8. Aber sobald der weiße Turm eingreift, ist die Partie entschieden.

41. Td1-f1 Tg4-g7

Oder a) 41. ... Tf8 42.b7+ Kc7 43.Txf7+!; b) 41. ... Tf4 (ein sehr lehrreiches Abspiel) 42.Txf4 exf4 43.b7+ Kc7 44.Kd2 und Weiß holt sich alle Bauern am K-Flügel.

42. Tf1-f6 Th8-g8

Wenn 42. ... Td8, so 43.Txd6.

43. Tf6xd6 f7-f5

Nun droht 44.b7+ Kc7 45.Td7 matt.

44. Td6-f6

Droht 45.d6 usw.

44. ... Tg7-g1+
45. Kc1-c2 Tg1-g2+
46. Kc2-c3 Tg2xh2

Hofft auf ein ewiges Schach, beginnend mit Tg3+. Aber der weiße Angriff ist bereits überwältigend.

47. b6-b7+ Kc8-c7
48. Tf6-f7+ Kc7-d6
49. Tf7-d7 matt.

Partie 25

Die Bauernmehrheit am Damenflügel
Wie die Bauern vorzustoßen sind
Wie man die Mehrheit als Waffe nutzt, ohne sie zu früh einzusetzen
Spiel an zwei Fronten
Gegenangriff auf Kosten zweier Bauern
Die beengte Königsstellung
Durch genaue Berechnung aus einer schwierigen Lage herausfinden
Ausnutzung eines materiellen Vorteils im Endspiel mit leichten Figuren

Oft wird die Schlacht nur auf einem Teil des Bretts ausgefochten; in manchen Partien gibt es aber mehrere Fronten. Partien, wo alle Teile des Bretts eine Rolle spielen, sind sehr interessant, wenn auch sehr schwierig zu behandeln. Die Tatsache, dass der Spieler nur einen Zug auf einmal machen kann, bedeutet, dass auch bei mehreren Fronten die Stellung jeweils nur an einer Front verbessert werden kann. Tauchen an mehr als einer Front Gefahren auf, muss er sich entscheiden, wo er sich zuerst verteidigen will. Das gleiche gilt, wenn er an mehreren Fronten Chancen hat: der Spieler muss ein Urteil fällen, wo die Aussichten am besten sein werden. In solchen Partien besteht die Stellungsbehandlung im fortwährenden Vergleich der relativen Bedeutung, die die momentan vorhandenen Möglichkeiten an den verschiedenen Fronten haben, und dem gültigen Entschluss, wo es zu handeln gilt. Partien mit mehreren Fronten erfordern ein Höchstmaß an Können.
Manchmal erringt der Amateur den Sieg über einen Meister infolge einer einzigen glücklichen Eingebung, durch eine zufällige Kombination oder einen besonders günstigen Spielverlauf. Wenn es aber dem Amateur gelingt, den Kampf über das ganze Brett zu beherrschen, ohne die Übersicht über die einzelnen Teile zu verlieren, so kann das ohne Übertreibung als Meisterleistung angesehen werden. In Partien mit mehreren Fronten können nur Amateure von Meisterstärke ihren Weg durch das Labyrinth der Varianten finden, ohne den Faden zu verlieren. Diese letzte Partie unserer Serie zeigt den Amateur, der volle Meisterschaft auf vielen Gebieten erworben hat: in seinem positionellen Erfindungsreichtum, ohne diesen indes überzubetonen, in seinen kombinatorischen Fähigkeiten, seiner fehlerfreien Berechnung der genauen Folgen eines Opfers, seiner Verteidigungskunst, wenn sein Gegner mit Hilfe einiger Bauernopfer starken Gegendruck ausübt, und schließlich in seiner Endspieltechnik.

Weiß: Meisteranwärter
Schwarz: Meister
Réti-System

1. c2-c4

Die Ideen, die hinter diesem Zug stecken, sind bei Partie 3 nachzulesen.

1. ... e7-e6

Ein neutraler Zug, der viele Übergänge offen hält. Noch gebräuchlicher ist 1. ... Sf6, was meist zu indischen Verteidigungen führt.

2. g2-g3 d7-d5

Schwarz strebt nach Kontrolle der Mitte mit Hilfe der Bauern, die logische Folge seines ersten Zuges. Spielt Weiß nun 3.d4, geht die Partie in die Katalanische Eröffnung über. Schwarz könnte auch 2. ... f5 spielen à la Holländisch. Anders als nach 1.d4 könnte Weiß aber den Kampf um den Punkt e4 nun mit d2-d3 führen.

3. Lf1-g2

Der Routinezug 3.b3 würde nach 3. ... dxc4 4.bxc4 Dd4 einen Bauern kosten, während jetzt 3. ... dxc4 wegen 4.Da4+ nicht zu fürchten ist. Als Faustregel kann dienen, dass man in einem Fall wie diesem erst dann auf d5 tauscht, wenn dxc4 ernstlich droht, weil man sonst den Lc8 befreit.

3. ... d5-d4

Üblicher sind neutrale Züge wie 3. ... Sf6 oder 3. ... c6. Mit dem Textzug gewinnt Schwarz etwas Raum, andererseits gibt er jedoch Weiß eine Handhabe zur Linienöffnung. Wird der Vorposten d4 aufgelöst, kann sich unter Umständen der Zeitverlust des Bauernvorstoßes bemerkbar machen.
Einen entsprechenden Zug finden wir manchmal in der Folge 1.Sf3 d5 2.c4 d4, bei der Weiß über die starke Antwort 3.b4 verfügt. In der Partie ist 4.b4 verhindert, und vermutlich entschloss sich Schwarz deswegen zu diesem Vorgehen.

4. e2-e3

Weiß greift den Vorposten sofort an. Er kann dies gefahrlos tun, denn 4. ... dxe3 5.fxe3 gibt Weiß ein glänzendes Zentrum mit d2-d4 in Verbindung mit der offenen f-Linie, und 4. ... d3 behindert die weiße Entwicklung keineswegs; sein S geht nach c3 und sein L nach b2. Außerdem wird der Bd3 später schwach und auf die Dauer unhaltbar, denn nach beendeter Entwicklung hat Weiß Züge wie Lf1, Se1 und Db3 zur Verfügung.
Weiß könnte auch 4.Sf3 oder 4.d3 spielen; im Allgemeinen ist jedoch das sofortige Vorgehen gegen den Vorposten opportun. Sollte der Weiße unnötigerweise d4-d3 fürchten, mag er 4.d3 einfügen.

4. ... c7-c5 (?)

Das hat einen Nachteil, wie aus der Folge ersichtlich. Warum hat der Meister diesen etwas fragwürdigen Zug gewählt? Vielleicht wollte er absichtlich einen problematischen Zug machen. Nach allgemeiner Meinung führt ein geringer Fehler allein nicht zum Verlust; erst der zweite Fehler verliert. Es gibt Spieler, die bewusst den ersten Fehler begehen und dafür psychologische Gründe haben. Gelingt es dann dem Gegenspieler nicht, in Vorteil zu kommen, weil kein zweiter Fehler folgt, wird er vielleicht mut- oder auch sorglos werden.

Andere Möglichkeiten sind:

a) 4. ... dxe3 (siehe 4. Zug von Weiß);

b) 4. ... Sc6, um Weiß von 5.exd4 abzuhalten. Auf c6 hemmt der S jedoch das Vorgehen des Bc7. Es könnte weitergehen: 5.Se2 e5, gefolgt von der Bauernkettenstrategie mit 6.d3 und 7.e4.

c) 4. ... e5, was den Raumvorteil behauptet, dafür den Nachteil eines Tempoverlustes in Kauf nimmt.

5. e3xd4

Weiß schlägt in diesem Augenblick, um eine Bauernmehrheit am D-Flügel zu schaffen. Hätte Schwarz Sc6 gespielt, wäre der Textzug nicht mehr so zweckmäßig, weil der S zurücknehmen könnte. Spielbar sind Züge wie 5.Sf3, 5.Se2 und 5.b3, Routinezüge, die keinen bestimmten Zweck verfolgen.

5. ... c5xd4

5. ... Dxd4 liegt nahe, doch der Bd2 ist nur vorübergehend rückständig. Weiß wird durch d3, Sf3, Le3 immer die Übermacht über den Punkt d4 gewinnen und d3-d4 durchdrücken können. Er erhält dann ebenfalls die Bauernmehrheit am D-Flügel, aber ohne den störenden schwarzen Bd4.

6. d2-d3

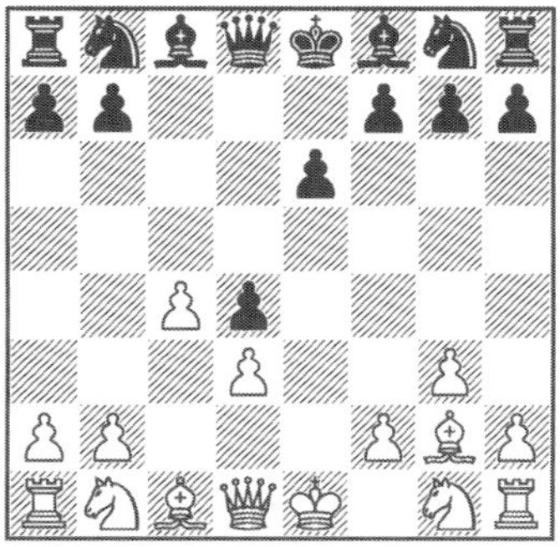

Weiß hat nun die Damenflügelmehrheit und dazu den Druck des Lg2 auf der langen Diagonale, der sie unterstützt – ein ideales Zusammenwirken. Schwarz hingegen verfügt über die Mehrheit im Zentrum.

6. ... Lf8-b4+ (?)

Vielleicht ein wenig gedankenlos. Schwarz hoffte auf 7.Ld2 Lxd2+ mit Tausch seines L, der mehr oder weniger durch den Bd4 gehemmt war. Etwas besser war 6. ... Sc6 oder 6. ... Sf6.

7. Ke1-f1!!

Der Meister erwacht im Amateur! Er schlägt einen originellen Weg zur Vorbereitung des Vorstoßes der D-Flügelbauern ein und **beweist damit ein gutes Positionsurteil.** Weiß droht jetzt strategisch a3 nebst b4 und taktisch Da4+ mit Gewinn des Läufers. Die taktische Drohung muss auf jeden Fall beachtet werden. Gleichzeitig die strategische zu parieren, ist schwierig. Stünde der L auf f8 oder e7, könnte Schwarz a2-a3 mit a7-a5 unschädlich machen. Wenn möglich, lässt er b2-b4 erst gar nicht zu.

Hier genügt jedoch 7. ... Le7 nicht, denn Weiß zieht sofort 8.b4!. Der einzige Versuch ist das unnatürliche 7. ... a5. Darauf bringt 8.Dg4 den Nachziehenden ins Gedränge – er muss sich mit 8. ... g6 schwächen, denn 8. ... Df6 9.Se2 Lc5 (Sc6? 10.Lxc6+ bxc6 11.Sxd4) 10.Lg5 Df5 (Dg6 11.Sf4) 11.Dxf5 exf5 beschert Schwarz ein ungünstiges Endspiel mit zerrissenen Bauern. Diese Varianten deuten an, warum der Meister keinen energischen Versuch unternimmt, den Vorstoß der weißen Bauern aufzuhalten. Hätte Weiß 7.Ld2 statt 7.Kf1 gespielt, wäre es nach 7. ... a5 nicht möglich gewesen, die Bauern vorzurücken, z.B. 8.a3 Lxd2+ 9.Sxd2 a4 oder 8.Da4+ Ld7 9.Db3 Lc6. Daher ist 7.Kf1 strategisch angezeigt.

7. ... Sg8-e7

Wehrt die Drohung 8.Da4+ ab (8. ... Sbc6 9.Lxc6+? Sxc6).

8. a2-a3

Die Verwertung der Bauernmehrheit am D-Flügel beginnt.

8. ... Lb4-d6
9. b2-b4

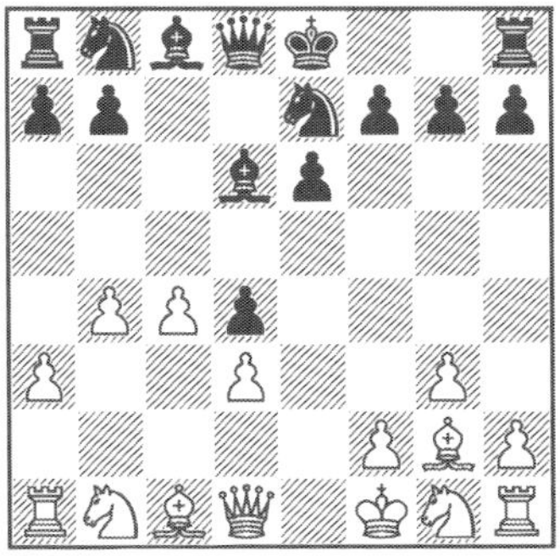

9. ... 0-0

Der Leser, der sich an Partie 2 erinnert, als der Meister mit Schwarz einen ähnlichen Vorstoß zunichte machte, mag sich fragen: Warum hier nicht 9. ... a5 spielen? Weiß setzt mit 10.c5 Lc7 11.b5 fort, und die Mehrheit hätte nichts von ihrem Wert eingebüßt. Die gleiche Situation tritt später in der Partie ein.
Der kritische Unterschied zwischen dieser und der 2. Partie zeigt sich darin: Kann Weiß die Formation c5/b5 erreichen, ohne einen Bauern zu verlieren, ist die Mehrheit gesichert, denn schwarzes b7-b6 wird mit c5-c6 beantwortet. Andererseits ist die Struktur b5/c4 nicht gut für Weiß, wenn er c4-c5 nicht durchsetzen kann, weil Schwarz das Feld c5 erhält. Auch die Aufstellung b4/c5 kann nach b7-b6 cxb6 Dxb6 nebst a5 a3 axb4 axb4 zu einem vereinzelten Bauern führen.

10. Sg1-e2

Greift d4 an und hält die Diagonale des Lg2 offen. So bleibt der Lc8 an die Verteidigung des Bb7 gebunden.

10. ... Ld6-c7

Zu diesem Zug ist Schwarz beinahe gezwungen, um den Bd4 zu verteidigen. Er muss jetzt zumindest nicht immer mit c4-c5 rechnen und kann vielleicht a7-a5 ins Auge fassen.

11. Lc1-b2 e6-e5
12. Sb1-d2

Ein einfacher Entwicklungszug, der Weiß eine Vielzahl von Möglichkeiten einräumt: a) er schützt die Mitte gegen einen möglichen Durchbruch e5-e4; b) der S kann nach b3 gehen und den Vormarsch am D-Flügel unterstützen; c) nach c4-c5 steht ihm auch das Feld c4 offen; d) er kann nach f3 und evtl. g5 gebracht werden wie in der Partie.

12. ... f7-f5

Um ein Gegengewicht in der Mitte zu erhalten und in der Hoffnung, eventuell e5-e4 oder f5-f4 spielen zu können. Der Zug schwächt jedoch den Be5 und die Diagonale a2-g8, und das erweist sich zehn Züge später als nahezu tödlich. Kommentatoren pflegen solche Züge als entscheidende Fehler zu brandmarken; das ist Unsinn. Hier handelt es sich nur um einen Gesichtspunkt, der zufällig zehn Züge später in den Vordergrund rückt.

13. a3-a4

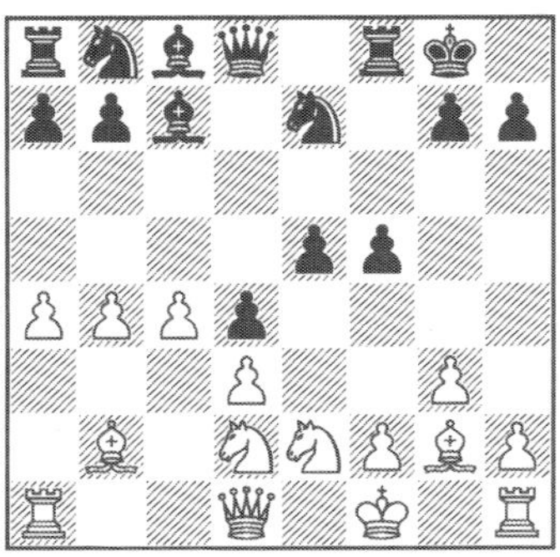

Mit Ausnahme des Th1 stehen alle weißen Figuren zweckdienlich. Die Verwertung der Bauernmehrheit kann nun mit voller Kraft betrieben werden.

13. ... a7-a5

Hält den Vormarsch nicht auf, sondern versucht, eine Bresche zu schlagen. Weiß ist praktisch zu b4-b5 genötigt und hat danach eine 2:1-Mehrheit (b- und c-Bauer gegen b-Bauer). Diese ist nicht so leicht zu verwerten wie die 3:2-Mehrheit, weil nach dem späteren Vorstoß des c-B ein Einzelbauer entsteht. Außerdem schafft der Zug b5 ein Loch in der weißen Phalanx auf c5 und theoretisch auch auf b4. Das letztere ist allerdings nebensächlich, weil kein schwarzer S ohne Weiteres b4 besetzen kann.

14. b4-b5

Der Tausch auf a5 würde zur Untätigkeit und fast zur Lähmung des D-Flügels führen – Weiß hätte nur noch die Chance eines Drucks auf der b-Linie.

14. ... Sb8-d7

Käme Schwarz noch zu Sc5, hätte er eine gute Stellung, weil die weiße Mehrheit mindestens vorläufig ausgeschaltet und das Übergewicht des schwarzen Zentrums bald spürbar wäre.

15. Lb2-a3 Tf8-e8

Entfesselt den Se7.

16. Dd1-b3

Diese Phase der Partie ist außerordentlich wichtig. Weiß zieht nicht c4-c5, sondern droht es und hindert Schwarz daran, Maßnahmen zur Besetzung von c5 zu treffen. Bei c4-

c5 muss Weiß berücksichtigen, dass der Gegner eventuell das Feld d5 in die Hand bekommt, z.B. 16.c5 Sf6 17.Db3+ S7d5 nebst Le6 und das weiße Unternehmen auf der Damenseite ist blockiert, dazu die Diagonale des Lg2 versperrt, während Schwarz zum Gegenspiel in der Mitte bereit ist.

16. ... Kg8-h8

Gibt dem Gegner weiter Gelegenheit zu dem verfrühten c4-c5. Schwarz hätte hier auch Sf6 spielen können, doch hätte Weiß *nicht* 17.c5+ geantwortet (wegen 17. ... S7d5), sondern etwa 17.Te1; danach ist Le6 wegen 18.Sf4 nicht opportun: 18. ... exf4 19.Txe6 fxg3 20.hxg3. Weiß hätte das Läuferpaar, die offene h-Linie, Druck gegen b7 usw. Nach 17.Te1 hätte früher oder später doch Kh8 kommen müssen, denn Züge wie 17. ... Tb8 sind unmöglich, solange der K auf g8 steht (18.c5+ nebst 19.b6 und der Lc7 ist verloren).

17. Sd2-f3

Droht 18.Sg5 nebst evtl. 19.Sf7+. Ein späteres c4-c5 könnte wegen Kombinationen in Verbindung mit Sf7+ und Abzugsschach sehr kräftig ausfallen.
Das sofortige 17.c5 Sf6 gibt Schwarz Vorteil, weil er danach über mehr Gegenspiel verfügt als Weiß. **Dass der Amateur nicht sofort 17.c5 folgen lässt, beweist, dass er gewachsen ist. Er kennt nicht nur die Bedeutung der Mehrheit am D-Flügel, er weiß sie auch zu nutzen und, noch wichtiger, ihm ist klar, dass es Umstände gibt, die die Ausführung eines Plans verzögern.** Um mit Tarrasch zu reden: „Die Drohung ist oft stärker als die Ausführung.“ Man beachte, dass die unsichere Stellung des weißen K mitspielen könnte, wenn ihm die aktiven Züge ausgehen.

17. ... h7-h6

Er will Sg5 nicht zulassen.

18. h2-h4!

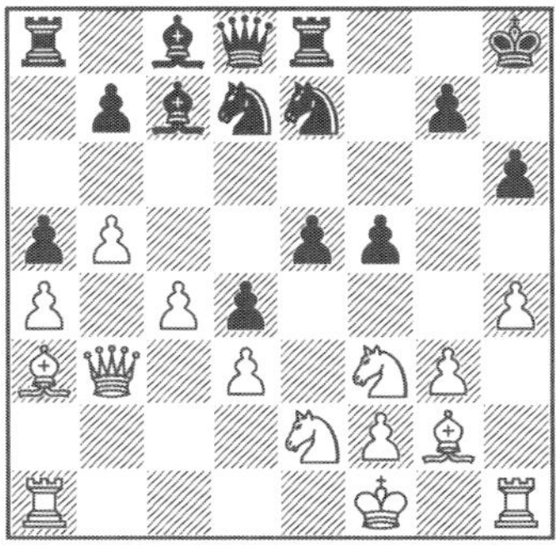

Ein feiner Zug, der wieder Sg5 droht und den Amateur als scharfen Rechner ausweist.
Z.B. 18. ... Sf6 19.Sg5 Tf8 (hxg5 20.hg5+ Sh7 21.Lxe7 nebst 22.g6) 20.c5 und nun a) 20. ... S7d5 21.c6 mit Eroberung der Qualität, denn der T muss f7 verteidigen: 21. ... Ld6 22.Lxd5 Lxa3 23.Sf7+; b) 20. ... S6d5 21.b6 Lb8 22.c6! bxc6 23.b7; c) 20. ... hxg5 21.hxg5+ Sh7 22.c6! bxc6 23.Lxe7 Dxe7 24.g6 Le6 25.Txh7+ Kg8 26.Dc2 Tf6! 27.Dxc6 Txg6 28.Txg7+ Kxg7 29.Dxa8 mit Bauerngewinn.

18. ... Sd7-f8

Stoppt das Opfer Sg5 und so den Königsangriff. Wenn jetzt 19.Sg5? hxg5 20.hxg5+ Kg8 21.c5+ Le6. Angesichts dessen liegt 19.c5 nahe mit der erneuten Drohung 20.Sg5, nach 19. ... Le6 hätte Weiß jedoch nichts außer einer schlechten Partie. Nun hat Schwarz einen klaren Weg, seine Stellung zu stärken, nämlich Le6 und den anschließenden Versuch, den Punkt c5 zu besetzen. Wie verhindert Weiß das? Eines der Merkmale meisterlichen Spiels besteht darin, sich nicht nur zu fragen: „Was ist mein stärkster Zug?“, sondern auch: „Wie kann ich meinen Gegner daran hindern, seinen stärksten Zug zu machen?“ Man denke an Tarraschs „Schränke die gegnerischen Figuren ein.“ Mit anderen Worten, Weiß hat keine eigentliche Drohung, doch alle seine Streitkräfte stehen bereit, so dass sich Schwarz fast mit jedem Zug selbst schädigt.

19. Ta1-e1!

Volle Meisterschaft des Amateurs! Weiß wird nun an einer dritten Front tätig: neben den beiden Flügeln auch im Zentrum. Was er hier unternimmt, wird keine unmittelbaren Ergebnisse bringen, aber jede kleine Stellungsänderung könnte eines der verborgenen Abspiele Wirklichkeit werden lassen. Untersuchen wir einige Möglichkeiten und erinnern uns, dass a) sehr günstig für Weiß ist, weil seine D-Flügel-Mehrheit zum Vormarsch bereitsteht, aber erst dann, wenn damit ein klarer Vorteil verbunden ist.

a) 19. ... Tb8 (um b7-b6 spielen zu können und den strategischen Kampf um das Feld c5 zu gewinnen) 20.b6! (Nutzt die Tatsache, dass das Feld b8 nun besetzt ist; sonst bedeutet b5-b6 nur eine Schwächung der Bauernstruktur.) 20. ... Lxb6 21.Sxe5 und gewinnt: 21. ... Kh7 22.Sf7 Dc7 (Der Lb6 muss gedeckt bleiben.) 23.Ld6 usw., oder 21. ... Le6 22.Sf4 (Droht 23.Sxe6 nebst 24.Sf7+.) 22. ... Kh7 (Kg8 23.Sxe6 Sxe6 24.c5 usw.) 23.Sxe6 Sxe6 24.Sf7 mit Gewinn einer Figur, weil die D nicht gleichzeitig L und S verteidigen kann.

b) 19. ... Ta7 20.b6 führt zu annähernd gleichem Spiel.

c) 19. ... Le6 20.S2g1! erobert einen B nach 20. ... Sd7 21.Sxd4 oder 20. ... S7g6 21.h5. Man beachte, wie nützlich die weißen Flügeltruppen sind.

d) 19. ... Se6 20.Sc1 und der Be5 muss fallen.

19. ... Lc7-d6

Er will c4-c5 provozieren und dann Le6 mit Angriff auf die D einschalten. Man sieht nun, wie umsichtig Weiß handelte, als er den Vorstoß aufschob. Er gewinnt nun mit dem Bauernzug zwei Tempi.

20. c4-c5 Lc8-e6

Nicht sofort Lc7 wegen 21.Sg5 (Operationen an beiden Flügeln) 21. ... hxg5 (erzwungen) 22.hxg5+ Sh7 und die Partie wird mit 23.Df7 nebst Dh5 entschieden.

21. Db3-b2 Ld6-c7
22. Se2-g1

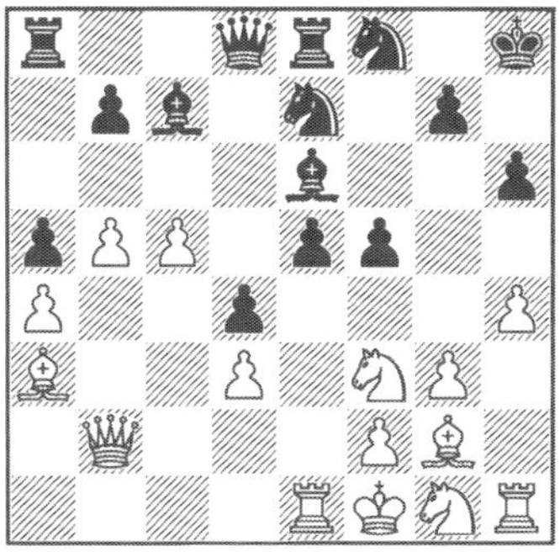

Vom Amateur scharf berechnet. Festzustellen ist, dass Einwände gegen 22.Sc1 bestehen: 22. ... Ld5 23.Sxe5 (jetzt oder nie) 23. ... Lxg2+ 24.Kxg2 Dd5+ 25.Sf3 Tad8 (deckt d4) und die Stellung wäre weit besser, wenn der Sc1 auf e5 stünde, weil f3 ein zweites Mal geschützt ist (siehe unten).

Wie setzt Schwarz auf den Textzug fort? 22. ... Ld5 führt zu nichts. Ein Beispiel: 23.Sxe5 Lxg2+ 24.Kxg2 Dd5+ 25.S1f3 – fesselt selbst den S, der Unterschied zu obiger Variante ist aber deutlich zu sehen, etwa a) 25. ... Sg8 26.Sc4 Se6 27.Sb6! Lxb6 28.cxb6 und die Drohung Te5 nebst The1, möglicherweise Triplierung mit De2, zwingt Schwarz, einen weiteren Bauern herzugeben; b) 25. ... Tad8 26.Te2 Sg8 27.The1 Sf6 28.Sc4 Txe2 29.Txe2 Se4 30.Sb6 Lxb6 31.cxb6 Sc3 32.Te5 Dd7 33.Db3 und Weiß beherrscht die Szene.

Dies sind „Meistervarianten", die zeigen, dass Schwarz aus der Fesselung Dd5-Sf3-Kg2 nichts herausholen kann, weil er immer auf den Bd4 achten und deswegen Zeit verlieren muss, die Weiß für das Manöver Se5-c4-b6 nutzt.

22. ... e5-e4

Eine der latenten Möglichkeiten in der Stellung, die Ressource des Meisters. Nach 23.dxe4 Lc4+ 24.Se2 d3 hätte Schwarz das Ruder herumgerissen. Ohne den Zug c4-c5 wäre das nicht möglich gewesen. Man beachte, dass die unsichere Stellung des weißen K schließlich eine Rolle spielt.

23. Sf3xd4

Der Fesselungszug 23. ... Le5 ist nicht zu fürchten, denn 24.Sxe6 Lxb2 25.Sxd8 Lxa3 26.Sxb7 bedeutet die sichere Niederlage des Schwarzen.

23. ... Le6-d5

Jetzt aber ist 24. ... Le5 eine gefährliche Drohung. Weiß muss auf zwei Dinge achten: a) der Sd4 kann gefesselt werden, weil er auf der gleichen Diagonale steht wie die weiße D; b) die Unbeweglichkeit des weißen K als Folge von Se2-g1, einem Zug, der Vorteile hatte, aber, wie jetzt ersichtlich, auch Nachteile.

24. d3xe4 Ld5-c4+
25. Sd4-e2

Weiß schaltet so eine Fesselung aus und begibt sich in eine andere. Andererseits ist der ganze Block – Kf1, Se2, Lg2 und Bf2 – untätig und anfällig. 25.Sge2 verliert wegen Le5.

25. ... f5xe4

26. Lg2xe4

So kommt der L in die Feuerlinie des Te8; Weiß muss jedoch versuchen, standzuhalten. Der Textzug hat eine gute Seite – er macht Platz für den K und bereitet eine Umgruppierung vor, etwa Kg2, Sc3 und Sf3. In drei Zügen könnte Weiß ein glänzendes Spiel haben und außerdem zwei Bauern mehr.

26. ... Se7-d5

Er lässt so viele Figuren wie möglich gegen das weiße Bollwerk auffahren. Der Zug hat einen Nachteil – der Lc4 ist abgeschnitten.

27. Db2-d4

Wenn nun 27. ... Lb3 28.Dd3, und der L müsste sich entschließen (28. ... Lxa4?? 29.Lxd5).

27. ... Dd8-f6!

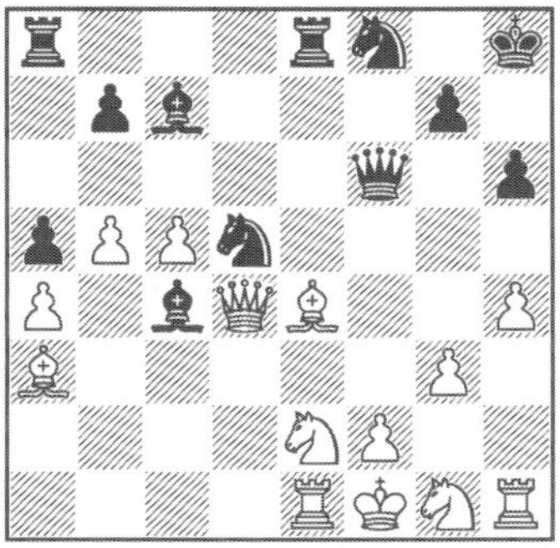

Ein meisterhafter Ausweg. Die weiße Stellung wäre nach 28.Dxf6 gxf6 erheblich gefährdet, weil der Gegner überlegene Kräfte zur Verfügung hat, während die weißen ungenügend entfaltet sind. Am wichtigsten ist die weiße Dame, die Schwarz darum abtauscht. Trotz der natürlichen Reduktion der Möglichkeiten ohne Damen droht Schwarz, mit den verbleibenden Figuren einen überwältigenden Druck auszuüben. So z.B. (nach Damentausch) 29.Lc2 Lxg3, oder 29.Lxd5 Lxd5 30.f3 Te6 31.Kf2 Tae8.

28. Kf1-g2!

Endlich ist der K dem Visavis des L entronnen. Das ist einer der drei erwähnten Befreiungszüge. **Der Amateur hat während des Gegenangriffs einen klaren Kopf behalten und eine ausgezeichnete Verteidigung gefunden.**
Nicht 28.Dxc4? Se3 matt!

28. ... Df6xd4

Weiß drohte 29.Dxc4. So hofft Schwarz die Fesselung auf der e-Linie (Te1 ist ungedeckt) ausnutzen zu können.

29. Se2xd4 Sd5-f6

Alle Züge drehen sich nun um die neue Fesselung. Schwarz hatte noch eine andere Möglichkeit: 29. ... Ld3. Die Analyse ergibt, dass der Textzug der beste ist, weil Weiß die Qualität opfern könnte, z.B. Ld3 30.Lxd5 Txe1 31.Lxb7 und die verbundenen Freibauern entscheiden.

30. f2-f3

Der einzige Zug.

30. ... Sf6xe4

Wenn 30. ... Ld5, so 31.b6! und Weiß ist im Vorteil, denn er treibt den L auf ein schlechtes Feld – auf e5 hebt er die Fesselung auf, auf b8 oder d8 unterbricht er die Verbindung der Türme.

31. f3xe4 Lc4-d3
32. Sg1-f3

Weiß muss einen der gewonnenen Bauern wieder hergeben. Er hofft, dass der übrig bleibende Mehrbauer ausreichen wird. Nach 32.Kf3 Tad8 bliebe Weiß in Nöten.

32. ... Ld3xe4

Verhindert die Verdopplung der Türme, z.B. 33.Te3 Lxf3+ 34.Kxf3 Txe3+ nebst Lxg3 oder 34.Txf3 Te4 und Schwarz gehört die Linie. Bei 32. ... Txe4 33.Txe4 Lxe4 34.Te1 besitzt Weiß die Linie und hätte außerdem die gleichen Möglichkeiten wie in der Partie, d.h. b5-b6 nebst Sb5.

33. b5-b6!

Oberflächlich gesehen ein stellungswidriger Zug, der den Wert des eigenen L zu mindern und die Mehrheit in einem gewissen Grad zu immobilisieren scheint. Er zwingt jedoch den Lc7 auf einen ungünstigen Platz.

33. ... Lc7-d8

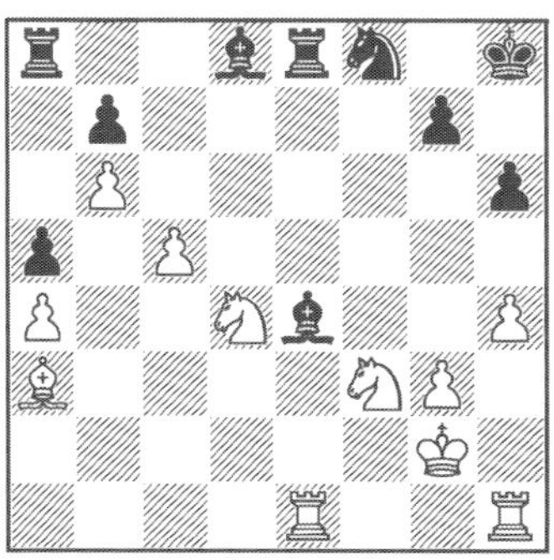

34. Sd4-b5

Droht kräftig 35.Sd6.

34. ... Ld8-f6

Um die Türme zu verbinden und der Drohung so gut wie möglich entgegenzutreten.

35. Sb5-d6 Le4xf3+
36. Kg2xf3 Te8xe1
37. Th1xe1 Ta8-b8
38. Te1-e8

Der Turmtausch stellt die einfachste Gewinnmethode dar. Die Verteidigung des Damenflügels bricht zusammen, zumal sich der schwarze K weit vom Schuss befindet.

38. ... Tb8xe8
39. Sd6xe8 Sf8-d7

Es drohte 40.c6. 39. ... Se6 hätte nichts geändert.

40. Se8xf6 g7xf6
41. Kf3-e4!

Schwarz gab auf, denn gegen die Königswanderung nach b7 (über d5-d6-c7) ist nichts zu erfinden.

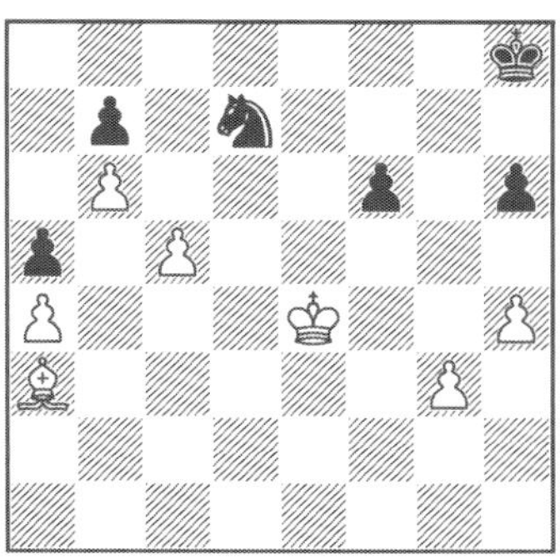

Die Schlussstellung

Schlusswort

Die Merkmale, die zur Stärke eines Schachspielers beitragen, haben wir in der Einleitung aufgeführt und besprochen. Wenden Sie sie auf Ihr eigenes Spiel an, werden Sie fast mit Sicherheit stärker spielen als zuvor. Die Meisterschaft zu erringen, ist eine andere Sache. Schachmeister zu werden erfordert viel harte Arbeit, ausgedehntes Wissen und großes Können, Anforderungen, die auch bei anderen Spielen und Sportarten wie Bridge, Tennis und Boxen gestellt werden. Nicht jeder kann Schachmeister werden. Neben den erwähnten Faktoren gehört eine bestimmte natürliche Einsicht, ein Talent für das Spiel, ein angeborenes Gefühl für das richtige Vorgehen in einer gegebenen Lage dazu. Vielleicht haben Sie diese Eigenschaften, aber auch wenn das nicht der Fall ist und keine große Hoffnung besteht, dass Sie ein wirklicher Meister werden, können Sie Ihre gegenwärtige Spielstärke beträchtlich steigern, wenn Sie sich auf jedem Teilgebiet des Schachspiels systematisch verbessern.

Weitere Bücher aus unserem Verlag

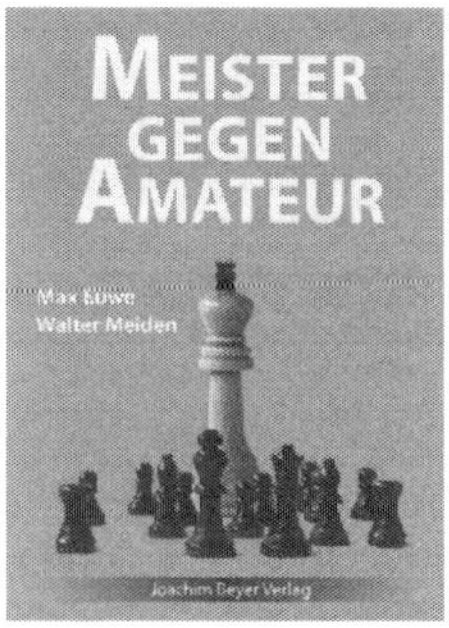

Max Euwe / Walter Meiden

Meister gegen Amateur

212 Seiten, 126 Diagramme

Der zweite Band der beliebten, längst als klassisch geltenden Euwe/Meiden-Trilogie liegt nun in der 9. Auflage vor. Anhand von 25 ausführlich erläuterten Partien zwischen unbekannten Kontrahenten, lediglich spezifiziert als Meister und Amateur, geben die Autoren eine grundlegende Einweisung zur Führung einer Schachpartie. Einzig fundamentale Vorkenntnisse von gängigen taktischen Motiven werden vorausgesetzt. Jeder Partie ist eine Einführung vorangestellt, die eine Zusammenfassung der dort auftretenden, thematisch relevanten Aspekte liefert. In den Partien selbst werden vorrangig die charakteristischen, in allen Phasen auftauchenden Fehler des Amateurs und deren Ausnutzung durch den Meister diskutiert. Häufig beruhen diese Fehler auf einem mangelhaften Verständnis strategischer Zusammenhänge, aber auch auf taktischen Unzulänglichkeiten oder unzureichenden eröffnungstheoretischen Kenntnissen. Bei den letzteren stehen die unveränderten allgemeinen Prinzipien der Eröffnung im Blickfeld und nicht etwa ständig wechselnde Modeströmungen.
Eine graduelle Steigerung dieser Zielsetzung wird in den beiden Nachfolgebänden der Trilogie realisiert. Die didaktisch gelungene Umsetzung, insbesondere die Ausgewogenheit von leicht verständlichen Textkommentaren und analysierten Varianten ist sicher dafür verantwortlich, dass dieses instruktive Werk über Generationen eine umfängliche Leserschaft angezogen und begeistert hat.

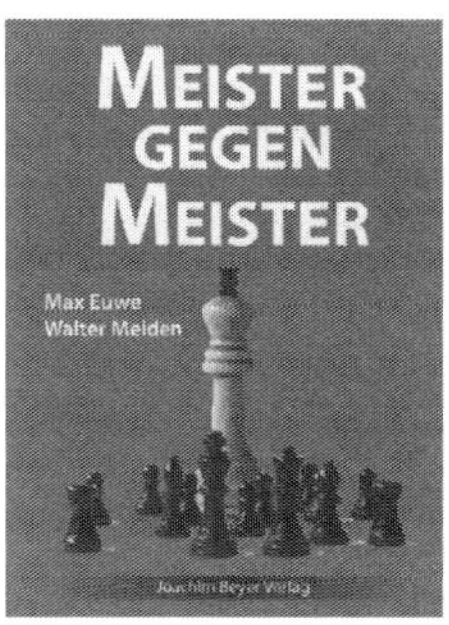

Max Euwe / Walter Meiden

Meister gegen Meister

260 Seiten, 165 Diagramme

Dieses ist der dritte Band einer längst klassisch zu nennenden Trilogie, die mit den beiden ersten Bänden ein grundlegendes Lehrwerk der gehobenen Partieführung im Schach darstellt. Der hier vorliegende Band enthält die ursprünglichen 25 Partien aus dem Zeitraum 1970-75 sowie 5 ergänzende Partien aus den Jahren 2008-2010.
Das Buch richtet sich an interessierte Schachspieler, die sich durch das Studium hochklassiger und trefflich kommentierter Meisterpartien weiterentwickeln wollen: im Hinblick auf die strategische Behandlung aller Partiephasen, die schachliche Technik, die Ausnutzung von Fehlern, wie sie für Meister spezifisch erscheinen, und auch bezüglich der psychologischen Spielführung. Jede Partie ist mit einer ausgesuchten Thematik verknüpft, behandelt aber zugleich viele weitere Themen und Motive, die in der Partie zwangsläufig auftauchen. Bei den Eröffnungen stehen die strategischen Grundprinzipien im Vordergrund, die keinem signifikanten Wandel unterworfen sind. Der Leser erhält damit einen Einblick in meisterliche Spiel- und Denkweisen über den gesamten Partieverlauf, gleichzeitig werden ihm die Unterschiede zu amateurhaftem Spiel aufgezeigt.
Die in diesem Buch verwendeten Beispielpartien wurden von den Autoren didaktisch auf höchsten Niveau aufbereitet und mögen als Grundlage für ein weiterführendes Studium dienen, das den Aufstieg zum Meister anvisiert.